应用型本科高校"十四五"规划经济管理类专业数字化精品教材

TOUR GUIDE BUSINESS

导 游 业 务

主 编◎吴卫东　　刘 勋

华中科技大学出版社
http://press.hust.edu.cn
中国·武汉

内 容 简 介

本书立足于应用型大学本科教育的特点,力求比较系统地阐述导游服务的起源、发展历程和趋势,导游的含义、从业素质、职责要求、行为规范、职业道德,导游服务程序与规范,旅游者个别要求及旅游事故的预防和处理原则,导游的语言、讲解、带团技能等文化知识。随着智慧旅游的发展,游客出行的消费行为不断变化,现代导游的接待内容和方法也不断创新发展,导游教学也要突出应用特色,以提高学生的实务能力、接待创新能力、组织协调和灵活应变能力等。全书共分9个项目,主要包括认知导游服务、认知导游、导游服务程序与规范、旅游事故的预防和处理、游客个别要求的处理、导游语言技能、导游讲解技能、导游带团技能、导游服务必备常识。各项目附有引例、练习思考题,以及图文、视频等形式的拓展资源,以利于学生自学和训练。

本书适合作为高校旅游管理类各专业教材,也可以作为旅游爱好者的自学参考书。

图书在版编目(CIP)数据

导游业务/吴卫东,刘勋主编.—武汉:华中科技大学出版社,2023.10
ISBN 978-7-5772-0091-0

Ⅰ. ① 导… Ⅱ. ① 吴… ② 刘… Ⅲ. ① 导游-高等学校-教材 Ⅳ. ① F590.633

中国国家版本馆 CIP 数据核字(2023)第 197557 号

导游业务

Daoyou Yewu

吴卫东　刘　勋　主编

策划编辑:周晓方　宋　焱
责任编辑:刘　凯
封面设计:廖亚萍
责任校对:张汇娟
责任监印:周治超
出版发行:华中科技大学出版社(中国·武汉)　　电话:(027)81321913
　　　　　武汉市东湖新技术开发区华工科技园　　邮编:430223
录　　排:华中科技大学出版社美编室
印　　刷:武汉市籍缘印刷厂
开　　本:787mm×1092mm　1/16
印　　张:23.25
字　　数:548千字
版　　次:2023 年 10 月第 1 版第 1 次印刷
定　　价:59.90 元

应用型本科高校"十四五"规划经济管理类专业数字化精品教材

编委会

顾 问

潘 敏

主任委员

张捍萍

副主任委员

黄其新　　王 超　　汪朝阳

委 员（以姓氏拼音为序）

何 静　李 燕　刘 勋

肖华东　邹 蔚

主编简介

吴卫东

江汉大学商学院副教授，湖北大学旅游管理硕士，美国尼亚加拉大学访问学者。主要担任"导游业务""调酒艺术"等课程的教学工作。在《科技进步与对策》《湖北社会科学》等核心期刊及省级期刊上发表论文30多篇，主持完成省教育厅项目、市重点教研项目、市科协项目、江汉大学省重点学科（管理科学与工程）项目等各级各类项目10项。

刘　勋

江汉大学商学院旅游与酒店管理系主任，副教授，博士。主要承担"智慧旅游地理信息系统与空间分析""旅游市场营销学""Excel商务应用""中国旅游史"等课程教学任务。主持或作为核心成员完成国家社会科学、湖北省社会科学、文旅部、湖北省教育厅等各类课题，以及西藏加查、河南襄城、武汉汉阳等地旅游与产业发展规划项目多项。

总　序

在"ABCDE＋2I＋5G"(人工智能、区块链、云计算、数据科学、边缘计算＋互联网和物联网＋5G)等新科技的推动下,企业发展的外部环境日益数字化和智能化,企业数字化转型加速推进,互联网、大数据、人工智能与业务深度融合,商业模式、盈利模式的颠覆式创新不断涌现,企业组织平台化、生态化与网络化,行业将被生态覆盖,产品将被场景取代。面对新科技的迅猛发展和商业环境的巨大变化,江汉大学商学院根据江汉大学建设高水平城市大学的定位,大力推进新商科建设,努力建设符合学校办学宗旨的江汉大学新商科学科、教学、教材、管理、思想政治工作人才培养体系。

教材具有育人功能,在人才培养体系中具有十分重要的地位和作用。教育部《关于加快建设高水平本科教育　全面提高人才培养能力的意见》提出,要充分发挥教材的育人功能,加强教材研究,创新教材呈现方式和话语体系,实现理论体系向教材体系转化、教材体系向教学体系转化、教学体系向学生知识体系和价值体系转化,使教材更加体现科学性、前沿性,进一步增强教材的针对性和时效性。教育部《关于深化本科教育教学改革　全面提高人才培养质量的意见》指出,鼓励支持高水平专家学者编写既符合国家需要又体现个人学术专长的高水平教材。《高等学校课程思政建设指导纲要》指出,高校课程思政要落实到课程目标设计、教学大纲修订、教材编审选用、教案课件编写各方面。《深化新时代教育评价改革总体方案》指出,完善教材质量监控和评价机制,实施教材建设国家奖励制度。

为了深入贯彻习近平总书记关于教育的重要论述,认真落实上述文件精神,也为了推进江汉大学新商科人才培养体系建设,江汉大学商学院与华中科技大学出版社开展战略合作,规划编著应用型本科高校"十四五"规划经济管理类数字化精品系列教材。江汉大学商学院组织骨干教师在进行新商科课程体系和教学内容改革的基础上,结合自己的研究成果,分工编著了本套教材。本套教材涵盖大数据管理与应用、工商管理、物流管理、金融学、国际经济与贸易、会计学和旅游管理7个专业的19门核心课程教材,具体包括《大数据概论》《国家税收》《品牌管理:战略、方法与实务》《现代物流管理》《供应链管理理论与案例》《国际贸易实务》《保险学基础与应用》《证券投资学精讲》《成本会计学》《管理会计学:理论、实务与案例》《国际财务管理理论与实务》《大数据时代的会计信息化》《管理会计信息化:架构、运维与整合》《导游业务》《旅游市场营销:项目与方法》《旅游学原理、方法与实训》《调酒项目策划与实践》《茶文化与茶艺:方法与操作》《旅游企业公共关系理论、方法与案例》。

本套教材的编著力求凸显如下特色与创新之处。第一,针对性和时效性。本套教材配有数字化和立体化的题库、课件PPT、知识活页以及课程期末模拟考试卷等教辅资源,力求实现理论体系向教材体系转化、教材体系向教学体系转化、教学体系向学生知识体系和价值体系转化,使教材更加体现科学性、前沿性,进一步增强教材的针对性和时效性。第二,应用性和实务性。本套教材在介绍基本理论的同时,配有贴近实际的案例和实务训练,突出应用导向和实务特色。第三,融合思政元素和突出育人功能。本套教材为了推进课程思政建设,力求将课程思政元素融入教学内容,突出教材的育人功能。

本套教材符合城市大学新商科人才培养体系建设对数字化精品教材的需求,将对江汉大学新商科人才培养体系建设起到推动作用,同时可以满足包括城市大学在内的地方高校在新商科建设中对数字化精品教材的需求。

本套教材是在江汉大学商学院从事教学的骨干教师团队对教学实践和研究成果进行总结的基础上编著的,体现了新商科人才培养体系建设的需要,反映了学科动态和新技术的影响和应用。在本套教材编著过程中,我们参阅了国内外学者的大量研究成果和实践成果,并尽可能在参考文献和版权声明中列出,在此对研究者和实践者表示衷心感谢。

编著一套教材是一项艰巨的工作,尽管我们付出了很大的努力,但书中难免存在不当和疏漏之处,欢迎读者批评指正,以便在修订、再版时改正。

丛书编委会
2022年3月2日

前　言

党的二十大报告提出，坚持以文塑旅、以旅彰文，推进文化和旅游深度融合发展。要坚持以文塑旅，用文化丰富旅游内涵、提升旅游品位，把更多文化内容、文化符号纳入旅游线路、融入景区景点，营造浓厚文化氛围。要坚持以旅彰文，用旅游带动文化传播、推动文化繁荣，发挥旅游覆盖面广、游客参与度高等优势，推动中华优秀传统文化"活起来"、革命文化和红色基因传下去、社会主义先进文化弘扬开。让人们在领略自然之美中感悟文化之美、陶冶心灵之美。

随着文化和旅游加速融合、市场不断发展，我国文旅消费需求呈现明显升级趋势，文旅融合正焕发"新活力"。近年来，越来越多的游客愿意在旅途中拥抱"诗和远方"。导游是祖国山水人文之美的分享者和传播者，是讲解员和宣传员；其服务水平和应急能力与游客的获得感、幸福感、安全感息息相关，是安全员和服务员；其整体素质和服务质量的高低，不仅影响个人和所在企业、地区的声誉，还直接关系国家和民族的形象，是形象大使和旅游目的地的名片。在文旅融合发展的新形势下，导游肩负着传播中华优秀传统文化和践行社会主义核心价值观的重要使命，是新时期推动文化和旅游业高质量发展的重要力量。

导游业务是旅游管理专业的专业课程，应充分反映新时代旅游管理人才培养要求。本书在系统介绍导游接待实务、事故问题处理、讲解及带团技能等知识的同时，强调国际视野，突出应用特色和行业特色。各项目附有引例和数字资源拓展内容，以调动学生的学习兴趣，加深其对导游知识和优秀导游群体的了解；各项目均安排了思考与练习，还有图文、视频形式的数字资源及在线答题，便于学生自学和训练。本书可作为旅游管理专业教材，也可作为旅游爱好者的自学参考书。教学参考学时为 40 学时，教师可以根据实际需要增减。

本书由江汉大学商学院旅游学系教师编写。江汉大学商学院吴卫东副教授、旅游系主任刘勋副教授担任本书主编。吴卫东、刘勋负责全书体例结构的设计和调整,并对全书内容进行了总纂。本书前言、项目一至项目八由吴卫东编写,项目九由刘勋编写。

在编写过程中,我们参阅了国内外学者的大量研究成果,限于篇幅未能一一列出,敬请谅解。本书的出版受江汉大学"城市圈经济与产业集成管理"学科群资助,在此一并表示感谢!尽管我们付出了很大的努力,但受时间、水平的限制,书中不当和疏漏之处在所难免,欢迎读者批评指正,以便在修订、再版时改正。

编　者

于武汉三角湖

2023 年 7 月

目　录

项目一　认知导游服务

◇ **本项目目标**

■ **知识目标**

1. 熟悉导游服务的内涵、范围、类型、性质和特点；

2. 掌握导游服务的基本原则；

3. 了解导游服务的发展历程、地位、作用和发展趋势。

■ **能力目标**

1. 掌握导游服务的要领，能够遵循导游服务的基本原则，提供优质导游服务；

2. 构建导游服务的发展受历史、政治、经济、文化等环境影响的系统综合思维观念。

■ **情感目标**

树立"游客为本，服务至诚"的导游服务理念，培养学生的导游工匠精神和开拓创新精神。

任务一 导游服务的内涵、范围和类型

◇ 引 例

科技改变旅游

时光的脚步迈进2020年。AR、VR、AI、5G等数字化的应用场景已在许多景区、酒店、旅行社等旅游领域应用并普及,为游客出行的各个环节提供个性化、多元化、品质化的服务。

科技让旅游更便捷

一部手机,轻松出行。从选择目的地,查攻略,办签证,预订机票、酒店、门票,找导游,到租车、租船,买保险,买电话卡、上网卡,旅拍,购物支付等各个环节,都能一键搞定。

携程集团副总裁李欣玉认为,科技创新重塑了中国旅游业。他回忆说,在20年前,用户在网上平台订购一张机票,从下订单到拿到机票最快需4小时,订酒店大概需2小时才能获得确认。而今,订一张机票只需7秒,订酒店只要5分钟。

"一部手机游云南"成了新名片。"游云南"App基于腾讯物联网、云计算、大数据、人工智能等技术,提供手绘地图、在线导游、语音讲解、AI智能识景等在线导游导览服务,还接入1482路直播流,对多个景区和部分城市进行不间断直播。另外,在手机上还可快捷地进行购物退货和旅游投诉。

多种翻译软件、翻译机提供了语音即时翻译、拍照识别、多国语言翻译等强大功能,使异国之旅变得越来越简单。中国游客正在把国内的生活方式带向全球,出境游时移动支付越来越普及。

科技让旅游更好玩

"大盛敦煌艺术大展"将敦煌石窟"搬"到京城,通过现代科技与文化艺术深度融合,为观众营造可感、可视、可听、可触的观展体验。

旅游演艺的观演关系也产生了巨大变化。从《又见平遥》《寻梦龙虎山》《今时今日安仁》到《知音号》《百老舞汇》,科技领衔的沉浸式旅游演艺,令观众身临其境,强烈的参与性带给观众多感官的观赏体验。

深圳欢乐谷与中国电信已合作建设"中国首个5G＋体验乐园"。未来,游客在深圳欢乐谷园区内,将体验到全息影像游乐产品、园内交通工具自动驾驶、智能客服机器人、MR体验式导览、智能售卖机器人等。

科技让旅游更多元

打开高德地图,不仅仅能指路导航,"一张地图游中国""景区随身听语音导览"等特色服务,为游客带来全新的智能体验。

随着5G的到来,文旅产业未来一个重要变化就是短视频化。字节跳动公共政策研究院执行院长袁祥介绍,现在短视频对于推进文旅产业特别重要。旅游在抖音上是五大热门的内容,非常受3.2亿日活用户的欢迎。我们曾推出"DouTravel"计划,专门用抖音促进旅游的发展。

中国旅游研究院院长戴斌说:"以人工智能、物联网和区块链等为代表的新一代数字化技术,正在加速对旅游业的渗透与变革,潜移默化地改变着游客的需求、行为与体验。我们无法预料会有多少颠覆性的科技创新将跨界而来,以满足数字化时代的旅行需求,并可能触发旅游领域的创新与突破。"

(资料来源:http://www.ctnews.com.cn/news/content/2020-01/03/content_60598.html.)

一、导游服务的内涵

导游服务是指导游代表被委派的旅游企业接待或陪同游客进行旅游活动,并按照组团合同或约定的内容和标准向游客提供的旅游接待服务,包括向导、讲解及相关旅游服务,如接送站、交通、住宿、用餐、游览、购物、文娱等。随着互联网和智能科技的发展、导游执业自由化和执业平台建设的不断完善,导游的委派主体不再仅限于旅行社,还包括网络平台、旅游集散中心、旅游咨询中心、A级景区游客中心等。

1-1 国家旅游局《关于深化导游体制改革加强导游队伍建设的意见》(2017)

导游服务的内涵,具体来说包括以下几点。

首先,导游服务的主体是具有导游资格的导游。

其次,导游服务的主要内容是游客的接待。

最后,导游必须按组团合同或者事前约定的内容和标准向游客提供接待服务。导游不得擅自增加或减少,甚至取消旅游项目,也不得降低导游服务质量标准。

因此,导游服务是整个旅游服务过程中的灵魂,导游在导游过程中所体现出的敬业精

神、文化修养、人格魅力和服务艺术(包括服务技能、服务效率、语言艺术和组织应变能力)等,对游客的综合旅游感受会形成最直接的影响。导游服务工作的好坏,还会直接影响到整个旅游行业的声誉,对旅游业的发展产生正面或负面的影响。

▌二、导游服务的范围

导游服务的范围是指导游向游客提供服务的领域,所涉及的范围比较广,包括食、住、行、游、购、娱等方面,主要可以归纳为以下几类。

(一)导游讲解服务

导游讲解服务包括游客在目的地旅行时导游所做的沿途讲解、景区景点的游览讲解,以及座谈、访问和某些参观点的口译服务等。

导游讲解服务有助于传播文化、增进了解和陶情怡性。通过导游的介绍、讲解或翻译,可以帮助游客认识一个国家(或地区)的历史文化、传统风俗、生活方式和现代文明,以及当地居民的精神面貌、价值观念和道德水准,使游客通过对目的地社会文化和精神风貌的切身体验,获得惬意的审美感受和美好的回忆。高质量的导游讲解服务还可以在某种程度上弥补旅途生活服务中的某些不足,消除因生活服务不尽如人意给游客带来的不愉快。

(二)旅行生活服务

旅行生活服务是目的地旅游接待工作中不可缺少的环节,也是导游服务的重要内容。旅行生活服务包括游客出入境迎送、旅途生活照料、安全服务以及上下站联络等。

首先,导游通过做好迎送游客、帮助游客办理住店离店事宜、注意保护游客安全等日常工作,以及与餐馆、商店等旅游相关接待单位进行必要的协调、沟通,可使游客在旅游期间的生活顺利、愉快;其次,提供令人满意的旅行生活服务,可使游客对导游产生信赖感,逐渐消除初见时的隔膜和距离;再次,提供热情周到的旅行生活服务,使游客的旅游生活丰富多彩,精神轻松愉快,游客和导游之间关系融洽,有利于游客集中精力倾听导游的讲解,从而使导游讲解取得良好的效果。

(三)市内交通服务

市内交通服务是指导游同时兼任驾驶员为游客在市内和市郊旅行游览时提供的驾车服务。这种服务在西方旅游发达国家比较普遍,目前在我国还处于萌芽状态,但随着网约导游业务的普及,在履行合法手续并经旅游企业或游客同意后,将逐渐把为新型定制旅游等小型旅游团队提供市内及周边交通服务纳入导游服务的范畴。

（四）导游讲解服务、旅行生活服务与旅游接待服务的关系

导游向游客提供的导游讲解服务和旅行生活服务是旅游接待服务的重要组成部分。

一方面，游客的旅游目的主要是增加对目的地的社会文化等方面的了解，获取旅游经历。导游的讲解介绍或翻译，能够帮助游客认识一个国家（或地区）及其民族的历史文化、传统习俗、生活方式和现代文明，进而了解他们的精神面貌、价值观念和道德风尚，使游客对旅游目的地的社会文化和精神风貌有切身的体验。

另一方面，旅游享受需要也是游客出游的另一主要目的。导游在游客旅行过程中，做好迎送游客，帮助游客住店离店，保护游客安全，与酒店、餐馆、商店等服务行业进行沟通等，使游客在旅游期间的生活顺利、愉快，既提高了游客的满意程度，又有利于激发游客的旅游兴趣和对导游为其提供各项服务的好感与信赖，为游客留下美好的旅行印象。

导游讲解服务与旅行生活服务都是游客整体旅游需要的一部分，相互之间既密切联系，又互相补充，它们之间是相辅相成的关系。对导游来说，一个方面服务上的某些欠缺在某种程度上可用另一方面服务的加强予以弥补，即高质量的导游讲解服务在某种程度上可以弥补旅行生活服务上的某些不足，反过来热情周到的旅行生活服务在某种程度上也可以弥补导游讲解中的某些不足。

三、导游服务的类型

导游服务包括图文声像导游和实地口语导游两种方式。

（一）图文声像导游

图文声像导游也称物化导游，是指作为游客旅游指导的招徕宣传品和旅游纪念品，包括多种不同形式的图文印刷资料和声像制品，具体如下。

1. 图册类

导游图、交通图、旅游指南、景点介绍册页、画册、旅游产品目录等。

2. 纪念品类

与旅游产品、专项旅游活动有关的宣传品、广告、招贴和旅游纪念品等。

3. 声像类

与国情(地区)介绍、景点介绍有关的录像带、录音带、电影、幻灯片和光盘等。

旅游业发达的国家和地区对图文声像导游极为重视,各大中型城市、旅游景点,以及机场、火车站、码头等处都设有摆放着各种印制精美的旅游宣传资料的"旅游服务中心"或"旅游问询处",游人可以随意翻阅,自由拿取。很多旅行社通过定期向公众放映有关旅游目的地(国)的电影或录像、举办展览会等方式来影响潜在的游客。组团社通常在游客出发前,在领队向团员介绍目的地的风俗民情及旅游注意事项的同时,为游客放映有关旅游目的地的电影、录像或幻灯片,分发《旅游指南》等资料,帮助游客提前了解旅游目的地。此外,许多博物馆、教堂和重要的旅游景点也装备有先进的声像设施,方便游客参观游览,帮助游客较为深刻地理解重要景观景物的文化内涵和艺术价值。

4. 语音导览器

自助式语音导览工具有多种语言可供选择,可通过红外无线连接,采用图、文、声、像全方位多媒体技术对展览内容进行翔实的介绍,使展览得到更大程度的扩展和延伸。

5. 智慧旅游

通过融合通信与信息平台,利用云计算、物联网和互联网技术,借助全球卫星定位系统,使用便携式移动终端上网设备,主动感知旅游相关信息,实现导游服务。简单地说,就是让游客与网络实时互动,使游程安排进入触摸时代。如使用百度、高德等导航软件,可以方便地实现向导服务;利用景区开发的第三方应用程序(App),可以实现景区游线规划、景点讲解、安全提示、旅游商品销售等目的。智慧旅游无疑是物化导游的重要表现形式。

(二)实地口语导游

实地口语导游也称讲解导游,它包括导游在游客旅行、游览途中所做的介绍、交谈和问题解答等导游活动,以及在参观游览途中所做的导游讲解。

科技的进步使图文声像导游形象生动、便于携带和保存的优势作用进一步加强。但是,实地口语导游的核心地位是不可替代的,图文声像导游仍将处于从属地位,原因如下。不同游客的出游动机和目的不尽相同,图、文、声、像介绍旅游景点的固定模式,不可能满足不同游客的需求。通过实地口语导游,导游可了解游客对旅游景点的喜好程度,掌握不同游客的想法和出游目的,同时可根据游客的不同需求,进行有针对性、有重点的导游讲解。这是图文声像导游难以企及的。

1. 现场导游情况复杂多变，需要导游灵活、妥善处理

复杂多变的现场导游的情况,需要导游沉着应对,妥善处理。这些复杂情况只有高水平的导游才能得心应手地加以处理,现代科技导游手段不可能解决的。

2. 旅游是一种人际交往和情感交流活动，需要导游的参与和沟通

旅游是客源地的人们到旅游目的地的一种社会文化活动,游客通过接触目的地居民来了解目的地的社会文化,实现不同国度、不同地区、不同民族之间的人际交往和情感交流。导游是游客率先接触且接触时间最长的目的地居民,其仪容仪表、神态风度和言谈举止都会给游客留下深刻的印象。通过导游的介绍和讲解,游客还可以了解旅游目的地的文化,增长知识,陶冶情操。经过一段时间的接触和交往,游客和导游之间会自然而然地产生一种情感交流,建立起信任和友谊。这种人与人之间的情感关系是导游服务质量的重要保证。这也是高科技导游方式不能做到的。

任务二　导游服务的产生和发展

◇ 引 例

跟团游真的没市场了？

2019 年,途牛宣布升级牛人专线标准,再次加码跟团游市场。而据记者了解,在此之前,携程也曾调整升级了跟团游标准。在自由行兴起的当下,传统的跟团游出现了哪些新的变化? 跟团游未来还有市场吗? 记者就此进行了采访。

依然占据主要位置

"易观发布的《中国在线旅游市场年度综合分析 2019》显示,2018 年在线度假旅游细分市场按旅游方式划分,跟团游交易规模达到 468.6 亿元,占比 44.6%。由此可见,跟团游仍然占据主流市场。"途牛相关负责人表示,跟团游也一直都是途牛的主流优势产品之一。

"中国旅游研究院、携程旅游大数据联合实验室发布的报告显示,2018年携程组织服务的数百万出境游客,报名跟团游与自由行的人数各占一半,出国旅游次数少、经验不足、有老人和小孩的家庭、希望省心省力有人服务的中高收入人群,以及三四五线城市游客依然更热衷于跟团游。"携程相关负责人表示。

来自同程旅游的数据显示,跟团游(含半自助游、目的地参团等)仍然占据较大比例,特别是国内长线游及出境游,跟团游仍然占半数以上,部分线路占比近七成。

新变化激发新趋势

经过多年发展,跟团游正在摆脱"低品质、不合理低价、强迫游客购物"的市场形象,走向小团化、个性化、主题化、高品质的发展新阶段。

"从需求侧来看,消费者对跟团游的形式、服务、品质都有了新的要求,人们既希望有一价全包的服务,不用操心机票、酒店、导游、用车等,但是又希望行程相对灵活自由,同时追求行程路线的趣味性、体验性和个性化;另外,如今的消费者也更注重产品的品质和服务的质量,而相对不在乎价格的高低。"途牛相关负责人表示。

"首先从跟团游目的地来看,近年来呈现出不断丰富的态势,从传统的中西欧向南欧、北欧、东欧等目的地延伸,海岛目的地也从常规的巴厘岛、普吉岛向沙巴、塞班、斯里兰卡、大溪地等高端小众海岛转变,此外,极地旅游、加纳帕戈斯、堪察加等新兴目的地也在成为越来越多游客的选择。"众信旅游媒介公关经理李梦然告诉记者,旅行方式不断多元化,目前出境游已经不再是跟团游、自由行这样简单的区分,半自由行、半定制游、私家小团等各种各样的出游形式让游客的需求得到了最大的满足。此外,游客出游需求也更加多样化,从最早期的旅游观光向度假休闲转变,还衍生出亲子游、自驾游、旅拍、蜜月婚礼、游学留学、高端定制、体育旅游等。

积极跟进及时调整

据记者了解,很多旅游企业迅速抓住了市场趋势,对跟团游产品做出了调整。以携程旅游为例,平台推出私家团产品,一人也可成团,享受专车专导24小时管家服务。游客既可以享受旅行社在当地开发的旅游资源优势(例如,优惠的酒店价格、团队景区门票价格,当地交通资源等),同时可以根据自己的需求,在自由行的时间里安排体验类、碎片化的活动;此外,针对不同人群,也推出相应的跟团品种,如"爸妈放心游""亲子游""年轻人跟团游""臻品游"等。

"从跟团游、半自由行、一家一团、小团定制再到定制游等,众信根据游客需求,对产品进行了多轮的丰富和调整。"李梦然表示,产品主题也在不断丰富,目前众信的产品包括自驾游、摄影游、邮轮游、亲子游、蜜月婚拍、体育旅游等,以满足不同消费者的出游需求。

同程旅游重点瞄准品质跟团游市场,推出了"同程专线",并制定了严格的品质服务标准体系,在业内发起成立了品质游供给联盟体系。同时,还特别成立定制游项目,专注于个性化包团定制游服务。

优势明显前景可期

业者普遍认为,跟团游这种产品形态一定会长期存在。如果跟团游能在设计、品质和服务上不断突破和创新,前景依旧可期。

相比自由行,跟团游仍然有其明显优势,而且这一优势未来仍将长期存在。管家式、顾问式的高端跟团游市场前景广阔,面对新生代群体的需求,高品质跟团游产品将逐渐趋于成熟并成为主流,低端跟团游将逐渐萎缩,直至被市场淘汰。

采访中,受访者一致认为,未来跟团游仍然是出境游领域的主流出游形式,随着出游人群需求不断增加,出境游的市场还将不断丰富和细分。中老年游客、家庭出游人群、亲子游人群、公司团队建设等都将成为跟团游的主要生力军。在目的地方面,欧洲、中东地区、非洲、南北极洲、南美洲等国家由于语言和交通的限制也将成为主要的跟团游目的地。

（资料来源：http://www.ctnews.com.cn/news/content/2019-07/16/content_46855.html.）

一、导游服务的产生和发展

原始社会、奴隶社会和封建社会时期,人类的旅游活动仍处于一种小规模的无组织、无领导状态。虽已出现向导,但是这些向导都只是临时性的,其作用仅仅是为旅行者引路而已,不能称为现代意义上的导游。

进入工业革命时期,旅游活动发生了本质性的变化,最突出的标志是近代旅游业的诞生和导游服务的产生。

世界公认的第一次商业性旅游活动是由英国人托马斯·库克（Thomas Cook）组织的。1841年7月5日,托马斯·库克组织了570人,利用包租火车的方式,从莱斯特到拉夫巴勒参加一次禁酒大会。这次活动虽然不是一次纯粹的商业性活动,却成了近代旅游活动的标志。1845年,托马斯·库克又组织了一次为期一周的从莱斯特到利物浦的350人的团体消遣性旅游活动。托马斯·库克提前印制了世界上最早的旅游指南——《利物浦之行手册》,不仅自己全程陪同,而且还聘请了地方导游,可以说这是世界上第一次大规模的、有组织的、纯粹以商业为目的的旅游活动。同年,托马斯·库克在莱斯特创办了世界上第一家商业性旅行社,其本人成为世界上第一位专职的旅行代理商。

1846年,托马斯·库克带领一个旅行团到苏格兰旅行。旅行社为每个成员发了一份活动日程表,还为旅行团专门配备了向导。这是世界上第一次有商业性导游陪同的旅游活动,导游也作为一种职业正式登上了历史的舞台。

1872 年,托马斯·库克带领一个 9 人旅游团访问纽约、南北战争战场、尼亚加拉大瀑布、多伦多等地,把旅游业务扩展到了北美洲。这次环球旅行使其声名远播,产生了极大的影响。

后来,欧洲、北美诸国和日本纷纷仿效托马斯·库克组织旅游活动的成功模式,先后组建了旅行社或类似的旅游组织,招募陪同人员或导游,导游队伍逐渐形成。这个时期不仅出现了导游服务,而且从事这一工作的人员分成全程陪同服务和地方游览讲解服务两种类型,为现代导游服务奠定了坚实的基础。

第二次世界大战后,导游队伍不断壮大,现代导游服务进入了发展时期。自 20 世纪 60 年代以来,由于世界经济稳步发展,人们的收入不断提高,闲暇时间增多,旅游业迅速发展。世界旅游及旅行理事会(WTTC)发布《2022 年旅游经济影响报告》,汇总全球 185 个国家和 26 个地区的数据,报告指出,在新冠疫情大流行之前,旅游业是世界上最大的行业之一,该行业占全球全部新增就业岗位的 1/4,占所有就业岗位的 10.3%(3.33 亿个),以及全球 GDP 的 10.3%,即 9.6 万亿美元。2019 年,国际游客支出达到 1.8 万亿美元,占出口总额的 6.8%。该组织研究表明,预计到 2023 年底,旅游业 GDP 可能会恢复到 2019 年的水平。此外,该行业预计将在未来 10 年内创造近 1.26 亿个新工作岗位。

随着世界导游队伍的不断扩大,导游服务质量引起了各国政府的高度重视,纷纷制定质量标准,加强了对导游执业资格、选拔、培训以及服务质量的管理,形成了不同类型的导游管理体制,从而实现了对导游的规范化服务与管理。

1-2 "封闭式·严格型"的导游管理体制

1-3 "开放式·宽松型"的导游管理体制

1-4 "开放式·严格型"的导游管理体制

二、我国导游服务的发展历程

我国导游服务起步于 1923 年 8 月,至今经历了 5 个发展阶段。

(一)起步阶段(1923—1948 年)

1923 年夏,颇负盛名的上海商业储蓄银行总经理陈光甫先生拟从香港往云南旅行考察,在外商经营的旅行社购买船票时,感受到外籍职员对中国人的怠慢无礼,毅然决定创办中国人的旅行社。1923 年 8 月,陈光甫先生在该银行下创设了旅游部。1927 年 6 月,旅游部从该银行独立出来,成立了中国旅行社,其分支社遍布华东、华北、华南等地区的 15 个城市。与此同时,中国还出现了其他类似的旅游组织。这些旅行社和旅游组织承担了近代中国人旅游活动的组织工作,同时也产生了第一批导游。

1-5 陈光甫开创中国现代旅游业

（二）开拓阶段（1949—1977 年）

中华人民共和国成立后，我国旅游事业有了进一步发展。中华人民共和国成立后，第一家旅行社——华侨服务社于 1949 年 12 月在厦门正式营业，同时也诞生了中华人民共和国成立后的第一批导游。1954 年 4 月 15 日，中国国际旅行社在北京诞生，其后又在各地设立分支社，主要负责接待外宾，为外国人来华旅游提供方便，但不承担自费旅游的接待业务。到 1956 年，由于中国国际旅行社与苏联国际旅行社签订了《相互接待自费旅游者的合同》，来华旅游的苏联游客逐渐增多，加上华侨、港澳同胞等回国观光探亲的人越来越多，旅行社开始接待自费游客。1964 年 6 月，国务院批准成立中国旅行游览事业管理局作为国务院直属机构，加强对旅游事业的组织和领导。在此期间，导游队伍逐渐形成。这时期导游服务以外事接待工作为主要内容，因此，从事导游服务的工作人员均称为翻译导游。

1-6　"中旅"（CTS）成立过程

1-7　"国旅"（CITS）成立过程

（三）发展阶段（1978—1987 年）

中国共产党第十一届三中全会后，我国实行对外开放政策，吸引了大批海外游客涌入我国，国内旅游也蓬勃发展。1978 年，中国旅行游览事业管理局改名为中国旅行游览事业管理总局，各省、自治区、直辖市都设立相应的旅游局。1980 年 6 月，中国青年旅行社总社成立，几个中央部委如国家邮政局、教育部、国家铁路局等也相继成立了旅行社。1984 年，旅行社外联权下放，全国各行业和地区性旅行社迅速发展。到 1988 年底，全国形成了以国旅、中旅、青旅为主干框架的近 1600 家旅行社体系，全国导游迅速扩大到 25000 多人。但由于增长速度过快，导游队伍中出现了鱼龙混杂的局面。

1-8　"中青旅"（CYTS）成立过程

（四）全面建设导游队伍阶段（1988—2015 年）

为整顿导游队伍，使导游服务水平适应我国旅游业发展的需要，1988 年国家旅游局（于 2018 年与文化部合并为文化和旅游部）开始在上海和浙江设立导游考试试点，1989 年举行全国导游考试，随后每年开展一次导游资格考试。中国旅游报社等单位发起了"春花杯导游大奖赛"，此后又举办了多次全国导游大奖赛，为提高我国的导游服务水平、推进导游工作规范化的进程做出了贡献，同时也标志着我国开始迈入全面建设导游队伍的阶段。

1-9　《导游员职业等级标准（试行）》

1994 年,国家旅游局决定对全国持有导游证的专职及兼职导游分等定级,划分为初级、中级、高级、特级四个级别,进一步加强导游队伍建设。同年,国家旅游局联合国家技术监督局发布了《导游员职业等级标准(试行)》,1995 年发布中华人民共和国国家标准《导游服务质量》。1999 年 5 月国务院颁发的《导游人员管理条例》标志着我国导游队伍的建设迈上了法律进程。

1-10 《导游人员管理条例》

2001 年,国家旅游局运用现代科学技术手段建立导游数据库,在全国范围内推行导游电子信息网络化管理。

2002 年,国家旅游局开展整顿和规范旅游市场秩序活动,明确提出严厉查处乱拿、私收回扣,打击非法从事导游活动,坚决清理一批政治、道德、业务素质不合格的导游,建立和完善"专职导游"和"社会导游"两套组织教育管理体系,全面推行导游计分制管理和 IC 卡管理等举措,促进了导游工作的规范化,加强了导游队伍的建设。

1-11 《中华人民共和国旅游法》

2013 年 10 月 1 日,《中华人民共和国旅游法》正式施行。该法对导游准入条件做出重大修改,从源头保证各类导游都有固定的收入渠道,规范了导游与旅行社之间的利益分配关系,并且进一步明确了导游执业行为应该承担的法律责任。

(五)深化导游改革阶段(2016 年至今)

2016 年 1 月 29 日,全国旅游工作会议提出要深化导游管理体制改革,导游从"行政化、非流动、封闭式"管理向"市场化、自由化、法制化"管理转变。

2016 年 5 月 9 日,国家旅游局印发了《关于开展导游自由执业试点工作的通知》,附带《导游自由执业试点实施方案》和《导游自由执业试点管理办法(试行)》两个文件,决定从 2016 年 5 月开始,正式启动在江浙沪三省市、广东省的线上导游自由执业试点工作,在吉林长白山、湖南长沙和张家界、广西桂林、海南三亚、四川成都的线上线下导游自由执业试点工作。这标志着导游进入自由执业阶段。在试点过程中,国家旅游局为导游自由执业划定了门槛:持有在试点地区注册的初级及以上导游证,身体健康,且两年内未受到行政处罚的导游,由各试点地区的旅游主管部门审核,可以参与导游自由执业。同时,参与自由执业的导游应该具有导游自由执业责任保险,每次事故每人责任限额应不低于 50 万元人民币。

1-12 《导游自由执业试点实施方案》

为了方便导游执业,加强对导游的信息化管理和制度保证,2016 年 8 月 24 日,全国导游公共服务监管平台正式上线。该平台的功能主要有:导游执业管理、导游执业信息全记录、导游服务评价和投诉、旅游部门监管执法及其他公共服务。随着平台建设的不断完善,将实现导游网上培训、星级评价、信息咨询、突发事件应急管理等公共服务。同年 9 月

1-13 《导游自由执业试点管理办法(试行)》

27 日,宣布废止《导游人员管理实施办法》,停止实施导游岗前培训考核制度、计分管理制度、年审管理制度和导游资格证 3 年有效制度。

导游执业方式自由化是导游自由执业的核心,目前导游执业主要有以下类型和模式。

1. 导游自由执业的类型

(1)线上导游自由执业。指导游向通过网络平台预约其服务的消费者提供单项讲解或向导服务,并通过第三方支付平台收取导游服务费的执业方式。

(2)线下导游自由执业。指导游向通过旅游集散中心、旅游咨询中心、A 级景区游客中心等机构预约其服务的消费者提供单项讲解或向导服务,并通过第三方支付平台收取导游服务费的执业方式。

2. 导游自由执业的模式

(1)旅行社委派模式。指导游接受旅行社委派,为游客提供服务的模式,是现有旅行社委派导游经营模式的延续。

(2)旅行社预订模式。指游客通过旅行社预订导游服务的模式,旅行社保留的与部分优秀导游的劳动关系或雇佣关系,在导游自由执业后依然存在。

(3)协会预订模式。指游客通过旅游行业协会,如导游协会预订导游服务的模式。游客通过旅游行业协会预订导游服务,必定会成为导游自由执业后的趋势之一,如张家界导游协会、四川导游之家等。

(4)导游服务公司模式。指导游服务公司、导游经纪公司为游客提供导游服务的模式。这里所指的导游服务公司多为半官方性质,一般不能按照市场化模式运转,与目前正在营运的一些导游服务公司不是一个概念。未来随着导游自由执业全面实施,导游服务公司等经济实体将专职从事预订和提供导游服务的工作。

(5)游客直联模式。指游客直接与导游本人联系,预订其导游服务。这种模式为那些业务素质精湛、服务质量高的导游提供了施展才华的天地,目前只适用于试点地区。

三、导游服务的发展趋势

(一)旅游活动的发展趋向

1. 世界旅游业发展增速虽然放缓,但仍将持续增长

近年新冠疫情影响了潜在的旅客消费,国际旅游业呈现负增长,随着疫情退散,旅游业将逐渐恢复。

2. 我国居民出游势头强劲

改革开放 40 多年来,中国公民国内旅游和出境旅游迅速发展。1985—2018 年,中国居民国内旅游人数年均增长 9.9%;1987—2018 年,中国居民出境旅游人数年均增长 34%,2018 年已达 1.5 亿人次,成为世界最大的客源市场和世界第一大旅游消费国。2023 年"五一"假期,经文化和旅游部数据中心测算,我国国内旅游出游合计 2.74 亿人次,同比增长 70.83%,按可比口径恢复至 2019 年同期的 119.09%;实现国内旅游收入 1480.56 亿元,同比增长 128.90%,按可比口径恢复至 2019 年同期的 100.66%。

(二)导游服务的发展趋势

未来旅游活动的发展趋势会对导游服务产生直接影响并提出新的要求。导游服务在未来将出现如下趋势。

1. 导游内容高知识化

导游服务是一种知识密集型的服务,即通过导游的讲解来传播文化、传递知识,促进世界各地区间的文化交流。在未来社会,人们的文化修养更高,对知识的更新更加重视,获取旅游相关知识的途径更加便捷,加上文化旅游、专业旅游、科研考察的发展,对导游服务提出了更高的知识要求。

根据这一趋势,导游必须提高自身的文化修养,不断吸收新知识和新信息,导游掌握的知识不仅要有广度,还要有深度;导游不仅要能同游客讨论一般问题,还要能较深入地谈论某些专业问题。这样会使导游讲解的内容进一步深化,更具科学性,更有说服力。总之,在知识方面,导游不仅要成为"杂家",还要成为某些知识领域的行家里手。

2. 导游手段科技化

随着科技的发展,未来会有更先进的科技手段运用到导游服务中来。图文声像导游、网络导游等先进的导游手段,在游览前或在游览现场引导游客参观的过程中,不仅能让游客了解景观景物的现状,还能让其进一步了解历史沿革和相关知识,起到深化实地导游讲解和以点带面的作用,成为导游服务不可或缺的辅助手段。因此,导游必须学会使用它们,并在游前导、游中导和游后导中运用自如,密切配合实地口语导游,使两者相辅相成。同时,在导游过程中讲解科技知识,运用科技手段,能够使游客了解到旅游和高科技发展之间的关系,使导游服务与时俱进,充满时代气息。

3.导游方法多样化

旅游活动日趋多样化,尤其是参与性旅游活动的兴起和发展,要求导游随之改变导游方法。参与性旅游活动的发展,意味着人们追求自我价值实现的意识在不断增强。追求自我价值不仅体现在工作中,人们还将其转移到了娱乐活动之中。人们参加各种节庆活动,与当地居民一起活动、生活,在旅游目的地学习语言、各种手艺和技能,甚至参加冒险活动等。这些都要求导游不仅会说(导游讲解),还要能动,与游客一起参加各种活动。

4.导游服务个性化

如今,人们对旅游的需求趋向个性化,旅游产品的消费也呈现个性化趋势。一方面,导游服务的个性化要求导游根据游客的个性差异和不同的旅游需求提供针对性的服务,使不同的游客获得更大的心理满足;另一方面,导游服务的个性化有利于导游根据自己的优势和爱好,形成自己的个性风格,朝品牌化导游方向发展,给游客留下特色鲜明的印象。

5.导游职业自由化

从世界各国导游发展的历史来看,导游作为自由职业者是必然趋势。他们身份自由、行动自由、收入自由,靠为游客提供良好的服务和高尚的职业道德获得社会认同。导游的收入取决于带团机会,服务水平高、个人声誉好的导游带团机会就多,收入也更高。目前,我国各地区成立的导游自由执业平台、导游公司或导游服务中心就是这一趋势的反映。

总之,未来的旅游业要求导游不仅要有"十八般武艺",而且还要掌握更多的导游技能,以满足游客不断变化的旅游需求,只有这样,导游才能胜任未来的导游服务工作,才有可能将导游服务做得有声有色。

任务三　导游服务的性质、特点和基本原则

◇ 引 例

转型不转行　导游怎样在坚守中发展

近年受疫情影响,导游人才相继流失。如何留住他们,为文化和旅游行业的复苏储备力量? 导游如何转型? 近日,一场关于"新时代、新形势下导游职业发展"的公益论坛在山东诸城永辉乡间举办。与会的山东省内知名导游代表以及通过视频参加论坛的嘉宾们一起探讨在疫情的影响下,导游如何转型不转行,怎样在坚守中发展。

挑战巨大

"即便没有疫情,导游职业本身也面临着很多挑战。一方面,进入移动互联网时代,游客获取信息越来越便利,旅游经验越来越丰富,个性化需求随之增加;另一方面,目的地建设的创新性、数字化,业态的创意化、丰富性,加之异业融合发展等,使得旅游资源的类型变得更为纷繁复杂。"全国文化和旅游系统劳动模范、全国导游技术技能大师张晓国认为,旅游消费主体和客体的多样化,给导游职业提出了更高的要求。

2022 年,导游张娟在泰山直播了很多场,"泰山娟姐"在网上火爆。听闻山东一家5A 级旅游景区的团队散客比例由原来的 8∶2 变为 2∶8 的时候,她并不惊讶。"团队游客越来越少是毋庸置疑的,肯定会挤压一部分导游的生存空间。同时,导游讲解的一些小程序也会给导游带来一定冲击。但是,游客始终愿意为优质的讲解买单,这也是我们深耕下去的理由。"她认为,未来,导游行业将出现两极分化,即一般性讲解和高端讲解。

转型发展

过去的几年里,疫情给旅游行业造成巨大冲击。但是,知名网红旅游主播"普陀山小帅"却认为,这不仅仅是危机,更存在着很多机遇,"这是一个可以让导游自身发光的时代"。

张晓国从事导游工作 27 年,从最初的导游到参与旅游目的地营销工作,乃至担任景区职业经理人,他身上的标签越来越多。"疫情之后,旅游业将迎来一个跨界融合、高质量发展的时期。这就要求导游从原来单一的讲解服务,转型为更全面的生活服务,不仅要做好基础的讲解和服务,做'杂家',还要逐步成为某些方面的专家,在某些领域起到一定的引领作用,还要懂策划、会写作,不断提高'讲'的内涵。"

在某短视频平台上拥有100多万粉丝的张娟被圈内人誉为"导游界最勤奋的蜜蜂"。从导游到"讲者"再到"网红主播",张娟说:"这只是在疫情影响下个人身份的一种转型,也使导游多了一个表达的渠道而已。转型不是转行,而是继续在导游这个行业,用不同的方式来展示导游应有的风采。"

因为热爱,来自临沂的网红导游任冰冰仍在坚守。一毕业就开始做导游,然后创办了一家旅行社,开发了票务代理、组织自驾游等业务,任冰冰的职业版图一点点壮大。但是,疫情让一切清零。不想放弃的她,开始在短视频平台上推介家乡,在找准定位、确定风格后,她的账号涨粉20万,她从一名普通的旅游人转型为内容创作型网红。"下一步,我会尝试直播带货,在宣传家乡文化和旅游的同时,把家乡的好产品推销出去。我已经在联系山东的中华老字号、山东老字号、非物质文化遗产、地理标志性产品等方面的商家,争取在带货方面取得成绩。"

面向未来

对于未来,网红主播"杭州小黑"的答案是"个性化导游服务时代已经来临,私人定制和小包团有着非常大的需求,'云旅游'将成为旅游中非常重要的一部分"。

相比"导游"一词,张娟更愿意称自己为"深耕文化领域的'讲者'"。在她看来,智能设备永远替代不了充满温情、娓娓道来的'高级讲者',为'高级讲者'买单的时代终将到来。"

2019年,谢方军和张娟共同成立了讲者团队。虽然每人98元/150分钟讲解的费用远远高于当时的市场平均价格,但那年十一假期讲解业务的火爆让谢方军始料未及。"讲者团队共有5人,十一假期期间每天接待125名游客,完全是满负荷运转。仅讲解一项,每天的营业额就超过1万元。"

"导游服务要顺应时代变化。导游要勇敢尝试,不断挖掘自身价值,理好自己的发展路径。不懈耕耘,一定会迎来属于导游的高光时刻。"谢方军说。

(资料来源:http://www.ctnews.com.cn/rcjy/content/2022-01/13/content_117806.html.)

一、导游服务的性质

导游服务的性质因国家和地区的不同,其政治属性也不同。在资本主义制度下,导游由于长期受资本主义社会环境影响,在向游客提供导游服务时,往往会有意无意地传播资本主义人生观、价值观和伦理道德,使导游服务有形或无形地带有资本主义色彩。

我国导游服务工作在本质上有别于资本主义国家,是一项为国家的社会主义建设和国内外民间交往服务的旅游服务工作,它以游客为服务对象,以协调旅游活动、导游讲解、帮助游客了解中国为主要服务职责,以沟通语言和文化为主要服务形式,以增进相互了解和友谊为主要工作目的,以"游客为本,服务至诚"为核心价值观。

除了政治属性外,世界各国的导游服务还具有以下共同属性。

(一)社会性

旅游活动是一种社会现象,在促进社会物质文明和精神文明建设中起着十分重要的作用。在旅游活动中,导游处于旅游接待工作的中心位置,接待着四海宾朋、八方游客,推动着这一大规模的社会活动,所以导游所从事的工作本身就具有社会性。与此同时,导游服务工作又是一种社会职业,对大多数导游来说,它是一种谋生的手段。

(二)文化性

由于国别、语言和所处环境等方面的不同,游客与旅游目的地之间往往存在较大的文化差异,从而产生交流和欣赏的障碍。为了加强旅游的美感和愉悦程度,游客迫切地需要导游的引导和服务,需要通过导游讲解来跨越不同的文化范畴,弥合不同的文化差异。导游服务的文化性主要体现在以下两个方面。

1. 导游服务是促进文化交流的重要渠道

导游的讲解、翻译、与游客的日常交谈,一言一行都在影响着游客,都在扩大着一个国家(或地区)及其民族的传统文化和现代文明的影响。导游为来自世界各国、各民族的游客服务,通过引导和生动、精彩的讲解给游客以知识、乐趣和美的享受;同时也对各国、各民族的传统文化和现代文明兼收并蓄,有意无意间传播着异国(或异地)文化,促进了文化的交流。

2. 导游服务是引导审美和求知的媒介

游客要通过旅游去认识过去不曾接触或不曾了解过的事物,以期得到求知欲望的满足。导游讲解服务能引导游客以最佳的方式或最合适的角度去欣赏某一名胜古迹、历史故事、神话传说,能妙趣横生地向游客介绍当地的风俗习惯、掌故趣谈、风味特产等,使游客得到自然美和艺术美的享受,并在潜移默化中增长知识。由此可见,导游服务是游客在旅游过程中进行审美活动和满足求知欲的重要媒介。

（三）服务性

导游服务与第三产业的其他服务一样,属于非生产劳动,是一种通过提供一定的劳务活动,提供一定的服务产品,创造特定的使用价值的劳动。与一般服务工作不同的是,导游服务不是一般的简单服务,它围绕游客展开,采用翻译、讲解、安排生活、组织活动等形式,工作内容涉及旅途中的交通、住宿、饮食、娱乐、购物、票证、货币和其他各方面的生活需求,给游客提供全方位、全过程的服务。导游除具有丰富的专业知识外,还应具备一定的社会活动能力、应变能力以及独立处理问题的工作能力。因此,导游服务是一种复杂的、高智能的服务,其代表性体现在以下两个方面。

📊 1.导游服务可以提高游客的旅途生活质量

旅游活动的基本特点之一就是异地性。游客身处陌生的环境,如果需要自己安排吃、住、行,势必会分散游览观光的精力,也会影响旅游活动的顺利进行。有了导游的服务,游客就可获得事半功倍的旅游效果。即使那些旅游经验丰富、不需要导游的人也往往离不开物化的导游服务(即旅游指南和各种旅游地的指示)。

📊 2.导游服务可以满足游客心理需求

游客身处他乡异地,热情的导游服务能消除游客在旅游过程中出现的拘谨心理和寂寞感,增强他们的安全感。同时导游服务能减少或者避免一些不良情况发生,比如游客因对当地风俗不了解或因语言不通而造成误会,或因不熟悉情况冒犯当地居民的风俗习惯而发生不愉快的事情等。

（四）经济性

导游服务是导游通过向游客提供劳务而创造特殊使用价值的劳动。导游通过服务,满足游客的相应旅游需求,实现旅游企业的经济目标,获取相应的个人经济收入。导游服务具有较为明显的经济性,主要表现在以下几个方面:① 优质服务,直接创收;② 扩大客源,间接创收;③ 因势利导,促销商品;④ 增进了解,促进经济交流。

（五）涉外性

发展入境旅游是我国旅游业的长期方针,也是一项战略任务。根据《中华人民共和国旅游法》,我国合法设立的旅行社均可从事入境旅游接待业务,理论上都具有涉外性。改革开放以来,我国公民出境旅游发展势头也很强劲。对于入境旅游,导游是为海外游客提供导游服务,而对于出境旅游,导游为中国公民提供出境陪同服务,两者都具有明显的涉外性。

导游服务的涉外性要求我国导游在入境旅游接待和出境旅游陪同中,积极宣传社会主义中国,充分发挥民间大使的作用。与此同时,还要对海外有关情况进行调查研究,特别要了解旅游客源国游客的需求及其变化,了解外国旅游企业的运作和经营管理模式。这有助于导游有针对性地提供导游服务,提高导游服务质量,也有助于提高我国旅游产品的开发和设计水平,更具针对性地开展旅游宣传、招徕与促销活动。

二、导游服务的特点

(一)独立性强

导游服务工作独当一面。在游客整个旅游活动过程中,往往只有导游与游客朝夕相处,时刻照顾他们吃住行游购娱等方面的需求,独立地提供各项服务,特别在回答游客政策性很强的问题或处理突发性事故时,常常要当机立断,独立决策,事后才能向领导和相关方汇报。导游讲解也是比较独特的,因为在同一景点,导游要根据不同游客的不同特性,在不同时机进行针对性的导游讲解,以满足他们的精神享受。这是每位导游都必须努力完成的任务,其他人无法替代。

(二)脑力与体力高度结合

导游服务是一项脑力劳动与体力劳动高度结合的服务性工作。由于旅游活动涉及面广,要求导游具有丰富而广博的知识,除了掌握导游服务规范外,导游还必须有一定的政治、经济、历史、地理、天文、宗教、民俗、建筑、心理学、美学等方面的基本知识,了解我国当前的大政方针和旅游业发展状况及政策法规,掌握旅游目的地主要游览点、旅游线路的基本知识。同时,还要了解客源国(或地区)的政治倾向、社会经济、风土民情、宗教信仰、禁忌习俗等。景点讲解和回答游客问题时都需要运用知识和智能来应对,这是一种艰苦而复杂的脑力劳动。此外,导游除了在旅行游览过程中进行介绍、讲解,还要随时随地应游客的要求,帮助解决问题,事无巨细,也无分内与分外之分,特别是旅游旺季时,导游往往长期在外工作,体力消耗大,又常常无法正常休息。因此,要求导游具备较强的事业心和良好的身体素质。

(三)客观要求复杂多变

导游服务具有较强的规范性和可操作性,同时也有更多的不确定性和未知性。导游服务的复杂性主要体现在以下几个方面。

1. 服务对象复杂

导游服务的对象是游客,他们来自五湖四海,不同国籍、民俗、肤色的人都有,职业、性别、年龄、宗教信仰和受教育的情况各异,性格、习惯、爱好等各不相同,而且导游每次接待的游客通常都不同,这更增加了导游服务的难度和复杂性。

2. 游客需求多样

导游除按计划安排和落实旅游活动外,还要处理游客随时随地提出的各种个别要求,以及解决旅游过程中可能出现的问题和情况,如会见亲友、传递信件、转递物品、游客患病、游客走失、游客财物被窃与证件丢失等。而且由于对象不同、时间场合不同、客观条件不同,同样的要求或问题也会出现在不同的情况下,需要导游审时度势、判断准确并妥善处理。

3. 人际关系复杂

导游既要维护自身和接待方的利益,又要维护游客的利益,在安排和组织游客活动时要与餐馆、旅游景区(点)、商店、娱乐、交通等单位相关人员接洽、交涉和协调,人际关系相当复杂。同时,导游还要处理和协调导游中全陪、地陪与外方领队的关系,争取各方面的支持和配合。虽然导游面对的这些方方面面的关系是建立在共同目标基础之上的合作关系,但是每一种关系的背后都有各自的利益,落实到具体人员身上,情况就更为复杂。

4. 直面"精神污染"

导游常年接触各方游客,直接面对各种各样的意识形态、政治经济、文化观点、价值观念和生活方式,有时还会面临金钱、色情、利益、地位的不断诱惑,直接面对"精神污染"的概率高于常人。

(四)跨文化性

导游服务是传播文化的重要渠道,起着沟通和传播文明、为人类创造精神财富的作用。游客来自不同的国家和地区,民族习性不同,文化背景各异。导游必须在各种文化的差异中,甚至在不同民族、不同地域文化的碰撞中工作,架设不同文化间沟通的桥梁,找到不同文化之间的共同语,减少文化接触中的负面冲撞,增加文化交融互补的机会,应尽可能多地了解不同文化之间的差异,圆满地完成文化传播的任务。

1-14 美国学者的"文化价值分类比较表"

三、导游服务的基本原则

（一）满足游客合理需求的原则

游客是旅游活动的主体，是旅游产品的购买者和消费者。对旅游目的地和旅游企业来说，对游客就要竭诚服务，要在合理且可能的基础上以努力满足游客的需要作为服务的准则。

1.以"宾客至上"为主旨

首先，导游的工作要以游客的利益为出发点，努力维护游客的合法权益；其次，要礼貌待客，在态度、言语和行为上尊重游客；最后，要平等待客，无论游客来自境内还是境外，也不论其肤色、宗教信仰、消费水平如何，都应一视同仁、平等相待，不能厚此薄彼。

2.认真落实接待计划

接待计划是游客或其组团社与接待社达成的约定或所签合同内容的具体安排计划，它反映了游客的共同需求，是游客购买旅游产品的主要兴趣所在。因此，导游应将落实接待计划规定的内容放在导游服务的第一位，它是衡量导游是否履行职责的基本尺度。

3.规范化服务与个性化服务相结合

规范化服务又称标准化服务，是由国家和（或）行业主管部门所制定并发布的某项服务（工作）应达到的统一标准，导游应按《导游服务规范》《旅行社国内旅游服务规范》和《旅行社出境旅游服务规范》等标准的要求向游客提供规范化的服务。然而，规范化服务并不等于优质服务，它只是导游在服务中必须达到的基本要求。导游向游客提供的服务可以而且应该比上述标准要求的服务更高、更好。导游向游客提供优质的导游服务，应将规范化服务与个性化服务密切结合起来。

个性化服务又称特殊服务，是导游在按照规范化服务的要求落实旅游接待计划之外，为满足部分游客或个别游客的合理需求而提供的服务。

（二）维护游客合法权益的原则

游客作为旅游消费者，其权益也受到《中华人民共和国消费者权益保护法》的保护。游客的合法权益主要有以下几个方面。

1. 旅游自由权

旅游自由权包括旅行自由权和逗留权。前者是指游客在不违背有关法律法规和履行必要的手续的条件下,有权按照自己的意愿前往各地旅行,其旅行方式、旅行时间和旅行地点均不应受到不合理的干涉;后者是指游客在旅游目的地和途中有权根据自己的需要逗留,其逗留的时间、方式也不应受到不合理的限制。

2. 旅游服务自主选择权

旅游服务自主选择权是指游客有权自行选择旅游目的地、旅游经营的企业、旅游线路、旅游项目和旅游服务等级,不受任何部门、企业、单位和个人的干预。

3. 旅游公平交易权

旅游公平交易权是指游客在购买旅游经营企业的产品和服务时有权获得公平、公正的待遇,旅游经营企业不得用任何欺骗、恐吓的手段来诱骗和强制游客购买。游客对交易的旅游产品和服务不满意时拥有拒绝购买和签约的权利。

4. 旅游服务内容知悉权

旅游服务内容知悉权是指游客在购买和接受旅游服务时,有获悉服务内容和其他相关信息的权利,旅游经营企业有向游客提供真实情况和信息的义务。游客购买和接受导游服务时,有权了解旅游目的地和游览景点的知识,导游则有义务向游客做真实的介绍。

5. 依约享受旅游服务权

依约享受旅游服务权是指游客有权享受所签旅游合同中约定的服务数量和质量,旅游经营企业和导游应当按照合同提供相应数量和质量的旅游服务。对于合同规定之外的服务,游客有权予以拒绝。

6. 人身和财物安全权

人身和财物安全权是指游客在购买了旅游经营企业的旅游产品和服务后,享有其人身和财物不受侵犯的权利,旅游经营企业和导游有采取一切措施保障游客的人身和财物安全的义务。

7. 医疗、求助权

医疗、求助权是指游客在旅游过程中患病或受伤时享有治疗的权利和在遇到困难时享有请求获得帮助的权利,旅游经营企业和导游有予以协助的义务。

8. 求偿权和寻求法律救援权

求偿权是指游客的上述合法权益受到损害或侵犯时,有向有关部门投诉和要求有关旅游经营企业或保险公司赔偿的权利。寻求法律救援权是指游客的合法权益受到侵害而问题又得不到妥善解决时有向法院提起诉讼的权利。

(三)注重经济和社会效益的原则

导游服务既是一种文化传播的社会活动,又是一种可以获取经营收入的经济活动。前者旨在扩大影响,提高社会效益;后者旨在增加经营收入,提高经济效益。在导游服务中,要同时注重经济效益和社会效益的提高,二者不能偏废,这也是导游服务中应遵循的一项基本原则。

注重经济效益和社会效益对于导游来说都同等重要。只注重经济效益而无视社会效益,导游服务就会偏离方向,满足游客的需要就可能成为一句空话;反过来,只注重社会效益而无视经济效益,导游服务就会脱离市场经济的轨道,导游便失去了作为旅游企业一员的价值。

任务四 导游服务的地位和作用

◇ 引 例

蒙曼:为旅游发展注入更多文化内涵

"铸就社会主义文化新辉煌,既要有'道'也要有'器','道'是社会主义文化,是意识形态,是价值观;'器'则是新辉煌,意指怎么做。具体落实到旅游方面,就是要坚持以文塑旅、以旅彰文,把'道''器'结合在一起,从而让旅游和文化形成一个有形有魂的集合体,大踏步地往前走。"10 月 19 日,党的二十大代表、全国妇联副主席(兼)、中央民族大学历史文化学院教授蒙曼在接受中国旅游报社记者采访时表示,这是她第二次以党代表身份现场聆听习近平总书记作报告,她对报告中"推进文化自信自强,铸就社会主义文化新辉煌"等内容感触很深。

"读万卷书,行万里路。"近年来,蒙曼行走大运河、走进承德避暑山庄、登雁门关长城,做"导游"的同时讲述历史文化,对文化和旅游如何深度融合有了深刻的理解。

"我国拥有丰富的文化和旅游资源,既有'形'也有'魂'。"蒙曼表示,"要提升旅游产品的精细化和层次化,凸显景观特色,推出适合不同人群、不同需求的文旅产品。"蒙曼建议,旅游城市要为游客提供"氛围感",做到城市面貌与风景整体协调、古今协调。

而市民游客如何获得更好的旅游体验?对此,蒙曼也给出了自己的答案。"必须把历史和现实结合在一起。"她举例说,"比如游览北京张家湾码头时,如果对大运河的漕运情况有浓厚的兴趣,就需要去大运河博物馆,深入了解张家湾码头的漕运历史文化。"

如今,国家文化公园建设正在如火如荼推进。蒙曼认为,这正是从国家层面整合历史与现在、整合自然资源和文化资源的一项重大工程。"国家文化公园具有保护传承、宣传教育、科学研究、游憩观光等功能,在建设过程中,整合精细化程度越高,就越能发挥出国家文化公园的价值。"蒙曼说。

"作为党的二十大代表,我身负着沉甸甸的责任。"蒙曼表示,在学习党的二十大报告时,脑海中不断浮现出一句诗,"要看银山拍天浪,开窗放入大江来"。"我们仿若大江里的水滴,只有每个人都澎湃起来,大江才能澎湃起来,时代才能发展。接下来,我将把这些感动和感受传递下去,在社会建设中发挥最大的作用。同时,撸起袖子加油干,在文化和旅游领域讲好中国故事,发挥好自己的作用。"蒙曼说。

(资料来源:http://www.ctnews.com.cn/news/content/2022-10/24/content_132118.html.)

世界各国的旅游专家都把导游服务视为现代旅游业的代表性工种,并给予高度的评价。譬如,日本旅游专家土井厚就认为:"任何行业都有代表性的业务,在旅游业中,就是导游服务。"有些国际旅游界人士甚至直言,"没有导游的旅行,是不完美的旅行,甚至是没有灵魂的旅行",并将导游服务冠以"旅游业的灵魂""旅行社的支柱""旅游活动的导演"等美誉。

一、导游服务的地位

导游服务贯穿于旅游活动的始终，涉及吃住行游购娱六大旅游要素，是整个旅游服务中最重要的一个部分，在现代旅游业中具有极其重要的地位。

（一）导游服务在旅游服务中具有主导地位

旅行社对客服务的各项业务，如产品设计、线路组合、市场促销、车（船、机）票预订，最终都通过导游服务传递给游客。因此，可以说旅行社各部门的工作都是围绕导游服务这条主线展开的，都是导游服务的幕后支持者。

（二）导游服务是旅游服务水平和质量的体现

导游服务是直接面对游客的服务，游客对导游服务的质量也最敏感，因此，可以说导游服务的质量代表着旅行社服务的质量。一般来说，如果导游服务质量好，可以弥补其他旅游服务质量的某些欠缺；如果导游服务水平差，则最容易引起游客的不满。

（三）导游服务是旅游竞争的焦点

旅游竞争重要的方式之一就是导游服务质量的竞争。优质的导游服务能使游客增长知识，使旅游活动更富有魅力，更充满情趣。拥有一流的导游队伍无疑是旅行社扩大知名度、争取更多客源的法宝，也是旅行社最大的一笔财富。

（四）导游服务是旅游产品改进的主要途径

导游工作在旅游第一线，熟悉旅游产品链中每一个环节的服务质量，了解游客的消费心理，可以及时将有关信息反馈给旅行社，有利于旅行社改进服务方式，提高产品的针对性，推出更具竞争力的旅游产品。

二、导游服务的作用

（一）纽带作用

导游服务是旅游接待服务的核心和纽带。导游在旅游服务各环节起着沟通上下、连接内外、协调左右的作用。

1. 沟通上下

导游是国家方针政策的宣传者和具体执行者,并代表旅行社执行完成旅游计划。同时,游客的意见、要求、建议乃至投诉,其他旅游服务部门在接待中出现的问题及其建议和要求,一般也通过导游向旅行社和各级旅游行政管理部门传递,直至上达国家最高旅游行政管理部门。

2. 连接内外

导游既代表接待方的利益,又肩负着维护游客合法权益的责任;导游既有责任向游客介绍中国,同时又要多与游客接触,进行调查研究,了解外国,了解游客。

3. 协调左右

导游是旅行社与餐馆、游览点、交通部门、商店、娱乐场所等企业之间的第一联络员,在各旅游企业之间起着重要的协调作用。各有关部门的相互协作对提高旅游质量至关重要,而导游处在各项旅游服务协调的中心位置,责任重大,作用显著。

（二）标志作用

导游服务质量是旅游服务质量最敏感的标志。导游与游客朝夕相处,因此游客对导游的服务接触最直接,感受最深切,对其服务质量的反应最敏感。因此,游客旅游活动的成败更多取决于导游服务质量。导游服务质量的好坏不仅关系到整个旅游服务质量的高低,而且关系着国家或地区旅游业的声誉和形象。

（三）信息反馈作用

导游可充分利用身处接待一线的有利条件,根据自己的接待实践,综合游客的意见,反馈到旅行社有关部门,促使旅游产品的设计、包装和质量得到不断改进和完善,更好地满足游客的需要。

应当指出的是,旅游服务是一项综合性服务,导游服务只是其中一个重要环节,没有其他各项旅游服务的配合,导游服务也无法做好,旅游产品的价值就不可能充分实现。

（四）扩散作用

优质的导游服务能对旅游目的地的旅游产品和旅行社形象起到积极的传播作用。旅游产品质量主要由旅游资源质量、旅游服务质量、旅游活动组织安排质量和旅游环境质量构成,它们都与导游服务质量密切相关。旅游资源的特色需要导游的讲解才能被认同,"景观景物美不美,全靠导游一张嘴",而各种旅游服务质量和活动安排都离不开导游的业务水平和对工作的投入。

游客往往通过导游带领其进行旅游活动的情况来判断旅游产品的使用价值。如果导游服务质量高,游客感到满意,便会认同旅游产品、导游和旅行社,而且会以其亲身体验向亲朋好友进行义务宣传,进而扩大旅游产品的销路。如果导游服务质量不高,则会导致游客的抱怨和不满,从而阻碍旅游产品的销售。

总之,导游服务质量的高低,都会对旅游产品的销售起到扩散作用。不同的是,质量高时起正面作用,质量低时则起反面作用。

◇ 练习思考题

一、名词解释

导游服务

二、判断题

1. 旅游是一种人际交往和情感交流活动,需要导游的参与和沟通。　　　（　　）

2. 第一次世界大战后,由于世界范围的和平与发展,大众化旅游活动迅速发展,导游队伍得以不断壮大。　　　（　　）

3. 从世界各国导游发展的历史来看,导游作为自由职业者是必然趋势。　　　（　　）

4. 导游常年接触各方游客,直接面对各色各样的意识形态、政治、经济、文化观点、价值观念和生活方式,这体现的是导游需直面"精神污染"。　　　（　　）

三、单项选择题

1. 图文声像导游也称（　　　）。

A. 实地导游　　　　　　　　　　B. 物化导游

C. 讲解导游　　　　　　　　　　D. 口译导游

2. 实地口语导游也称（　　　）。

A. 声像导游　　　　　　　　　　B. 物化导游

C. 讲解导游　　　　　　　　　　D. 口译导游

3. 世界上第一次有商业性导游陪同的旅游活动出现于（　　　）。

A. 1841 年　　　　　　　　　　B. 1845 年

C. 1846 年　　　　　　　　　　D. 1865 年

4. 下列服务中,不属于导游服务范围的是（　　　）。

A. 旅游采购服务　　　　　　　　B. 全程陪同服务

C. 组合旅游服务　　　　　　　　D. 游客接送服务

5.在未来社会,人们的文化修养更高,对知识的更新更加重视,文化旅游、专业旅游、生态旅游的发展所体现的导游发展趋势是(　　)。

A.导游手段科技化　　　　　　B.导游职业自由化

C.导游方法多样化　　　　　　D.导游内容高知识化

6.导游服务是审美和求知的媒介,这体现了导游服务的(　　)。

A.经济性　　　　　　B.涉外性

C.文化性　　　　　　D.社会性

7.外语导游在宣传中国、了解外国以及民间交往中起到了民间大使的作用,这体现了导游服务的(　　)。

A.文化性　　　　　　B.涉外性

C.社会性　　　　　　D.服务性

8.热情的导游能消除游客在旅游过程中出现的拘谨心理和寂寞感,增强安全感,这体现的是导游服务的(　　)。

A.社会性　　　　　　B.文化性

C.服务性　　　　　　D.涉外性

四、多项选择题

1.实地口语导游将永远在导游服务中处于主导地位,这是因为(　　)。

A.图文声像导游种类较少　　　　　　B.图文声像导游发展落后

C.现场导游情况复杂多变　　　　　　D.服务对象是有思想的游客

E.旅游是一种情感交流关系

2.导游服务在未来的发展趋势是(　　)。

A.导游内容高知识化　　　　　　B.导游手段简单化

C.导游职业自由化　　　　　　D.导游服务个性化

E.导游方法多样化

3.导游服务的特点包括(　　)。

A.社会性　　　　　　B.跨文化性

C.独立性强　　　　　　D.脑体高度结合

E.文化性

4.以下关于导游服务的说法中,正确的是(　　)。

A.旅游业的灵魂　　　　　　B.旅行社的支柱

C.旅游服务的核心　　　　　　D.旅游活动的主体

E.旅游业的标志性产品

5.导游服务的作用包括(　　)。

A.纽带作用　　　　　　B.标志作用

C.信息反馈作用　　　　　　D.扩散作用

E.沟通作用

五、问答题

简述导游服务的内涵。

六、实践创新

学生分小组,每个小组搜集一个典型的导游服务案例,并分析该案例中所体现的导游服务原则,在小组之间互相交流。

1-15　项目一练习思考题参考答案

项目二　认 知 导 游

◇ **本项目目标**

■ **知识目标**

1. 熟悉导游资格的获取知识；

2. 掌握导游的含义；

3. 掌握导游的分类；

4. 熟悉导游的从业素质；

5. 了解导游的职责要求；

6. 掌握导游的行为规范；

7. 掌握导游的职业道德。

■ **能力目标**

1. 能够在导游服务中规范自己的行为，充分展现出导游的职业素质和素养；

2. 能够用优秀导游的标准要求自己，在导游服务中遵守职业道德，积极进取，构建较全面的知识体系，培养自己较强的独立工作能力，掌握较熟练的导游技能。

■ **情感目标**

践行社会主义核心价值观，践行"游客为本，服务至诚"的旅游行业核心价值观，培养高尚的情操修养，自觉遵纪守法，培养较强的敬业精神和全心全意为人民服务的精神。

任务一　导游资格的获取

◇ 引 例

从"百团一面"到独家打造 旅游定制师拼出广阔市场

在变化中探索

"以前,我们尝试购买定制游产品是想省去做攻略的时间,也想去一些特别小众的地方打卡,但是大部分定制的是出境游产品。现在,定制师对我们来说就像'私人管家',就算是国内游,也很期待他们给我们的行程带来惊喜,同时也多了一份安心。"游客关先生的这番话,道出了许多喜欢定制游产品的消费者的心声。

近年来,旅游个性化趋势越来越突出,游客对于旅行中的安全保障越来越在意。尤其是在今年,"定制游需求不断上涨"的判断频频出现在各类市场观察报告中。疫情改变了人们的出游方式,赋予了定制游更大的生长空间。作为定制游市场的"灵魂人物",旅游定制师如何探索这个市场? 能否帮助旅行社找到新的突破口?

采访中记者注意到,虽然持证时间不长,但许多旅游定制师是摸爬滚打多年的老旅游人。他们中有计调、导游或是客户顾问。提及为何选择在此时转型成为旅游定制师,他们的答案非常相似——"希望为游客打造一份美好的独家记忆"。与此同时,看好定制游市场的发展前景也是他们愿意尝试的重要因素。

虽然工作经验丰富,这样的转型对于他们来说也并非易事,因为游客对于定制游的需求在不断升级。

在携程旅游定制师李琦看来,疫情发生之前,国内定制游市场的规模虽然已达万亿元级别,但人们对于定制游的认识还比较模糊。比如,把定制游等同于高端旅游,或者认为旅游定制师就是推销产品的。疫情发生之后,游客需求发生明显变化,当人们对于安全、小众、高服务品质的需求越来越强时,定制游逐渐走红。对于游客而言,除了希望获得灵活、周到、专业、有个性的服务之外,他们还特别在意旅游定制师在行程中的关怀和行程结束后的回访,而这些也成为提高复购率的关键。

"定制游客群大致有两类:一类是企业团体,这类客户诉求清晰、预算明确,考验的是服务者资源掌握的能力,同时客户对旅游定制师的专业能力与服务意识也会提出较高要求;另一类是以家庭、情侣、朋友为主体的散客群体,他们对行程的要求是灵活、轻松、有独特性,这部分客群不会一味追求高端,对于产品性价比有一定要求。"途牛旅游定制师储红琳分析,在疫情防控常态化下,定制游市场空间进一步扩大,散客对于定制游的认知度、接受度明显提高,企业客群比较关注细节,要求产品具有一定深度。此外,定制游客群普遍看重两方面:一方面是产品的灵活性,尤其是在遇到不可抗力情况下的退订措施;另一方面是产品的差异性,很多用户对于短视频中的网红目的地有极大兴趣,对产品的个性化和体验度有较高要求。

对比疫情发生前定制游市场的状况,资深旅游定制师邹晓娜发现了 3 个明显变化:一是市场变化,游客需求从境外转向国内,不少高净值人群成为国内定制游市场的主力;二是距离变化,受多地疫情波动影响,国内长线定制游缩短为周边定制游,短途定制游需求有上升趋势;三是规模变化,定制游游客更愿意组成"小团"打卡一些比较冷门的小众景点。

"当越来越多的消费者开始尝试定制游,他们的需求也更加碎片化。"中旅旅行所属中旅会展公司副总经理马巍观察到,定制游游客的需求更加明确具体。

这些都给旅游定制师提出了更高的要求。谈到转型感受时,多位受访者坦言这是一段"痛并快乐着"的体验。"我们的服务要覆盖游客出游的每一个环节,要满足游客各种各样的需求,这是一份需要'超长待机'的工作。但同时,看到游客享受着一次次完美的旅行,我们也很有成就感。"邹晓娜说。

在挑战中蜕变

几位旅游定制师在谈到他们工作中遇到的挑战时,分享了他们近一年印象最深刻的故事。

李琦的故事发生在 2021 年 10 月。当时,一对 65 岁的南京夫妇在她的安排下赴三江源国家公园,在海拔高度 3500 米至 4800 米的青藏高原,一位游客出现了高原反应。李琦在与游客的微信群里了解到这一情况后,马上通过视频连线请教医学专家,提供解决方案,帮助游客迅速摆脱不适。但是,当游客抵达下一站青海省冷湖镇时,又因为周边出现疫情而被滞留在了这个仅有 300 人居住的小镇上。为了尽快让游客持核酸检测阴性证明离开冷湖镇,李琦和她的团队想尽一切办法,帮助游客逐级报批。整整两天,李琦一直通过微信、电话安抚焦虑不安的游客。最后,当李琦在西宁与游客汇合时,3 人紧紧相拥。两位游客回到南京后,特意发来微信表示,这是他们 20 多年旅行体验中最美好的一次。患难见真情,这一路李琦的线上陪伴让他们感到无比温暖,期待下一次再见。

分享这段故事时,李琦十分感慨。在她看来,这份职业的魅力就在于时刻考验着旅游定制师的综合能力。除了具备将碎片化的优质资源串联起来的能力,还要有高效的应急能力和真诚的沟通能力,要将行前、行中、行后的服务串联成完整的服务链。

每周,储红琳都要负责4~5个私家团的出行安排。她的经历与李琦相似,2021年7月,在疫情波动、台风来袭多重考验下,她帮助一个来自新疆的私家团从南京辗转至上海返程。其间,迅速帮助游客修改行程,快速了解当地实时防疫、防汛措施,果断抢票等一系列看似琐碎的工作,成为储红琳帮助游客顺利返程的关键。

"我的工作就是让游客省心和安心。"储红琳告诉记者,旅游定制师这个岗位让她不断蜕变。这份工作涉及的知识面广、专业性强,需要旅游定制师有帮助客户规避风险、节省费用的能力。"这就需要我们不断在工作中积累。目前,途牛每个月会组织2~3次旅游定制师培训,让我们了解目的地的出游攻略、投诉案例、旅游法规、行业标准等。"储红琳说。

一名合格的旅游定制师要具备顺应市场变化的能力。

2020年6月,4名高中毕业生找到邹晓娜,希望她能帮他们定制一次有意义的毕业旅行。他们的要求是打卡江南网红景点,还要有创新的游玩方式。根据他们的预算和需求,邹晓娜结合当下非常流行的真人秀任务卡方式,在杭州、乌镇、西塘、苏州、上海五地设计了不同的打卡任务。比如,在杭州灵隐寺飞来峰来一次古刹寻宝。只有完成所有任务,他们才能够获得毕业旅行定制礼物。

从业11年来,那些走过的路和看过的风景都是邹晓娜做好旅游定制师工作的底气。她说,定制游并不贵。"就像这个高中毕业生团,人均消费不过700元。我们只是把内容形式变了一下,借助传统资源玩出了新花样。"不过,邹晓娜也坦言,并不是游客的所有需求旅游定制师都能满足,这时候就需要旅游定制师拿着"B计划"和客户解释沟通。

"作为旅游定制师,沟通能力、共情能力、责任意识、服务能力都是非常重要的。"马巍总结道。

在探求中前进

企查查数据显示,如今,我国有超过2000家定制游相关企业,在业存续的企业有1800家以上。在旅游定制师眼中,旅行社应该如何更好地抓住市场契机?

马巍认为,在定制游中,信任成本占比较大。一些传统旅行社在保障安全方面有比较完备的预案,包括应急处理措施、安全监督系统等,这些都是消费者比较看重的,也是传统旅行社需要不断提升的。

"旅行社要产品、人才两手抓。"邹晓娜认为,旅行社应该在传统项目中,找到可以深耕后升级成定制游产品的内容。同时,在培训旅游定制师时,将导游进行业务细分。然后,再将吃住行游购娱等资源进行优化重组,并在积累的客户群体中寻找可以转化为定制游的客群,进行精准推荐。

储红琳表示,旅行社唯有做好"专精深",才能更好地抓住定制游市场。一个合格的定制游团队,必须包含客户专属顾问、资深旅游定制师、随团质监专家和旅游产品研发专家,四者缺一不可。另外,旅行社还需重点考虑以下问题:如何保证有充足、专业的旅游定制师提供服务,怎样做到满足用户需求,建立有效的盈利模型,充分利用新媒体拓宽获客渠道……

如今,也有不少游客抱怨,找旅游定制师如同开"盲盒",遇到不合心意的,整个旅程都不美好了。这也反映出目前定制游市场存在的问题。采访中,有业者表示,多重人才的优化、利润空间的拓展、竞争优势的发挥都是旅行社需要突破的内容。

邹晓娜在分享她的经历时说,开始做定制游时,团队中只有两个人,每个人都是"大拿"。不到两年时间,团队发展到了30个人,各司其职,依然忙得不可开交。这样的变化表明定制游市场正在向专业化、规模化、精细化的方向发展。

"在有越来越多的旅游人向定制游领域发展的同时,人们对定制游的认知也在不断提升,需求不断细化,定制游已经走入大众视野,市场发展空间巨大。"邹晓娜说。

李琦判断,未来,学生定制游市场有较大提升空间。

储红琳认为,2020年以来,定制游已经从最初的小众产品演变成当下的打包产品。未来,定制游市场会逐渐分化,大的旅游平台可以发挥流量与系统优势,聚焦产品的标准化和丰富度。中小平台可以在专精深方面下功夫。无论如何,定制游市场拼的还是高质量。唯有让游客"安全省心",才能持续加码自身优势。

(资料来源:http://www.ctnews.com.cn/lyfw/content/2021-12/02/content_115817.html.)

一、我国导游资格的获取

实行导游人员资格考试制度,是世界上很多旅游业发达国家的通行做法,而且都以法律形式明确规定。根据国务院发布的《导游人员管理条例》的规定,我国也实行导游人员资格考试,这充分体现了我国政府对导游工作的高度重视,也表明了导游工作在旅游业中所处的重要地位。同时,实行导游资格考试,可以为旅游行政管理部门对导游工作的管理提供有力的法律手段,严把资格关,确保导游队伍的基本素质,从而为旅游者提供良好的导游服务,进而提高旅游业的产业形象。

2-1 新导游入行
需要知道的
一些事

（一）内地导游资格获取

📈 1. 报名条件

(1)中华人民共和国公民；

(2)具有高级中学、中等专业学校或者以上学历；

(3)身体健康；

(4)具有适应导游需要的基本知识和语言表达能力。

2008年7月底，中央政府与港澳特区政府分别签署了《CEPA补充协议五》，其中，在旅游项下开放的内容之一为："允许香港、澳门永久性居民中的中国公民参加内地导游人员资格考试。考试合格者依据有关规定领取导游人员资格证书"。

📈 2. 考试科目

我国导游资格考试始于1989年，历经30多年，考试科目几经变化。目前全国导游资格考试由笔试与现场考试两部分组成。笔试采取机考方式进行，笔试科目包括政策法规、导游业务、全国导游基础知识、地方导游基础知识。现场考试科目为导游服务能力。已经获得中文导游资格加试外语语种的考生只考现场考试科目。

📈 3. 证书核发

经导游人员资格考试合格者，可获得由国家旅游局统一印制的全国导游人员资格证书，证书在全国有效。旅游中等职业学校导游专业毕业生可以报考，考试合格且取得毕业证书，方可领取导游资格证书。获得导游人员资格证书就表明持证人具备了从事导游职业的资格，但并不能实际从事导游职业。

若想从事导游活动，需要与旅行社订立劳动合同或者在旅游行业组织注册，通过全国旅游监管服务信息系统向所在地旅游主管部门申请取得导游证。导游证采用电子证件形式，由国家旅游局制定格式标准，由各级旅游主管部门通过全国旅游监管服务信息系统实施管理。电子导游证以电子数据形式保存于导游个人移动电话等移动终端设备中。

2-2 《导游管理办法》

《导游管理办法》第十三条规定，导游证的有效期为3年，导游需要在导游证有效期届满后继续执业的，应当在有效期限届满前3个月内，通过全国旅游监管服务信息系统向所在地旅游主管部门提出申请，并提交未患有传染性疾病的承诺、无过失犯罪以外的犯罪记录的承诺以及与经常执业地区的旅行社订立的劳动合同或者在经常执业地区的旅游行业组织注册的确认信息等材料，审核通过后，可继续执业。

（二）港澳导游资格获取

1. 香港特别行政区导游资格获取

香港特别行政区的导游证申请条件包括：年满18岁；持有香港永久性居民身份证，或持有香港居民身份证而不受居留条件限制；中学毕业或同等学力及以上；持有议会认可的证书并通过相关考试；持有以下6个议会认可机构所发出的有效急救证书或急救听讲证书——香港红十字会、香港圣约翰救伤队、医疗辅助队、香港拯溺总会、香港警务处、香港消防处，或者完成由议会举办的急救讲座；声明身体及精神状况良好，适合担任导游工作，并且没有其他理由令议会认为申请人不适宜担任导游工作；以及按议会提供的"申报书"申报在香港或其他地区的刑事记录。

导游核证考试分为笔试和路试两科，笔试主要考查导游基本知识，香港及内地知识，路试为实践考试。

2. 澳门特别行政区导游资格获取

澳门特别行政区导游资格获取的条件是：在澳门居住及通过由旅游学院开设授予有关资格之课程或者通过由旅游学院或澳门其他高等教育机构开设之属旅游范畴之高等专科学位或学士学位课程，或在澳门以外之高等教育机构取得属旅游范畴且获旅游学院接纳之高等专科学位或学士学位课程（符合此项规定及具备所定之资格者，必须参加由旅游学院开办的更新旅游、文化及经济等方面知识之课程并通过有关考试），在旅游局登记及获发导游工作证；与旅行社有合同联系。

二、国外导游资格获取简介

很多国家的导游法规规定，导游必须通过有关部门的考试和考核才能获得从业资格。日本相关法律规定，申请导游执照者必须通过运输省的资格考试，合格者持都道府县签发的导游证方能上岗。考试内容包括外语、日本地理、历史和有关经济、政治、文化等方面的常识。考试作弊者，取消参加考试资格3年。

菲律宾相关法律规定，申请导游执照者，必须有2年以上实际工作经验，参加旅游局或旅游局批准的其他组织或个人举办的导游培训班，考试合格者才能发照。

新加坡旅游促进局对导游资格有严格规定。要想成为一名导游，必须先接受基本训练，毕业后分配到旅行社再接受3个月的实际业务锻炼，在口试、笔试和现场考试通过后，方可获得临时执照，再经过半年的实际工作，表现出色者才发放正式的导游执照。

在法国,高中毕业后必须要到大学里去学习 2 年才有资格当导游。学习的科目主要有艺术、历史、外语等,考核项目有笔试法国艺术史、地方志,口试外语,但这只是指一般景点的导游,如果要做专业导游,必须具备三个条件:一是持有高级旅游专业证书;二是持有艺术考古学士证书或持有卢浮宫艺术学校毕业证书,懂得两门外语,并通过规定考试;三是已有 5 年翻译导游经历。为此,专业导游从业前,必须到艺术学校学习 2~3 年,主要有绘画史、艺术史、建筑史 3 个专业,毕业之后才能担任专业的讲解工作。而只有这些专业的导游才被允许在卢浮宫做细致的讲解,如哪幅画属于哪个画派、出自谁手、用的什么颜料等。因为欧洲游客到了卢浮宫这样的地方,往往想知道细节,这就要求导游能进行更专业的讲解,没有丰富的绘画知识是不可能胜任导游工作的。

不过,也有一些国家对导游从业资格要求较松,如在澳大利亚,凡有意向当导游者,可自愿参加由澳大利亚入境旅游组织举办的半年或一年一次的资格考试,通过者可获得该组织颁发的导游资格证书和导游胸卡,并获得全国承认;也可参加被澳大利亚旅游培训委员会认可的学校所组织的导游资格培训班,完成学业并通过考试者自动获得导游资格证书。但是,导游资格证书只是作为专业水平的证明,并不是每个导游必须具备的从业条件。在德国,不设导游资格考试制度,当导游不需要导游证和导游资格证明,只要能证明身份,有旅行社雇用,任何人都能成为导游。

任务二　导游的定义与分类

◇ 引 例

全国 40 名特级导游名单

2022 年 5 月 25 日,全国导游人员等级考评委员会办公室公布全国特级导游考评结果,有 16 人获评国家特级导游。

我国的导游考试工作始于 1988 年 6 月,同年 12 月国家旅游局成立了全国导游考评委员会,并于 1989 年开展了全国导游资格考试,随后每年举办一次全国性的考试。为了促进导游人员积极进取,1994 年国家旅游局又建立了导游等级考核制度,即将导游的等级分为初级、中级、高级和特级四个级别。1995 年,国家旅游局开展了第一次特级导游评定,全国只有 2 名导游有幸成为特级导游:一个是来自北京中国国际旅行社的顾晓祖,另一个是来自上海中国国际旅行社的周明德。1998 年 7 月 8 日,国家旅游局公布了第二批特级导游,一共22名。2021年文化和旅游部(原国家旅游局)再次进行特级导游考评,于2022年5月25日公布16名获评特级导游的名单,加上前两批特级导游,目前我国特级导游一共有40名。以下为全国40名特级导游名单:

序号	姓名	单位
1	顾晓祖	北京中国国际旅行社
2	周明德	上海中国国际旅行社
3	马金茹	北京中国国际旅行社
4	王伟民	上海中国国际旅行社股份有限公司
5	毋建国	西安中国国际旅行社
6	石春满	大同中国国际旅行社
7	刘浩	上海东方航空国际旅游运输有限公司
8	刘家敏	重庆海外旅游公司
9	孙文霞	上海春秋国际旅行社
10	孙学琦	西安中国国际旅行社
11	朱懋耀	上海中国国际旅行社股份有限公司
12	毕小宁	甘肃省中国国际旅行社
13	应福特	上海皇冠旅行社
14	李志军	上海景致旅行社
15	李明江	上海松江旅行社
16	余乐鸿	江西景德镇市旅游局
17	肖雷	苏州国际旅行社
18	陈刚	浙江省中国旅行社
19	周小丁	成都康辉—威斯特旅行社
20	祝本雄	中国国际旅行社总社
21	凌小榕	上海和平国际旅游公司
22	徐鲁扬	江苏海外旅游公司
23	陶玉平	西安中国国际旅行社
24	黄若雄	上海市中国旅行社
25	张洋	中青旅国际旅游有限公司
26	孙国英	中国旅行社总社(上海)有限公司
27	曾文杰	上海中旅国际旅行社有限公司

续表

序号	姓名	单位
28	史剑锋	常州旅游商贸高等职业技术学校
29	潘伊玫	杭州市中国旅行社集团有限公司
30	吴巧凌	福建省旅游有限公司
31	孙树伟	青岛中之旅国际旅行社有限公司
32	韩兆君	泰安市导游协会
33	谷音	武汉学知研学旅行服务有限公司
34	刘艳红	深圳中国国际旅行社有限公司
35	黄志康	南宁市旅游协会
36	敖燕军	海口百顺祥导游服务有限公司
37	赵旭望	四川海外旅游有限责任公司
38	刘国杨	西安霞客文化旅游有限公司
39	张照	甘肃省旅游协会
40	部晓磊	甘肃康辉国际旅行社有限责任公司

（以上排名主要以评定时间为序）

（资料来源：西安市导游行业协会微信公众号，有删减。）

一、导游的定义

在日常工作中，导游服务的主体又被称为导游、导游员或导游人员。

2017年10月修订的《导游人员管理条例》第二条规定："本条例所称导游人员，是指依照本条例的规定取得导游证，接受旅行社委派，为旅游者提供向导、讲解及相关旅游服务的人员。"所以，应将导游服务主体称为"导游人员"。

2-3 《导游服务质量》
（GB/T 15971—1995）

《导游服务规范》（GB/T 15971—2010）的前言规定，本标准代替《导游服务质量》（GB/T 15971—1995），本标准与 GB/T 15971—1995 相比，主要变化如下：标准标题更改为"导游服务规范"，导游人员统称为"导游"。因此，应将"导游人员"称为"导游"。

　　而按照《中华人民共和国职业分类大典》中的规定,导游是指从事旅游向导、讲解及旅途服务工作的人员,且《中华人民共和国旅游法》也将这类工作人员称为导游。由于"法"大于标准和条例,称"导游"更朗朗上口,因此,导游服务主体应称为"导游"。

2-4　《导游服务规范》
（GB/T 15971—2010）

　　目前,我国对导游的定义依然采用 2017 年 10 月修订的《导游人员管理条例》中的定义:导游是指取得导游证,接受旅行社委派,为游客提供向导、讲解及其他服务的人员,包括全陪导游、地陪导游、出境旅游领队和景区导游。

　　对导游的内涵可从以下几方面去理解。

　　第一,在现代旅游活动中,人们的旅游活动空间极其广阔,活动内容十分复杂,但如果没有导游的参与,人们的旅游体验和收获就会逊色很多。所以,在国际旅游界形成了这样的共识:没有导游的旅行,是不完美的旅行,甚至是没有灵魂的旅行。

　　第二,导游的工作范围很广。既要指导参观游览,提供导游讲解服务,又要落实安排游客的吃住行游购娱等活动,提供生活服务,还要与游客沟通思想,交流感情,建立友谊。因此,导游为游客提供的服务是脑力与体力兼而有之的综合性劳动服务。

　　第三,旅游是当今世界最大规模的民间交往活动。在旅游活动中,导游通过自己的辛勤劳动,增进了各国人民之间的相互了解与友谊,客观上也带动了旅游地经济和社会发展,促进了民族文化的传承和自然生态环境的保护,为旅游业快速、健康和可持续发展做出了贡献。

　　第四,导游服务的性质和任务决定了从事这项工作的人必须具备一定的资格和条件。只有通过旅游管理部门的审查、考核后,获取从业资格证书,并在工作中不断提高自己的业务水平,方可成为一名合格的导游。

二、导游的分类

　　导游服务范围广泛、对象复杂,加之各国各地的具体情况不尽相同,使得世界各国对导游的分类方法不一,很难有一个世界公认的统一分类标准。

（一）按业务范围划分

　　按照业务范围,可将我国导游分为以下四种类型:全陪导游、地陪导游、出境旅游领队和景区导游。

1. 全陪导游

　　全陪导游(简称全陪)是指接受组团旅行社委派,作为组团社代表,监督并协助地接社、地陪导游及相关接待者的服务,以使组团社的旅游接待计划得以按约实施,为旅游者提供境内全程陪同导游服务的人员。这里的组团社是指接受旅游者或海外旅行社预订,制订和下达接待计划,并可提供全陪导游服务的旅行社。

2. 地陪导游

地陪导游(简称地陪)是指实施旅游接待计划,在旅游目的地为旅游者提供导游服务的人员。

3. 出境旅游领队

出境旅游领队是指依法取得从业资格,受组团社委派,全权代表组团社带领旅游团出境旅游,为出境旅游者提供全程陪同导游服务,并监督、协助境外地接社履行旅游接待计划等服务的人员。

4. 景区导游

景区导游是指在旅游景区,包括博物馆、自然保护区等,为游客进行导游讲解的工作人员。

（二）按劳动就业方式划分

按照劳动就业方式,可将我国导游分为以下两种类型。

1. 旅行社专职导游

旅行社专职导游是指在一定时期内被旅行社固定聘用,以导游工作为其主要职业的导游。这类导游大多受过中高等教育,或受过专门训练,为旅行社正式员工,专职为旅行社带团,并由旅行社支付劳动报酬、缴纳社会保险费用。

2. 社会导游

社会导游有自由执业导游和兼职导游两类。

(1)自由执业导游。是指以导游工作为主要职业,但并不受雇于固定的旅行社,而是通过签订临时劳动合同为多家旅行社服务,或者通过导游自由执业平台为散客提供导游服务的人员。自由执业导游是西方大部分国家导游队伍的主体,近年来在我国导游队伍中也占据了主体地位,其主要收入来源是旅行社(或游客)支付的导游服务费。

2-5 《导游人员
等级考核评定
管理办法(试行)》

（2）兼职导游。也称业余导游，是指不以导游工作为主要职业，而是利用业余时间从事导游工作的人员。他们一般有其他职业，只在空闲时帮助旅游企业带团。

（三）按使用语言划分

按照使用语言，可将我国导游分为以下两种类型。

📊 1. 中文导游

中文导游是指使用普通话、地方话或者少数民族语言从事导游业务的导游。目前，这类导游的服务对象主要是国内旅游中的中国公民（包括入境旅游中的港澳台同胞）。

📊 2. 外语导游

外语导游是指运用外语从事导游业务的导游。目前，这类导游的服务对象主要是入境旅游的外国游客和出境旅游的中国公民。

（四）按技术等级划分

按照技术等级，可将我国导游分为以下四种类型。

📊 1. 初级导游

《中华人民共和国旅游法》明确规定，参加导游资格考试成绩合格，与旅行社订立劳动合同或者在相关旅游行业组织注册的人员，可以申请取得导游证。也就是说，具有高中、中专及以上学历，通过国家文化和旅游部组织的统一考试，获得导游资格证书并进行岗前培训，与旅行社订立劳动合同或在相关旅游行业组织注册的人员，自动成为初级导游。

2-6　《导游等级
划分与评定》

（GB/T 34313—2017）

📊 2. 中级导游

初级导游报考同语种中级导游和初级外语导游报考中文（普通话）导游的，学历不限；初级中文（普通话）导游和中级中文（普通话）导游报考外语导游的，需具备所报考语种大专以上学历。在取得导游资格证书满 3 年，或具有大专以上学历取得导游证满 2 年，报考前 3 年内实际带团不少于 90 个工作日的人员，经笔试导游知识专题、汉语言文学知识或外语合格者晋升为中级导游。

3. 高级导游

取得中级导游资格满 3 年,具有本科以上学历或旅游类、外语类大专学历,报考前 3 年内以中级导游身份实际带团不少于 90 个工作日的人员,经笔试导游能力测试和导游综合知识(包括对旅游政策法规的掌握和运用能力、对旅游业发展趋势的深入了解、对国内外重大事件的及时掌握和分析,以及对旅游相关知识的综合运用能力)合格者晋升为高级导游。

4. 特级导游

取得高级导游资格 3 年以上,业绩优异,有突出贡献,有高水平的科研成果,在国内外同行和旅行商中有较大影响,经论文答辩通过后晋升为特级导游。

任务三 导游的素质及职责要求

◇ 引 例

敖燕军:明天的导游将是多面手

2020 年 7 月 14 日,文化和旅游部印发的《关于推进旅游企业扩大复工复业有关事项的通知》明确,各省(区、市)文化和旅游部门在做好疫情防控工作的前提下,经当地省(区、市)党委、政府同意后,可恢复旅行社及在线旅游企业经营跨省(区、市)团队旅游及"机票+酒店"业务。消息一出,业内一片雀跃,艰难的 172 天过去,旅游人终于看到了一丝曙光。在这个特殊的时刻,旅游人究竟在想什么,做什么? 日前,本报采访了几位业者,以下是他们的讲述。

"各位摆摊的、搬砖的、擦皮鞋的、按摩的、送外卖的、开滴滴的、卖烧烤的、卖特产的、卖泰国床垫的,喊你回来上班了。"

"好像有种从 ICU 病房转出来的感觉。"

7 月 14 日文化和旅游部宣布"恢复跨省(区、市)团队旅游"后,我的朋友圈就炸开了锅。其中,这两个段子比较有意思。

172天过去，导游的"待业期"终于结束了。这段时间，我经历了停团无业务、失业无收入、迷茫无方向的前期，以及多种方式自救、多方援手帮助、苦练内功积蓄力量、传播行业正能量的中后期。

停组团，关景区，战疫情，导游们没团带了，赖以生存的饭碗一下子没了。停团一周两周还没事，但是，时间越来越长，一个月两个月，慢慢地，很多同行都没了方向，感到迷茫、困顿。

好在随着疫情逐渐稳定下来，海南省内游开启了。但是，有限的发团量又让导游们面临"僧多粥少"的尴尬。

我身边的很多导游开始尝试多种方式自救，转行的、兼职的、直播带货的、做微商的。与此同时，从国家层面到海南本地各级文旅部门，从行业协会到旅行社，都给予了我们实实在在的帮助。

经历了最初的迷茫、困顿之后，慢慢地我发现，疫情也是一个拐点、一个转机，暂停键的背面，是旅游新升级、高质量的重启键。待业的这段时间，海南导游工作室、导游大师、导游培训机构等举办的线上培训，充实了我的待业生活，也是一次难得的沉下心来学习、总结提升的机会。

待业的这段经历也很特别，我看到同行们如何在待业的同时，不忘传播正能量。在一线，有导游、领队为购买各类防疫物资而奔走；在机场、社区，有导游为旅客、居民服务；在线上，有"金牌导游为武汉加油"；在云端，有"云游中国，每天一座城"等活动；在电波中，有"非常时期，最美声音"公益节目，这些都展现了导游这支队伍的专业素养、行业担当。

这次疫情给旅游业带来了很多变化。

首先，就需求侧而言，游客更加注重健康的生活方式，出行多选择自驾游，目的地也多以近程、城市周边为主，更加喜欢家庭出游。同时，出行之前，游客会关注相关数字平台和社交媒体平台，比如通过一些自媒体了解旅游目的地，先来一场云旅游。

其次，在供给侧方面，旅游企业注重研发更多专业、多元、细化、有新意的产品，关注科技旅游、研学旅游、低空旅游、医养旅游等新业态。景区景点也不再靠门票而活，更多讲创意的景区会关注和运用智能化手段、互联网技术以及自媒体，通过联合营销、跨界合作等方式实现强强联合。

最后，经历了这样一场疫情，游客对导游的要求更高了，导游的发展也更加多元化了。游客需要的不仅仅是旅行社提供的旅游产品，还有更高品质的旅游服务，如何从团前服务、团中服务、团后服务三个方面入手，运用好数字手段、运用好自媒体的力量，都是导游应该考虑的。与此同时，导游要更重视团后服务，提高游客的重游率，形成口口相传的好口碑。

6月15日，我报名参加了海南百名导游网络旅游宣介培训活动，这是我第一次接触"旅游视频博主"这个新领域。经过为期一个月的线上培训，结合线下采风实践，如今，我已经是旅游视频博主了。未来的导游，不再只是讲解和安排旅游活动，还要玩转自媒体、增流量等，向主播、文案写手、创意直播、带货等方向发展，而这些都离不开这么多年导游工作的积淀。

（资料来源：http://www.ctnews.com.cn/lyfw/content/2020-07/23/content_81299.html.）

早在 20 世纪 60 年代，周恩来总理就对我国外事人员提出了"三过硬"（思想过硬、业务过硬、外语过硬）和"五大员"（宣传员、调研员、服务员、安全员和翻译员）的要求。改革开放以来，我国导游工作发生了较大的变化，著名导游专家王连义认为，当今导游要真正做好导游服务工作，真正成为游客喜欢的导游，必须当好"八大员"，即国情讲解员、导游翻译员、旅游协调员、生活服务员、安全保卫员、情况调查员、座谈报告员和经济统计员。具体来说，一名合格的导游应该具备以下素质要求。

一、导游的素质要求

（一）政治素质

1. 热爱祖国，践行社会主义核心价值观

1）热爱祖国是作为一名合格的中国导游的首要条件

首先，导游所从事的工作是社会主义祖国整个事业的一部分，社会主义祖国培育了导游，为导游创造了良好的工作环境和发挥自己的智慧与才能的条件。其次，导游的一言一行都与社会主义祖国息息相关。如前所述，在海外游客的心目中，导游是国家形象的代表，游客正是通过导游的思想品德和言行举止来观察、了解中国的。最后，导游向游客介绍和讲解的内容都是祖国灿烂的文化、壮丽的河山、祖国人民的伟大创造和社会主义事业的辉煌成就，没有这些丰富的内容，导游讲解就成了无源之水、无本之木。

2)社会主义核心价值观

2012年11月8日党的十八大报告明确提出"三个倡导",即"倡导富强、民主、文明、和谐,倡导自由、平等、公正、法治,倡导爱国、敬业、诚信、友善,积极培育社会主义核心价值观",这是对社会主义核心价值观基本内容的精辟概括,即概括了国家的价值目标、社会的价值取向和公民的价值准则。

3)旅游行业核心价值观是"游客为本,服务至诚"

"游客为本,服务至诚"是社会主义核心价值观在旅游行业中的具体体现。"游客为本"与"服务至诚"二者相辅相成,共同构成旅游行业核心价值观的有机整体。"游客为本"为"服务至诚"指明方向,"服务至诚"为"游客为本"提供支撑。导游是旅游业第一线工作人员,直接为游客提供各项服务,应以此来引领自己的工作,用实际行动践行旅游行业的核心价值观。

"游客为本"是指一切旅游工作都要以游客需求作为最根本的出发点和落脚点,它是旅游行业赖以生存和发展的根本价值取向,解决的是"旅游发展为了谁"的理念问题。导游应在工作中牢固地树立这一理念,将自己的服务对象——游客放在第一位,全心全意地做好服务工作。

"服务至诚"是指以最大限度的诚恳、诚信和真诚做好旅游服务工作。它是旅游行业服务社会的精神内核,是旅游从业人员应当树立的基本工作态度和应当遵循的根本行为准则,解决的是"旅游发展怎么做"的理念问题。服务是导游的本质属性,至诚是导游道德修养应追求的最高境界,二者结合起来就是要求导游将向游客提供优质服务作为自己的不懈追求。

2. 遵纪守法,自觉抵制旅游过程中的违法行为

遵纪守法是每个公民的义务,作为旅行社代表的导游尤其应树立高度的法纪观念,自觉地遵守国家的法律、法令,遵守旅游行业的规章,严格执行导游服务质量标准,严守国家机密和商业秘密,维护国家和旅行社的利益。对于提供涉外导游服务的导游,还应牢记"内外有别"的原则,在工作中多请示汇报,切忌自作主张,更不能做违法乱纪的事。

3. 责任担当,自觉维护国家利益和安全、民族尊严和社会稳定

《导游人员管理条例》第十一条和《导游管理办法》第二十二条规定,导游人员进行导游活动时,应当自觉维护祖国利益和民族尊严。不得有损害国家利益和民族尊严的言行,是导游必须具备的政治条件和业务要求。《导游人员管理条例》第二十条规定,导游人员进行导游活动时,有损害国家利益和民族尊严的由旅游主管部门责令改正;情节严重的,由省、自治区、直辖市人民政府旅游主管部门吊销导游证并予以公告;对该导游人员所在旅行社予以警告,直至责令停业整顿。

4. 提高政治站位，传承中华优秀传统文化，讲好中国故事

党的二十大报告指出，加快构建中国话语和中国叙事体系，讲好中国故事、传播好中国声音，展现可信、可爱、可敬的中国形象。当今世界，中国对世界的影响深远，世界对中国的关注度很高，软实力成为影响我国国际地位提升的重要因素。讲好中国故事，讲好中国式现代化的故事，围绕中国式现代化进行话语阐释和叙事传播，既是我们全社会坚定道路自信、理论自信、制度自信和文化自信的重要途径，也是我们扩大中华文化影响力、促进人类文明交流互鉴的现实要求，更是我们打破西方话语霸权，推动形成客观、公正、积极、健康的全球舆论生态的必然选择。

（二）思想素质

1. 遵守社会公德，文明礼貌，爱护生态，保护环境

2019年10月中共中央国务院印发的《新时代公民道德建设实施纲要》指出，加强公民道德建设是一项长期而紧迫、艰巨而复杂的任务，要适应新时代新要求，坚持目标导向和问题导向相统一，进一步加大工作力度，把握规律、积极创新，持之以恒、久久为功，推动全民道德素质和社会文明程度达到一个新高度。推动践行以文明礼貌、助人为乐、爱护公物、保护环境、遵纪守法为主要内容的社会公德，鼓励人们在社会上做一个好公民。

2. 恪守职业道德，爱岗敬业，游客为本，服务至诚

社会主义道德的本质是集体主义，是全心全意为人民服务的精神。从接待游客的角度来说，旅行社和各接待单位实际上组成了一个大的接待集体，导游是这个集体的一员。因此，导游在工作中应从这个大集体的利益出发，从旅游业的发展出发，依靠集体的力量和支持，关心集体的生存和发展。要发扬全心全意为人民服务的精神，并把这一精神与"宾客至上"的旅游服务宗旨紧密结合起来，热情地为国内外游客服务。只有这样，导游服务工作才能真正做好。高尚的情操是导游的必备修养之一。导游要不断学习，提高思想觉悟，努力使个人的功利追求与国家利益结合起来；要提高自己判断是非、识别善恶、分清荣辱的能力；培养自我控制的能力，自觉抵制形形色色的精神污染，力争做到"财贿不足以动其心，爵禄不足以移其志"，始终保持高尚的情操。

3. 树立合同意识，诚实守信，按合同的约定提供导游服务，维护旅游者和旅行社的合法权益

《导游人员管理条例》第十三条规定，导游人员应当严格按照旅行社确定的接待计划，安

排旅游者的旅行、游览活动,不得擅自增加、减少旅游项目或者中止导游活动;导游人员在引导旅游者旅行、游览的过程中,遇到可能危及旅游者人身安全的紧急情形时,经征得多数旅游者的同意,可以调整或者变更接待计划,但是应当立即报告旅行社。《导游管理办法》第二十二条规定,导游人员进行导游活动时,应当自觉维护祖国利益和民族尊严。不得有损害国家利益和民族尊严的言行,是导游必须具备的政治条件和业务要求。导游在执业过程中不得有下列行为:安排旅游者参观或者参与涉及色情、赌博、毒品等违反我国法律法规和社会公德的项目或者活动;擅自变更旅游行程或者拒绝履行旅游合同;擅自安排购物活动或者另行付费旅游项目;以隐瞒事实、提供虚假情况等方式,诱骗旅游者违背自己的真实意愿,参加购物活动或者另行付费旅游项目;以殴打、弃置、限制活动自由、恐吓、侮辱、咒骂等方式,强迫或者变相强迫旅游者参加购物活动、另行付费等消费项目;获取购物场所、另行付费旅游项目等相关经营者以回扣、佣金、人头费或者奖励费等名义给予的不正当利益;推荐或者安排不合格的经营场所;向旅游者兜售物品;向旅游者索取小费;未经旅行社同意委托他人代为提供导游服务;法律法规规定的其他行为。

(三)技能素质

📊 1. 语言能力

语言是导游最重要的基本功,是导游服务的工具。导游若没有过硬的语言能力,就根本谈不上做好服务工作。语言知识包括外语知识和汉语(或少数民族语言)知识。涉外导游至少应掌握并熟练运用一门外语,并了解或掌握两三门其他外语。掌握一门外语,了解一种外国文化,有助于接受新思想、新观念,开阔眼界,在传播中外文化中做出贡献。

导游应具备过硬的语言表达能力,熟练运用相应语种提供导游服务;应有使用礼貌语言意识,合理使用态势语言;应掌握娴熟的导游讲解语言技巧,做到正确、清楚、生动、灵活;宜掌握简单的手语。

📊 2. 接待操作能力

导游工作是一项难度较大、复杂而艰巨的工作,导游的能力直接影响到对客服务的效率和服务效果。导游应具备独立工作能力,代表旅行社履行合同义务,完成旅游接待任务;应具备组织协调能力,善于协调、处理与相关接待者、旅游者之间的关系;应具备按照要求引导旅游者文明旅游的能力,节约资源,保护生态环境;应具备人际交往能力,与旅游者相处融洽;应具备旅游突发事件防范和应急处理能力,按照要求进行安全提示和监督;应具备社会适应能力,紧跟产业发展步伐,顺应旅游新业态,创新导游服务。导游的独立工作能力主要表现在以下几个方面。

1）独立执行政策和宣传讲解的能力

导游必须具有高度的政策观念和法制观念,要以国家的有关政策和法律法规指导自己的工作和言行;要严格执行旅行社的接待计划;要积极主动地宣传社会主义中国,讲解我国现行的方针政策,介绍我国人民的伟大创造和社会主义建设的伟大成就,回答游客的种种询问,帮助他们尽可能全面、正确地认识我国。

2）较强的独立组织协调能力

导游接受任务后要根据旅游合同安排旅游活动并严格执行旅游接待计划,带领全团游客游览好、生活好。这就要求导游具有较强的组织、协调能力,要求导游在安排旅游活动时有较强的针对性并留有余地,在组织各项活动时讲究方式方法并及时掌握变化的客观情况,灵活地采取相应的有效措施。

3）善于和各种人打交道的能力

导游的工作对象甚为广泛,善于和各种人打交道是导游最重要的素质之一。与层次不同、品质各异、性格相左的中外人士打交道,要求导游必须掌握一定的公共关系学知识并能熟练运用,具有灵活性、理解能力和适应不断变化的氛围的能力,随机应变处理问题,搞好各方面的关系。导游具有相当的公关能力,就会在待人接物时更自然、得体,能动性和自主性的水平必然会更高,有利于提高导游服务质量。

4）独立处理问题和事故的能力

冷静分析、果断决定、正确处理意外事故是导游最重要的能力之一。旅游活动中意外事故在所难免,能否妥善地处理事故是对导游的一种严峻考验。临危不惧、头脑清醒、遇事不乱、处理果断、办事利索、积极主动、随机应变是导游处理意外事故时应具备的能力特质。

📊 3. 信息技术应用能力

导游应熟练掌握移动端与导游服务相关应用软件的使用方法,包括社交、通信、移动办公等软件;应协助旅游者通过移动互联网进行产品预订、定位导航、信息咨询、服务评价等活动。

（四）知识素质

旅游的本质是一种追求文化的活动。随着时代的发展,现代旅游活动更加趋向于对文化、知识的追求,人们出游除了消遣,还想通过旅游活动增长知识,丰富阅历,收获教益,这样就对导游提出了更高的要求。为了适应游客的需要,导游要知识面广,要有真才实学。导游只有以渊博的知识做后盾,讲解时才能做到内容丰富、言之有物。

📈 1. 应掌握旅游客源地和旅游目的地相关的法律法规常识，时事政治、经济、社会状况

政策法规是导游工作的指导方针。导游在讲解、回答游客的问题或同游客座谈有关问题时，必须以国家的方针政策和法规为指导，否则会给游客造成误解，甚至给国家造成损失。旅游过程中出现的有关问题，导游必须根据国家的政策和有关的法律法规予以正确处理。导游自身的言行也要符合国家政策法规的要求，应自觉地遵纪守法。

由于游客来自不同国家或地区的不同社会阶层，他们中一些人往往对旅游目的地的某些政治、经济和社会问题比较关注，喜欢询问一些相关的问题。有的人还常常把本国本地的社会问题同旅游目的地的社会问题进行比较。另外，在旅游过程中，游客随时可能见到或听说旅游目的地的某些社会现象，引发对某些社会问题的思考，要求导游给予相应的解释。所以，导游应掌握相关的政治、经济、社会知识，了解旅游目的地的风土民情、婚丧嫁娶习俗、宗教信仰和禁忌习俗等，以便更好地做好导游服务工作。

涉外导游还应掌握必要的国际知识，要了解国际形势和各时期国际上的热点问题，以及我国的外交政策和对有关国际问题的态度，要熟悉旅游客源国或旅游接待国的概况，知道其历史、地理、文化、民族、风土民情、宗教信仰、民俗禁忌等。了解和熟悉这些情况不仅有利于导游有的放矢地提供导游服务，而且还能加强与游客的沟通。

📈 2. 应掌握相关的历史、地理、文学和民族民俗知识，旅游心理学、美学知识等

文化知识包括历史、地理、宗教、民族、风俗民情、风物特产、文学艺术、古典建筑和园林等诸多方面的知识。这些知识是导游讲解的素材，是导游服务的"原料"，是导游的看家本领。导游要对本地及邻近省、市、地区的旅游景点、风土人情、历史掌故、民间传说等了如指掌，对国内外的主要名胜景区、景点应有所了解，还要善于将本地的风景名胜与历史典故、文学名著、名人逸事等有机地联系在一起。

导游的工作对象主要是形形色色的游客，还要与各旅游服务部门的工作人员打交道，导游工作集体三成员（全陪、地陪和领队）之间的相处有时也很复杂。导游是做人的工作，而且往往是与之短暂相处，因而掌握必要的心理学知识具有特殊的重要性。导游要随时了解游客的心理活动，有的放矢地做好导游讲解和旅途生活服务工作，有针对性地提供心理服务，从而使游客在心理上得到满足，在精神上获得享受。

旅游活动是一项综合性的审美活动。导游不仅要向游客传播知识，也要传递美的信息，让他们获得美的享受。一名合格的导游要懂得什么是美，知道美在何处，并善于用生动形象的语言向具有不同审美情趣的游客介绍美，而且还要用美学知识来指导自己，使自己的仪表、仪容、仪态符合美的要求，因为导游代表着一个国家或地区的旅游形象，其自身就是游客的审美对象。

3. 应掌握旅行常识，包括旅行证件知识、领事保护知识、客货运知识、机票政策、海关及移民管理机关规定等相关知识

导游率领游客在目的地旅游，在提供导游服务的同时，还应随时随地帮助游客解决旅行中的种种问题。因此，导游掌握必要的旅行知识，对旅游活动的顺利进行就显得十分重要。旅行知识主要包括出入境知识、交通知识、通信知识、货币保险知识、卫生知识、旅游业知识等。掌握必要的旅行知识往往能起到少出差错、事半功倍的作用。

（五）身心素质

导游工作是一项脑力劳动和体力劳动高度结合的工作，工作繁杂，量大面广，流动性强，体力消耗大，而且工作对象复杂，诱惑性大，因此，导游必须是一个身心健康的人，否则很难胜任工作。

1. 身心健康，能胜任导游工作

导游从事的工作要求他能走路，会爬山，能连续不间断地工作。全陪导游、地陪导游和旅游团领队要陪同旅游者周游各地，变化的气候和各地的水土、饮食对其都是一个严峻的考验。

2. 心胸开阔，善解人意，耐心细致，热情向上

导游的精神要始终愉快、饱满，在游客面前应显示出良好的精神状态，进入"导游"角色要快，并且能保持有始有终，而不受任何外来因素的影响。面对游客，导游应笑口常开，绝不能把丝毫不悦的情绪带到导游工作中去。特别是现在，游客的自我保护意识越来越强，有时对导游的工作理解不够，导游要能受得起委屈，要学会调整自己的心态。

3. 应具有良好的观察力和感知力、广泛的兴趣爱好、乐观的性格特征和临危不乱的意志品质

在旅游过程中，导游应始终保持清醒的头脑，处事沉着、冷静、有条不紊；处理各方面关系时要机智、灵活，友好协作；处理突发事件以及游客的挑剔、投诉时要干脆利索，要合情、合理、合法。导游应具有高尚的情操和很强的自控能力，抵制形形色色的诱惑，清除各种腐朽思想的污染。

总之，一名合格的导游应精干、老练、沉着、果断、坚定，应时时处处显示出有能力领导旅游者，而且工作积极、耐心，会关心人、体谅人，富于幽默感，导游技能高超。正如加拿大导游专家帕特里克·克伦在《导游的成功秘诀》一书中概括的那样，导游应是"集专业技能和知识、机智、老练、圆滑于一身"的人。

（六）形象素质

1. 仪容整洁，形象自然

导游应注意自己的仪容,保持整洁,切忌邋遢、造型浮夸。

2. 仪表端庄，着装得体

导游应保持仪表端庄,着装干净、得体,避免穿着有碍于导游活动的服饰。

3. 仪态大方，举止有度

导游应做到仪态大方、举止有度,把握好相应场合的礼仪规范。

二、导游的职责要求

（一）导游的基本职责

导游的基本职责是指各类导游都应履行的共同职责。各类导游由于其工作性质、工作对象、工作范围和时空条件各不相同,职责重点也有所区别,但他们的基本职责是共同的,就是为游客提供良好的导游讲解和旅行服务。导游的基本职责有以下几个方面。

1. 接受导游任务，引导文明旅游

导游应接受旅行社分配的导游任务,按照接待计划安排和组织游客参观、游览,以身作则,遵守文明旅游规范,并引导游客文明开展旅游活动。

2. 进行导游讲解，传播中国文化

导游负责向游客进行导游讲解,介绍我国（地方）的传统文化和各地的旅游资源。

3. 安排相关事宜，保护游客安全

在旅游过程中,导游应配合和督促有关部门安排和落实游客的交通和住宿,保护游客的人身和财产安全。

4.反映意见要求，安排相关活动

对于游客的意见和要求,导游应及时向上反映,并积极协助有关部门安排会见、座谈等活动。

5.解答游客问询，处理相关问题

对游客提出的问题或相关咨询,导游应耐心予以解答,并协助处理游客在旅游过程中遇到的问题和事故。

（二）全陪导游的主要职责

全陪导游在导游工作集体中处于中心地位,起着主导作用。在海外游客心目中,他们是东道国的代表,是旅游者在华活动的主要决策人。对于国内旅游者而言,全程导游是国内组团旅行社的代表,负责全程陪同旅游者完成旅游活动。全陪导游的主要职责有以下几个方面。

1.实施旅游接待计划

全陪导游应按旅游合同或约定实施组团旅行社的接待计划,监督各地接待单位的执行情况和接待质量。

2.做好联络工作

全陪导游负责旅游过程中同组团旅行社和各地接待旅行社的联络,做好旅行各站的衔接工作,掌握旅游活动的连贯性、一致性和多样性。

3.做好组织协调工作

全陪导游应协调旅游者与地方接待旅行社及地陪导游之间,领队与地陪导游、司机等各方面接待人员之间的合作关系,协调旅游者在各地的旅游活动,听取游客的意见。

4.维护安全，处理问题

全陪导游应维护游客的人身和财物安全,处理好各类突发事件,转达游客的意见和要求,力所能及地处理游客的意见、要求乃至投诉。

5.宣传、调研工作

全陪导游应耐心解答游客的问询,介绍我国(地方)文化和旅游资源,开展市场调研,协助开发、改进旅游产品的设计,改善其销售情况。

(三)地陪导游的主要职责

地陪导游是地方接待旅行社的代表,是旅游计划的具体执行者。就一地而言,地陪是典型的、完全意义上的导游,其工作责任最大,处理的事务最多,工作最辛苦,所起的作用最关键。其主要职责如下。

1.安排旅游活动

地陪导游应严格按照旅游接待计划,合理安排游客在当地的旅游活动。

2.做好接待工作

地陪导游的职责重点之一是要认真安排、落实游客在当地的接送服务和吃住行游购娱等服务,并与全陪、领队密切合作,按照旅游接待协议做好当地旅游接待工作。

3.进行导游讲解

负责游客在当地参观游览中的导游讲解是地陪导游的又一职责重点,地陪导游应积极介绍和传播我国(地方)文化和旅游资源,解答游客提出的问题。

4.维护游客安全

地陪导游要维护游客在当地旅游过程中的人身和财物安全,做好事故防范和安全提示工作。

5.处理相关问题

地陪导游应妥善处理旅游相关服务各方面的协作关系,以及游客在当地旅游过程中发生的各类问题。

任务四　导游的行为规范与职业道德

◇ 引 例

旅游人职业精神的培育路径

　　网络时代,旅游由"祖国山河美不美,全靠导游一张嘴"变成网民的"七嘴八舌",人人都有了发言权、投票权。近年来,经由游客的手机"直播",多个与旅游从业者"职业精神"相悖的"事故"被晒出来,在业内外得到了极大关注。

　　旅游,当下已经成为"人民群众生活水平提高的重要指标",而作为旅游服务的提供者,其职业精神的提升就成为一个不可回避的急迫问题。职业精神是改革开放后,随着外资企业的进入而进入我们话语体系的。此前,我们更强调的是"敬业精神"。职业,说的是素养;敬业,说的是境界。旅游业作为现代服务业的重要组成部分,要使"人民群众更加满意",首先要强调的就是职业精神培养。

　　何谓职业精神,一个著名案例是文花枝的故事。不幸突然降临之时,来自湖南的导游文花枝被压在座位最前方,是伤得最重的一个,但作为导游的她一直牢记着自己的神圣职责。当施救人员一次次向她走过来,她总是摇摇头说:"我是导游,我没事,先救游客!"文花枝在关键时刻的表现,体现了她作为一位导游的职业精神。文花枝之后,近年来还有杨文洲、赵明建、李静娜、许欢欢、杨京红等一大批优秀业界人士表现出的崇高职业操守受到社会广泛赞誉。这些业界楷模的事迹、品格、追求,传递出的都是同一种精神力量。

　　作为一名旅游从业者,如果拥有他们"把生的希望让给游客,把死的威胁留给自己"的境界,那么,在日常工作中,作为管理者的我们,遇到复杂矛盾需要协调时,还有什么可以抱怨的?作为项目开发建设者,遇到利益冲突时,还有什么不可以包容?作为旅游服务提供者,遇到游客的所谓刁难时,还有什么不可以微笑面对?

　　事实上,旅游产业的快速发展,从来离不开人才的支撑。但是,笔者更觉急迫的,是首先要树立起一种崇高的职业精神。三年前,国家旅游局在全行业推出了中国旅游行业核心价值观——游客为本,服务至诚。游客为本,即一切旅游工作都要以游客需求作为最根本的出发点和落脚点,是旅游行业赖以生存和发展的根本价值取向,解决的是"旅游发展为了谁"的理念问题。服务至诚,即以最大的诚恳、诚信和真诚做好旅游服务工作,是旅游行业服务社会的精神内核,是旅游从业人员应当树立的基本工作态度和应当遵循的根本行为准则,解决的是"旅游发展怎么做"的理念问题。

行业核心价值观的建立,要求管理者的政绩观和发展观,从业者的职业观和道德观,都要转到满足游客这个"本"的需求上来,我想,这也是旅游业界在职业精神上需要形成的一个"新常态"。

诚然,行业害群之马的不断出现,与产业规模的迅速扩大、发展进程的不断加快、从业人员的大幅增长都有关系。直白地说,门槛降低了,随之而来的种种因素就造成了旅游服务水平和游客需求上升之间的矛盾。为此,应该从职业教育入手,改变"重专业能力培养,轻职业素养引导"的现象。在全域旅游新时代,要满足人民群众的"新期待",应从以下三方面着手,提升从业人员的职业素质。

一是善于学习,增强复合能力。旅游是一项以人为服务对象的职业。人的千差万别,需求的多种多样,决定了从业人员不仅需要专业的服务能力,还要为了保持这种能力而不断学习。旅游还是一项关联度非常高的职业。一位职业领队曾经说过的一句话,笔者印象非常深刻。他说:"导游是一个需要终身学习的职业。"试想,我们带着游客出游前,如果连当地的风土人情、历史文化、民族禁忌都不了解,又怎么可能让游客满意?

二是善于沟通,提高协调能力。"吃住行游购娱"六要素所涉及的产业链之长、之广,使旅游业具有历史上其他产业都不具备的"综合性"。从最初的接待事业到今天的现代服务业,旅游业的发展背景经历了巨大变化。作为一个业界中人,我们应时刻清醒地认识到,今天旅游业的巨大发展是在相邻产业的有力支撑中获得的。这就要求我们比以往任何时候、比任何其他行业,都更应该强调主动协调和服务意识。从行业发展管理角度看,那种成天念着"没有枪没有炮,只有一把冲锋号",不主动与相关部门、相邻产业沟通的人,是不可能担起产业发展大任的。行业管理者的主动沟通意识强弱,既是产业发展所需要的服务意识的一大体现,更是行业管理能力的重要体现。全域旅游时代,那些我们在多年来行业实践中形成的观念,比如"不求所有,但求所用""功成不必在我"等理念,都应该得到更为彻底的弘扬。

三是不断创新,增添发展动力。旅游业的综合性决定了所需知识的广度和厚度。与此同时,旅游业又是一个日新月异的行业,新理念、新技术的不断融入几乎每一天都在发生,这就要求从业者具备随时自我更新、不断创新服务的能力。比如,通过网络为游客服务的能力。换句话说,网络时代,要满足广大游客日益增长的服务需求,对从事旅游产业的朋友来说,要克服"本领恐慌",掌握更多看家本领。

任何一个行业,从业者的素质、职业精神都在某种程度上决定着这个行业的美誉度,甚至影响着这个行业的发展。从这个意义上讲,每一个旅游从业者都需要"自我升级",才会真正为自己找到更大的发展空间和更美好的未来。

（资料来源：http://www.ctnews.com.cn/rcjy/content/2017-04/05/content_6579.html.）

一、导游的行为规范

为了保护国家利益,维护祖国的尊严和导游的荣誉,发展我国旅游业,导游必须加强法纪观念,遵守国家的法律法规和行纪行规,在带领游客旅游的过程中自觉约束自己的行为。

（一）忠于祖国，坚持"内外有别"原则

导游不得有损害国家利益和民族尊严的言行,不得擅自带领游客进入保密禁区、军事要地参观、游览;不得泄露旅游团收费细目,在游客面前,不谈论内部情况,在涉外场合,不携带内部文件。

（二）严格按规章制度办事，执行请示汇报制度

导游应严格按照旅行社确定的接待计划安排旅行、游览活动,不得擅自增加、减少旅游项目或中止导游活动;遇到重大情况和问题(如治安事故、交通事故等),要及时汇报,非紧急情况不得擅自决定或处理;凡是自己没有把握的事情,都应向旅行社请示。旅行、游览中遇到可能危及游客人身安全的紧急情形时,需征得多数游客的同意,方可调整或变更接待计划,但应立即报告旅行社;在引导游客旅行、游览过程中,应就可能发生危及游客人身、财物安全的情况,向游客做出真实说明和明确警示,并按照旅行社的要求采取防止危害发生的措施。

（三）自觉遵纪守法

导游作为旅游行业的形象和代表,在导游服务工作中应遵守国家和旅游行政部门的有关法规。按照《中华人民共和国旅游法》《旅行社条例》《导游人员管理条例》等法律法规的规定,导游在进行导游活动时,应当佩戴导游身份标识,开启导游执业相关的应用软件,携带旅游接待计划或电子行程单。10 人以上团队应准备接待社的社旗。导游不得私自转借导游证供他人使用;不得私自承揽或者以其他任何方式承揽导游业务;不得擅自改变旅游合同安排的行程(包括减少游览项目或缩短游览时间、增加或变更游览项目、增加购物次数或延长购物时间,以及其他擅自改变旅游合同安排的行为);不得因游客拒绝参加旅行社安排的购物活动或者需要游客另行付费的旅游项目等情形,以任何借口、理由,拒绝继续履行合同、提供服务,或者以拒绝继续履行合同、提供服务相威胁;不得向游客兜售物品或者购买游客的物品;不得以明示或者暗示的方式向游客索要小费;不得欺骗、胁迫游客消费或者与经营者串通欺骗、胁迫游客消费;不得套汇、炒汇,也不得以任何形式向海外游客兑换、索取外汇;不得带游客到非定点餐馆就餐或者到非定点商店购物。

（四）自尊、自爱，不失人格、国格

导游不得"游而不导"，不擅离职守，不懒散松懈，不本位主义，不推诿责任。导游要关心游客，不态度冷漠，不敷衍了事，不在紧要关头临阵脱逃。导游不要与游客过分亲近；不介入游客内部的矛盾和纠纷，不在游客之间搬弄是非；对待游客要一视同仁，不厚此薄彼。导游有权拒绝游客提出的侮辱人格尊严或者违反其职业道德的不合理要求。导游不得迎合个别游客的低级趣味，在讲解、介绍中掺杂庸俗的内容。

（五）注意一些细节

导游不要随便单独去游客的房间，更不要单独去异性游客的房间。导游不得携带自己的亲友随旅游团活动。导游不与同性外国旅游团领队同住一室。导游饮酒量不要超过自己酒量的 1/3，不克扣游客餐费，不私自留用旅行社送给游客的礼品。

二、导游的职业道德

（一）道德与职业道德

道德是一种社会意识形态，是在一定社会中调整人与人之间以及个人与社会之间关系的行为规范的总和。它以善和恶、正义和非正义、公正和偏私、诚实和虚伪等道德观念来评价人们之间的关系；通过多种形式的教育和社会舆论的力量使人们形成一定的信念、习惯、传统而发生作用。社会经济基础在不断变化，道德标准亦随之变化。道德建设重在教育、贵在培养，导游应加强道德建设，树立正确的世界观、人生观、价值观。

职业道德是社会道德在职业行为和职业关系中的具体体现，是整个社会道德生活的重要组成部分。职业道德是指从事某种职业的人员在工作或劳动过程中应遵守的与其职业活动紧密联系的道德规范和原则的总和。导游只有树立良好的职业道德、遵守职业守则、安心本职工作、勤奋钻研业务，才能提高自身的职业能力和素质，在竞争中立于不败之地。

（二）导游职业道德

导游职业道德是指导游在工作的过程中所应遵循的与其职业相适应的道德原则和道德规范的总和，也可以说是导游在工作中所享有的基本权利和基本义务，它既赋予导游可以做出一定行为或不做出一定行为的权利，又要求导游必须依法承担相应的责任。

1996 年 11 月，国家旅游局制定了《加强旅游行业精神文明建设的意见》，该意见第一次完整、系统地提出了主要由导游构成的旅游企业一线职工的道德规范，是第一个由官方制定和实施的旅游从业人员的职业道德范本。它的颁布标志着我国社会主义旅游事业进入一个新的历史时期。根据《加强旅游行业精神文明建设的意见》的规定,我国导游职业道德规范主要有以下几方面的内容。

1. 爱国爱企、自尊自强

爱国爱企、自尊自强不仅是导游必须遵守的一项基本道德规范,也是社会主义各行各业必须遵守的基本行为准则。它要求导游在工作中要始终站在国家和民族的高度,要时刻以国家和企业利益为重,要有民族自尊心和自信心,为国家和企业的发展多做贡献。

2. 遵纪守法、敬业爱岗

遵纪守法、敬业爱岗要求各行各业人员除了要遵守国家的法律、法规,还要遵守各自本职行业的一些规范和规定。对于导游来说,他们除了要遵守国家的法律、法规外,还要遵守旅行社的制度和《导游人员管理条例》的规定,执行导游服务质量标准,敬业爱岗。

3. 公私分明、诚实善良

公私分明、诚实善良对导游的要求是:在工作中,要能够自觉抵制各种诱惑,不为一己私利而损害游客利益;对待游客要诚实守信,不弄虚作假、不欺骗游客,严格履行合同的规定,杜绝随意增减景点和购物点的行为,维护游客的合理利益。

4. 克勤克俭、宾客至上

克勤克俭、宾客至上是导游处理与游客关系的一条基本行为准则。它要求导游充分发挥主动性、积极性、创造性;发扬我国勤俭节约、热情好客的优良传统;要有很强的服务意识,能够始终把游客的利益放在第一位,想游客之所想、急游客之所急,把游客满意作为衡量自己工作的唯一标准。

5. 热情大度、清洁端庄

热情大度、清洁端庄是导游在接待游客的过程中应当具备的基本职业道德。导游要做到不管游客的态度如何,始终将微笑挂在脸上,关心游客,为游客着想。导游还要注意自己的仪容仪表,做到穿着得体、干净大方,使游客有舒心、满意之感。

6. 一视同仁、不卑不亢

一视同仁、不卑不亢要求导游在整个旅游过程中要做到不因游客的地位、收入、容貌和肤色而区别对待。此外,导游还要树立爱国主义的思想,对待游客要礼貌尊重,同时不卑不亢,真正体现出我国导游的国格和人格。

7.耐心细致、文明礼貌

耐心细致、文明礼貌是导游一项最重要的业务要求,它是衡量导游工作态度的一项重要标准。导游对待游客要像对待自己的家人一样耐心、细心、热心,尽自己最大的努力帮助游客解决遇到的问题。导游还要尊重每一位游客的不同生活习惯、宗教信仰、民族风俗等,对待每一位游客要举止文雅、态度友善。

8.团结服从、顾全大局

团结服从、顾全大局是集体主义原则在导游工作中的具体体现,它要求导游在服务游客的过程中必须以国家和集体的利益为重,讲团结、顾大局,要能够处理与他人之间的关系,杜绝相互指责的现象发生。

9.优质服务、好学向上

衡量导游道德素质高低的标准是看其是否具有优质服务的意识,导游在工作的过程中必须时刻树立优质服务的意识,对于游客提出的问题要尽心、尽职、尽责地解答。此外,导游还要善于学习、勤于思考,不断提高自己的道德修养和业务水平。

任务五　导游领队引导游客文明旅游的规范

◇ 引 例

高唱通:做民间文化交流的使者

他叫高唱通,同事们习惯地称他"高唱",游客们亲切地称他"小胖":一米七五的个头,长得不算帅,性格活泼、爱表达,很是招人喜欢。

国家级历史文化名城正定是高唱通的家乡,大学期间他就加入了正定旅游工作者的队伍,义务到京外名刹正定隆兴寺进行景区讲解。不论严寒酷暑,他始终穿梭在隆兴寺景区的各个大殿里向游客介绍这里的历史。

他的导游生涯开始于 10 年前。2009 年 9 月之前,他是正定隆兴寺景区的讲解员;同年 10 月至今,他是河北康辉国际旅行社的专职导游兼领队。10 年导游生涯,他秉承"让游客在青山绿水间遇见最好的自己"这一理念,尽职尽责地为游客服务。截至目前,高唱通带团 500 余次,累计带团天数超过 1500 天,服务游客约 2 万人次,收到游客的表扬信 200 余封、锦旗数十面。

作为导游的他,带团之余仍然会到隆兴寺进行义务讲解,为家乡的旅游发展尽一份绵薄之力。他说:"作为一名专职导游,又是河北人,我有义务讲好河北的故事,有职责将河北的旅游文化推广和传承下去。"

高唱通说,2012 年,他接待了"宝岛台湾知名作家河北采风活动"这一团体。那几天,来自宝岛的作家们一边听他讲述河北的故事,一边打量着这片京畿福地。短短几天,他们对这片土地从陌生到了解乃至热爱的过程,让高唱通顿悟:"我不仅是一名导游,更是民间文化交流的使者。"此后,他将传承河北旅游文化作为自己不懈追求的目标。同年,他成为河北省台湾同胞联谊会台湾地区大陆入境游指定接待导游,先后完成了河北省第一届、第二届、第三届台湾大学生冬夏令营活动的接待任务。

近年来,高唱通还曾进驻第一届河北省旅发大会、第一届石家庄市旅发大会、第一届邢台市旅发大会,参与前期会务策划、调度工作以及重要嘉宾的接待工作,不仅圆满完成了任务,还带出了一批优秀的会务接待员。

从事导游工作 10 年,他已把旅游当作人生的一部分,把导游工作当作人生生涯的制高点,不忘学习,主动奉献,勇于担当,不忘使命初心,先后荣获"河北省优秀导游员""河北省金牌导游员""河北省十佳导游员"等荣誉称号。

(资料来源:http://www.ctnews.com.cn/news/content/2019-11/12/content_55428.html.)

一、引导文明旅游的基本要求与主要内容

(一)基本要求

1. 一岗双责

导游领队人员应兼具为游客提供服务与引导游客文明旅游两项职责。导游领队人员在引导游客文明旅游的过程中应体现服务态度、坚持服务原则,在服务游客的过程中应包含引导游客文明旅游的内容。

2. 掌握知识

导游领队人员应具备从事导游领队工作的基本专业知识和业务技能。导游领队人员应掌握我国旅游法律、法规、政策以及有关规范性文件中关于文明旅游的规定和要求。导游领队人员应掌握基本的文明礼仪知识和规范。导游领队人员应熟悉旅游目的地法律规范、宗教信仰、风俗禁忌、礼仪知识、社会公德等基本情况。导游领队人员应掌握必要的紧急情况处理技能。

3. 率先垂范

俗话说:榜样的力量是无穷的。导游领队人员的一言一行都会给游客产生示范效应,甚至一些游客初到异国他乡,因对当地风俗民情不太熟悉,为避免尴尬,会下意识地模仿导游领队的行为。因此,导游领队人员在工作期间应做到以身作则、遵纪守法、恪守职责,体现良好的职业素养和职业道德,为游客树立榜样。注重仪容仪表、衣着得体,展现导游领队职业群体的良好形象。言行规范、举止文明,为游客做出良好示范。

4. 合理引导

导游领队人员对游客文明旅游的引导应诚恳、得体。导游领队人员应有维护文明旅游的主动性和自觉性,关注游客的言行举止,在适当的时机对游客进行相应提醒、警示、劝告。导游领队人员应积极主动地营造轻松和谐的旅游氛围,引导游客友善共处、互帮互助、相互督促并适时地给予游客友善的提醒。

5. 正确沟通

在引导时,导游领队人员应注意与游客充分沟通,秉持真诚友善原则,增强与游客之间的互信,增强引导效果。对于游客的正确批评和合理意见,导游领队人员应认真听取,虚心接受。

6. 分类引导

1)针对不同游客的引导

在带团工作前,导游领队人员应熟悉团队成员、旅游产品、旅游目的地的基本情况,为恰当引导游客做好准备。对于未成年人较多的团队,应侧重对家长的引导,并需要特别关注未成年人的特点,避免损坏公物、喧哗吵闹等不文明现象发生。对无出境记录的游客,应特别提醒其注意旅游目的地的风俗禁忌和礼仪习惯,以及出入海关、边防(移民局)的注意事项,做到提前告知和提醒。游客生活环境与旅游目的地环境差异较大时,导游领队应提醒游客注意相关习惯、理念差异,避免言行举止不合时宜而导致的不文明现象。

2)针对不文明行为的处理

对于游客因无心之过而出现与旅游目的地风俗禁忌、礼仪规范不协调的行为,应及时提醒和劝阻,必要时协助游客赔礼道歉。对于从事违法或违反社会公德活动的游客,以及从事严重影响其他游客权益的活动,不听劝阻、不能制止的游客,根据旅行社的指示,导游领队可代表旅行社与其解除旅游合同。对于从事违法活动的游客,不听劝阻、无法制止、后果严重的,导游领队人员应主动向相关执法、管理机关报告,寻求帮助,依法处理。

（二）主要内容

📊 1.法律法规

导游领队人员应将我国及旅游目的地国家和地区文明旅游的有关法律规范和相关要求向游客进行提示和说明,避免游客出现触犯法律的不文明行为。引导游客爱护公物、文物,遵守交通规则,尊重他人权益。

📊 2.风俗禁忌

导游领队人员应主动提醒游客尊重当地风俗习惯、宗教禁忌。在有支付小费习惯的国家和地区,应引导游客以礼貌的方式主动向服务人员支付小费。

📊 3.绿色环保

导游领队人员应向游客倡导绿色出游、节能环保,宜将具体环保常识和方法向游客进行说明;引导游客爱护旅游目的地自然环境,保持旅游场所的环境卫生。

📊 4.礼仪规范

导游领队人员应提醒游客注意基本的礼仪规范:仪容整洁,遵序守时,言行得体。还应提醒游客不在公共场合大声喧哗、违规抽烟,提醒游客依序排队、不拥挤争抢。

📊 5.诚信善意

导游领队人员应引导游客在旅游过程中保持良好的心态,尊重他人、遵守规则、恪守契约、包容礼让,展现良好形象,通过旅游提升文明素养。

二、引导文明旅游的具体规范与总结反馈

（一）具体规范

1. 出行前

导游领队人员应在出行前将旅游文明需要注意的事项以适当的方式告知游客。导游领队参加行前说明会的,宜在行前说明会上向游客讲解《中国公民国内旅游文明行为公约》或《中国公民出境旅游文明行为指南》,提示基本的文明旅游规范,并将旅游目的地的法律法规、宗教信仰、风俗禁忌、礼仪规范等内容系统、详细地告知游客,使游客在出行前具备相应知识,为文明旅游做好准备。

不便于召集行前说明会或导游领队人员不参加行前说明会的,导游领队人员宜向游客发送电子邮件、传真,或通过电话沟通等方式,将文明旅游的相关注意事项和规范要求进行说明和告知。在旅游出发地机场、车站等集合地点,导游领队人员应将文明旅游事项向游客进行重申。当旅游产品具有特殊安排,如乘坐的廉价航班上不提供餐饮、入住酒店不提供一次性洗漱用品时,导游领队人员应向游客事先告知和提醒。

2. 登机（车/船）与出入口岸

导游领队人员应提醒游客提前办理检票、安检、托运行李等手续,不携带违禁物品。导游领队人员应组织游客依序候机(车、船),并优先安排老人、未成年人、孕妇、残障人士。导游领队应提醒游客不抢座、不占位,主动将上下交通工具方便的座位让给老人、孕妇、残障人士和带婴幼儿的游客。导游领队人员应引导游客主动配合机场、车站、港口以及安检、边防(移民局)、海关的检查和指挥。与相关工作人员友好沟通,避免产生冲突,携带需要申报的物品时,应主动申报。

3. 乘坐公共交通工具

导游领队人员宜利用乘坐交通工具的时间,将文明旅游的规范要求向游客进行说明和提醒。导游领队人员应提醒游客遵守和配合乘务人员指示,确保交通工具安全有序运行,例如乘机时应按照要求使用移动电话等电子设备。导游领队人员应提醒游客乘坐交通工具的安全规范和基本礼仪,遵守秩序,尊重他人,例如乘机(车、船)时不长时间占用通道或卫生间,不强行更换座位,不强行开启安全舱门。避免不文雅的举止,不无限制索要免费餐饮等。导游领队人员应提醒游客保持交通工具内的环境卫生,不乱扔乱放废弃物。

4. 住宿

导游领队人员应提醒游客尊重服务人员,服务人员问好时要友善回应;导游领队人员应指引游客爱护和正确使用住宿场所的设施设备,注意维护客房和公用空间的整洁卫生,提醒游客不在酒店禁烟区域抽烟。导游领队人员应引导游客减少一次性物品的使用,减少环境污染,节水节电。导游领队人员应提醒游客在客房区域举止文明,如在走廊等公共区域时应衣着得体,出入房间应轻关房门,不吵闹喧哗,宜调小电视音量,以免打扰其他游客休息。导游领队人员应提醒游客,在客房内消费的话,应在离店前主动声明并付费。

5. 餐饮

导游领队人员应提醒游客注意用餐礼仪,有序就餐,避免高声喧哗干扰他人。导游领队人员应引导游客就餐时适量点餐用餐,避免浪费。导游领队人员应提醒游客自助餐区域的食物、饮料不能带离就餐区。集体就餐时,导游领队人员应提醒游客正确使用公共餐具。游客如需在就餐时抽烟,导游领队人员应指示游客到指定抽烟区域就座,如果就餐区禁烟,游客应遵守相关规则。就餐环境对服装有特殊要求的,导游领队人员应事先告知游客,以便游客准备。在公共交通工具或博物馆、展览馆、音乐厅等场所,应遵守相关规则,勿违规饮食。

6. 游览

导游领队人员宜将文明旅游的内容融合在讲解词中,进行提醒和告知。导游领队人员应提醒游客遵守游览场所规则,依序文明游览。在自然环境中游览时,导游领队人员应提示游客爱护环境、不攀折花草、不惊吓伤害动物,不进入未开放区域。观赏人文景观时,导游领队人员应提示游客爱护公物、保护文物,不攀登骑跨或胡写乱画。在参观博物馆、教堂等室内场所时,导游领队人员应提示游客保持安静,根据场馆要求规范使用摄影摄像设备,不随意触摸展品。游览区域对游客着装有要求的(如教堂、寺庙、博物馆、皇宫等),导游领队人员应提前一天向游客说明,提醒准备。导游领队人员应提醒游客摄影摄像时先后有序,不妨碍他人。如需拍摄他人肖像或与他人合影,应征得同意。

7. 娱乐

导游领队人员应组织游客安全、有序、文明、理性地参与娱乐活动。导游领队人员应提示游客观赏演艺、比赛类活动时遵守秩序,如按时入场、有序出入,中途入场或离席以及鼓掌喝彩应合乎时宜,根据要求使用摄像摄影设备,慎用闪光灯。导游领队人员应提示游客观看体育比赛时,尊重参赛选手和裁判,遵守赛场秩序。游客参加涉水娱乐活动的,导游领队人员应事先提示游客听从工作人员指挥,注意安全、爱护环境。导游领队人员应提示游客在参加和其他游客、工作人员互动的活动时,文明参与、大方得体,并在活动结束后对工作人员表示感谢,礼貌话别。

8. 购物

导游领队人员应提醒游客理性、诚信消费,适度议价,善意待人,遵守契约。导游领队人员应提醒游客遵守购物场所规范,保持购物场所秩序,不哄抢喧哗,试吃试用商品应征得同意,不随意占用购物场所非公共区域的休息座椅。导游领队人员应提醒游客尊重购物场所购物数量限制。在购物活动前,导游领队人员应提醒游客购物活动结束时间和购物结束后的集合地点,避免因游客迟到、拖延而引发的不文明现象。

9. 如厕

在旅游过程中,导游领队人员应提示游客正确使用卫生设施;在如厕习惯特别的国家、地区,或卫生设施操作复杂的,导游领队人员应向游客进行相应说明。导游领队人员应提示游客维护卫生设施清洁,适度取用公共卫生用品,并遵照相关提示和说明不在卫生间抽烟或随意丢弃废弃物,不随意占用残障人士专用设施。在乘坐长途汽车前,导游领队人员应提示游客行车时间,提醒游客提前上卫生间。在长途行车过程中,导游领队人员应与司机协调,在中途安排停车如厕。游览过程中,导游领队人员应适时提示卫生间位置,尤其应注意引导家长带领未成年人使用卫生间,不随地大小便。在游客众多的情况下,导游领队人员应引导游客依序排队使用卫生间,并礼让急需的老人、未成年人、残障人士。在野外无卫生间等设施设备的情况下,导游领队人员应引导游客在适当的位置如厕,避免污染水源或影响生态环境,并提示游客填埋、清理废弃物。

(二)特殊/突发情况处理

旅游过程中遭遇特殊/突发情况,如财物被抢被盗、感染重大传染性疾病、遭受自然灾害、交通工具延误等,导游领队人员应沉着应对,冷静处理。需要游客配合相关部门处理的,导游领队人员应及时向游客说明,进行安抚劝慰,并积极协助有关部门进行处理。在突发紧急情况下,导游领队应立即采取应急措施,避免损失扩大和事态升级。导游领队人员应在游客与相关机构和人员发生纠纷时,及时处理、正确疏导,引导游客理性维权、化解矛盾。遇到游客采取拒绝上下机(车/船)和滞留等方式非理性维权的,导游领队人员应与游客进行沟通,使其知晓利害关系,必要时应向驻外使领馆或当地警方等机构报告,寻求帮助。

(三)总结反馈

旅游行程全部结束后,导游领队向旅行社递交的"带团报告"或"团队日志"中,宜有总结和反馈文明旅游引导工作的内容,以便积累经验并在导游领队人员中进行培训、分享。旅游行程结束后,导游领队人员宜与游客继续保持友好交流,并妥善处理遗留问题。对于旅游过程中严重违背社会公德,违反法律规范,影响恶劣、后果严重的游客,导游领队人员应将相关情况向旅行社进行汇报,并通过旅行社将该游客的不文明行为向旅游管理部门报告,经旅游管理部门核实后,纳入游客不文明旅游记录。旅行社、导游行业组织等机构应做好导游领队人员引导文明旅游的宣传培训和教育工作。

◇ **练习思考题**

一、名词解释

1. 全陪导游

2. 地陪导游

3. 出境旅游领队

二、判断题

1. 一名合格的导游要懂得什么是美,知道美在何处,但对自己的仪表、仪容、仪态则无须过多讲究。 (　　)

2. 导游只有以良好的思想品德做后盾,讲解时才能做到内容丰富、言之有物。 (　　)

3. 热爱社会主义祖国是作为一名合格的中国导游的首要条件。 (　　)

4. 旅游行业核心价值观是"游客为本,服务至诚"。 (　　)

5. 对于提供涉外导游服务的导游,还应牢记"内外有别"的原则,在工作中多请示汇报,切忌自作主张,更不能做违法乱纪的事。 (　　)

6. 导游的工作对象甚为广泛,善于和各种人打交道是导游最重要的素质之一。 (　　)

7. 各类导游由于其工作性质、工作对象、工作范围和时空条件各不相同,职责重点也有所区别,基本职责也不同。 (　　)

三、单项选择题

1. 下列选项中不属于导游素质的是(　　)。

A. 较强的独立工作能力　　　　　B. 积极的进取精神

C. 广博的知识结构　　　　　　　D. 整洁的外表

2. 旅游服务质量高低最敏感的标志是(　　)。

A. 旅行社建设导游数量　　　　　B. 导游整体规模

C. 导游学历水平　　　　　　　　D. 导游服务质量

3. 一名合格的中国导游员应该具备的首要条件是(　　)。

A. 热爱祖国　　　　　　　　　　B. 情操高尚

C. 爱岗敬业　　　　　　　　　　D. 遵纪守法

4.导游最重要的基本功是(　　)。

A.史地文化知识　　　　　　　　B.政策法规知识

C.语言表达能力　　　　　　　　D.美学知识

5.导游接受任务后要严格按照旅游接待计划,带领全团游客游览好、生活好。这就要求导游具有(　　)。

A.独立执行政策和进行宣传讲解的能力B.较强的组织协调能力

C.善于和各种人打交道的能力　　　D.独立分析、解决问题,处理事故的能力

6.既是海外旅行社的代表,又是游客的代言人的导游是(　　)。

A.领队　　　　　　　　　　　　B.全陪

C.地陪　　　　　　　　　　　　D.讲解员

7.(　　)不仅是导游必须遵守的一项基本道德规范,也是社会主义各行各业必须遵守的基本行为准则。

A.公私分明,诚实善良　　　　　B.爱国爱企,自尊自强

C.团结协作,顾全大局　　　　　D.一视同仁,不卑不亢

8.(　　)是集体主义原则在导游工作中的具体体现。

A.克勤克俭、游客至上　　　　　B.遵纪守法、敬业爱岗

C.团结协作、顾全大局　　　　　D.耐心细致、文明礼貌

四、多项选择题

1.导游的知识结构主要包括(　　)。

A.语言知识　　　　　　　　　　B. 政策法规知识

C.心理学知识　　　　　　　　　D. 美学知识

E.服务采购知识

2.周总理提出翻译导游素质要求中的"三过硬"指的是(　　)。

A.思想过硬　　　　　　　　　　B.身体过硬

C.外语过硬　　　　　　　　　　D.业务过硬

E.心理过硬

3.当今导游要真正做好导游服务工作,必须当好"八大员",下列选项中属于"八大员"的是(　　)。

A.国情讲解员　　　　　　　　　B.旅游协调员

C.生活服务员　　　　　　　　　D.情况调查员

E.旅游统计员

4.导游的素质要求包括(　　)。

A.良好的职业形象　　　　　　　B.广博的知识结构

C.较强的独立工作能力　　　　　D.熟练的导游技能

E.健康的体魄和心态

5.出境旅游领队的主要职责是(　　)。

A.全程服务,旅途向导　　　　　B.实施旅游接待计划

C. 做好组织和团结工作   D. 联络工作

E. 落实旅游合同

6. 导游的基本职责包括(   )。

A. 接受任务,搞好推销   B. 导游讲解,传播文化

C. 安排相关事宜,保护游客安全   D. 反映意见要求,安排相关活动

E. 解答问询,处理问题

7. 导游职业道德包括(   )。

A. 爱国爱企、自尊自强   B. 克勤克俭、游客至上

C. 一视同仁、不卑不亢   D. 优质服务、好学向上

E. 保护环境、遵纪守法

8. 导游的修养主要包括(   )。

A. 道德修养   B. 情操修养

C. 气质修养   D. 知识修养

E. 人品修养

五、实践创新

学生分小组,每个小组讲述一个中外著名导游员的优秀事迹,并在全班进行交流。

2-7   项目二练习思考题参考答案

项目三　导游服务程序与规范

◇ **本项目目标**

■ **知识目标**

1.掌握地陪导游服务程序各工作环节的要领、技巧与规范;

2.掌握全陪导游服务程序各工作环节的要领、技巧与规范;

3.熟悉出境旅游领队导游服务程序各工作环节的要领、技巧与规范;

4.了解景区景点导游服务程序要领与规范。

■ **能力目标**

1.掌握地陪导游、全陪导游、出境旅游领队等导游服务的要领、技巧和规范,提供优质的导游服务;

2.能够承担地陪导游、全陪导游、出境旅游领队、景区景点导游等角色,在工作中与其他导游成员密切配合,确保旅游者的各项活动顺利进行,做到工作职责、服务程序与标准统一。

■ **情感目标**

1.树立"游客为本,服务至诚"的导游服务理念,培养学生的导游工匠精神;

2.培养学生互相配合、密切协作的团队协作精神。

任务一 地陪导游服务程序与规范

◇ 引 例

带领旅游者用好第一餐

"各位接站的朋友请注意了,由上海飞往沈阳的 CJ6304 航班将于北京时间 18 点 50 分准时到达机场,请接机的朋友做好迎接准备。"从机场广播室里传出的声音告诉吴皓,上海一行 18 位游客即将到达机场。吴皓打开随身包,将导游旗的旗杆拔了出来,平整了一下导游旗,做好了接团前的准备。

吴皓在接团前仔细看过接团计划单,在行程中,旅行社特地为刚下飞机的游客安排了晚餐,于是,吴皓说:"大家请放心,我们旅行社早已考虑到大家在飞机上可能没吃好晚餐,所以,我们现在就到沈阳最有特色的'老边饺子'去吃晚餐,东北人有一句话,叫'站着不如倒着,好吃不如饺子'。沈阳的'老边饺子'在全国可是很有名气的,中央电视台的满汉全席比赛——饺子宴,'老边饺子'拿回好几个金奖呢,一会儿,准保让大家吃得满意,大家看怎么样?"吴皓一席话,将全团游客的热情一下子调动起来了,许多人还在车上讲着自己在家包饺子的心得。

当车子停到酒店门口后,吴皓第一个从车里下来,一路小跑进了餐厅。原来,他想马上去趟洗手间。游客进到大厅里面,看不见吴皓,也不知道该往哪里走,正在焦急等待时,吴皓非常抱歉地跑了回来,将游客引领到提前预订好的餐位上。

从上海一同到沈阳的全陪张小姐和司机师傅一直跟着团队游客,不知道自己该坐在哪里为好,看吴皓在忙着给游客倒水,他们也没好意思上前打扰。此时,服务员过来询问是否需要帮助,在他们说明身份后,服务员将他们引领到陪同桌坐下。由于过了用餐高峰,餐厅的人不是很多,后厨上菜也很快,也许是这里的饺子确实很有特色,上海游客品尝后连连称赞。

分析

在本案例中,导游吴皓的热情使上海游客一见到他就留下了较好印象,但是在接下来的服务中,有一些小的失误,比如,没有及时引领游客进入餐厅用餐区,忽略了司机和全陪,照顾不周等。

一般来讲,在游客到达某一地区参观之前,地陪要提前落实本团当天的用餐,将午餐、晚餐的用餐地点、时间、人数、标准、特殊要求逐一核实并确认。并应做到以下几点:

(1)用餐时,地陪应引导旅游者进餐厅入座,介绍餐厅的有关设施、饭菜特色、酒水类别等。

(2)向领队告知地陪、全陪的用餐地点及用餐后的出发时间。

(3)用餐过程中,地陪要巡视旅游者用餐情况一两次,解答旅游者在用餐中提出的问题,监督、检查餐厅是否按标准提供服务并解决出现的问题。

(4)用餐后,地陪应严格按实际用餐人数、标准、饮用酒水数量如实填写餐饮费用结算单,与供餐单位结账。

总结

旅游活动中,"食"为游客最为关心的内容之一。游客到各地参观游览,都想领略和品尝当地的特色饮食。在导游的讲解中,如果能对各地的饮食文化进行介绍,并在团队用餐中给予安排,一定会让游客既饱口福,又饱耳福和眼福。

(资料来源:https://zhuanlan.zhihu.com/p/74268641.)

地陪导游服务程序是指地陪导游(简称地陪)在当地接待旅游者时应遵循的服务流程和标准。游客是否满意、旅游接待计划能否圆满实施在很大程度上取决于各站地陪的导游服务。其服务流程如图 3-1 所示。

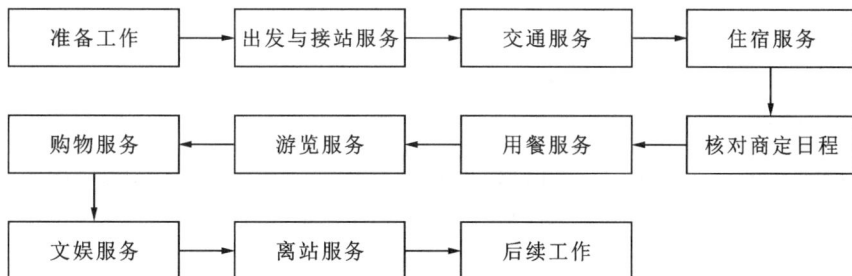

图 3-1 地陪导游服务流程

一、准备工作

地陪做好接团前的各项准备工作是向游客提供良好服务的重要前提。地陪工作可谓千头万绪,如果考虑不周就可能出错,因此,地陪的准备工作应细致、周密。一般来说,地陪的准备工作包括以下几个方面。

（一）熟悉接待计划

接待计划（见表3-1）既是组团社根据同客源地旅行社签订的旅游合同（协议）制定的旅游者在旅游线路上各地方的活动安排，又是组团社委托有关地方接待旅行社组织落实旅游者活动的契约性文件，同时也是导游了解旅游者基本情况和安排当地活动日程的主要依据。

接待计划分为入境旅游者接待计划和国内旅游者接待计划。其中，前者是国内组团社根据同境外旅行社所签旅游合同或协议的要求制订的旅游者在我国境内旅游活动的安排计划；后者是国内组团社根据同游客所签旅游合同的内容制订的旅游线路上各地的旅游者活动安排计划。

接待旅游者前，导游应熟悉旅游接待计划及相关资料，掌握旅游者的基本情况、行程安排、特殊要求和注意事项等细节内容，注意其重点和特点。

1. 旅游团的基本信息

1）组团社信息

① 组团社名称（计划签发单位）、电话及传真号码、客源地组团社名称；
② 联络人姓名、电话号码或其他联络方式（微信、QQ）；
③ 组团社标志或提供给团队成员的标志物。

2）旅游者信息

① 旅游者的名称、团号（境外组团社/国内组团社）、电脑序号；
② 领队、全陪姓名及电话号码；
③ 旅游者种类（全包价、半包价、小包价）；
④ 旅游者的等级（如豪华团、标准团、经济团等）和费用结算方式；
⑤ 旅游者住房标准（房间数、床位数、是否有大床间）、用车、游览、餐食标准。

表 3-1 旅游团队接待计划

旅行社（公章）

线路：   No.：

组团社名称及团号			来自国家（地区）或城市		全陪	
					地陪	
地接社团号						
总人数	人	男	人	用车情况	司机	导游
儿童	人	女	人			

续表

时间	游览项目及景点	用餐		入住宾馆
D1 月 日 时 分		早餐		
		中餐		
		晚餐		
D2 月 日 时 分		早餐		
		中餐		
		晚餐		
D3 月 日 时 分		早餐		
		中餐		
		晚餐		
D4 月 日 时 分		早餐		
		中餐		
		晚餐		
D5 月 日 时 分		早餐		
		中餐		
		晚餐		
订票计划	飞机：			
	火车：			
	轮船：			
备注				

签发日期： 年 月 日 签发人： 导游签名：

2. 旅游团成员情况

旅游团人数（男性人数、女性人数、儿童人数）、性别、国籍（省份、城市）、年龄，风俗、饮食习惯，尽可能了解旅游者成员的职业、文化层次、宗教信仰等。

3. 旅游者抵离本地情况

抵离时间、所乘交通工具类型、航班（车次/船次）和使用的交通港（机场/车站/码头）名称。

📈 4.旅游者交通票据情况

赴下一站交通票是否订妥,有无变更和更改后的落实情况,有无返程票(若有,是否落实)。

3-1　案例
"马虎的危害"

📈 5.特殊要求和注意事项

旅游者的服务接待特殊要求,如住房、用车、游览、餐食等方面的特殊要求,该团的特殊情况和注意事项。增收费用项目情况,如额外游览项目(游江、游湖等)和行李车费用等。特殊游客情况,如团内有无2周岁以下婴儿或12周岁以下儿童,有无持老年证、学生证或残疾人证的游客,是否需要提供残疾人服务等。

（二）落实接待事宜

📈 1.核对日程安排表

地陪应根据接待计划安排日程(电子行程单),认真核对接待社编制的旅游团在当地活动日程表中所列日期、出发时间、游览项目、就餐地点、风味餐品尝、购物、晚间活动、自由活动和会见等项目,如发现有出入应立即与本社有关人员联系核实,以免实施时出现不必要的麻烦。

📈 2.落实接待车辆

地陪应在接团前同司机商定接头的时间和地点(通常提前半小时到达见面地点),提醒司机检查车辆空调、车载电视、音响和话筒等设备,保证设备的正常使用。接待大型旅游者时,地陪应在车上贴上醒目的编号和标记,以便游客识别。

📈 3.落实住房

熟悉旅游团所住酒店的位置、概况、服务设施和服务项目,如距市中心的距离、附近有何购物娱乐场所、交通状况等。

地陪在接团前要与旅行社计调人员核实该团游客所住房间的数量、房型、用房时间是否与旅游接待计划相符,核实房费内是否含早餐等,并与酒店保持有效沟通和联系,落实住宿安排。若接待重点游客,地陪可到游客下榻的酒店向接待人员了解其团队排房情况,告知游客的抵达时间和旅游车牌号,并主动介绍该团的特点,配合酒店做好接待工作。

4. 落实用餐

熟悉旅游者就餐餐厅的位置、特色。与各有关餐厅联系,确认该团日程表上安排的每一餐的落实情况,并告知旅游者的团号、人数、餐饮标准、日期、特殊要求和饮食禁忌等。

5. 了解不熟悉的参观游览点

对于新开放的旅游景点或不熟悉的参观旅游点,地陪应事先了解景点位置、行车线路、开放时间、最佳游览线路、厕所位置等。必要时,地陪可先去踩点,以保证旅游活动的顺利进行,提前核实景点门票优惠政策、景点内收费项目、景区内演出或表演的场次和时间。

6. 核实旅游者离开当地的出票情况

地陪应主动与计调部门联系,核实旅游者离开当地的交通工具出票情况,并核实航班(车次/船次)确定的出发时间,以便在接待中安排好旅游者离开酒店前往机场(车站/码头)及托运行李的时间。

7. 落实其他计划内项目的安排情况

如果组团社发来的接待计划中包括该旅游团的会见、宴请、品尝风味餐等活动,地陪应在接团前与计调部门联系,请其落实相关的会见、宴请、风味餐等事宜。

8. 联络沟通

提前与全陪或领队联系,了解旅游团所乘交通工具的抵达时间、该团有何变化情况,以及对在当地的安排有何要求。此外,应告知全陪行程中的景点对游客的优惠政策及需要携带的相关证件。若接待的入境旅游团是首站抵达,地陪应与全陪联系约定见面的时间和地点,一起提前赴机场(车站/码头)迎接旅游者,在了解旅游团抵达本地的时间和地点后,再与旅游客车司机取得联系,确定会面时间和车辆停放位置。

9. 掌握相关电话号码

地陪应知道接待社各部门、全陪导游、旅游车租车公司(旅行社车队)、就餐餐厅、入住酒店、游览的景区等相关联系电话以及机场(车站/码头)、下一站旅行社等的联系电话。

（三）知识准备

导游应根据旅游行程安排及旅游者的基本情况，熟悉旅游目的地相关旅游资源、风土人情、法律法规等专业知识。

📈 1. 专业知识准备

根据接待计划确定的参观游览项目，做好有关知识和资料的准备，尤其是计划中所列新开放的景点相关知识的准备。准备的过程中应注意知识的更新，及时掌握最新信息。接待有专业要求的团队，要做好相关专业知识和术语、词汇的准备；做好当前热门话题、国内外重大新闻以及游客可能感兴趣的话题的准备；做好客源国家（地区）有关知识的准备。

📈 2. 语言准备

若接待的是入境旅游者，地陪还要做好语言翻译和外语词汇的准备。在语音、语调、语法和用词等表达技巧方面，注意表达清楚、生动和流畅。

（四）物品准备

导游应做好证件、票据、导游旗等物品的准备。接收旅游者资料时应做好核对登记，以确保旅游者的相关资料和票据是可用的，资料交接记录应予以保存。

📈 1. 领取必要的票证、表格和费用结算单

地陪在出发前，应到旅行社相关部门领取旅游者接待计划表（电子行程单）、旅游服务质量反馈表、旅游者名单、旅游餐饮结算单、旅游者费用结算单等。在填写这些单据时，应注意填写的数据一定要与旅游者人数相符，人数和金额要大写。

📈 2. 准备工作物品

必备的工作物品包括电子导游证、导游身份标识、导游旗、扩音器、接站牌、旅行车标志、宣传资料、行李牌（或行李标签）、通讯录，以及按旅游者人数发放的物品（如旅游帽、导游图或其他旅游纪念品）等。

📊 3.准备个人物品

必备的个人物品包括名片,手机及充电器,防护用品(雨伞、遮阳帽、润喉片),常备药物,记事本与工作包等。

（五）形象准备

导游的自身美不仅关系到个人形象,更重要的是关系到目的地和旅游企业的形象。为了给游客留下良好的印象,导游在带团前要做好相应的仪容、仪表方面的准备。

📊 1.仪容准备

导游应面容整洁,不浓妆艳抹。导游的头发要保持清洁、整齐。女性导游留有长发的要扎好,男性导游的前发不要覆额,鬓角不近耳,后发不及领。

📊 2.仪表准备

导游的着装要符合导游的身份,要方便旅游服务工作。导游的衣着要简洁、整齐、大方、自然,佩戴首饰要适度。如果接待计划中安排有会见、宴会、舞会等,导游要准备好适合这些场合的正装(男性如西装、中山装,女性如套装、晚礼服、旗袍等)或民族服装。

（六）心理准备

导游需要具备良好的心理素质,在接团前做好如下几个方面的心理准备。

📊 1.准备面临艰苦复杂的工作

导游在带团前,不仅要根据旅游者的情况考虑如何按照正规的工作程序向其提供热情周到的服务,而且还要有充分的思想准备考虑如何为特殊游客提供服务,以及如何去面对、处理接待过程中可能发生的问题和事故。

📊 2.准备承受抱怨和投诉

尽管导游尽其所能为游客提供了热情周到的服务,但还是有可能遇到某些或个别游客的挑剔、抱怨和指责,甚至投诉。面对这种情况,导游要做好思想准备,要冷静、沉着地面对,无怨无悔地继续做好导游服务工作。

3.准备面对形形色色的"精神污染"和"物质诱惑"

导游在接团过程中,经常要与各种各样的游客接触,还要同一些商家打交道,他们的言行举止可能有意无意地传播某些不健康的内容,甚至用物质利益或其他非法交易来进行引诱。因此,对这些言行,导游应有充分的思想准备,坚持兢兢业业带团,堂堂正正做人。

二、出发与接站服务

接站服务是指地陪提前半小时到达机场、车站、码头迎接旅游者前后所提供的各项服务。它在导游服务中至关重要,因为这是地陪在游客面前的首次亮相,应提供准时、热情、友好的接待服务,以给游客留下美好的第一印象。

（一）旅游者抵达前的业务安排

1.再次确认旅游者抵达的准确时间并与司机联系

接团当天,地陪应及早与全陪或领队联系,了解旅游者所乘交通工具的运行情况,尤其在天气恶劣的情况下,应随时掌握旅游者的动向,了解其抵达的准确时间,并与旅游车司机商定出发时间,确保旅游车提前半小时抵达接站地点,并告知司机旅游者的活动日程和具体时间。到达接站地点后,地陪应与司机商定旅游车具体的停车位置。

2.再次核实航班（车次）抵达的准确时间

地陪到达接站地点后,应再次通过 App、问询处或航班（车次）抵达显示牌确认航班（车次）抵达的准确时间。如获悉所接航班（车次）晚点的情况,但延误时间不长,地陪可留在接站地点继续等候旅游者,如延误时间较长,应立即将情况报告接待社有关部门,听从安排。

3.持接站牌迎候旅游者

旅游者所乘交通工具抵达后,地陪应在旅游者出站前,通过电话、微信或短信联系对方,并持接站牌站立在出口醒目的位置,面带微笑,热情迎候旅游者。接站牌上要写清团名、团号、领队或全陪姓名,接小型旅游者或无领队、无全陪的旅游者要写上游客的姓名。

（二）旅游者抵达后的服务

1. 认找旅游团

游客出站时，地陪应尽快认找所接旅游团。认找的方法是：地陪站在明显的位置举起接站牌或导游旗，以便领队、全陪（或游客）前来联系，与此同时地陪应通过手机与全陪或领队联系，了解游客出站情况。此外，还可根据游客的民族特征、衣着、组团社的标志、人数等分析判断或上前委婉询问，问清该团团名、领队、全陪的姓名以及游客人数，以防接错。

2. 认真核实人数

接到应接的旅游团后，地陪要向领队（或游客）做自我介绍，并与领队和全陪核对实到人数。如与计划的人数不符，要及时通知旅行社，以便安排住宿、餐饮上的变更。如所接旅游团无领队和全陪，地陪应与旅游团成员核对团名、人数及团员姓名。

3. 集中检查行李

若旅游团是乘飞机抵达，地陪应协助该团游客将行李集中到指定的位置，提醒他们检查各自行李物品的件数以及是否有损坏。

4. 集合登车

地陪要提醒游客带齐行李物品，引导游客前往旅游车停放处，告知游客旅游车的标志、车号、停车地点和开车时间。旅游车司机应当打开大巴车底层的行李柜或汽车后备箱，帮助游客码放行李。地陪要站在车门旁，搀扶或协助游客上车，引导其有序乘坐，并提醒游客乘坐礼仪规范和安全注意事项。游客上车后，地陪应帮助游客将放在行李架上的手提行李整理齐顺，尤其注意行李架不得存放大型或重型行李，以免意外掉落砸伤游客。待游客坐定后，地陪要做好的第一件事是礼貌地清点人数，并进行安全提示，提醒游客系好安全带，清点无误后方可示意司机开车。

为了保证安全，地陪应当坐在导游专座上。如果旅游车没有设置导游专座，地陪应当事先选择汽车第一排的正座为导游专座，套上印有"导游专座"的头枕套，以提示游客不要占据该座位。导游途中讲解时，应提醒司机放慢车速并保持匀速前进状态。旅游车在高速公路或危险路段行驶时，导游不应站立讲解。

游客如有需要时，地陪应提供必要的帮助或协助。遇到交通工具不能正常运行时，地陪应与交通部门、旅行社等保持有效沟通并稳定游客情绪；因公共交通工具原因滞留当地过夜时，地陪应协助相关部门安排，或请示旅行社妥善安排游客的食宿。

（三）赴酒店途中服务

从机场(车站/码头)到下榻酒店的行车途中,地陪除了要表现出热情友好的态度之外,还应在气质、学识和语言方面展现自己的职业素养,以赢得游客的信赖,给他们留下可信、可靠的第一印象。为此要做好如下几项工作。

📊 1. 致欢迎词

致欢迎词是导游给游客留下良好第一印象的重要环节,一般应控制在5分钟左右。

欢迎词的内容应视旅游团的性质及其成员的文化水平、职业、年龄及居住地区等情况而有所不同,要有激情、有特点、有新意、有吸引力,快速把游客的注意力吸引到自己身上来,给游客留下深刻印象。欢迎词一般包括以下内容。

(1)问候语。真诚问候游客,如:"各位来宾、各位朋友,大家好!"
(2)欢迎语。代表所在旅行社、本人及司机欢迎游客光临本地。
(3)介绍语。介绍自己的姓名及所属单位,介绍司机。
(4)希望语。表示提供服务的诚挚愿望。
(5)祝愿语。预祝游客旅游愉快顺利。

📊 2. 调整时间

这项工作是针对刚刚入境的国际旅游团而言的。地陪在致完欢迎词后要向游客介绍两国的时差,并请游客调整好时间。

📊 3. 首次沿途导游

地陪要认真做好首次沿途导游,这不仅可以满足游客初到一地的好奇心和求知欲,而且也是展示气质、学识、语言水平的大好时机,有利于导游树立良好形象,增进游客对导游的信任感和满足感,为接下来的旅游活动的顺利开展打好基础。首次沿途导游的内容主要包括以下几点。

1)本地概况介绍

地陪应在行车途中向游客介绍本地的概况,包括地理位置、行政区划、气候、人口、主要物产、居民生活、文化传统、土特产品、历史沿革等。

2)风光风情导游

地陪应在行车途中对道路两边的人、物、景做好风光风情导游,以满足游客初到一地的求知欲。风光风情导游的讲解要简明扼要,语言节奏要明快清晰,景物取舍要恰当,要见人说人、见物说物,与游客的观赏同步。可适当采用类比的方法使游客听后有亲切感和对比感。为此,导游要反应灵敏,把握好时机。

3)介绍下榻的酒店

在旅游车到达酒店之前,地陪应向游客介绍他们下榻酒店的基本情况,包括酒店的名称、位置、距机场(车站/码头)的距离、星级、规模、主要基本设施和周边设施,住店手续、有关服务项目、收费标准和注意事项等(如途中行车距离短,这部分内容也可在游客进入酒店后介绍)。

4. 宣布当日或次日的活动安排

在首次沿途导游后,地陪应尽快与领队、全陪商量当日或次日活动安排,包括叫早时间、早餐时间和地点、集合时间和地点,旅行线路等,商定后地陪应向游客宣布当日或次日的活动安排,并提醒游客做好必要的参观游览准备。

5. 宣布集合时间、地点和停车地点

旅游车驶进下榻酒店后,地陪应在游客下车前向其讲清下次集合的时间、地点(一般在酒店大堂)和停车地点,让其记住旅游车的颜色、车型和车牌号,并提醒他们将手提行李和随身物品带下车。告知司机第二天的早餐时间和游客出发的时间。

三、住宿服务

游客抵达酒店时,导游应协助办理住店手续,处理入住过程中可能出现的问题,提醒安全注意事项。

(一)协助办理入住手续

游客进入饭店后,地陪应安排游客在大堂指定的位置休息,尽快向饭店前台讲明团队名称、订房单位,请领队或全陪收齐游客证件,与游客名单表一起交给饭店前台,尽快协助领队或全陪办理好住店登记手续。拿到客房号和住房卡(钥匙)后,请领队根据准备好的住房名单分发住房卡,并把分房情况迅速登记在分房名单表上,再请饭店前台人员将登记的分房名单复印两份,一份交饭店保存,另一份由地陪留存,以便掌握领队、全陪和游客的房间号。此外,地陪还应在前台处领取印有饭店名称、地址和电话的饭店卡片分发给游客。如游客无领队,可请团长分房。如游客既无领队又无团长,则请全陪分房。

地陪若留宿酒店,将房间号告知全陪导游,并掌握全陪导游和旅游团的房间号;若不留宿酒店,在离开酒店前应将自己的电话号码告知全陪和领队,以便联系。

(二)介绍酒店设施

入住酒店后,地陪应向全团介绍酒店的主要设施,包括外币兑换处、中西餐厅、娱乐场所、商品售卖处、公共卫生间等的位置以及在店内如何使用 Wi-Fi 等,并说清楚住店注意事项,提醒游客将贵重物品交前台保管(若客房内未设置保管箱),告知客房内收费项目(如小酒吧、长途电话),酒店安全通道位置以及房间安全注意事项(如睡觉前关好门窗、不躺在床上吸烟等)。

(三)带领游客用好第一餐

游客进入房间之前,地陪要向游客介绍该团就餐餐厅的地点、时间、就餐形式和注意事项。待全体团员到齐后,带领他们进入餐厅,向领座服务员问清本团的桌次后,再带领游客到指定的餐桌入座,告知游客用餐的有关规定,如哪些饮料包括在团费内,哪些不包括在团费内,若有超出规定的服务要求,费用由游客自理,以免产生误会。在用餐前,地陪还要将领队介绍给餐厅经理或主管服务员,核实餐厅有否根据该团用餐的特殊要求和饮食禁忌安排团餐。

(四)处理游客入住后有关问题

游客进门时可能遇到门锁打不开,游客进房后可能遇到浴室没有热水、房间不干净或有虫害、电话线或网络线不通等问题,地陪应及时与酒店联系,迅速解决,并向游客说明情况,表示歉意。

(五)安排好叫早服务

地陪在结束当天活动离开酒店之前,应与领队确定第二天的叫早时间,领队通知全团,并将商定的叫早时间通知酒店前台办理。

四、核对商定日程

核对商定日程是旅游者抵达后的一项重要工作,标志着两地(或两国)导游(领队)开始实质性的合作。

项目三 导游服务程序与规范

（一）核对商定日程的必要性

虽然旅游团的整个活动日程已明确规定，根据合同或协议书制订了旅游团的接待计划，对该团在各地的活动事先进行了安排，然而游客作为旅游产品的购买者和消费者有权审核旅游活动计划，也有权提出修改意见。所以，导游与游客商定活动日程是对购买者和消费者的尊重，也是一种礼遇。

领队作为旅游者的代言人，也希望得到目的地导游的尊重和合作，使商定和宣布活动日程成为其行使职权的表现。某些专业旅游团除一般的参观游览外，还有特定任务，商定活动日程对游客来说则更为重要。

（二）核对商定日程的时间、地点与对象

在游客抵达后，地陪应抓紧时间尽早完成核对商定日程的工作。如果团队抵达后是直接去游览点的，核对商定团队行程的时间、地点一般可选择在机场或行车途中；如果团队是先前往酒店的，一般可选择在首次沿途导游途中进行，也可在酒店入住手续办理完毕后进行，地点宜在公共场所，如酒店大堂等。

商谈日程的对象应根据游客的性质而定，对于一般游客，与领队、全陪商谈；对于重点团、专业团、交流团，除领队、全陪外，还应请团内有关负责人一起参加商谈。如果旅游团没有领队，可与全团游客一起商定。

（三）可能出现的不同情况的处理

1. 对方提出较小的修改意见

地陪可在不违背旅游合同的前提下，对合理而又可能满足的项目，应努力予以安排。如对方提出增加新的游览项目，而新增游览项目需增收费用，地陪应及时向旅行社有关部门反映，并事先向领队和游客讲明，若他们同意，订立书面合同，按规定收费，但新增项目的安排不得影响计划项目的实施。对确有困难而无法满足对方的要求，地陪要耐心做好解释和说服工作。

2. 对方提出的要求与原计划的日程有较大变动，或涉及接待规格

对于这种要求地陪一般应予以婉言拒绝，并说明我方不方便单方面不执行合同。如经领队和全体游客提出的要求确有特殊理由，地陪必须请示旅行社有关领导，按领导指示而定。

85

3. 领队（或全陪）手中的旅行计划与地陪的接待计划有部分出入

地陪应及时报告旅行社查明原因，以分清责任。若是接待方的责任，地陪应实事求是地说明情况，向领队和全体游客说明情况，并致歉，及时做出调整。若责任不在接待方，地陪也不应指责对方，必要时，可请领队向游客做好解释工作。

五、游览服务

带领游客参观游览是地陪导游服务工作的中心环节。在游览前，导游应以旅游合同约定的旅游接待计划为准核实旅游行程，告知游客与游览相关的注意事项。

（一）出发前的服务

1. 做好出发前的准备

准备好导游旗、电子导游证、导游身份标识和必要的票证。与司机联系，督促其做好出车的各项准备工作。核实旅游团午餐、晚餐的落实情况。

2. 提前到达出发地点

地陪应提前到达集合地点，并督促司机做好出发前的各项准备工作。地陪提前到达是地陪工作负责任的表现，会给游客留下很好的印象。地陪可利用这段时间礼貌地招呼早到的游客，向他们征询服务的意见和建议。在时间上留有余地，以身作则遵守时间，提前做好出发前的有关工作，应付可能出现的突发情况。

3. 核对实到人数

若发现有游客未到，地陪应向全陪、领队或其他游客问明原因，设法及时找到；若有的游客想留在酒店或不随团活动，地陪要问清情况并妥善安排，必要时报告酒店有关部门。

4. 提醒注意事项

地陪要在出发前向游客报告当日的天气情况，讲明游览点的地形、行走线路的长短等，使客心中有数。必要时提醒游客带好衣服、雨具和备用的鞋等。

5. 准时集合登车

游客到齐后,地陪应站在车门一侧,一面热情地招呼游客上车,一面帮助老弱者登车。待游客全部上车坐好后,地陪要再次清点人数,并检查游客的随身物品是否放置妥当,待所有游客坐稳后,请司机开车出发。

（二）赴景点途中的服务

1. 重申当日活动安排

开车后,地陪要向游客重申当日的活动安排,包括参观景点的名称,至游览点途中所需时间,午餐、晚餐时间和地点等。

2. 沿途风光导游

在前往景点的途中,地陪应介绍沿途的主要景物,并伺机向游客介绍当地的风土人情、历史典故等,以加深游客对目的地的了解,并回答游客提出的问题。讲解中要注意所见景物与介绍"同步",并留意游客的反应,以调整对其中景物的讲解详略。

3. 介绍本地情况和旅游景点概况

抵达景点前,地陪向游客介绍本地的风土人情、自然和人文景观及游览景点的概况。介绍要简明扼要,目的是满足游客想事先了解景点有关知识的心理,激发其游览该景点的欲望,同时也为即将开始的参观游览活动做一个铺垫。

4. 活跃气氛

如前往景点的路途较长,地陪可同游客讨论一些他们感兴趣的热点问题,或组织适当的娱乐活动,如猜谜语、讲故事等,以活跃途中气氛。

（三）抵达景点后的导游服务

1. 交代游览中的注意事项

抵达景点时,地陪在下车前要讲清和提醒游客记住旅游车的型号、颜色、标志、车牌号和停车地点以及开车时间。尤其是下车和上车不在同一地点时,地陪更应提醒游客注意。在景点示意图前,地陪应讲明游览线路、游览所需时间以及参观游览结束后的集合时间和地点及游览过程中的注意事项(如禁止吸烟、不能拍照等)等。

📈 2. 游览中的导游讲解

抵达景点后,地陪要对景点有关景物进行导游讲解。这是地陪传播当地文化和丰富游客知识的主要途径,因此讲解前应对讲解的内容有所构思和计划,即先讲什么、后讲什么,中间穿插什么典故和趣闻故事,以及哪些多讲、哪些少讲,都应根据游客的情况和计划的游览时间长短来确定,但是主要内容应包括景点的历史背景、形成原因、特色、地位和价值等。此外,地陪还应结合有关景物或展品宣传环境和文物保护知识进行讲解。在景点导游过程中,地陪应保证在计划的时间与费用内,能使游客充分地游览、观赏,注意做好导游与讲解的结合,适当集中与分散的结合,劳逸结合,以及对老弱病残游客的关照。

📈 3. 注意游客安全

在游览过程中,导游应注意游客动向,提醒游客注意安全,特别关注老年人、未成年人、残障人士等特殊人群。工作时间不吸烟、酗酒。为防止游客走失,地陪要与领队、全陪密切配合,随时清点人数。为防止游客发生意外事故,地陪还应注意提醒游客在游览中提高警惕,防止小偷小摸等治安事件发生。

📈 4. 规范使用导游旗

游客人数超过 10 人时持导游旗,并保持旗杆直立,旗面位于游客易辨识的位置,不应使用过多或造型怪异的挂饰;暂不使用导游旗时,妥善放置,不应垫坐、玩耍等。

3-2 导游旗
规范性参数

(四)回程中的导游服务

一天的旅游活动结束后,在返回酒店的途中,地陪应做的主要工作如下。

📈 1. 回顾当天活动,回答有关问题

返程中,地陪要将当天参观、游览的内容,用画龙点睛的方法做简要小结,必要时可做补充讲解,并回答游客的有关问题,以加深游客对当日活动的印象。

2. 进行风光导游

为了让游客能看到更多的景物,地陪应尽量避免游客由原路返回。在返回途中要对沿途的景物做必要的介绍。如果游客经过一天的参观游览活动显露出疲惫之态,地陪可在做完一天旅游活动的简要回顾之后让其休息。

3. 提醒注意事项

若当晚无活动安排,游客可能会自行外出活动,地陪要事先提醒游客最好结伴同行,并带上酒店的卡片以防迷路。

4. 宣布次日活动日程

返回酒店下车前,地陪要向游客宣告当日晚上和次日的活动日程、出发时间、集合地点等。提醒游客下车时带好随身物品,并率先下车,站在车门照顾游客下车,随后将游客送回酒店。

5. 安排叫早服务

如果游客需要叫早服务,地陪应安排妥当,与全陪、领队确认当日工作完成后方可离开酒店。

六、食、购、娱服务

游客出门旅游,游览活动固然是最主要的内容,但游客所需的餐饮服务、购物服务、娱乐活动等,也是整个旅游活动的必要组成部分。对食、购、娱等项目恰到好处的安排,能使旅游活动变得丰富多彩,加深游客对旅游目的地的印象。

(一)用餐服务

导游应按照旅游合同的约定安排用餐,对于合同中游客的特殊用餐要求,应提前掌握并做出相关安排。

1. 计划内团餐的服务

对于旅游团计划内的午餐、晚餐,地陪要提前与餐厅联系,核实订餐情况,就用餐地点、时间、人数、标准、特殊要求、饮食禁忌与供餐单位逐一进行核实和确认。用餐时,地陪应引领游客到餐厅入座并介绍有关设施、餐厅和菜肴特色、酒水类别和洗手间位置,引导游客文明用餐,使用公筷公勺,提倡"厉行节约,反对浪费",告知餐饮标准所含范围,游客如需另加酒水或菜肴,向其说明类别和价格。向领队告知全陪和地陪的用餐地点与用餐后全团的出发时间。用餐过程中,地陪要随时关注用餐情况,巡视游客用餐情况 1~2 次,解答游客在用餐时提出的问题,解决出现的问题,并监督检查餐厅是否按标准提供服务以及解决可能出现的问题。用餐后,地陪要严格按照实际用餐人数、标准和饮用酒水数量,与餐厅结账,并索要正规发票。

2. 自助餐的服务

自助餐是旅游团常见的一种用餐形式,游客可以根据自己的口味,各取所需,因此深受游客欢迎。在用自助餐时,地陪要强调自助餐的用餐要求,告诫游客以吃饱为标准,注意节约、卫生,不可打包带走。

3. 风味餐的服务

风味餐是广受游客欢迎的一种用餐形式,以品尝具有地方特色的风味佳肴为主,形式自由、不排座次。

品尝风味餐分为计划内和计划外两种。前一种是旅游接待计划中安排好的,地陪与游客一道参与,在品尝风味餐之前,地陪要做好各项联系落实工作,用餐时要介绍风味餐的特色;后一种是旅游接待计划中未予安排而由游客自费预订的,如游客邀请地陪参加,在这种情况下地陪要注意不要反客为主。

风味餐作为当地的一种特色餐食、美食,是当地传统文化的组成部分,宣传、介绍风味餐是一项弘扬民族饮食文化的活动。因此,在旅游团用风味餐时,地陪应予以必要的介绍,比如,风味餐(如北京的烤鸭、四川的火锅、湖北的武昌鱼等)的历史、特色、人文精神及其吃法等,这样能使游客既饱口福,又饱耳福。

4. 宴请服务

宴请活动包括宴会、冷餐会和酒会等。作为地陪,要重视宴请礼仪,着装应符合宴请活动,按照就餐安排的座次入座,同时提醒自己不能放松服务这根"弦",要正确处理好自己与游客的关系,既要与游客共乐,又不能完全放松自己,举止礼仪不可失常。

(二)购物服务

导游应严格按照旅游合同的约定安排购物活动。根据接待计划规定的购物次数、购物场所和停留时间带领游客购物,不擅自增加购物次数和延长停留时间,更不得强迫游客购物。对于不愿参加购物活动的游客,要做出妥善安排,如就近参观其他景点,或安排到环境较好的地点休息等候等。导游不得私自收取商家给予的购物"回扣"。

游客购物时,地陪应向全团说清楚停留时间和有关购物的注意事项,向游客客观介绍商品的主要品种和特色及有关商品知识,并提醒游客不应购买和携带的违禁物品。必要时,地陪向游客提供购物过程中所需要的服务,包括翻译、介绍托运手续等。对于商店不按质论价、以次充好、销售伪劣商品和不提供标准服务的行为,地陪应向商店负责人反映,以维护游客的利益。事后还可向旅行社报告,通过旅行社进行交涉,以避免以后出现此类问题。

对于在景点游览中遇到小贩强拉强卖的情况,地陪有责任提醒游客不要上当受骗,不能放任不管。

(三)文娱服务

游客参加旅游合同约定的文娱活动时,地陪应陪同前往,并简要介绍文娱活动内容及其特点。按时组织游客入场,倡导游客文明参与活动,到达演出场所后,地陪要告知游客活动结束后的集合时间和地点,引领游客入座,介绍有关演出设施与位置,解答游客的问题,提醒游客在文娱活动场所注意人身和财物安全,并采取必要的防范措施。在游客观看演出的过程中,对于入境游客,地陪要做好剧情介绍和必要的翻译工作。演出结束后,要提醒游客不要遗留物品并带领游客依次退场。在大型娱乐场所,地陪要提醒游客不要走散,随时注意游客的动向与周围的环境,了解出口位置,万一发生意外情况,能及时带领游客撤离。

七、离站服务

游客结束本地的参观游览活动后,地陪应做到使游客安全、顺利离站,遗留的问题能得到及时和有效的处理。离站服务是导游工作的尾声,地陪应善始善终,如接待过程中曾发生不愉快的事情,应尽量做好弥补工作;要想方设法把自己的服务工作推向高潮,使整个旅游过程在游客心目中留下深刻印象。

(一)送行前的工作

1.核实交通票据

游客离开的前一天,地陪应提前确认或落实联程/返程交通票据,认真核实游客离开的机(车/船)票,包括团名、代号、人数、全陪姓名、去向、航班(车次/船次)、起飞(开车/起航)时间(时间要做到四核实:计划时间、时刻表时间、票面时间、问询时间)、在哪个机场(车站/码头)离开等事项,以确保游客能按时启程。如果航班(车次/船次)和时间有变更,地陪应问清计调部门是否已通知下一站,以免造成漏接,了解本地和下一站次日的天气情况,以向游客做适当提示。

若是乘飞机离境的游客,地陪除了要核实机票的上述内容外,还应掌握该团机票的种类,并提醒领队和游客提前准备好海关申报单,以备海关查验。

2. 商定集合出发时间

由于司机对路况比较熟悉,所以出发时间一般由地陪首先与司机来商定,然而为了安排得更合理,地陪还应与领队、全陪商议,商定后应及时通知游客。

3. 商定叫早时间和早餐时间

地陪应与领队、全陪商定叫早时间和早餐时间,并及时通知酒店有关部门和游客。如果该团是乘早班飞机或火车离开,需要改变用餐时间、地点和方式(如带盒饭),地陪要及时做好有关安排。

4. 提醒相关注意事项

(1)提醒游客结清相关账目。离店前,地陪应提醒、督促游客尽早与酒店结清其有关账目,如洗衣费、长途电话费、食品饮料费等。若游客损坏了客房设备,地陪应协助酒店妥善处理赔偿事宜。地陪应将游客的离店时间及时通知酒店总台,提醒其及时与游客结清账目。

(2)提醒游客携带身份证件和行李等个人物品。地陪应提醒游客行李托运的具体规定和注意事项(如不要将护照、贵重物品放在行李中),并请游客提前收拾好行李。

5. 及时归还证件

一般情况下,地陪不应保管游客的证件,用完后应立即归还游客或领队。尽管如此,离店前一天,地陪还是应检查自己的物品,看是否保留有游客的证件、票据等,如有应立即归还,当面点清。

游客离开时若有旅行社的负责人来送行,地陪应向领队、游客和全陪介绍,并认真做好欢送的具体组织工作。

（二）离店服务

1. 办理退房手续

游客离开酒店前,地陪可将游客的房卡(钥匙)收齐交到酒店总服务台(也可由游客自交),并及时办理退房手续(或通知有关人员办理)。在办理退房手续时,要认真核对游客的用房数,无误后按规定结账签字。地陪应注意酒店客房住宿结算时间的规定,避免出现未按时退房的情况。

2. 集合登车

出发前,地陪应询问游客是否结清了酒店的账目;提醒游客是否有物品遗留在酒店;请游客将房卡交到总服务台(房卡由游客自行交予酒店的情况下)。

引领游客登车。游客上车后,地陪要协助他们放好随身行李,待他们入座后,地陪要仔细清点实到人数。游客到齐后,地陪要提醒游客再清点一下包括证件在内的随身携带的物品,若无遗漏则可示意旅游车司机开车离开酒店。

（三）送行服务

1. 回顾行程

在去机场(车站/码头)的途中,地陪应对游客在本地的行程,包括吃住行游购娱各方面做一个概要性的回顾,目的是加深游客对这次旅游经历的体验。讲解内容则可视途中距离远近而定。

2. 致欢送辞

在旅游车至机场(车站/码头)的途中,如有需要,地陪可酌情对沿途景物进行讲解。快到机场(车站/码头)时或到达后,地陪要致欢送辞,以加深与游客的感情。致欢送辞的语气应真挚、富有感染力。欢送辞的主要内容如下。

(1)感谢语。对游客及领队、全陪、司机的合作表示感谢。

(2)惜别语。表达友谊和惜别之情。

(3)征求意见语。诚恳地征询意见和建议。

（4）致歉语。若旅游活动中有不尽如人意之处，可借此机会表示真诚的歉意。

（5）祝愿语。表达美好的祝愿，期待再次相逢。

致完欢送辞，地陪可将"××旅行社旅游服务质量评价意见表"（表3-2）分发给游客，请其现场填写，在游客填写完毕后如数收回，向其表示感谢并妥善保留。游客还可以通过在线平台评价旅游服务质量。

表 3-2　××旅行社旅游服务质量评价意见表

亲爱的女士、先生：

为提高旅游产品质量，我们将非常感谢您对我们提供的服务提出宝贵意见。您的反馈，将是对我们工作的大力支持。谢谢！

填卡说明：

1.请您准确填写团号和抵达××（地名）的日期；

2.请您在所列项目中的评价等级栏内打"√"标记；

3.请您将填好的卡片交还导游。

团号：_____　　　　　抵达日期：_____

项目	评价	很满意	满意	一般	不满意
餐饮	服务				
	餐饮质量				
	环境卫生				
住宿	宾馆服务				
	设施设备				
	环境卫生				
游览参观	环境秩序				
	环境卫生				
行车	司机服务				
	车况				
	卫生				
购物	商店服务				
	商店管理				
	商品质量				
导游	服务				
	讲解				

陪同签名：　　　　　　　　领队签名：

3. 提前到达机场（车站/码头），照顾游客下车

地陪带团到达机场（车站/码头）必须留出充裕的时间。按照要求，出境航班提前 3 小时或按航空公司规定的时间，乘国内航班提前 2 小时，乘火车、轮船提前 1 小时。

旅游车到达机场(车站/码头)后,下车时,地陪要提醒游客带齐随身行李物品,并照顾游客下车,等游客全部下车后,要再检查一下车内有无游遗留的物品。

4. 办理离站手续

目前大多数游客都是行李随旅游车同载,下车后请游客拿取各自的行李,带领游客进入机场(车站/码头)的大厅等候。地陪可协助游客持有效证件办理乘机(车/船)和行李托运手续,并引导游客通过安检。

当游客进入安检区时,地陪应热情地与他们告别,并祝一路平安。游客进入安检区后,地陪方可离开。

5. 与司机结账

送走游客后,地陪应按旅行社的规定与司机办理结账手续,或在用车单据上签字,并妥善保留好单据。

八、后续工作

送走游客后,地陪还需要做好游客的善后服务以及旅行社要求的陪团结束后的有关工作。前者关系到地陪的接待工作是否有始有终,后者则涉及地陪对旅行社交付的工作是否完满。

(一)处理遗留问题

导游应认真、妥善处理游客留下的问题,包括行李延误、破损、遗失的协助处理,保险报案取证的协助处理等,按有关规定办理游客临行前托办的事项。必要时宜向旅行社请示。

(二)总结工作

1. 接团小结

地陪应养成每次带团结束后总结本次出团工作的良好习惯,做好工作总结,填写并向旅行社递交导游日志,若接待过程中发生重大事故,应详细报告事件经过,提交相关证明材料。对于自身导致接团中出现问题的,要认真思考,积极调整,总结提高。涉及相关接待单位,如餐厅、酒店、车队等方面的意见,地陪应主动说明真实情况,由旅行社有关部门向这些单位转达游客的意见或谢意。涉及一些严重、意见较大的问题时,地陪要整理成书面材料,内容要翔实,尽量引用原话,并注明游客的身份,以便旅行社有关部门和相关单位进行交涉。若发生重大事故,应实事求是地写出事故报告,及时向接待社和组团社汇报。

2. 按照财务规定结清有关账目

地陪要按旅行社的具体要求在规定的时间内填写清楚有关接待和财务结算的表格,连同保留的单据、活动日程表等按规定上交有关人员,并到财务部门结清账目。

3. 提交日志和表格,归还所借物品

地陪应提交导游日志及旅游服务质量评价表,并及时归还在旅行社所借物品。

任务二 全陪导游服务程序与规范

◇ 引 例

一线城市核心区旅游大巴怎么停?

正值暑期,北京核心区旅游热度不断升温。看升旗、逛故宫、参观国家博物馆等,各地游客兴致正浓。居高不下的游客量给北京旅游经济带来利好,也给北京文旅、交通等部门监管工作带来压力。

七八月间,记者多次走访北京天安门广场、前门、故宫周边、景山西街等地,发现家庭、亲子类游客明显增多。客流量增大带来一些问题,如前门、天安门、故宫、景山公园附近公交客运压力增大,车辆违规停放现象也时常出现。

对此,北京市有关部门加大了监管执法力度。7月11日,北京市交管局开展停车秩序整治行动,加大对违法停车的管理力度。据北京市交管局工作人员介绍,根据往年经验,暑期旅游高峰期,接送游客的车辆违法乱停现象逐渐凸显,集中整治就是要先打掉部分违法司机的侥幸心理。

进入8月后,北京市旅游执法大队会同北京市公安局环境食品药品和旅游安全保卫总队、市城管局、市交通委、市市场监督管理局,市公安局东城分局、西城分局、天安门

地区分局以及属地文旅、城管、交通、市场监管等相关单位展开联合执法,集中整治天安门及周边地区涉旅乱象,共检查旅游大巴车 7 辆、游客 13 名,查处外地违规导游 1 名,共抓获各类扰序人员 17 人,行政拘留 11 人,警告 1 人。

北京核心区旅游违规现象中,旅游大巴违规停车是一个顽疾,近几年多次被媒体报道。在此次联合执法行动后不久,记者再次到前门地区,发现仍有旅游大巴违规停放。

2018 年,北京市交通综合治理领导小组印发《北京市核心区旅游客车治理工作方案》。从 2018 年 12 月 1 日起启动核心区旅游客车治理,以前门、故宫及什刹海等景点较为集中的区域为治理重点,禁止旅游客车在二环内道路路侧非大客车停车位违规停放。同时,在二环内设置 6 处"旅游客车限时停车专用上下客区位"(以下简称"限时上下客区"),限时停靠 10 分钟以内上下游客,仅允许本市具有旅游客运资质的旅游客车(京 B 牌照)进入停靠和上下客。

6 处限时上下客区分别位于北京珠市口大江胡同和草厂三条胡同、灯市口西街北侧路、前门东大街、前门西大街、景山西街、地安门西大街。

7 月 17 日 11 时 30 分许,记者在前门东大街看到 10 余辆大巴停靠在路边,直到 12 时仍然停靠在此。记者了解得知,这是一批国际学生夏令营活动用车,10 余辆大巴在此等待国际学生游览完后乘车。记者沿着前门东大街继续往东走,在前门东大街与草厂三条胡同交叉路口处,四五辆旅游大巴停靠在路边,停靠时间均在 10 分钟以上。

另一个限时上下客区"大江胡同"紧邻前门商业街,是旅游大巴接送游客的热门地点。在大江胡同南口,有明显的"限时 10 分钟上下客"标识,有摄像头。尽管如此,在这片区域内(12 时 40 分左右)仍超时停放了 9 辆旅游大巴。

一位旅游大巴司机说,他知道这里不让停车,等巡查人员过来时再把车开走即可。原本可以去找附近的收费停车位,但是收费停车位一般情况下都是满的。记者随后查看了附近的收费停车位,发现所有车位已满,停放的大多为小型车辆。

记者向附近保安人员了解到,在前门东路附近,后半夜会有大量大巴开过来,大部分停放在前门东路,从车上下来大量游客,等待观看升旗仪式。

当天,记者还前往限时上下客区"景山西街"。景山西街紧邻北海公园和故宫北门,是接送游客的热门区域之一,但并未发现旅游大巴违规停放。

7 月 29 日,记者再次实地调查旅游大巴违规停放问题。在前门东大街,以及大江胡同与珠市口东大街交叉处,发现仍有旅游大巴违规超时停放。一位旅游大巴司机说,这会儿没有检查的,先停一会儿再说吧,用不了多长时间就要去接游客了。"停在这里也是没办法。停在二环外面,接游客不及时,游客有意见;停在周围,收费停车位都满了;地下停车场空间有限,大巴进不去。"

当天,记者再次走访景山西街,发现与上次一样,没有违规停放的旅游大巴。记者向景山西街停车场管理员了解到,从 2018 年启动整治以来,这里很少有大巴长时间停留了,有的大巴停留时间快到 10 分钟时,就先到附近转一圈再回来,避免超时。

8 月 15 日,记者前往大江胡同南口及前门东大街,仍发现有旅游大巴超时停放。

一位旅行社工作人员说,旅游大巴在二环内长时间停放也是无奈之举,游客里有很多老人和孩子,天气又热,10 分钟内集合上下车有困难,所以很多车先在附近停一下,等人到齐了迅速接送游客。

据了解,核心区旅游客车治理工作主要由北京市交通委等共同推动,旅游执法单位参与联合执法,并与交通部门建立了沟通协调机制。北京市旅游执法大队工作人员说,一些旅游大巴司机存在侥幸心理,没有巡查人员就违规停放,这显然是不对的。《北京市核心区旅游客车治理工作方案》是符合城市发展总体规划的科学决策。同时,落实《北京市核心区旅游客车治理工作方案》也存在一些困难。有时候工作人员督促旅游大巴驶离时,大巴司机会说,"为什么北京旅游集散中心的大巴能停,我们不能停?""北京火车站在二环以内,游客下了火车再到二环外乘坐旅游大巴,他们会有意见。"这些问题还需要进一步深入研究解决。

实际上,旅游大巴违规停放问题在一线城市、"新一线"城市都不同程度地存在,各地推出了很多"疏堵结合"的措施。比如,深圳为破解沙头角、海山片区旅游大巴停放难题,制定了 13 项措施,包括挖潜停车供给、加强现场执法、强化源头管理等,并在临海路新划定 20 个旅游大巴停车位;上海市为破解陆家嘴区域旅游大巴停车难问题,一方面将部分小轿车停车位改为旅游大巴停车位,另一方面设立旅游大巴临时停车点,以满足游客就近上下车需求;广州针对市区重点旅游景区,专门研究规划建设旅游大巴停靠点;杭州市针对热门旅游区域客流密度较大的情况,要求旅游大巴在指定地点上下客,游客换乘公交车游览……随着各地破解旅游大巴停车难的探索不断深入,一线城市、"新一线"城市的旅游大巴停车难题正在逐步解决。

(资料来源:http://www.ctnews.com.cn/news/content/2019-08/22/content_49685.html.)

全程导游服务流程是指全陪导游(以下简称全陪)自接受旅行社下达的游客接待任务起至送走游客整个过程的工作程序。全程导游服务的任务是保证游客的各项旅游活动按计划顺利、安全地实施。全陪作为组团社的代表,负责游客空间移动中各环节的衔接,监督接待计划的实施,协调领队、地陪、司机等旅游接待人员之间的关系,严格按照接待计划和导游服务规范向游客提供旅游行程中的各项服务。全陪导游服务流程如图 3-2 所示。

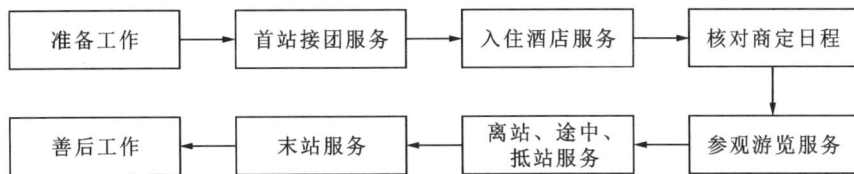

图 3-2　全陪导游服务流程

一、准备工作

全陪外出带团少则几天,多则十几天,涉及面广,加上旅途中可能出现的不可预测因素,使全陪接待服务具有艰苦性和复杂性。因此,全陪需要认真、细致、周全地做好有关准备。

准备工作是做好全陪服务的重要环节之一。全陪的工作时间长,与游客和领队相处的时间长,途经多个省市,协调工作中,工作内容较为繁杂,因此,在服务前做好充分、细致的准备工作,是全陪导游服务工作的重要环节和保障之一。

(一)熟悉计划

接待计划是组团社委托相关接待社组织落实游客旅游活动的契约性文件,除包括组团社、接待社和接待人员有关信息外,还包括游客的基本情况、旅游交通住宿和餐饮等旅游服务的安排与标准等。带团前,全陪要认真查阅接待计划和相关资料及往来函件(电子邮件、传真件等),掌握所接游客的全面情况,研究游客的特点、重点游客成员和游客的特殊要求,以便提供有针对性的服务。

📊 1.熟悉旅游团的基本情况

(1)熟记旅游团的名称(或团号)、游客国别、人数和领队姓名。

(2)了解旅游团成员的姓名、职业、性别、年龄、民族、宗教信仰和特殊要求等。

(3)掌握团内有身份或较有影响的成员,特殊游客(如记者、旅游商、残障人士、儿童、高龄老人等)的情况。

📊 2.熟悉旅游团的行程计划

全陪应熟悉旅游团的行程计划,以便更好地把握行程中旅游活动的节奏,保证旅游行程能够安全、顺利地完成。游客的行程计划在一些旅行社称为旅游行程单。它包括抵离旅游线路上各站的时间、所乘交通工具的航班(车次/船次)、各站的参观游览项目、安排的文娱节目、风味餐,以及自由活动的安排等。它是组团社与境外旅行社或游客所签包价旅游合同的重要组成部分,也是组团社和相关接待社需共同执行的合同标准。熟悉旅游团行程计划包括以下内容。

(1)记下游客所到各地接待社名称、联系人、联系电话和地陪的联系电话。

(2)记下游客抵离旅游线路上各站的时间、所乘交通工具,以及交通票据是否订妥或是否需要确认、有无变更等情况。

(3)了解游客在各地下榻酒店的名称、位置、星级和特色等。

(4)了解行程中各站的主要参观游览项目,根据游客的特点和要求,准备好讲解和咨询时要解答的问题。

(5)了解全程各站安排的文娱节目、风味餐、计划外项目及是否收费等情况。

(6)了解重点团是否有特殊安排,如座谈、宴请等。

旅行社出团计划表如表 3-3 所示。

表 3-3 旅行社出团计划表

编号: 年 月 日

国别:	(在中国)旅游时间		团队等级	团队类型	
境外组团社	团号: 联系人: 电话/传真:		领队姓名: 电话:	团队人数: 成人: 儿童: 男: 女:	
国内组团社:	团号:		联系人: 电话、传真:	全陪: 电话:	
国内接待社:	北京接待社联系人: 电话: 西安接待社联系人: 电话: 桂林接待社联系人: 电话: 上海接待社联系人: 电话:		地陪: 电话: 地陪: 电话: 地陪: 电话: 地陪: 电话:		
中国境内行程安排					
线路名称					
城市	抵离时间/地点/交通	酒店	用餐	活动内容	其他
国内组团计调:(签名)		电话/传真:			
注意事项和特殊要求:					
任务完成情况及说明:					

（二）知识准备

由于全陪和游客相处的时间较长,交谈时间较多,特别是在途中,除了要做好生活服务外,还要解答游客的各种问题,甚至可能要做一些专题讲解,因此做好有关知识准备十分必要。

1.对象国（地区）知识

了解游客所在国家(地区)的历史、地理、政治、经济、文化、礼俗和禁忌等方面的知识。

2.旅游线路沿线概况

旅游线路所经各地的历史、地理、经济、民族、风土人情及景点知识。了解和熟知旅游线路上各地的主要景点情况,尤其是自己不熟悉和未曾去过的景点情况。

3.专题知识

根据旅游线路的不同,准备的专题知识内容也不同,如华东旅游线,应重点收集园林艺术方面的资料,而西北旅游线路则要侧重于石窟艺术方面的知识。根据游客特点的不同,准备的专题知识也不同。若接待的是境外专业旅游者,更应准备相关专业方面的知识。

（三）物质准备

带团前,全陪要做好必要的物质准备,携带必备的证件和有关资料,主要包括以下几个方面。

1.必带的证件

全陪应带齐本人身份证、电子导游证、导游身份标识,以及前往个别管制区域要求办理的证明文件等。

2.结算单据和费用

全陪需带好费用结算单、银行卡(或支票)和少量现金等,以备在旅途中使用。

📊 3. 接团资料和物品

接待计划表或电子行程单、各地旅行社地址和联系电话、讲解资料（可存入手机中）、全陪日志、行李卡、组团社社旗等。

📊 4. 个人物品

全陪带团在外，出门时间较长，需带足个人物品，尤其是自己的手机及电器、备用药品等。

（四）与首站接待社联系

根据需要，全陪接团前一天应与首站接待社取得联系，核对旅游接待计划，了解接待工作安排情况，妥善安排好接待事宜；与领队或旅游团联系，确认联系方式，提醒出发时间、地点等旅游行程注意事项等。

二、首站接团服务

首站接团服务要使游客抵达后能立即得到热情友好的接待，让游客有宾至如归的感觉，也是全陪与游客建立良好关系的基础。为此，全陪要与地陪密切配合，使游客抵达后能立即得到热情友好的接待。

（一）迎接游客

全陪迎接工作要做到认团准确，热情友好，以消除游客初来乍到的紧张和不安心理，使之有宾至如归的感觉。

迎接入境游客时，全陪应在接团前一天与首站接待社联系，了解接待工作详细安排情况。全陪要与首站地陪一起提前 30 分钟到达接站地点，迎候游客。全陪要协助地陪认找应接的游客，防止接错。认准游客后，全陪要向领队和游客问好，进行自我介绍，并介绍地陪，然后应立即询问和确认该团实到人数。如果实到人数与接待计划有出入，应及时通报组团社，由组团社再通知各站接待社。

若迎接的是首站国内游客，全陪也应提前 30 分钟到达组团社与游客事先约定的集合地点，手举社旗等候游客的到来，待他们到齐后再出发。全陪可以视团队情况建立微信群，方便通知事项及团队内部沟通和交流。

（二）首站介绍

为了使初次或即将踏上异地的游客心情放松和知悉旅途的安排，全陪应重视首站介绍，要在简明扼要的介绍中尽快与游客建立起信任关系，主要内容如下。

📊 1. 致欢迎词

全陪应代表组团社和个人向游客致欢迎词，其内容一般包括：表示欢迎，自我介绍并将地陪介绍给全团，真诚地表达提供全程服务的意愿，预祝旅行顺利愉快等。

📊 2. 全程安排概述

全陪应将各站的主要安排（包括下榻的酒店、风味餐和主要景点等）向游客做简要介绍，对于沿线中可能存在的住宿或交通问题也要让他们适当了解，使其有心理准备。

📊 3. 引导文明旅游

向游客说明行程中的注意事项和一些具体的要求，引导文明旅游，防止纠纷。

三、入住酒店服务

为使游客进入酒店后尽快办妥入住手续，顺利进入客房，全陪应该做到以下几点。

（一）协助领队办理入住手续

全陪应和领队、地陪一起向酒店前台提供旅游团的团名、名单、游客的证件和住房要求，主动协助领队办理游客住店手续。

（二）请领队分配住房

拿到房卡后，全陪应请领队根据准备好的分房名单分配房卡。在掌握全团分房名单后，要与领队互通各自房号以便联系。同时，提醒游客住店期间注意安全，将贵重物品存放在酒店前台或房内保险柜中。如果国内旅游团无领队，全陪应请团长分配房卡；若旅游团既无领队又无团长，则由全陪负责分配房卡。

（三）处理相关问题

游客进房后,全陪应巡视游客住房情况,询问他们对房间是否满意。若游客反映房间卫生或设备存在问题,全陪应迅速通知酒店有关人员前来处理;如果有的游客还未拿到行李,全陪应与地陪一起迅速查找或进行处理。

（四）照顾游客住店期间的安全和生活

全陪应将自己的房号和联系电话告知游客,以便联系。全陪还要掌握酒店前台电话号码及地陪的联系方法,如果地陪不住酒店,全陪要担负起照顾游客的安全和生活的责任。

四、核对商定日程

（一）全程参与

核对商定日程是游客抵达一地后的重要程序。全陪应全程参与,与领队和地陪核对商定日程,以免出差错,造成不必要的误会和经济损失。

（二）全陪的主要工作

1. 核商日程的原则

全陪应本着"服务第一、宾客至上、遵循合同、平等协商"的原则。

2. 核商日程的重要性

核对商定日程对游客来说非常重要,对入境游客尤其必要。国内组团社与境外旅行社确认的日程安排,由于时间关系双方都可能有某些变化,从而使全陪手中的接待计划与领队、地陪持有的旅行计划之间出现差异。所以三方核对商定日程不仅是一种礼貌,也是必需的。

3.全陪核商日程的步骤

（1）全陪与领队、地陪商谈日程时，应将各自持有的旅行计划进行对照，一般以组团社的接待计划为依据。

（2）核对商定日程时应尽量避免大的变动。

（3）如果变动较小而又能予以安排（如不需要增加费用、调换上下午的节目安排等），可主随客便。

（4）若变动较大而又无法安排，应做详细解释。

（5）如遇难以解决的问题（如领队提出一些对计划有较大变动的建议或者全陪手中的计划与领队或地陪手中的计划不符等情况）应立即反馈给组团社，并给予领队及时的答复。

（6）如果领队和游客坚持，又有特殊理由，全陪应及时请示组团社，再做决定。

（7）进行详细的日程商定后，请领队向全团正式宣布。

五、沿途各站服务

游客在各站的吃住行游购娱主要由各地的地陪安排为主，全陪的主要工作首先是承担各站之间的联络通报和有机衔接，以及按照接待计划的安排对各站服务进行协助、检查和督促，使游客的接待计划得以全面、顺利实施；其次是做好游客的人身和财物安全工作，使可能发生的突发事件得到及时、有效处理。

（一）联络工作

全陪要做好各站间的联络工作，架起联络沟通的桥梁。

第一，做好领队与地陪、游客与地陪之间的联络、协调工作。

第二，做好旅游线路上各站间，特别是上、下站之间的联络工作。当实际行程和计划有出入时，全陪要及时通知下一站。

（二）协助地陪工作

首先，由于全陪能够比较深入地了解游客的情况，因此有责任向地陪通告游客的有关情况（如前几站的活动情况，游客的需要、兴趣、个性及团中"活跃人物""中心人物"等），以便能更好地与地陪合作，有针对性地做好各站接待工作。

其次，进入酒店后，全陪应协助领队办理入住登记手续，并掌握住房分配名单；如果酒店压缩预订房，而订房单位是组团社，全陪要负责处理；如果地陪不住酒店，全陪要担负起照顾游客的责任。

再次,在景点游览时,地陪带团前行,全陪应殿后,招呼滞后的游客,并不时清点人数,以防走失。如果有游客走失,一般情况下应由全陪和领队分头寻找,而地陪则带领其他游客继续游览。如果游览中需要登山,而少数老年游客不愿爬山,全陪应留下来照顾他们,地陪则带领其他游客登山。

最后,旅游活动中若有游客突然生病,通常情况下由全陪及患者亲友将其送往医院,地陪则带团继续游览。

(三)检查和监督各站服务质量

检查和督促各站是否按照接待计划保质保量地提供各项服务是全陪的又一项重要工作。全陪可通过计划的实施、计划的调整和督促改进等手段来检查和监督各站接待社的接待服务质量和计划落实情况。对于某些方面存在的缺陷和不足,全陪应向其提出改进的意见和建议。

第一,通过观察和征询游客意见来了解和检查各地在交通、住宿、餐饮和地陪服务等方面的服务质量是否符合国家和行业的质量标准。

第二,若发现有减少规定的游览项目、增加购物次数或降低住宿或餐饮质量标准的情况,要及时向地陪提出改进或补偿意见,必要时向组团社报告,并在全陪日志中注明。

第三,若地陪安排的具体活动内容与上几站有明显的重复,应建议地陪做必要的调整。

第四,在地陪缺位或失职的情况下,应兼顾地陪的职责。

第五,若对当地的接待工作有意见和建议,要诚恳地向地陪提出,必要时向组团社汇报。

(四)维护和保障游客安全

旅游过程中,游客的人身和财物安全不仅关系到游客的安危和切身利益,而且关系到旅游目的地和旅游企业的形象以及旅游活动的顺利进行,因此,保护游客的安全是全陪的一项重要工作。

首先,入住酒店时,要提醒游客将贵重物品存放在前台或房间保险柜中;入睡前,将门窗关好,且不要躺在床上抽烟。

其次,每次上车和集合时,要清点人数;下车时,提醒游客带好随身物品。

最后,在景点游览过程中,应走在最后,随时留意游客的动向,尤其要关注团中因爱好拍照而滞后的游客和"好动的人物",并注意周围环境有何异常,如发现形迹可疑者,要提醒游客照看好自己的随身物品;道路崎岖不平时,要提醒他们走路小心,对老弱者施以援手,照顾好生病的游客;天气异常时,要提醒他们增加或减少衣服;若有游客走失,应协助地陪寻找走失的游客,或陪同走散的游客。

（五）提供旅行过程中的服务

1. 生活服务

（1）出发、返回、上车、下车时，要协助地陪清点人数，照顾年老体弱的游客上下车。

（2）游览过程中，要留意游客的举动，防止游客走失和意外事件的发生，以确保游客人身和财产安全。

（3）按照"合理而可能"的原则，帮助游客解决旅行过程中的一些疑难问题。

（4）融洽气氛，使游客有强烈的团队精神。

2. 讲解服务

作为全陪，提供讲解服务虽然不是最重要的，但适当的讲解仍是必要的，尤其是两站之间，在汽车、火车上经历较长时间的旅行时，全陪也要提供一定的讲解服务，讲解内容一定要是游客感兴趣的。

3. 为游客当好购物顾问

和地陪相比，全陪因和游客相处时间长，感情上更融洽一些，也更能赢得游客的信任。因此，在很多方面（如购物等），游客会更多地向全陪咨询，请全陪帮助拿主意。在这种时候，全陪一定要从游客的角度考虑，结合自己所掌握的旅游商品方面的知识，为游客着想，当好购物顾问。

六、离站、途中、抵站服务

（一）离站服务

游客离开每一地前，全陪都应协助地陪做好离站服务，为本站送站与下站接站的顺利衔接做好以下工作。

首先，提前提醒地陪再次核实游客离开本地的交通票据以及离开的准确时间。如离开的时间有变化，全陪要迅速通知下一站接待社，若离开时间紧迫，则敦促地陪通知。

其次，离开前，要向游客讲清航空（铁路、水路）有关行李托运和手提行李的规定，提醒游客清点行李、妥善保管随身携带的证件和贵重物品，并帮助有困难的游客捆扎行李，请游客将行李上锁。

再次,离站前,要与地陪、旅游车司机话别,对他们的热情工作表示感谢。

最后,引导游客在候机楼(候车室/候船室)休息等候,并按机场(火车站/码头)的安排组织乘机(车/船)。进入候机厅后,如遇游客所乘航班延误或取消的情况,全陪应立即向机场有关方面进行确认。当航班延误或取消的消息得到民航部门的证实后,全陪应主动与相关航空公司联系,协同航空公司安排好游客的餐饮或住宿问题。

(二)途中服务

途中服务始于游客通过机场(车站/码头)的安全检查,进入候机厅(候车室/候船室),结束于飞机(火车/轮船)抵达下一站,游客走出机场(车站/码头)。无论途中乘坐何种交通工具赴下一站,全陪都要提醒游客注意人身和财物的安全,积极争取交通营运部门工作人员的支持和配合,安排好游客的途中生活,努力使他们感到旅途舒适、愉快。

如果游客乘长途火车(轮船),全陪应事先请领队分配好包房、卧铺铺位,无领队的游客,则由全陪负责此项工作。上车(船)后,应立即找餐厅负责人订餐,告知游客人数、餐饮标准和游客的口味等。

如果游客乘坐飞机,全陪应协助游客办妥登机、安检和行李托运等相关手续,并适时引导游客及时到登机牌注明的登机口依次登机。

如有晕机(车/船)的游客,全陪要给予重点照顾。若有游客突患重病,全陪应通过所乘交通工具上的广播系统在乘客中寻找医生对其进行初步急救,并设法通知下站有关方面(急救站、旅行社)尽早落实车辆,以便到站后争取时间送患者到就近医院救治。

长途旅行中,全陪应在旅行途中加强与游客之间的信息沟通,了解游客的最新需求动态,回答游客的各种问题,征求他们对旅游服务质量的评价并组织一些活动活跃气氛。

1)了解游客

全陪应利用陪同游客的机会,进一步了解游客的需要、个性与爱好,以及客源地、目的地的有关情况,以便能够及时把握游客的最新动态,并将其传递给地接社,以便适当调整接待服务策略,使各站的旅游接待更有针对性。

2)解答问题

游客在旅游过程中往往会产生各种各样的问题和疑惑。全陪应该充分利用途中与游客密切接触的机会,适时回答他们的问题,为他们解惑。

3)征求意见

全陪应通过与游客在途中的交谈,了解他们对前一阶段旅游接待服务质量的评价,以便改进其后各站的旅游服务质量。

4)组织活动

全陪可根据游客的特点和旅途中的具体情况,组织一些娱乐活动,或者组织专题讨论或讲解,以活跃途中气氛,消除游客的寂寞和疲劳。

全陪要提醒游客注意长途旅行中的人身和财物安全,乘坐火车(轮船)时,与车厢(船舱)乘务员联系,请他们协助做好游客的安全工作,下机(车/船)时提醒他们带好随身物品,自己则要保管好游客的交通票据和行李托运单。

交通工具不正常运行时,全陪应与交通部门和组团社保持有效沟通,并稳定好游客的情绪,适时安排和引导游客登机(车/船)。

（三）抵站服务

抵站服务是指全陪带领游客从上一站抵达下一站时所提供的有关服务,主要包括以下几个方面。

1.通报游客信息

全陪应在离开上一站之前向下一站通报游客的信息,内容包括游客离开上一站和抵达下一站的确切时间,所乘的航班号(车次/船次),有无人员变动、游客的要求、意见与建议等。

2.带领游客出站

在游客乘坐的交通工具抵达下一站前,全陪应通知游客整理好随身物品,做好下机(车/船)的准备。下机(车/船)后,清理人数,手举组团社社旗,带领游客到指定的出口出站。

3.做好与地陪的接头工作

出站前,全陪应与地陪进行联系,出站后,手举组团社旗帜,寻找地陪,并向地陪问好,将地陪介绍给领队和游客,然后将游客行李牌交给地陪,与地陪一起带领游客登车。如果游客乘坐大型旅游汽车抵达某地,全陪应在汽车停靠在约定地点后,手持组团社社旗,组织游客下车。

4.转告游客有关情况

全陪应客观如实地将游客的有关情况(如游客的情绪、身体状况、要求等)转告地陪,以协助地陪做好接待工作。如果全陪带领的是入境游客,而有的城市或景点没有相应的外语导游,全陪应主动承担起导游讲解和翻译工作。如果地陪违规缺席或失职,全陪还应承担起地陪的工作。

七、末站服务

末站服务是指游客离开最后一站时全陪应做好的有关工作。这是全陪整个服务工作的最后一个环节,全陪应本着有始有终的精神,使游客如期顺利离站,并给他们留下美好的印象。

(一)协助落实工作

在离开最后一站之前,全陪要提醒和协助地陪落实好游客返程的相关事宜。如果是入境游客,全陪要提醒和协助领队落实该团游客机票的确认和行李托运等事项。

(二)致欢送辞

在离开最后一站前一天的晚上,全陪应与游客话别,致欢送辞。主要内容有以下几方面。

(1)简明扼要地回顾全程中的主要活动,表示与游客共同度过了一段愉快的旅行生活,对全团给予的合作表示感谢。

(2)欢迎他们再次光临,表示愿意再度同他们合作。

(3)征求游客对整个接待工作的意见和建议。途中,如游客蒙受了损失或发生过不愉快的事,要再次表示歉意,以求得游客的谅解或予以弥补。

(4)提醒他们离店前捆扎好(锁好)托运行李,带好自己的随身物品和证件。如果是入境游客,则要提醒他们随身带好护照、海关申报单、购买文物和贵重中药材的发票,以备出境时海关查验,并向他们介绍如何办理出境手续。

(三)做好回头客的营销工作

全陪应根据一路上对游客的了解,对其中有意愿再次出游的游客进行必要的营销工作,适当介绍一些他们感兴趣的线路和景点,希望他们下次出游时再次与该组团社联系,自己将继续为之服务。

(四)送别游客

游客登车后,全陪应再次提醒他们带好随身物品和证件。抵达机场(车站/码头)后,应提醒游客各自携带好行李。如果是送别出境游客,全陪还应提醒领队出关时准备好行李托运所需的证件和表单,提醒游客准备好证件、交通票据、出境卡和申报单等。

当游客即将进入安检区时,全陪应热情地与他们一一握手道别,并与地陪一起目送他们离开。

（五）结清游客账目

送走游客后,全陪要与地陪结清游客在当地活动期间的账目。结账的方式有两种:一是现结,即在游客离开的前一天与地陪当面结清团款,并向接待社收取发票;二是全陪给地陪的单据签字,由地陪携带签字单据回地接社,地接社凭借单据向组团社索要团款。

八、后续工作

（一）处理遗留问题

送走游客后,全陪应根据旅行社领导的指示,认真处理好游客的遗留问题,办理好游客的委托事项,提供尽可能的延伸服务。

（二）填写全陪日志

全陪应认真、如实地填写全陪日志或撰写旅游行政部门（或组团社）所要求的资料。全陪日志的内容包括:游客的基本情况,旅游日程安排及旅程中的交通运输情况,各地接待质量(包括游客对吃住行游购娱等方面的满意程度),发生的问题及事故的处理经过,游客的反映及改进意见等(表 3-4)。

表 3-4　全陪日志

单位/部门			团号	
全陪姓名			组团社	
领队姓名			国籍	
接待时间	年　月　日　至　年　月　日		人数	（含　岁儿童　名）
途经城市				
团内重要游客、特别情况及要求:				
领队或游客的意见、建议和对旅游接待工作的评价:				
该团发生问题和处理情况(意外事件、游客投诉、追加费用等):				
全陪的意见和建议:				
全陪对全过程服务的评价:　　　　合格　　　　不合格				
行程状况	顺利	较顺利	一般	不顺利
客户评价	满意	较满意	一般	不满意

续表

服务质量	优秀	良好	一般	比较差
全陪签字		部门经理签字	质管部门签字	
日期		日期	日期	

（三）做好总结工作

对团队的整个行程做好总结,若有重大情况发生或有影响到旅行社以后团队操作的隐患问题,应及时向领导汇报。

全陪带团到祖国的大江南北参观游览,见识颇多,又同各种各样的领队、地陪打交道,每送走一个旅游团,应及时总结带团的经验体会,找出不足,不断提高全陪导游服务的水平,不断完善自我。

（四）结账、归还物品

送走旅游团后,全陪应按财务规定与旅行社财务部门结清账目,并及时归还所借物物。

任务三　出境旅游领队服务程序与规范

◇ 引　例

出境游,这些"猫腻"需防范

最近,蔡先生参加旅行团去新马泰旅游,旅游中遇到的一些"猫腻"让他有些窝火:由于出发前没有在国内兑换外币,导致抵达目的地后与地接导游以 15% 的汇率差额兑换,损失不小;住宿的酒店与"五星级"标准相差甚远,仔细看合同才发现写的是"某五星级连锁酒店或同级酒店";用餐后感到不适,本以为是水土不服,后来才知道接待餐厅未经当地政府卫生部门注册;参加自费潜水活动,广告宣传 30 分钟的潜水将会看到五光十色的海底珊瑚,结果却只有 15 分钟的水底面包喂小鱼。

针对诸如此类的出境游"猫腻",国家旅游局质量监督管理所特向广大游客提出如下警示。

第一,游客应尽量参加出境游组团社召开的出境旅游团行前说明会,充分了解境外旅游目的地有关情况、法律规定及注意事项,了解出游期间大致的汇率情况及境外旅游目的地外币兑换方式。

第二,游客应当与出境游组团社签订规范、完备的合同,对旅游行程中的交通、住宿、餐饮服务和游览项目、购物次数等进行明确约定,拒绝合同中出现"准×星级""×星级或同级"等模糊用语。

第三,游客应与出境游组团社以合同方式约定自费项目,要求出境游组团社提供自费项目的名称、价格和简介,在旅游过程中,如果游客遇到导游或领队人员误导、欺骗、胁迫其参加自费活动的情况,可向组团社所在地的旅游行政管理部门投诉,由旅游行政管理部门依据有关法规做出处理并答复。

第四,各出境游组团社及其领队有义务维护中国公民在境外的合法权益,所安排的宾馆、餐馆、旅游车辆等,应具有接待游客的资质,确保旅游安全和服务质量。

(资料来源:http://wlt. sc. gov. cn/scwlt/xzcf2/2020/9/4/419d63a08fef476eb6185bdaa81b4593. shtml.)

出境旅游领队,简称领队,是依法取得领队证,受组团社委派,全权代表组团社带领游客出境旅游,监督境外接待旅行社和导游人员等执行旅游计划,并为游客提供出入境等相关服务的工作人员。领队属于导游的范畴,领队服务于出境游客,服务流程和内容与全陪导游存在诸多共性,除应按照全陪导游服务要求提供相应服务外,还承担着出入境服务、语言沟通服务、协助购物退税服务等。

《中华人民共和国旅游法》第三十六条规定,旅行社组织团队出境旅游或者组织、接待团队入境旅游,应当按照规定安排领队或者导游全程陪同。第三十九条规定,取得导游证,具有相应的学历、语言能力和旅游从业经历,并与旅行社订立劳动合同的人员,可以申请取得领队证。

根据《旅行社出境旅游服务规范》(LB/T 005—2011)的相关描述,"出境旅游团队应配备符合法定资质的领队",领队的服务要求包括:维护游客的合法权益;与接待社共同实施旅游行程计划,协助处理旅游行程中的突发事件、纠纷及其他问题;为游客提供旅游行程的相关服务;代表组团社监督接待社和当地导游的服务质量;自觉维护国家利益和民族尊严,并提醒游客抵制任何有损国家利益和民族尊严的言行;向游客说明旅游目的地的法律法规、风土人情及风俗习惯等。

根据国家相关法律、法规的规定与要求,出境旅游领队的服务流程如图3-3所示。

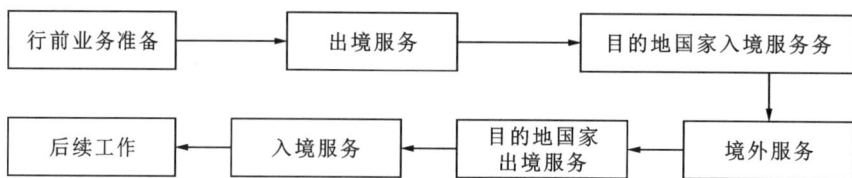

图 3-3　出境旅游领队的服务流程

一、行前业务准备

（一）听取团队情况介绍，接收并移交出团资料

1. 旅行社计调对领队的工作介绍应当包括的内容

（1）团队构成的大致情况。

（2）团内重要团员的情况。

（3）团队的特殊安排和特别要求。

（4）行前说明会的安排。

2. 接收《出境旅游行程表》

《出境旅游行程表》应列明如下内容。

（1）旅游线路、时间、景点。

（2）交通工具的安排。

（3）食宿标准/档次。

（4）购物、娱乐安排及自费项目。

（5）组团社和接团社的联系人和联络方式。

（6）遇到紧急情况的应急联络方式。

3. 接收《中国公民出国旅游团队名单表》

《中国公民出国旅游管理办法》第七条、第八条规定，国务院旅游行政部门统一印制《中国公民出国旅游团队名单表》（以下简称《名单表》），如表 3-5 所示。在下达本年度出国旅游人数安排时编号发放给省、自治区、直辖市旅游行政部门，由省、自治区、直辖市旅游行政部门核发给组团社。组团社应当按照核定的出国旅游人数安排组织出国旅游团队，填写《名单表》。游客及领队首次出境或者再次出境，均应当填写在《名单表》，经审核后的《名单表》不得增添人员。《名单表》一式四联,分为:出境边防检查专用联、入境边防检查专用联、旅游行政部门审验专用联、旅行社自留专用联。领队带团只需其中的第一联和第二联。

表 3-5　中国公民出国旅游团队名单表

组团社序号:　　　　　　团队编号:　　　　　年份:

领队姓名:　　　　　　　领队证号:　　　　　编号:

序号	姓名		性别	出生日期	出生地	护照号码	发证机关及时间
	中文	汉语拼音					
1							
2							
3							
4							
5							
6							
7							
8							

年　月　日　口岸出境	总人数:(男
年　月　日　口岸入境	人　女　人)

授权人签字	省级旅游行政管理部门	边防检查站 加注(实际入境) 加注(实际出境)
组团社盖章	审验章	入境验讫章

(二)熟悉旅游行程接待计划

领队对旅游行程接待计划应掌握的要点如下。

(1)掌握旅游团的详细行程计划,包括游客抵离各地的时间及所乘用的交通工具。

(2)熟悉并记住旅游团行程计划当中所列的全部参观游览项目。

(3)熟悉并记住旅游团行程中应下榻的各地酒店的名称。

(4)了解旅游团全部行程中的文娱节日安排、用餐安排等事项。

(三)核对各种票据、表格和旅行证件

1.核对游客护照、签证

(1)检查护照的重点是检查姓名、护照号码、签发地、签发日期、有效期、是否有本人签名几项内容。

(2)签证的检查重点是签发日期、截止日期、签证号码等几项内容。

2. 核对机票及行程

(1)护照/通行证与机票核对,包括中英文姓名、前往国家或地区等。
(2)机票与行程核对,包括国际段和国内段行程、日期、航班、转机间隔时间等。

3. 核对团队名单

证件与团队名单表核对,各项须一一对应;核对好实际出境旅游人数与团队名单表是否一致。

4. 检查全团的疫苗预防注射情况

出入境检疫是过关必备的环节,检查旅游团的疫苗预防注射情况很重要。

5. 准备多份境外住宿分房表

最好准备多份境外住宿分房表,以免出境后因分房表数量不够带来不必要的麻烦。

(四)做好有关准备工作

1. 物质准备

(1)准备好个人证件、领队证、已核对好的各类票据、表单(如团队名单表、游客房间分配表等)。
(2)准备好团队计划书、发团通知书、各国入境出境卡。
(3)准备好旅行社社旗、胸牌、名片、行李标签、旅行包(核对该团是否提供)等。
(4)准备好领队日记、旅行社服务质量跟踪表、导游领队带团情况反馈表。
(5)国内外重要联系单位、联系人的联系电话。
(6)准备好团队费用、备用金及个人随身日用品。

2. 知识准备

了解和熟悉旅游目的地国家或地区的基本情况,如当地的历史、地理、气候、国情、政情、有关法规、主要景点景观、风俗习惯和宗教禁忌,以及接待设施、交通状况、通关手续和机场税等。

（五）做好团队行前说明会

根据出团通知书约定的时间召集本团队参游人员举行一次出境旅游行前说明会。在会上一方面要把有关事项告知每一位游客,另一方面与游客认识并且让不认识的游客相互认识和接触,这样便于以后的团队组织工作。

📊 1. 说明会的内容

1）欢迎词

代表旅行社感谢大家对本旅行社的信任,选择参加我们的团队。

2）领队自我介绍

表明为大家服务的工作态度,并请大家对领队的工作予以配合和监督。同时介绍领队的职责和服务范围:协助游客出入境,配合并监督境外导游服务,协调游客与境外导游的关系,处理紧急事件等。

3）行程说明

按行程表,向游客介绍旅游行程的主要内容、旅游目的地概况,但必须强调行程表上的游览顺序有可能因交通等原因发生变化。

4）提出要求,讲清注意事项

（1）安全提醒。提醒游客注意人身安全,注意饮食卫生、注意保暖、外出要结伴而行、不要与外国人搭讪、不要与人争执等;提醒游客注意证件、财产安全,旅途中保管好自己的护照等证件和行李物品,住店要关好门窗;提醒游客注意交通安全,过马路要注意信号灯,没有灯要注意来往车辆和行人;提醒游客注意法规安全,要遵守他国法律。

（2）文明旅游提醒。提醒游客讲究文明礼仪、注意环境卫生、尊重他国风俗、保护文物古迹、注意公共秩序等。

（3）遵纪守法提醒。提醒游客要遵守中国和旅游目的地相关法律法规和海关规定,按照海关规定申报携带物品,不要携带易燃易爆和违禁物品、不携带动植物入境、严禁参与"黄、赌、毒"活动。

（4）纪律、时间等提醒。所有团员服从领队导游安排指挥、统一行动,不能非法滞留,不参加旅游之外的活动,不脱团自由活动,不拖延行程时间,强化时间观念。

（5）其他提醒。说明出入境及外币兑换手续、货币的携带与兑换规定、国际漫游开通与使用等。

5)对旅游目的地国家(地区)的气候地理、生活习惯、风土人情做必要的介绍

对境外接待标准略做说明(含酒店、用餐、用车等);提醒游客准备衣物、常用药品等;自备洗漱用品和拖鞋(在境外最好不要用酒店提供的)等。

6)通知集合时间及地点

通常要比航班离港时刻提前 2 小时,在机场或港口指定位置集合;如乘火车或汽车,也要在发车时间 1 小时前到达指定位置集合。

3-3　领队出境携带物品清单

2. 说明会上应落实的事项

(1)分房。
(2)游客所缴纳费用的构成。
(3)是否有单项服务等特殊要求。
(4)是否有回民或其他少数民族。

二、出境服务

游客出境时,领队应提前告知通关的手续,并向游客发放通关时应向口岸的边检移民机关出示或提交的旅游证件和通关资料(如出入境登记卡、海关申报单等),引导团队游客依次通关。

(一)出境服务

1. 提前抵达,集合游客

领队应比约定的集合时间提前 30 分钟抵达集合地点迎接游客,待游客都抵达后准时集合、清点游客人数,并向游客简单介绍过关程序。

2. 核对证件与宣讲注意事项

出境前领队需再次仔细核对游客的证件,宣讲出境注意事项,提醒游客要严格遵守我国和旅游目的地国家或地区的法律法规,做好文明旅游宣传和引导,预防可能出现的问题。

3. 告知我国海关有关规定

具体内容参见项目九。

4. 带领游客办理海关申报

(1)请无需向海关申报物品的游客从绿色通道通过海关柜台后等候。

(2)带领需向海关申报物品的游客从红色通道走到海关柜台前办理手续,交验本人护照,由海关人员对申报物品查验后盖章,并告知游客保存好海关申报单,以便回国入境时海关查验。

5. 协助游客办理乘机手续和行李托运手续

(1)告知游客航空公司关于游客行李的规定,如水果刀、小剪刀等不能放在手提行李中,贵重品、充电宝、锂电池等则应随身携带。

(2)将游客全部游客护照、机票交到所乘航空公司值机柜台办理乘机。

(3)办理托运手续。办理行李托运前,领队应对全团托运行李件数进行清点,在航空公司柜台人员对托运行李系上行李牌后要再次清点,如游客中途需乘坐转机航班,应将行李直接托运到最终目的地。

办完乘机手续后,领队要认真清点航空公司值机人员交回的所有物品,包括护照、机票、登机牌以及全部托运行李票据等。将通过边检、登记所需的护照、机票、登记卡分别发给每一位游客,领队则保管好行李托运票据。

6. 通过卫生检疫

带领游客到卫生检疫柜台前,接受卫生检疫人员对黄皮书的查验。如有游客未办理黄皮书,应在现场补办手续。

7. 通过边防检查

(1)指导游客填写《边防检查出境登记卡》。

(2)告知游客出示本人护照(含有效签证)、国际机票、登机牌和《边防检查出境登记卡》排队按顺序接受检查。检查完毕后,边防人员将《边防检查出境登记卡》留下,并在游客护照上盖上出入境验讫章,连同机票、登机牌交还游客。注意游客有无物品遗忘在边防检查处。

(3)如果游客办理的是团体签证,或到免签国家旅游,领队应出示《中国公民出国旅游团队名单表》及领队证和团体签证,让游客按该名单表上的顺序排队,领队站在最前面,逐一通过边防检查。告知游客应该到几号候机厅候机。

▮▮▮ 8.通过登机前的检查

过安检之前,领队应提前及时告知游客准备好登机牌、机票、有效护照,并交安全检查员查验。

(二)飞行途中服务

出境游的空中飞行少则1~2小时,多则十几个小时,甚至更长时间。在这段时间里,领队除了要熟悉机上救生设备和继续熟悉游客情况外,还应协助空乘人员向游客提供必要的帮助。其主要工作有以下几个方面。

(1)由于航空公司通常按随机方式发放登机牌,游客一家人往往坐不到一起。如果游客要求调整座位,领队可在旅游团成员之间或同其他乘客协商解决。

(2)根据在出发前所掌握的游客特殊要求或特殊禁忌,领队应在空乘人员送上餐食之前将游客的特殊用餐要求转告他们。对于不懂外语的游客,领队可提供必要的翻译服务。

(3)回答游客的问询,如本次航班飞行时间、目的地气候等。

(4)在飞机上帮助游客填写目的地国家或地区的入境卡和海关申报单。

▮ 三、目的地国家入境服务

游客抵达目的地国家或地区机场后,必须办理一系列的入境手续,其顺序大致与我国出境时的检查顺序相反。在带领全团办理入境手续之前,领队要清点一下游客人数,叮嘱他们集中等待,不要走散。

(一)协助办理入境手续

协助游客办理入境相关手续,包括引导游客交验入境所需证件和文件,通过海关检查、边防检查、安全检查、卫生检疫、动植物检疫等。

如果旅游团持的是团体签证,则需到指定的柜台办理入境手续。此时,领队应走在旅游团的最前面,以便将团体签证上交,并准备回答入境官的提问,领队回答问题时应该如实回答。

（二）认领托运行李

入境手续办完后，领队应带头并引领游客到航空公司托运行李领取处（传送带上）认领各自的行李，并协助解决行李托运过程中出现的各种问题，如行李丢失或破损等。领完行李并处理好相关事件后，领队应在清点行李件数无误后，再带领游客前往海关处通关。

（三）办理入境海关手续

由于世界各国的海关对入境游客所携物品、货币、烟酒等物品及其限量有不同的规定，领队在带团出境前需从有关国家驻华使馆网页上查询清楚，并告知游客，以免入境时出现麻烦。

在通关前，领队要协助游客填写好海关申报单，然后持申报单接受海关检查，告知游客配合检查，并在通关后在海关那边等候，不可走散，因为国外机场很复杂，走散后难以寻找。当所有游客通关后，领队应立即收取他们的护照，由自己统一保管。

（四）与接待方旅行社的导游人员接洽

办完上述手续后，领队应举起社旗，带领游客到候机楼出口与前来迎接的境外接待社导游人员接洽。

(1)向对方做自我介绍，互换名片，确认对方的手机号码，并立即将其输入到自己的手机中备用。

(2)向对方通报旅游团实到人数和旅游团概况，转达游客的要求、意见和建议，并与对方约定商谈游客整个行程的时间。

(3)带领游客离开机场，上车之前，领队要清点游客人数和行李件数，并请游客带好托运行李和随身行李，然后率全团成员跟随目的地接待社导游上车。

四、境外服务

游客初次踏上异国他乡的土地，对一切都感到非常新鲜，具有强烈的好奇心和求知欲，期望旅游活动丰富多彩，出游的目标能够圆满实现。领队作为客源国组团社的代表和游客的代言人，要切实维护游客的合法权益，协助和监督目的地国家接待社履行旅游计划。与此同时，领队还应积极协助当地导游，为游客提供必要的帮助和服务。

（一）商定旅游日程

协助当地导游人员办理好入住手续、安排好游客的住宿后，领队要尽快与当地导游人员商量计划的行程。商讨时，首先要把组团社的意图、特别提及的问题等告知当地导游人员，以便提前做好安排。在商讨活动日程时，领队要仔细核对双方手中计划行程的内容。除了活动项目安排的前后顺序有出入属于正常情况外，如果发现其他方面有较大出入，尤其是减少某些旅游项目，领队应请其立即与接待社联系，及时查明原因，做出调整。如有争议得不到解决，应及时与国内组团社联系。当目的地旅游日程安排商定后，领队应通知全团成员，并提醒他们记住相关事项。

（二）督促接待社履行合同

在目的地国家旅游期间，领队应督促当地接待社和导游人员按照组团社与游客签订的旅游合同的内容和标准提供服务。在注意保持与他们良好关系的同时，负有责任和义务协助和督促接待社及其导游履行旅游合同，并转达游客的意见、要求和建议。

（三）维护团内团结，协调关系，妥善处理各种矛盾

在目的地国家旅游期间，领队要维护好旅游团内部的团结，维护好所有游客的合法权益；要协调好游客与当地接待部门和接待人员之间的关系，妥善处理好旅游活动过程中出现的各种矛盾。

（四）维护游客人身和财产安全

在目的地旅游期间，领队要经常提醒全团成员注意自身及财物安全，做好有关防备工作，预防事故的发生。

（五）对严重突发事件的处理

第一，对于发生游客在境外滞留不归的事件，领队应当及时向组团社和我国驻所在国的使、领馆报告，寻求帮助。

第二，对于发生游客在境外伤亡、病故事件，领队必须及时报告我国驻所在国使、领馆和组团社，并通知死者家属前来处理。在处理（抢救经过报告、死亡诊断证明书、死亡公证、遗物与遗嘱处理、遗体火化等）时，必须有死者亲属，我国驻所在国使、领馆人员，领队，接待社人员，当地导游人员，当地有关部门代表在场。

（六）做好以下具体事项

（1）协助接待方导游清点游客行李，分配住房、火车铺位、登机牌等。

（2）在境外旅游期间，对游客入住酒店、用餐、观看演出、购物等提供的服务应遵照《导游服务规范》的要求。

（3）保管好旅游团集体签证、团员护照、机票、行李卡、各国入境卡、海关申报单等。

（4）尊重旅游团成员的人格尊严、宗教信仰、民族风俗和生活习惯，注意关注游客动向，提醒游客注意安全、文明旅游。

（5）带领游客在境外旅行、游览过程中，领队应当就可能危及游客人身安全的情况，向游客做出真实说明和明确警告，并按照组团社的要求采取有效措施，防止危害发生。

（6）领队不得与境外接待社、导游及为游客提供商品或服务的其他经营者串通欺骗、胁迫游客消费，不得向境外接待社、导游人员及其他为游客提供商品或服务的经营者索要回扣、提成或者收受其财物。

（7）领队应当要求境外接待社不得组织游客参与涉及色情、赌博、毒品内容的活动或者其他危险性活动。

（8）领队要将每天接触和经历的接待社、导游人员、入住酒店、用餐餐厅、游览景点等进行简单记录并做出简短评价。

（9）在一地旅游结束时，领队要以组团社代表和游客发言人的双重身份向当地导游、司机等表示感谢，并当着全体游客的面将小费分别递给导游和司机。

五、目的地国家离境服务

领队的服务要有始有终，在游客结束境外旅游活动后离开目的地国家时应做好以下工作。

（一）离境前的工作

（1）在离境前一天，甚至前两天，要与当地导游人员逐项核对离境机票的内容，如旅游团名称、团号、前往目的地、航班等。

（2）如游客乘早班飞机离境，领队要同当地导游人员商定叫早时间及早餐安排等。在商量时间上要留有余地，并将商定结果及时告知游客，提醒他们做好准备。

（3）离店上车后，领队要提示游客检查自己的随身物品是否都已经带好，房间钥匙有没有交到前台。离开目的地国家前，领队应代表组团社和游客向接待社的导游人员表示感谢。如对方有需要配合填写的表格（如服务质量反馈表），领队应积极协助填写。

（二）办理离境手续

(1)领队要向全团游客介绍离境手续的办理程序,并带领游客进行行李托运、领取登机牌等,引导他们办理好离境乘机手续。

(2)办理好乘机手续后,领队要带领游客办理移民局离境手续,如补填出境卡、与目的地国家导游人员告别、办理海关手续、办理购物退税手续等。

(3)办理好所有相关手续后,领队要引领游客登机。登机前领队要赶到登机闸口,清点人数,对未到的游客要及早联系,使之赶上登机时间。

六、入境服务

（一）接受检验检疫

领队带领游客至中国检验检疫柜台前,上交填好的入境健康检疫申明卡,如无意外,即可通过检验检疫。

（二）接受入境边防检查

领队带领游客排队在边检柜台前,逐一将护照和登机牌交给边检人员,经其核准后在护照上盖上入境验讫章并退还游客,即可入境。

（三）领取托运行李

领队应带领游客至行李转盘处,提醒游客带好行李牌,引导游客各自认领自己的行李。若有游客行李遗失或破损,领队应协助其在机场行李值班室联系寻找或办理赔偿事宜。

（四）接受海关检查

(1)领队应事先向游客说明我国海关禁止携带入境的物品和允许入境但需要申报检疫的物品,以便游客心中有数。

(2)由游客自行将行李推至海关柜台前,上交填好的海关申报单和出示出境时填有带出旅行自用物品名称和数量的申报单,接受X光检测机检查。

(3)领队要等旅游团全体游客出海关后,向他们告别。但是,如果旅行社安排有旅行车接送游客到某一地点,领队则需陪同游客到指定地点后再与他们告别,并对游客的合作表示感谢。

七、后续工作

根据《旅行社出境旅游服务质量》要求,游客回到国内后,领队还需做好如下工作。

(一)答谢游客

第一,旅游团回到出发地后,领队应代表组团社举行告别宴会,向游客致欢送词,感谢其在整个旅游行程中对自己工作的支持和配合,并诚恳征求游客的意见和建议,按行程安排做好散团工作。

第二,处理好送别旅游团后的遗留问题,如游客委托事项、可能的投诉等。

(二)做好出境陪同记录和详细填写领队日志

1. 整理陪团记录

陪团记录是领队陪同旅游团的原始记录。回国后领队要按要求整理好,以备有关部门查询了解。

2. 填写领队日志

领队日志是领队率团出境旅游的总结报告。它对组团社了解游客需求、发现接待问题、了解接待国旅游发展水平和境外接待社合作情况,从而总结经验、改进服务水平具有重要意义。

领队日志包含的主要内容如下。

1)旅游过程概况

旅游团名称、出入境时间、游客人数、目的地国家(地区)和途径国家(地区)各站点、接待社名称及全陪和地陪导游人员姓名,以及领队所做的主要工作。

2)游客概况

游客性别、年龄、职业、来自何地等,旅游中的表现,对旅游活动(包括组团社、接待社和其导游人员)的意见和建议。

3)接待方情况

全陪、地陪导游人员的素质和服务水平,落实旅游合同情况,接待设施情况,接待中存在的主要问题。

4)我方与接待方的合作情况

我方与接待方在旅游活动中的对接情况。

5)旅游过程中发生的主要事故与问题

产生原因、处理经过、处理结果、游客反映、应吸取的教训等。

6)总结与建议

综合各方面的情况,提出改进建议。

(三)归还所借物品

(1)归还出境前在组团社所借的物品,并在物品管理部门的物品归还单上签字。

(2)与组团社财务部门结清所借钱款。

任务四　景区景点导游服务程序与规范

◇ 引 例

导游怎么说开场白可以让人瞬间记住你?

　　开场白的技巧实际上包括两个方面:一是第一次与游客接触时的一般开场白,二是在讲解每一个具体景点时的导游词的开场白。

一、一般开场白

　　一般开场白常常是在第一次接待游客时开始的,而这种开场白也叫欢迎词。欢迎词的主要内容就应包括向游客问好,代表旅行社向游客表示欢迎,向游客介绍司机和车牌号,自我介绍,简要介绍当地气候等状况,下榻酒店概况,游览活动安排,必要的卫生、饮食、安全、购物等注意事项等。

二、导游词开场白

　　导游词开场白从结构的角度划分,能够分为完整式和简略式两类:完整式开场白大致包括问候、寒暄、自我介绍、欢迎、良好祝愿、明确游览目的等内容;简略式开场白至少要有问候、明确游览目的两项。从表达的角度划分,有叙述式开场白和抒情式开场白两类。

示例如下。

(1)女士们、先生们:你们好! 欢迎大家光临天坛。(自我介绍之后)十分高兴能有机会陪同各位一道领略这雄伟壮丽、庄严肃穆的古坛神韵。让我们共览这"人间天上"的风采,共度一段完美的时光。(徐志长)

(2)女士们、先生们:大家好! 首先,我对各位的到来致以最诚挚的欢迎! 各位在来长沙旅游之前,想必已经对湖南有所了解了吧? 那么您认为中国现代史上著名的人物都有谁呢? 毛泽东同志当然绕不过! 那么,毛主席在长沙生活期间,最喜欢去的是什么地方呢? 就是我们将要到的岳麓山爱晚亭了。好,此刻咱们就一块到毛主席"携来百侣曾游"的地方去看看。(赵湘军)

(3)女士们、先生们:瓷器是我们日常生活的必需品。那么多姿多彩的瓷器是如何制造出来的呢? 到了瓷都景德镇,我们就不能不去探寻一番,所以,这天我就请各位去参观古窑瓷厂,这个瓷厂为什么用"古窑"二字命名呢? 等会儿到了我再做解释。此刻我利用路上的时光向各位介绍一点陶瓷知识。(余乐鸿)

(4)各位游客:你们好! 欢迎大家到湄洲岛旅游。我们这天游览的景点是湄洲岛妈祖庙,导游的内容有湄洲岛概况、湄洲岛妈祖庙朝觐活动盛况、祖庙山门、仪门、太子殿、寝殿、妈祖石像。预祝我们愉快地度过这完美的一天。(段海平)

(5)各位朋友:来杭州之前,您必须听说过"上有天堂,下有苏杭"这句名言吧! 其实把杭州比喻成人间天堂,很大程度上是因为有西湖。千百年来,西湖风景展现了经久不衰的魅力,她的风姿倩影令多少人一见钟情。就连唐朝大诗人白居易离开杭州时还念念不忘西湖:"未能抛得杭州去,一半勾留是此湖。"……朋友们,下面就随我一齐从岳庙码头乘船去游览西湖。(钱钧)

(6)亲爱的朋友:欢迎你们来到美丽富饶的新疆。新疆地处亚欧腹心,地大物博,山川壮丽,瀚海无垠,古迹遍地,民族众多,风俗奇异,有许多值得大家参观游览的地方。您要是想游遍新疆的天山南北,至少得有半个月的时光。这天我将带大家去游览新疆最著名的风景区天山明珠——天池。天池位居高大宏伟的天山怀抱之中。朋友们,您闭上眼睛想象一下在这个离海洋最远的、年均降水量200毫米的城市旁的高山中有那么一潭清清碧水,这是何等的神奇、何等的美妙啊! 这犹如给美丽动人的少女披上一层神秘的面纱。您觉得我的比喻贴切吗? 当我置身于离海洋最远的地方,体会干旱地区的燥热时,脑海中的那一潭碧水带给了我无限的湿润与凉意。我想象不出该用什么样的语言来描述此刻的感觉。朋友们,您此时此刻是否已有了与我相同的感觉。我想是的,从大家的表情上看得出,大家的好奇心早已经插上翅膀飞到了天池,不用着急,这天我们就要揭开这层神秘的面纱,让大家饱览那少女的眼睛。(郭利民)

上述 6 例,基本上包括了各种开场白。例(1)是比较完整的现场叙述式开场白,包含了问候、欢迎、自我介绍、祝愿、游览目的等诸多内容。例(2)是比较简略的现场叙述式开场白,虽然简略,但是却利用了名人效应使开场白有声有色,情趣盎然。例(3)是在到达古窑瓷厂之前表达的预设式开场白,简洁明快,以重重的悬念引起游客极大的兴趣。例(4)是现场叙述式开场白,除了必要的问候、欢迎、祝愿之外,着重强调了将要游览的主要资料和景点,清晰明了,目的明确,重点突出。例(5)和例(6)是现场抒情式开场白,导游饱含深情,激情满怀地分别赞美了西湖、天池,优美抒情,真挚动人。

上述各种开场白,虽然能够从不一样的角度进行不一样的归类,但是它们的基本内容其实大同小异。所以,开场白并没有一成不变的定规,重要的是要能够体现对游客的尊敬、关切以及突出游览目的的要义。最后要注意,开场白不能故弄玄虚,否则不仅仅会使开场白显得多余,也可能会使游客反感。比如:"各位朋友!这天我们将要游览的是一处独具特色的旅游景点,它位于北京城的中心,殿宇千门万户,楼阁巍峨庄严,红墙黄瓦,金碧辉煌,素有'金色的宫殿之海'的美称。您必须猜到了,这就是驰名中外的故宫博物院。"这一段解说,明明是只能在故宫进行现场讲解的导游词的开场白,却云山雾罩地绕着弯子让游客猜测是什么地方,真是多此一举。这样的开场白在导游词中要加以杜绝。

(资料来源:http://www.yctga.org/news.aspx? id=228.)

旅游景区的参观游览是旅游活动的主要目的,是旅游消费的重要环节,因此景区导游服务的好坏直接关系到游客的满意程度。为此,2011年,国家旅游局制定了《旅游景区讲解服务规范》行业标准,对景区导游的从业素质和导游讲解服务质量做出了规定。

3-4 《旅游景区讲解服务规范》(2011)

旅游景区导游,即讲解员是受旅游景区委派或安排,为游客提供旅游景区导游讲解的专职人员或兼职人员。要做好旅游景区的导游服务和讲解,旅游景区讲解员需要对其服务的景区或景点,乃至该景区景点所在地区有较全面、深入的了解及相应的专门知识。旅游景区导游服务主要包括准备工作、导游服务和善后工作三个环节。

一、准备工作

景区导游要想做好服务工作,也需要做好各方面的准备工作,主要包括以下内容。

（一）业务准备

景区讲解员在接待前应做好的业务准备工作主要包括以下几方面。

(1)了解所接团队或游客的有关情况。接待前,讲解员要认真查阅核实所接待团队或贵宾的接待计划及相关资料,熟悉该群体或个体的总体情况,如停留时间、游程安排、有无特殊要求等,以使自己的讲解更有针对性;对于临时接待的团队或散客,讲解员同样也应注意了解游客的有关情况,如游客的来源、职业、文化程度以及其停留时间、游程安排、有无特殊要求等,以便使自己的讲解更能符合游客的需要。

(2)预先了解来访游客所在地区或国家的宗教信仰、风俗习惯和禁忌。

(3)对游客特殊需要的讲解内容事先应进行准备。

(4)提前了解服务当天的天气和景区景点道路情况。

(5)应急预案的准备。应变能力是景区(点)导游应对和处理突发事件的基础。应变灵活有助于减少事故损失,留给游客美好的旅游感受。景区(点)导游应该在带团前对游览中可能发生的各种意外做出处理预案,备好有关联系电话,这样当意外发生时才能从容应对、妥善处理。

（二）知识准备

景区讲解员的知识准备主要包括以下几方面。

(1)熟悉并掌握本景区讲解内容所需的情况和知识。根据不同景区的情况,分为自然科学知识,历史和文化遗产知识,建筑与园林艺术知识,宗教知识,文学、美术、音乐、戏曲、舞蹈知识等,以及必要时与国内外同类景区内容对比的文化知识。

(2)根据游客对讲解的时间长度、认知深度的不同要求,讲解员应对讲解内容做好两种或两种以上讲解方案的准备,以适应不同旅游团队或个体游客的不同需要。

(3)掌握必要的环境保护知识、文物保护知识和安全知识。

(4)熟悉本景区的有关管理规定。

（三）语言准备

景区讲解员的讲解应在以普通话为普遍使用的语言的基础上,根据游客的文化层次做好有关专业术语的解释;对于民族地区的景区,讲解员还应根据游客情况提供民族语言和普通话的双语讲解服务;对于外籍游客,外语讲解员应准备相应语言词汇的讲解服务。

（四）物质准备

景区讲解员上岗前应做好的物质准备工作主要有以下几方面。

(1)佩戴好本景区讲解员的上岗标志。

(2)如有需要,准备好无线传输讲解用品。

(3)需要发放的相关资料,如景区导游图、景区景点介绍等。

(4)接待团队时所需的票证。

（五）形象准备

形象主要体现在人们的仪容仪表和言行举止上,景区讲解员的形象应符合以下几点。

(1)着装整洁、得体,对于有着装要求的景区,也可以根据景区的要求穿着工作服或指定服装。

(2)饰物佩戴及发型以景区的原则要求为准,女讲解员一般以淡妆为宜。

(3)言谈举止应文明稳重,自然而不做作。

(4)讲解活动中可适度使用肢体语言,力避无关的小动作。

(5)接待游客应热情诚恳,符合礼仪规范。

(6)工作中应始终情绪饱满,不抽烟或进食。

(7)注意个人卫生。

二、导游服务

导游讲解是景区导游服务的核心工作,讲解员应按照景区导游讲解服务规范,为游客提供高质量的导游讲解服务。

（一）致欢迎词

当游客抵达景区后,讲解员应主动迎上前去,向游客表示欢迎,致欢迎词。欢迎词的内容主要包括:代表本景区对游客表示欢迎;介绍本人姓名及所属单位;表达景区对提供服务的诚挚意愿;表达希望游客对讲解工作给予支持配合的意愿;预祝游客旅游愉快。

（二）旅游景区情况介绍

游览前景区讲解员应向游客介绍景区的基本情况和游览中的注意事项,主要包括以下内容:本景区开发的背景(历史沿革等)、规模、布局、价值和特色;本景区所在旅游地的位置以及周边的自然景观、人文景观和风土人情;提醒团队游客注意自己团队原定的游览计划安排,包括在景区停留的时间、主要游览线路,以及参观游览结束后集合的时间和地点;讲清游览过程中的注意事项,并提醒游客保管好自己的贵重物品;景区游览过程中如需讲解员陪同游客乘车或乘船游览,讲解员应协助游客联系有关车辆或船只。

（三）参观游览中的导游讲解

导游讲解是景区讲解员的核心工作,讲解员应根据景区的规模和布局,带领游客按照游览线路分段讲解,繁简适度,要视游客的类型、兴趣、爱好的不同有所侧重,因人施讲,内容的取舍应以科学性和真实性为原则。

讲解的语言应准确易懂,吐字应清晰,并富有感染力。要努力做到导游安排上的活跃生动,做好讲解与引导游览的有机结合。讲解中应结合景物或展品伺机宣传环境、生态系统维护或文物保护知识,对游客的问询,回答时要耐心、和气、诚恳,不冷落、顶撞或轰赶游客,不与游客发生争执或矛盾。讲解中涉及的民间传说应有故事来源或历史传承,讲解员不得随意编造。有关景区内容的讲解应力避同音异义词语造成的歧义。讲解中若使用文言文,需注意游客对象,需要使用时,宜以大众化语言给予补充解释。

对讲解中涉及的历史人物或事件,应充分尊重历史的原貌,如遇尚存争议的科学原理或人物、事件,则宜选用中性词语给予表达。若讲解的某方面内容系引据他人此前研究成果,应在解说中给予适度的说明,以利于游客今后的使用和知识产权的保护。在时间允许和个人能力所及的情况下,宜与游客有适度的问答互动,讲解中要虚心地听取游客的不同意见和表述。在讲解过程中,讲解员应自始至终与游客在一起,对于游客中的老幼病残孕和其他弱势群体要给予合理关照,注意游客的安全,随时做好安全提示,避开景区中存在安全隐患的地方,提醒游客注意容易碰头和失足的地方,以防意外事故发生。如在讲解过程中发生意外情况,讲解员应及时联络景区有关部门,以期尽快得到妥善处理或解决。

（四）乘车（乘船）游览时的讲解服务

景区讲解如果是在乘车（乘船）游览时进行,景区讲解员应该注意以下几方面:协助司机（或船员）安排游客入座;在上车（船）、乘车（船）、下车（船）时提醒游客有关安全事项,提醒游客清点自己的行李物品,并对老幼病残孕和其他弱势群体给予特别关照;注意保持讲解内容与行车（行船）节奏的一致,讲解声音应设法让更多的游客都能听见,努力配合行车安全（或行船安全）。

（五）游客购物时的服务

游客如需购物时,景区讲解员应该注意以下几方面:如实向游客介绍本地区、本景区的商品内容与特色;如实向游客介绍本景区合法经营的购物场所;不得强迫或变相强迫游客购物。

（六）游客观看景区演出时的服务

如游客游程中原已包含在景区内观看节目演出,景区讲解员应该注意以下几方面:如实向游客介绍本景区演出的节目内容与特色;按时组织游客入场,引导游客文明观看节目;在游客观看节目的过程中,讲解员应自始至终坚守岗位;如个别游客因特殊原因需要中途退场,讲解员应设法给予妥善安排;不得强迫或变相强迫游客增加需要另行付费的演出项目。

（七）送别服务

参观游览结束后,景区讲解员要向游客致简短的欢送词,内容包括对游客参观游览中给予的合作表示感谢,征询游客对导游讲解以及景区(点)建设与保护的意见和建议,欢迎游客再次光临。若备有景区(点)有关资料或小纪念品,可赠予他们,以作留念,并热情地和游客道别。一般情况下,在游客离开之后方可离开。

三、善后工作

景区(点)导游送走游客后,还要做好总结工作,这是提升导游服务效率和导游服务质量的必要手段,还可以帮助导游提高自己的写作水平,填补导游只动口、不动手的欠缺。

（一）撰写小结

景区(点)导游完成接待服务后,要认真、按时写好接待小结,实事求是地汇报接待情况。接待小结的内容包括:接待游客的人数、抵离时间,若是旅游团队,还需记录团队的名称及旅行社的名称;游客成员的基本情况、背景及特点;重点游客的反应,尽量引用原文,并注明游客的姓名和身份;游客对景区(点)景观及建设情况的感受和建议;对接待工作的反应;尚需办理的事情;自己的体会及对今后工作的建议;若发生重大问题,需另附专题报告。

（二）查漏补缺

景区(点)导游在总结工作中,应及时找出工作中的不足或存在的问题,如导游不清楚的知识点、回答不准确的地方,甚至有些回答不出的问题。根据这些问题进行有针对性的补课,请教有经验的同行,以提高自己的导游讲解水平。

（三）总结提高

在导游服务中,游客提出的意见和建议涉及景区(点)导游的,景区(点)导游应认真检查,吸取教训,不断改进,以提高自己的导游水平和服务质量;涉及其他接待部门的应及时反馈到所在单位,以便改进工作。

◇ 练习思考题

一、判断题

1.在景点的示意图前,地方导游应向游客讲明游览线路,并对景点的主要景观做详细说明。   （ ）

2.游客抵达酒店后,地方导游应主动办理住房登记手续,并请领队或全程导游向游客分发住房卡。   （ ）

3.全程导游应在离开上一站之前向下一站通报旅游团的情况。   （ ）

4.旅游团在景点游览时,全程导游应走在旅游团的后面,招呼滞后的游客,并不时清点人数,以防走失。   （ ）

5.景区讲解员在导游讲解中应根据不同类型游客的兴趣、爱好,在内容取舍上要以科学性和真实性为原则。   （ ）

6.旅游团游客在景区乘船游览时,讲解员的导游讲解应与行船的节奏保持一致。
                                                                （ ）

7.导游领队可将文明旅游的内容融合在讲解词中,进行提醒和告知。   （ ）

8.游览区域对游客着装有要求的(如教堂、寺庙、博物馆、皇宫等),导游领队应在进入前向游客说明,提醒准备。   （ ）

二、单项选择题

1.接待计划是组团旅行社委托有关地方接待旅行社组织落实旅游团活动的(   )文件。

A.指导性   B.意向性

C.契约性   D.建议性

2.地陪通常应提前(   )抵达迎接游客的机场(车站/码头),并与司机商定旅游车停放的位置。

A.10 分钟   B.15 分钟

C.20 分钟   D.30 分钟

3.如全陪带领的旅游团赴华东线旅游,应准备的专业知识主要是(   )。

A.历史文化知识   B.石窟艺术知识

C.园林艺术知识   D.喀斯特地貌知识

4. 在核商旅游活动日程时,如果境外领队对活动日程做了较大改动,全陪应及时向(　　)报告。

    A. 地接社　　　　　　　　　　　　B. 境外旅行社

    C. 组团社　　　　　　　　　　　　D. 旅游局

5. 景区(点)讲解员讲述的民间传说应有故事来源的(　　)。

    A. 历史传承　　　　　　　　　　　B. 历史背景

    C. 合理想象　　　　　　　　　　　D. 参考材料

6. 在游客观看景区节目过程中,讲解员应自始至终(　　)。

    A. 保持沉默　　　　　　　　　　　B. 介绍剧情

    C. 进行协调　　　　　　　　　　　D. 坚守岗位

7. 以下哪项是文明引导的主要内容?(　　)

    A. 引导游客以满足自身需求为主

    B. 引导游客穿衣打扮可以自身喜好为主

    C. 倡导绿色出游、节能环保

    D. 引导游客按照国内习俗,拒绝支付小费

8. 遇到游客采取拒绝上下机(车/船)、滞留等方式非理性维权的,导游领队应与游客进行沟通,让其知晓利害关系。必要时应向(　　)或当地警方等机构报告,寻求帮助。

    A. 组团社　　　　　　　　　　　　B. 当地居民

    C. 驻外使领馆　　　　　　　　　　D. 地接社

三、多项选择题

1. 地方导游服务准备工作中熟悉接待计划,包括(　　)。

    A. 旅游团基本信息　　　　　　　　B. 旅游团成员情况

    C. 旅游团抵离本地情况　　　　　　D. 旅游团各地地接社情况

    E. 特殊要求和注意事项

2. 旅游车驶进下榻酒店后,地陪应在游客下车前向其讲清下次的(　　)。

    A. 停车地点　　　　　　　　　　　B. 旅行路线

    C. 集合时间　　　　　　　　　　　D. 集合地点

    E. 餐食特色

3. 下列导游人员职责中,属于全陪导游员的有(　　)。

    A. 负责旅游团各站之间的衔接　　　B. 带领旅游团游客参观游览

    C. 向游客提供行程中的各项服务　　D. 监督组团社接待计划实施

    E. 安排旅游团在各地的活动日程

4. 全陪在旅游团抵达各站时应做好的游客安全工作主要有(　　)等。

    A. 入店时提醒游客将贵重物品存放在酒店前台保险柜里

    B. 睡觉时关好门窗,不要躺在床上抽烟

    C. 下车时提醒游客带好随身物品

    D. 游览时协助游客看管好随身物品

    E. 游览中注意游客动向,防止走失

5. 景区讲解员在进行本景区导游讲解中应注意的问题主要有( )。

A. 讲述民间传说要有故事来源的历史传承,不得胡编乱造

B. 使用文言文时应以大众化的语言进行补充解释

C. 导游的讲解内容应力避同音异义词语造成的歧义

D. 讲解内容涉及的历史人物应以书本上的说法为据

E. 讲解内容如援引他人研究成果应予以适度说明

6. 旅游团游客在景区观看节目演出时,讲解员应做好的工作主要有( )。

A. 向游客介绍本景区节目的内容与特色

B. 组织游客入场,宣传文明观看演出

C. 自始至终坚守岗位,注意游客动向

D. 若有个别游客中途退场应予以妥善安排

E. 巧妙地向游客推销其他付费项目

7. 导游领队人员引导文明旅游需要掌握的基本知识主要有( )。

A. 我国旅游法律、法规、政策以及有关规范性文件关于文明旅游的规定和要求

B. 基本的文明礼仪知识和规范

C. 旅游目的地法律规范、宗教信仰、风俗禁忌、礼仪知识、社会公德等基本情况

D. 紧急情况处理技能

E. 熟悉当地旅游交通情况

8. 率先垂范是指导游领队人员的一言一行都会给游客产生示范,因此,导游领队人员在工作期间应( )。

A. 以身作则,遵纪守法,恪守职责,体现良好的职业素养和职业道德

B. 为游客树立榜样

C. 在工作期间可衣着随意

D. 工作期间应言行规范,举止文明

E. 为游客做出良好示范

四、问答题

1. 地陪致欢送词一般应包括哪些内容?

2. 全陪的沿途各站服务包括哪些方面?

五、实践创新

分小组设计校园某主题旅游导游游览线路图。小组成员内部分工,分别代表地陪、全陪、领队、游客等,制订接待游览计划,按照导游服务程序进行模拟接待和讲解演练,将演练过程拍摄成视频,剪辑制作并配上文字,在全班进行展示。

3-5 项目三练习思考题参考答案

项目四 旅游事故的预防和处理

◇ **本项目目标**

■ **知识目标**

1.掌握旅游事故的预防措施和处理原则；

2.掌握漏接、错接、误机(车/船)事故的预防和处理措施；

3.掌握旅游活动计划和日程变更、游客证件遗失、钱物、贵重物品遗失、行李丢失等事故的处理措施；

4.掌握游客走失、游客患病、游客死亡、旅游突发事件等事故的处理措施；

5.掌握游客不当言行、旅游投诉等处理方法；

6.了解旅游事故的特点和类型，了解游客证件、钱物、行李遗失的预防方法；

7.了解旅游突发事件的含义及预防措施，了解游客不当言行的预防方法；

8.了解误机(车/船)事故、游客走失、游客患病的原因和预防措施。

■ **能力目标**

1.培养导游在带团过程中预防和处理旅游事故的能力；

2.培养沉着冷静、处变不惊、全力以赴、果断勇敢、及时迅速、合情合理、运用专业知识处理旅游事故的专业素质和能力。

■ **情感目标**

1.树立"游客为本，服务至诚"的导游服务理念，培养学生的导游工匠精神；

2.培养学生全心全意为人民服务的精神，以及根据不同旅游事故的实际情况灵活处理问题的实事求是精神。

任务一　旅游事故的预防和处理原则

◇ 引　例

千里送药记——随团导游配合额济纳旗解决滞留老年游客用药难题

前不久,9400余名游客因新冠疫情滞留在内蒙古自治区阿拉善盟额济纳旗,其中60岁以上的老年游客超过4400人。部分老年游客因滞留导致日常用药短缺,当地干部群众包括带团导游等不遗余力甚至跨越千里为老人们筹措药品,戈壁滩里频频上演"送药记"。

短短一周时间,河南导游王亚玺的情绪发生了180度大转弯。滞留之初,她所带的老年团里38名老人白天黑夜给她打电话,让她帮忙寻找治疗高血压、心脏病等疾病的30余种药品。看到有些老人的药即将吃完,自己又联系不到药店,王亚玺急得直掉眼泪。

抱着试一试的想法,王亚玺拨通了额济纳旗文旅局的电话。电话那头的工作人员得知此事后,立刻联系旗蒙医医院、各大药店,用了两天时间,将老年团所需药品几乎全部配齐,第一时间送到酒店。有两种药在当地买不到,又通过从河南调运和寻找替换药的方式,为老人解决了用药难题。

"我不知道谁给我们送的药,不知道他们的名字和长相,他们放下药就离开了。"王亚玺感动地说,"在最需要的时候,把最宝贵的药品及时送到我们身边,他们是最可爱的人。"

"救命药"从何而来?原来,新冠疫情发生后,额济纳旗组织卫健委、文旅局等单位共同投入到筹措药品的工作中,并向游客开通了咨询服务电话,采取"线上购药缴费、线下送药上门"全流程零接触服务模式,为滞留游客提供购药服务。

额济纳旗地处边远,医疗资源相对匮乏,对于在当地无法买到的药品,额济纳旗新冠肺炎防控工作指挥部联系了酒泉、巴彦淖尔、呼和浩特、银川等地区寻找药源,努力解决稀缺药物需求。导游和当地人员配合,为老年游客解了燃眉之急。

(资料来源:http://www.ctnews.com.cn/lyfw/content/2021-11/18/content_115118.html.)

导游在实际带团过程中可能会遇到一些突如其来的问题,如游客生病、物品遗失、计划行程变更等;也有可能遇到一些旅游事故。旅游事故指因旅游服务部门运行机制出现故障造成的事故,一般可分为责任事故和自然事故两种,其中责任事故是接待方的疏忽、计划不周等原因造成的事故;自然事故也称非责任事故,是指天气变化、自然灾害或非接待部门的原因造成的事故。虽然事故在导游接待工作中属于特殊的偶然事件,但是,事故一旦发生,不仅会给游客造成身体和精神上的损害与痛苦,也会给导游的工作增加困难和压力。对于事故,导游必须有足够的思想准备,要掌握针对各类事故的预防措施并做好预防工作,尽量避免或减少事故的发生。

一、旅游事故的预防措施

为了把事故发生的可能性降到最低,导游人员必须做好预防工作。

(一)牢记服务宗旨,加强责任意识

导游必须在思想上充分认识到事故预防的必要性,加强责任心。牢记宾客至上、服务至上的宗旨,时刻想着游客,时刻关心游客。

(二)制订周密计划,安排留有余地

导游应结合当地的环境、天气、交通、景区现状等因素,制订完善的旅游活动计划。在安排活动日程时,要留有余地,劳逸结合,合理安排活动内容,比如,体力消耗较大的活动项目尽量不要集中在同一天,活动不宜太晚等,要保证游客的体力和精力,要为送行服务留足时间。

(三)出门多做预报,处处多做提醒

📈 1. 做好出行前的预报

1)行程预报

导游要在前一天预报第二天的行程及注意事项,提醒游客做好相应准备。当天出发前,要向游客报告一天的行程,上午、下午的游览点,中餐、晚餐的餐厅名称和地址,晚间活动的安排。如果已分发活动日程表,那么要注意核实是否有新的变动。

2）天气、交通条件及景区地形、地貌情况预报

提前一天预报天气、交通条件及景区地形、地貌等情况，并提醒游客做好准备工作。

2.景点游览开始前的预报

抵达游览景点，导游要向游客介绍游览线路及游览时间安排。下车前，提醒游客记住车牌号和车的特征、旅游车的停车地点，强调集合时间和地点。到游览点后带游客在景点示意导游图前，向游客介绍游览线路。

3.各个环节的提醒要点

1）提醒游客量力而行

在登山、登高或做比较剧烈的运动时提醒游客量力而行，速度不要太快，注意安全，避免太累，谨防摔伤。

2）提醒游客不要走失

在大型游览点和人多的地方游览时，要特别提醒游客紧随导游，不要走散；自由活动时，提醒游客不要走得太远；晚间自由活动时间游客外出，要提醒游客注意安全，不要回酒店太晚。

3）提醒游客保管好财物

随时提醒游客保管好自己的财物，特别是证件和贵重物品。在离开酒店前往下一个目的地时，特别在游客离境或结束全程旅游的一站时，提醒游客清点自己的证件、物品和行李，还要在开车前做最后的提醒。

4）提醒游客注意饮食卫生

提醒游客不喝自来水和河水，不吃不卫生的食品和过期食品。

5）提醒司机注意交通安全

提醒司机注意遵守交通规则，避免超速行驶，注意交通安全。

（四）留心观察游客，注意环境变化

导游要注意察言观色，随时注意游客的行踪，一旦发现游客身体状况和神情有异常，要

主动询问,针对不同的情况采取必要的措施。注意周围是否有异常动向及安全隐患,一旦发现,马上采取应变措施。

（五）同行密切合作，不得擅离职守

地陪、全陪、领队之间要密切合作,相互配合,随时与游客在一起,不擅离职守。

（六）按照规程办事，及时联络汇报

导游严格按照导游工作程序和规章制度办事,认真做好票证、时间、人数、行李等各个环节的核实工作;主动与各方联络,遇事多请示汇报。

二、旅游事故的处理原则

（一）以人为本，救援第一原则

以保障游客生命安全和身体健康为根本目的,尽一切可能为游客提供或协助提供救援、救助服务。

（二）及时报告，加强沟通原则

立即向旅行社报告突发事件或问题发生的情况,请求指示,并保持信息畅通,以便随时沟通与联系,情况紧急或发生重大、特别重大旅游突发事件时,宜依法直接向有关部门报告。

（三）依法依约，合理可能原则

依照法律法规或合同约定处理突发事件和常见问题,并满足游客合理且可能实现的需求。

任务二　接团事故的预防和处理

◇ 引　例

"灵感"的应验

　　某年秋季的一天,北京的导游余先生到机场去接一对外国夫妇。由于同时到达了好几个航班的飞机,机场大厅接机的人很多,显得很拥挤,余先生举着接机牌挤到出口处,想尽快接到游客。好几对外国夫妇从出港的人群中涌出,看了看余先生手中的接机牌,便摇着头走开了。

　　等了近一个小时,下一个航班的飞机快到港了,余先生仍没有接到游客,但他看到本旅行社的一个同事接到了一个没有领队的旅游团,正向门外走去。游客佩戴的胸牌与他要接的游客由同一个外国旅行社所发。余先生灵机一动,忙请司机代他举着牌子等在大厅里,自己赶到大厅外面去看一看。

　　在停车场一辆大轿车旁,他见到一对夫妇与那个团的导游正在交涉什么。他连忙赶上前询问,果然找到了自己要接的游客。原来这对夫妇和那个团的游客在飞机上结识后,了解到他们所住的酒店、提供服务的旅行社都与自己的相同,而胸前所佩戴的胸牌又由同一家国外旅行社所发,便以为和那些人在一起就能找到导游,所以出港时就跟着那些人,根本没注意接机人手中的牌子。

　　来到停车场,那位导游员一清点人数,发现多了两个,此时余先生刚好赶到。

　　(资料来源:程新造,《导游接待案例选析》,旅游教育出版社,2004 年版。)

一、漏接的预防和处理

漏接的原因、预防及处理

　　漏接是指游客抵达后,无导游迎接的现象。无论什么原因引起的漏接,都会造成游客的不满情绪。导游要做好处理工作,尽快消除游客的不满情绪。

1. 漏接的原因

1)主观原因造成的漏接

(1)由于导游自身工作不够细致,没有认真阅读接待计划,把游客抵达的日期、时间、地点搞错。

(2)导游迟到,没有按预定的时间提前抵达接站地点。

(3)由于某种原因,班次变更,游客提前到达,接待社有关部门在接到上一站通知后,在接待计划上注明,但导游没有认真阅读,仍按原计划接站。

(4)没查核新的航班时刻表,特别是新、旧时刻表交替时,想当然地仍按旧时刻表的时间接站,因而造成漏接事故。

(5)导游举牌接站的地方选择不当。

2)客观原因造成的漏接

(1)由于种种原因,上一站接待社变更了游客原定的班次或车次而使其提前抵达,但漏发变更通知,造成漏接。

(2)接待社已接到变更通知,但有关人员没有及时通知该团地陪,造成漏接。

(3)司机迟到,未能按时到达接站地点,造成漏接。

(4)由于交通堵塞或其他预料不到的情况发生,未能及时抵达机场(车站),造成漏接。

(5)由于国际航班提前抵达或游客在境外中转站乘其他航班而造成漏接。

2. 漏接的预防

1)认真阅读计划

导游接到任务后,应了解游客抵达的日期、时间、接站地点(具体是哪个机场/车站/码头),并核对清楚。

2)核实交通工具到达的准确时间

游客抵达的当天,导游应与旅行社有关部门联系,弄清班次或车次是否有变更,并及时与机场(车站/码头)联系,核实抵达的确切时间。

3)提前抵达接站地点

导游应与司机商定好出发时间,保证按规定提前30分钟到达接站地点。

3. 漏接的处理

1)实事求是地向游客说明情况,诚恳地赔礼道歉,求得游客谅解

如果不是自身的原因要立即与接待社联系,告知现状,立即查明原因,并耐心向游客做解释工作,消除误解。

2)尽量采取弥补措施,使游客的损失降到最低

如果有费用问题(如游客乘出租车到酒店的车费),应主动将费用赔付给游客。

3)提供更加热情周到的服务

高质量地完成计划内的全部活动内容,以求尽快消除因漏接而给游客造成的不愉快情绪。

4)必要时请接待社领导出面赔礼道歉

如有必要,可请接待社领导出面赔礼道歉,或者酌情给游客一定的物质补偿。

二、错接的预防和处理

错接是指导游接了不应由他接的游客。

（一）错接的原因

错接游客一般是责任事故,是因导游责任心不强造成的。错接事故容易发生在旅游热点地区和旅游旺季。有的旅行社同时派出一个以上的团队前往同一地;或者在旺季时,多个团队和游客会乘同一航班抵达目的地。

（二）错接的预防

1. 导游应提前到达接站地点迎接游客

导游通常应该至少提前半小时到达接站地点迎接游客,以免集中生乱。

2. 接团时认真核实

导游要认真逐一核实旅游客源地派出方旅行社的名称、旅游目的地组团旅行社的名称、旅游团的代号、人数、领队姓名(无领队的团要核实游客的姓名)、下榻酒店等。

3. 提高警惕

要提高警惕,严防社会其他人员非法接走游客。

(三)错接的处理

一旦发现错接,地陪应立即采取如下措施。

1. 报告领导

发现错接后马上向接待社领导及有关人员报告,查明两个错接团的情况,再进行具体处理。

2. 将错就错

如经核查,错接发生在本社的两个旅游团之间,两个导游又同是地陪,那么可将错就错,两名地陪将接待计划交换之后就可继续接团。

4-1 错接案例

3. 必须交换

如经核查,错接的团分属两家接待社,则必须交换;如错接的两个团属同一接待社,但两个导游中有一名是地陪兼全陪,那么,也应交换旅游团。

4. 说明情况并道歉

地陪要实事求是地向游客说明情况,并诚恳地道歉,以求得游客的谅解。

5. 谨防非法情况

如发生其他人员(非法导游)将游客带走的情况,应马上与酒店联系确认,看游客是否已住进应下榻的酒店。

任务三　误机（车/船）事故的预防和处理

◇ 引 例

我们终于避免了误机事故

　　L小姐经常为美国团做全陪，富有经验。她说："1999年，我带一个32人的美国团游三峡，该团是美国太平洋旅游公司的一个系列团。我们的游程是从重庆上船顺流而下，至武汉上岸。最让我头疼的就是从下船到当日转机飞往北京的时间太仓促，游船一般是中午十二点左右到武汉，下午一点下船，下午四点半飞机就要从武汉天河机场起飞，万一游船不能准点到达，就会误机，造成很多麻烦和不良后果。结果还真是应了我的担心，出于游船公司的原因，我们那条船不能准时到达武汉。

　　怎么办？经与游船公司认真协商，船方让我团于当日早晨八点从岳阳下船，转乘他们安排的汽车去武汉。无奈，我只好把这一行程的变更通知了我们在武汉的地接社——武汉国旅，并取得了该团领队Lutez夫妇及全团游客的谅解。然而祸不单行，那天正好赶上下大雨，路不好走，司机说："照这样前进，即使到武汉不换车，不用餐，四点半也不一定赶得到天河机场。"

　　怎么办？我立即用手机和武汉国旅进行联络：其一，取消午餐；其二，取消原本的计划，即到武汉后换乘武汉国旅的车再去机场，而是请武汉国旅派人直接把机票送到机场；其三，请武汉国旅与有关航空公司协商推迟飞机起飞时间。然后，我在车上做了安抚游客的工作，动员他们把携带的食品拿出来互助。我又敦促游船公司与机场方面联系，为每一位游客预订了盒饭。同时，我也做好了最坏的准备，并及时与游船公司的代表联系，万一误机，由游船公司负责安排全团在武汉的住宿及次日的机票。雨后路滑，司机一路高度警惕。可是偏巧我们在行车路上发生了堵车，眼见时间一分一秒地流逝，真是急死人。

　　怎么办？这时来了一辆警车，我立即跳下车，向疏导车流的交通警察说明了我的"窘况"，警察同志二话没说，立即开起警车，引导我们逆行而上，绕过了堵车的地段。几经周折，临近下午四点，就在我们的汽车快要到达武汉，可能赶上也可能赶不上的时候，我的手机响了,武汉国旅告知我他们与航空公司交涉成功,我们的航班推迟到下午六点起飞。我终于深深地舒了一口气。事后我想,我已经尽了自己最大的努力,问心无愧了;然而更为重要的是,这件事让我感受到,在我们的行里行外,在我们这个社会中,如果大家都能够认真工作,都能够把各自的职业荣誉感和祖国的荣誉联系起来,都能够无愧于"在外宾面前我就是中国"的要求,相互协作,这个力量真是无可估量的。

(资料来源:郭赤婴,《导游职业道德实证分析》,中国旅游出版社,2003年版。)

误机(车/船)事故是指因故造成游客没有按原定航班(车次/船次)离开本站而导致暂时滞留的情况。

一、误机(车/船)事故的原因

4-2　误机(车/船)
事故案例 1

一般此类事故的发生有两种情况:一种是因导游工作上的差错和不负责任造成的,如安排日程不当或过紧,没能按时抵达机场(车站/码头),没有认真核实票据,将时间或地点搞错;另一种情况是因游客走失或没有按安排的时间准时集合或意外事件(如交通事故、天气变化、自然灾害等)所造成的。

二、误机(车/船)事故的预防

误机(车/船)带来的后果比较严重。杜绝此类事故的发生关键在于预防,地陪应做到以下几点。

第一,认真核实机(车/船)票的班次(车次/船次)日期、时间及其他机场(车站/码头)乘机(车/船)信息等。

第二,如果票据未落实,接团期间应随时与接待社有关人员保持联系。票据落实后,地陪应立即将其交到全陪或游客手中。

4-3　误机(车/船)
事故案例 2

第三,离开当天不要安排游客到地域复杂、偏远的景点参观游览,不要安排自由活动。

第四,留有充足的时间去机场(车站/码头),要考虑到交通堵塞或突发事件等因素。

第五,确保按规定的时间到达机场(车站/码头)。乘国内航班,最好提前 2 小时到达机场;乘国际航班出境,最好提前 3 小时到达机场;乘火车或轮船,最好提前 1 小时到达火车站或码头。

三、误机（车/船）事故的处理

（一）将成事故的应急措施

游客正在去往机场（车站/码头），误机（车/船）尚处于将成事故阶段时，导游应采取如下应急措施：与机场取得联系，请求等候，讲明游客的名称、人数，现在何处，大约何时能够抵达机场；如取得同意，导游要立即组织游客尽快赶赴机场，同时向旅行社汇报情况，请求帮助协调；同时还需要向各个有关部门、有关人员（如海关、交通车队、旅游车司机等）讲清游客误机情况和补救办法，并说明请求协助的事项。

（二）已成事故的处理办法

第一，导游应立即向旅行社领导及有关部门报告并请求协助。

第二，地陪和旅行社尽快与机场（车站/码头）联系，争取让游客乘最近班次的交通工具离开本站，或者采取包机（车厢/船）或改乘其他交通工具前往下一站。

第三，稳定游客的情绪，安排好在当地滞留期间的食宿、游览等事宜。

第四，及时通知下一站，对日程作相应的调整。

第五，向游客赔礼道歉。

第六，写出事故报告，查清事故的原因和责任，责任者应承担经济损失并受相应的处分。

任务四	旅游活动计划和日程变更的处理

◇ 引 例

李本：践行文明　温暖自己和世界

"曾花3天时间去加拿大黄刀镇看极光，去柬埔寨洞里萨湖给当地居民小孩捐助学习用品，还在出行时目睹了阿根廷大罢工……"李本是一位专职摄影师，也是一名旅游达人,至今已去过近 20 个国家。他说,旅游的魅力就在于能体验不同的文化和风俗,行走就要用心去感知世界,温暖世界。

为放慢节奏,体验国外生活,李本六七年前就开启了出国旅行的计划,一次次的旅行也让他的文明意识不断加强。李本表示,想营造文明出行的环境,就要尊重当地人民的生活习惯,提前了解当地的禁忌,文明有礼才能得到他人的尊重。在国外碰到有人闯红灯会善意劝阻,在餐馆吃饭时遇到有人大声交谈也会委婉提醒,"我们的行为展示的不只是个人形象,世界怎么看你,就怎么看中国"。

有一次,李本所在的南美旅游团队准备从布宜诺斯艾利斯机场飞往大冰川,到了机场后才得知,阿根廷全国性大罢工导致阿根廷航空 115 架航班停飞,4 万多名计划出行的乘客受到影响,去大冰川的计划受阻。看到整个机场陷入半瘫痪状态,大家的心情一下到了最低谷,部分游客情绪开始失控。此时,李本连忙开导大家:"出国后就代表国家形象,越是有困难越要体现我们的涵养,一切都是最好的安排,用快乐的眼光看世界,世界就是快乐的。"在他的劝导下,团友们纷纷开始积极配合当地旅行社及机场工作人员做好其他人的疏导工作。同时,在李本那份"遇见就是缘分"的心态影响下,大家开始享受被困在布宜诺斯艾利斯的时光,对这个城市有了更深的理解。

相机是李本为大家服务的窗口,记录着整个团队的快乐。2019 年 4 月前往土耳其时,李本还被团友称为"最佳摄影师",无论走到哪里,他都用自己的行动感染着团队中每一位游客。现在,同李本一起固定出行的旅行团队已有近 20 人,每次出行时都会带上一面国旗,当五星红旗飘扬在国外的热土上,每个人的心中都充满了自豪。

在李本看来,旅游就是文化交流的过程,带着文化自信走出去,不卑不亢,将自己融入当地的文化氛围,才能为国加分。"走出去不仅仅是了解其他国家,也是其他国家了解中国的过程。我们经常和外国人在一起喝咖啡交流,从当地人口中了解当地文化,也把中国好的一面展示给大家。"据了解,曾带领李本团队的印度导游对中国文化产生了很大兴趣,还特意到无锡感受当地的风俗文化。

这就是无锡人李本,他用文明旅游的方式温暖了自己,也温暖了他人。

(资料来源:http://www.ctnews.com.cn/rcjy/content/2020-02/05/content_70938.html.)

一、游客要求改变计划或活动日程

游客到达旅游目的地后,出于种种原因要求变更旅游接待计划或活动日程,导游一般应婉言拒绝,说明地接社不能单方面不执行旅游合同。如果遇到特殊情况或者是领队提出此类要求,导游应请示旅行社核定,旅行社同意变更的,导游应按旅行社要求与游客签订书面合同。

二、客观原因造成计划和日程的变更

（一）延长活动日程的处理

游客提前抵达或者推迟离开,就会造成游览时间延长。旅行社和导游应立即行动,正确处理。

（1）落实有关事宜。与旅行社有关部门联系,重新落实该团用餐、用房、用车的安排及票据的核实。

（2）迅速调整活动日程。经组团社同意后,酌情增加游览景点,适当延长在主要景点的游览时间,努力使活动内容更加充实。

（3）及时通知下一站。如推迟离开本站,要及时通知下一站(也可提醒旅行社有关部门与下一站联系)。

（4）共同商议,争取理解。在变更活动日程时,地陪应征求领队和全陪的意见与要求,必要时还应请旅游团中有权威的游客代表共同商议,取得他们的支持与帮助。变更计划确定后应与领队、全陪商量好如何向游客说明,争取大家的理解与配合。

（二）缩短或取消活动日程的处理

📊 1. 旅游团的抵达时间延误，造成旅游时间缩短

及时向接待社外联或计调部门报告,将情况尽快反馈给组团社,找出补救措施;在外联或计调部门的协助下,安排落实该团交通、住宿、游览等事宜;提醒有关人员与酒店、车队、餐厅联系,及时办理退房、退车、退餐等一切相关事宜;立即调整活动日程,尽量保证不减少计划内的游览项目,可以压缩在每一景点的活动时间。

📊 2. 旅游团提前离开，造成游览时间缩短

立即与全陪、领队商量,尽可能地采取补救措施。

1）调整活动日程

地陪与全陪、领队一起制定新的游览方案,抓紧时间将计划内游览项目完成;若有困难,无法完成计划内所有游览项目,地陪应选择最有代表性、最具特色的重点旅游景点,让游客对游览景点有个基本的了解。

2)做好游客的工作

不要急于将旅游团提前离开的消息告诉游客,以免引起躁动;待新游览方案确定后,找准时机先向旅游团中有影响力的游客实事求是地说明困难,诚恳地道歉,以求得谅解,并将变更后的安排向他们解释清楚,争取他们的认可和支持,最后分头做其他游客的工作。

可以给予游客适当的补偿:必要时经接待社领导同意可采取加菜、送风味餐、赠送小纪念品等物质补偿的办法;如果游客因损失较大而强烈不满时,可请接待社领导出面表示歉意,并提出补偿办法。

3)请旅行社办理相关事宜

地陪通知接待社有关人员办理退房、退餐、退车等事宜;若旅游团提前离开,全陪应立即报告组团社,并通知下一站接待社。

4-4 旅游计划和
日程变更的
处理案例

（三）逗留时间不变，但被迫改变部分旅游计划

被迫改变部分旅游计划在大多数情况下都是外界客观原因导致的,如地震、泥石流、大雪封山、洪水等。对此类情况,导游应积极采取措施。

首先,导游应及早报告组团社,由其决定变更旅游团行程,导游遵照执行。

其次,实事求是向团员说明情况,求得谅解与支持。

再次,被迫取消当地的某一活动或由另一活动代替时,地陪导游要以精彩的介绍、新奇的内容和最佳的安排激起团员的兴趣,使新的安排得到团员认可。

最后,在可能的范围内对团员做出适当补偿。

任务五 物品遗失问题的预防和处理

◇ 引 例

背包找到了

L先生有着6年导游工作的实践经历,至今仍然非常怀念和感谢一位曾经在关键时刻指导过自己的高人。那虽然是一起有惊无险的事故,但在事发当时,L导游确实经历了千钧一发的考验,体验了柳暗花明的转机。"我刚刚做导游的时候,有一次带团出全陪去长沙,那是一个美国团,游客都是来中国领养孤儿的,领队是一个美籍华人,富有经验,待人真诚。按照计划,我们从长沙乘车去岳阳办理领养手续,要在岳阳逗留两个晚上,所以我就把所有的团款和余下的机票都放在了自己的拎包里。在长沙吃过午饭,我们乘车前去岳阳。行至途中,我想查看一下计划,伸手一摸拎包,哎呀,我的包不见了。刹那之间,我感觉自己周身的血都凉了,头皮像炸开了一样,人一下子瘫在了座位上。领队见我神色不对,走过来悄悄问我发生了什么事情。我当时已经傻眼了,脑子里乱哄哄的,只知道把事情如实告诉他,心里是一点主意都没有。我以为领队会着急上火责备我,哪知道他像没事人一样,冷静如初。他平静地对我说发生了这种事千万不要着急,因为着急是没有任何用处的。让我先冷静地回忆一下,东西可能丢在了哪里,然后打电话去核实。如果最后确实找不到,还可以打电话取消机票或者改签,到达下一站再与旅行社联系订票和借钱的事宜。他告诉我千万不能慌乱,因为我一乱,游客那里就炸了,就可能更被动。于是,我马上打电话给刚才吃午饭的餐厅,他们说,确实见到一个像我描述一样的拎包落在座位上,他们已经存入了保险柜。两天过后,我们回到长沙,包里东西一样不少。我终于长长地出了一口气,对着餐厅的同志千恩万谢。这件事对我的教育意义极大,直到今天,我还记着那位美籍华人对我的叮嘱——作为一个导游,要想控制住游客的情绪,先要控制住自己的情绪,要努力做到喜怒无形于色,遇事沉着冷静。

(资料来源:郭赤婴,《导游职业道德实证分析》,中国旅游出版社,2003 年版。)

遗失事故有些是游客个人马虎大意造成的,也有的是相关部门的工作失误造成的。它们不仅给游客带来经济损失,影响游客的情绪,还会给游客的旅游活动带来诸多不便,严重时甚至耽误游客离境。

一旦发生游客财产安全事故,导游要做到态度积极,头脑冷静,行动迅速,设法补救。如果有线索,应迅速与有关部门联系查找,把损失降到最低;如果查找不到,应迅速向组团社或接待社报告,向有关部门报案,并协助游客根据有关规定办理必要的手续。

一、游客证件、钱物、行李遗失的预防

1. 多做提醒工作

参观游览时,导游要提醒游客带好随身物品和提包;在热闹、拥挤的场所以及购物时,导

游要提醒游客保管好自己的钱包、提包和贵重物品;离开酒店时,导游要提醒游客带好随身行李物品,检查是否带齐了旅行证件;下车时提醒游客不要将贵重物品留在车上。

2. 不代为游客保管证件

导游在工作中需要游客的证件时,要经由领队收取,用毕立即如数归还;不要代为保管,还要常提醒游客保管好自己的证件。

3. 下车后提醒

每次下车后,导游都要提醒司机清车、关窗并锁好车门。

二、游客证件遗失的处理

若游客证件丢失,首先请失主冷静地回忆,详细了解丢失情况,找出线索,尽量协助寻找。如确已丢失,马上报告公安部门、接待社领导和组团社并留下游客的详细地址、电话。然后,再根据领导或接待社有关人员的安排,协助失主补办手续,所需费用由失主自理。

1. 丢失外国护照和签证

(1)由旅行社出具证明。

(2)请失主准备照片。

(3)失主本人持证明去当地公安局(外国人出入境管理处)报失,由公安局出具证明。

(4)持公安局的证明去所在国驻华使、领馆申请补办新护照。

2. 丢失团体签证

(1)由接待社开具遗失公函。

(2)准备原团体签证复印件。

(3)重新打印与原团体签证格式、内容相同的该团人员名单。

(4)准备该团全体游客的护照。

(5)持以上证明材料到公安局出入境管理处报失,并填写有关申请表(可由一名游客填写,其他成员附名单)。

3. 丢失中国护照和签证

(1)华侨丢失护照和签证：

① 接待社开具遗失证明；

② 失主准备照片；

③ 失主持证明、照片到公安局出入境管理处报失并申请办理新护照；

④ 持新护照到其居住国驻华使、领馆办理入境签证手续。

4-5　游客证件
丢失案例

(2)中国公民出境旅游时丢失护照、签证：

① 请当地陪同人员协助在接待社开具遗失证明；

② 持遗失证明到当地警察机构报案，并取得警察机构开具的报案证明；

③ 持当地警察机构的报案证明和有关材料到我国驻该国使、领馆领取"中华人民共和国旅行证"；

④ 回国后，可凭"中华人民共和国旅行证"和境外警方的报失证明，申请补发新护照。

4. 丢失港澳居民来往内地通行证（港澳同胞回乡证）

(1)向公安局派出所报失，并取得报失证明；或由接待社开具遗失证明。

(2)持报失证明或遗失证明到公安局出入境管理处申请领取赴港澳证件。

(3)经出入境管理部门核实后，给失主签发一次性"中华人民共和国出入境通行证"。

(4)失主持该出入境通行证回港澳地区后，填写"港澳居民来往内地通行证件遗失登记表"和申请表，凭本人的港澳居民身份证，向通行证受理机关申请补发新的通行证。

5. 丢失台湾同胞旅行证明

根据2015年《中国公民往来台湾地区管理办法》第二十七条规定，失主向遗失地的市、县公安机关报失，经调查属实的可以允许重新申请领取相应的旅行证件或者发放一次性有效的出境通行证。

6. 丢失中华人民共和国居民身份证

由当地接待社核实后开具证明，失主持证明到公安局报失，经核实后再开具身份证明，机场安检人员核准放行。回到居住所在地后，凭公安局报失证明和有关材料到当地派出所办理新身份证。

三、钱物、贵重物品遗失的处理

1. 外国游客丢失钱物的处理

（1）稳定失主情绪，详细了解物品丢失的经过，物品的数量、形状、特征、价值。仔细分析物品丢失的原因、时间、地点，并迅速判断是不慎丢失还是被盗。

（2）立即向公安局或保安部门以及保险公司报案（特别是贵重物品的丢失）。

（3）及时向接待社领导汇报，听取领导指示。

（4）接待社出具遗失证明。

（5）若丢失的是贵重物品，失主持证明、本人护照或有效身份证件到公安局出入境管理处填写"失物经过说明"，列出遗失物品清单。

（6）若失主遗失的是入境时向海关申报的物品，要出示"中国海关行李申报单"。

（7）若将"中国海关行李申报单"遗失，要在公安局出入境管理处申请办理"中国海关行李申报单报失证明"。

（8）若遗失物品已在国外办理财产保险，领取保险时需要证明，可以向公安局出入境管理处申请办理"财物报失证明"。

（9）若遗失物品是旅行支票、信用卡等票证，在向公安机关报失的同时也要及时向有关银行挂失。

失主持以上由公安局开具的所有证明，可供出海关时查验或向保险公司索赔。证件、财物，特别是贵重物品被盗是治安事故，一旦发生这种情况，导游应立即向公安机关及有关部门报警，并积极配合有关部门早日破案，消除不良影响。若不能破案，导游要提供更加周到热情的服务，尽力安慰失主，缓解他低落的情绪并按前述步骤办理。

2. 国内游客丢失钱物的处理

（1）立即向公安局、保安部门或保险公司报案。

（2）及时向接待社领导汇报。

（3）若旅游结束时仍未破案，可根据失主丢失钱物的时间、地点、责任方等具体情况做善后处理。

4-6 游客物品
丢失案例

四、行李丢失的处理

1. 来华途中丢失行李

海外游客行李在来华途中丢失,并不是导游的责任,但也应帮助游客追回行李。

(1)带失主到机场失物登记处办理行李丢失和认领手续。失主须出示机票及行李牌,详细说明始发站、转运站,说清楚行李件数及所丢失行李的大小、形状、颜色、标记、特征等,并填写失物登记表。将失主即将下榻的酒店的名称、房间号和电话号码(如果已经知道的话)告诉登记处并记下登记处的电话和联系人,记下有关航空公司办事处的地址、电话,以便联系。

(2)游客在当地游览期间,导游要不时打电话询问寻找行李的情况。一时找不回行李,要协助失主购置必要的生活用品,提示其保留发票等购货凭证,并协助游客处理索赔事宜,并视情况向有关部门报告。

(3)离开本地前行李还没有找到,导游应帮助失主将接待旅行社的名称、全程旅游线路以及各地可能下榻的酒店名称转告有关航空公司,以便行李找到后及时运往相应地点交还失主。

(4)如行李确认丢失,失主可向有关航空公司索赔或按国际惯例取得赔偿。

2. 在中国境内丢失行李

游客在我国境内旅游期间丢失行李,不论是在哪个环节出现的问题,都是我方的责任,应积极设法负责查找。

(1)仔细分析,找到出差错的线索或环节。如果游客在机场领取行李时找不到托运行李,则很有可能是上一站行李交接或机场行李托运过程中出现了差错。这时,全陪应马上带领失主凭机票和行李牌到机场行李查询处登记办理行李丢失或认领手续,并由失主填写行李丢失登记表。地陪立即向接待社领导或有关人员汇报,安排有关人员与机场、上一站接待社、有关航空公司等单位联系,积极寻找。

如果抵达酒店后,游客告知没有拿到行李,则可能是本团游客误拿或在往返运送行李途中丢失。地陪应立即依次采取以下措施:地陪与全陪、领队一起先在本团内寻找;如果不是这个原因,应马上向接待社领导或有关部门汇报,请其派人了解有关情况,设法查找。

(2)做好善后工作。主动关心失主,对因丢失行李给失主带来的诸多不便表示歉意,并积极帮助其解决因行李丢失而带来的生活方面的困难。

(3)随时与有关方面联系,询问进展情况。

(4)若行李找回,及时将找回的行李归还失主。若确定行李已丢失,由责任方负责人出面向失主说明情况,并表示歉意。

(5)帮助失主根据有关规定或惯例向有关部门索赔。

(6)事后写出书面报告(事故的全过程:行李丢失的原因、经过、查找过程、赔偿情况及失主和其他团员的反馈)。

任务六　游客走失的预防和处理

◇ 引 例

走失游客找到了

2019年6月23日上午11时许,鸣沙山景区派出所接到导游姚女士报警称:我们一个旅行团来到鸣沙山景区游玩,在10时20分左右,一位香港游客在月牙泉边不慎与团队走失,请求协助查找。

接报后,值班民警迅速赶往现场,考虑到游客身上未带任何通信设备,为了提高找人效率,避免游客发生其他意外,民警仔细询问了游客的衣着体貌,迅速前往景区内、景区出口和停车场区域进行查找,同时利用景区监控全覆盖式智慧警务系统,查看当时的监控画面,经过一个多小时的查找,多方查找无果。此时,值班民警接到了"110"指令,在停车场一餐厅处一位走失游客报警求助,经确认,该游客确系走失游客,民警立即将其送到家人身边,与家人、团队团聚,没有耽误团队接下来的行程。

(资料来源:熊剑平等,《金牌导游的成功之道》,中国旅游出版社,2021年版。)

一、游客走失的原因分析

在参观游览或自由活动时,时常有游客走失的情况。一般来说,造成游客走失的原因有三种:一是导游没有向游客讲清车牌号、停车位置或景点的游览路线;二是游客对某种现象和事物产生兴趣,或在某处摄影滞留时间较长而脱离团队自己走失;三是在自由活动、外出购物时游客没有记清酒店地址和路线而走失。无论哪种原因引起的游客走失,都会使游客极度焦虑,感到恐慌,严重时会影响整个旅游计划的完成,甚至会危及游客的生命财产安全。一旦有游客走失,导游应立即采取有效措施。

二、游客走失事故的预防

1.做好提醒工作

提醒游客记住接待社的名称,旅行车的车牌号和标志,下榻酒店的名称、电话号码,带上酒店的店徽等。导游尽可能与游客互留手机号码。

团体游览时,地陪要提醒游客不要走散;自由活动时,提醒游客不要走得太远。同时,应提醒游客不要回酒店太晚,不要去热闹、拥挤、秩序混乱的地方。

2.做好各项活动的安排和预报

在出发前或旅游车离开酒店后,地陪要向游客预告一天的行程,上午、下午游览点和吃中餐、晚餐餐厅的名称和地址。

到游览点后,在景点示意图前,地陪要向游客介绍游览线路,告知旅游车的停车地点,强调集合时间和地点,再次提醒游客记住旅游车的特征和车号。

3.和游客在一起

地陪要经常清点人数,保持和游客在一起。

4.地陪、全陪和领队应密切配合

全陪和领队要主动负责,做好相应的工作。

5.吸引游客

导游要以高超的导游技巧和丰富的讲解内容吸引游客。

三、游客走失事故的处理

1.游客在旅游景点走失

1)了解情况,迅速寻找

导游应立即向其他游客、景点工作人员了解情况并迅速寻找。地陪、全陪和领队要密切配合,一般情况下是全陪、领队分头去找,地陪带领其他游客继续游览。若游客是老年人、未成年人、残障人士等特殊人群,立即报警。

2) 寻求帮助

向游览地的派出所和管理部门求助,特别是面积大、范围广、地段复杂、进出口多的游览点,因寻找工作难度较大,争取当地有关部门的帮助尤其必要。

3) 与酒店联系

在寻找过程中,导游可与酒店前台、楼层服务台联系,请他们注意该游客是否已经回到酒店。

4) 向旅行社报告

如采取了以上措施仍找不到走失的游客,地陪应向旅行社及时报告并请示帮助,必要时请示领导,反映游客走失的详细情况,取得指导与帮助,并通知走失游客的家属。走失 24 小时仍未找到的,立即向走失地公安机关报案,寻求帮助。

5) 做好善后工作

找到走失的游客后,导游要做好善后工作,分析走失的原因。如属于导游的责任,导游应向游客赔礼道歉;如果责任在走失者,导游也不应指责或训斥对方,而应对其进行安慰,讲清利害关系,提醒以后注意。

6) 写出事故报告

若发生严重的走失事故,导游要写出书面报告,详细记述游客走失经过、寻找经过、走失原因、善后处理情况及游客的反映等。

📊 2. 游客在自由活动时走失

1) 立即报告接待社和公安部门

导游在得知游客自己在外出时走失,应立即报告旅行社领导,请求指示和帮助;通过有关部门向公安局管区派出所报案,并向公安部门提供可辨认走失者的特征,请求帮助寻找。

4-7　游客走失案例

2) 做好善后工作

找到走失者,导游应表示高兴,问清情况,安抚因走失而受惊吓的游客。必要时提出善意的批评,提醒其引以为戒,避免走失事故再次发生。

3）其他情况

若游客走失后出现其他情况，应视具体情况作为治安事故或其他事故处理。若游客走失情况发生在境外的，领队应及时当地警方报案，并向中国驻当地使、领馆或政府派出机构报告，在其指导下全力做好游客走失的应对处置工作。

任务七　游客伤病、病危或死亡问题的预防和处理

◇ 引 例

程巍：21 年游客零投诉

程巍，黄山中海国际旅行社管理公司高级导游。1998 年从事导游工作至今，21 年的导游生涯没有磨去他的激情和活力，相反，激励他以更大的热情投入工作，努力学、踏实干，兑现自己的承诺——"做游客信任的好导游"。

"游客能依靠的只有我"

程巍出身于一个普通的教师家庭，父亲曾经荣获"全国教育系统劳动模范"荣誉称号。父亲对于工作的那份执着深深影响着他，当上导游的那天，他就告诫自己要坚守"干一行，爱一行"的信念，做一名值得游客信任的好导游。

21 年后，程巍交上了一份足以自豪的答卷——游客投诉记录为零。

程巍说，让他至今难忘的是 2007 年 3 月接待的一个团。那次，他带团去云南丽江。刚到丽江，团中一位澳大利亚老华侨患上重感冒。他立即把老人送往医院，一连几夜没有休息。由于治疗及时，老人很快痊愈了。而程巍自己却因休息不够加上夜晚受凉发起高烧，但他带病上岗，微笑着为游客服务，赢得全团游客的赞誉。

2017 年 9 月的一天，程巍带领一批香港游客登黄山。登山过程中，团队中一位老年游客突发心脏病，情况十分危急。程巍马上将老人送至景区医务室治疗，老人病情好转后，他仍不放心，整夜守护在老人身边。为了不影响其他游客，白天他一如既往地为游客讲解、提供服务，直至把整个团队顺利带下山。

这样的例子数不胜数。"自接团开始，我就要对游客负责。带游客游览山岳型景区，常会遇到各种各样的问题，而那时游客能依靠的只有我。我不仅是他们的服务者，更是他们值得信赖的亲人和家人。"程巍说。

"要让游客有所收获"

在程巍看来,成为一名优秀的导游,仅仅让游客玩得愉快还不够,"还要让游客有所收获"。

"刚带团那几年,为了让游客领略更多黄山美景,我经常爬黄山,亲身感受黄山优美的自然景观和深厚的人文底蕴,同时向资深导游讨教,争取跟团实习的机会。讲解时,尽量将历史文化、民俗等融入其中,让游客能从中学到东西。"

20余年来,程巍从未停止学习。而与此同时他也收获了累累硕果:2012年,在获得高级导游等级证书的同时,他又捧回了"全国模范导游"荣誉称号;先后入选国家旅游局全国名导师资库和"万名旅游英才计划";成立了"程巍技术技能大师工作室",成为多所大中专院校旅游学科的专家顾问。2016年当选安徽省第十次党代会代表,2017年荣获"安徽省劳动模范"荣誉称号,2018年成为安徽省旅游协会导游分会副会长。

在自我提升的同时,他也不忘导游队伍的传帮带,积极参加省市各级旅游行政管理部门组织的导游培训,将自己的工作心得毫无保留地与同行分享;参与导游协会的管理工作,提升导游队伍的整体素质;帮助旅游景区修改编撰导游词,推介宣传黄山旅游。如今,程巍正在努力钻研研学旅行,"朝着研学旅行导师的方向升级转型"是程巍新的工作目标。

"人生中最大的幸福"

程巍和妻子的结合属于典型的文旅融合。他的妻子原是黄山市文化系统的一名舞蹈演员,二人于2004年2月14日相识。那次,程巍带领一对澳大利亚华侨到黄山考察,当晚在屯溪老街三味茶庄品茶,欣赏黄梅戏表演。因为赶上情人节,程巍与司机商量后,决定要给这对夫妇一个惊喜。他买来玫瑰花悄悄地递给先生,先生绅士地将玫瑰花献给他的夫人。程巍又与艺术团的一位舞蹈演员即兴表演了一个节目。那对夫妇流下了幸福的眼泪,程巍也收获了"人生中最大的幸福"——结识了未来的妻子,那位与他合作的舞蹈演员。二人于2007年元月结婚,3年后家里多了新成员——聪明可爱的女儿。

自从有了孩子,孩子的生活、教育几乎都落在妻子一人身上。程巍带团回到家,时常听到妻子埋怨。看着妻子日渐消瘦,他深感愧疚。

后来,有一次,为了照顾生病的团友,程巍发着高烧却依然面带微笑地为游客服务,受到全团游客的表扬。那次经历对他的妻子触动很大,认识到程巍带团的艰辛与不易,她对程巍越来越支持,主动承担了所有家务,为他创造了全身心投入工作的环境与幸福和谐的家庭氛围。

为了成为一名游客信得过的好导游,程巍坚守初心,不断奋进,在平凡的岗位上奉献着自己的力量。

(资料来源:http://www.ctnews.com.cn/news/content/2019-09/12/content_51062.html2019-09-12.)

一般来说,旅途劳累、气候变化、水土不服或饮食起居不习惯,尤其是年老体弱者难免会感到身体不适,导致患病,甚至出现病危情况。导游要从多方面了解游客的身体状况,照顾好他们的生活,经常关心游客、提醒游客注意饮食卫生,避免人为原因致使游客生病;导游应学习预防和治疗旅行常见病的知识,掌握紧急救护的方法,以便在关键时刻为游客的救治争取时间,但是,导游一定不得随意将自备药品提供给患者服用。

一、游客患病的预防

1. 游览项目选择要有针对性

在做准备工作时,应根据游客的信息材料,了解旅游团成员的年龄及游客的其他情况,做到心中有数,选择适合这一年龄段游客的游览路线。

2. 安排活动日程要留有余地

不要将一天的游览活动安排得太多、太满,更不能集中安排体力消耗大、游览项目多的景点,要有张有弛,劳逸结合,使游客感到轻松愉快。晚间活动的时间不宜安排过长。

3. 提醒游客注意饮食卫生

提醒游客注意饮食卫生,不要暴食暴饮,以免水土不服引起腹泻。在北方旅游时,提醒游客多喝水、多吃水果,以防上火和感冒。吃海鲜后,一小时内不要食用冷饮、西瓜等冷食,也不要马上去游泳,游泳后也不要立即食用冷饮、海鲜、西瓜等。晕车(船/机)者,在乘坐前不要吃得太饱,也不要吃得太油腻。

4. 及时报告天气变化

导游应提醒游客随着天气的变化及时增减衣服,带雨具等;气候干燥的季节,提醒游客多喝水、多吃水果;炎热的夏季尤其要注意防中暑。

二、游客患病的处理

(一)游客患一般疾病的处理

经常有游客会在旅游期间感到身体不适或患一般疾病,如感冒、发烧、水土不服、晕车、失眠、便秘、腹泻等,这时导游应该做到以下几点。

1. 劝其及早就医，注意休息，不要强行游览

在游览过程中,导游要观察游客的神态、气色,发现游客的病态时,应多加关心,照顾其坐在较舒服的座位上,或让其留在饭店休息,但一定要通知饭店给予关照,切不可劝其强行游览。游客患一般疾病时,导游应劝其及早去医院就医。

2. 关心患病的游客

对于因病没有参加游览活动、留在饭店休息的游客,导游要主动前去问候,询问身体状况,以示关心,必要时通知餐厅为其提供送餐服务。

3. 患者需要时导游可陪同前往医院就医

应向患者讲清楚,所需费用自理,提醒其保存诊断证明和收据。

4. 导游不应擅自给患者用药

用药有风险,切不可擅自给患者用药。

（二）游客突患重病的处理

1. 在前往景点途中突然患病

如果游客在去旅游景点的途中突然患病,导游应做到以下几点。

（1）在征得患者、患者亲友或领队同意后,立即将患重病游客送往就近医院治疗,或拦截其他车辆将其送往医院。必要时,暂时中止旅行,用旅游车将患者直接送往医院。

（2）及时将情况通知接待社有关人员。

（3）一般由全陪、领队、病人亲友同去医院。如无全陪和领队,地陪应立即通知接待社请求帮助。

2. 在参观游览时突然患病

（1）不要搬动患病游客,让其就地坐下或躺下。

（2）立即拨打电话（120）叫救护车。

（3）向景点工作人员或管理部门请求帮助。

（4）及时向接待社领导及有关人员报告。

📈 3. 在饭店突然患病

游客在饭店突患重病，先由饭店医务人员抢救，然后送往医院，并将其情况及时向接待社领导汇报。

📈 4. 在向异地转移途中突患重病

如果游客在乘飞机、火车、轮船前往下一站的途中突患重病，应这样处理。

（1）全陪应请求乘务员帮助，在乘客中寻找从医人员。

（2）通知下一站旅行社做好抢救的各项准备工作。

📈 5. 处理要点

（1）游客病危，需要送往急救中心或医院抢救时，需由患者家属、领队或患者亲友陪同前往，或请医生前来抢救，并及时报告旅行社。

（2）如果患者是国际急救组织的投保者，导游应提醒其亲属或领队及时与该组织的代理机构联系，并报告旅行社。

（3）在抢救过程中，需要领队或患者亲友在场，并详细记录患者患病前后的症状及治疗情况，并请接待社领导到现场或与接待社保持联系，随时汇报患者情况。

（4）如果需要做手术，须征得患者亲属的同意。如果亲属不在，需由领队同意并签字。

（5）若患者病危而亲属又不在身边时，导游应提醒领队及时通知患者亲属。如果患者亲属系外国人士，导游要提醒领队通知所在国使、领馆。患者亲属到后，导游要协助其解决生活方面的问题。若找不到亲属，一切按使、领馆的书面意见处理。

（6）有关诊治、抢救或动手术的书面材料，应由主治医生出具证明并签字，要妥善保存。

（7）地陪应请求接待社领导派人帮助照顾患者，办理医院的相关事宜，同时妥善安排好其他游客的活动，地陪导游带团继续游览。

（8）患者转危为安但仍需要继续住院治疗，不能随团继续旅游或出境时，接待社领导和导游（主要是地陪）要不时去医院探望，帮助患者办理分离签证、延期签证，以及出院、回国手续及交通票证等事宜。

（9）患者住院和医疗费用自理。如果患者没钱看病，请领队或组团社与境外旅行社、其家人或保险公司联系解决其费用问题。

（10）患者在离团住院期间未享受的综合服务费由中外旅行社之间结算后，按协议规定处理。患者亲属在当地期间的一切费用自理。

4-8　游客患病案例

(11)游客病危发生在境外的,领队应及时向中国驻当地使、领馆或政府派出机构报告,并在其指导下,全力做好游客抢救工作。

三、游客死亡的处理

游客在旅游期间不论什么原因死亡,都是一件很不幸的事情。当出现游客死亡的情况时,导游应立即向旅行社报告,由地接社按照国家有关规定做好善后工作,同时应稳定其他游客的情绪,并继续做好其他游客的接待工作。

(1)如果死者的亲属不在身边,应立即通知亲属前来处理后事;若死者系外国人士,应通过领队或有关外事部门迅速与死者所属国的驻华使、领馆联系,通知其亲属来华;游客死亡发生在境外的,领队应及时向当地警方报案,同时向中国驻当地使、领馆或政府派出机构报告,并按旅行社的安排处理相关事宜。

(2)由参加抢救的医生向死者的亲属、领队及好友详细报告抢救经过,并出示"抢救工作报告""死亡诊断证明书",由主治医生签字后盖章,复印后分别交给死者的亲属、领队或旅行社。

(3)游客非正常死亡的,导游应注意保护好现场,并立即向当地公安机关报案,协助查明死因。对死者一般不做尸体解剖,如需解剖尸体,要征得死者亲属和领队或所在国驻华使、领馆人员的同意,并签字认可,经医院和有关部门同意后方可进行。解剖后要出"尸体解剖报告",此外,旅行社还应向司法机关办理"公证书"。导游应注意保护现场。

(4)游客死亡原因确定后,在与领队、死者亲属协商一致的基础上,请领队向全团宣布死者死亡的原因及抢救、死亡经过。

(5)遗体处理一般以火化为宜,遗体火化前,应由死者亲属或领队,或者所在国家驻华使、领馆写出"火化申请书"并签字后进行火化。

(6)遗体由领队、死者亲属护送火化后,火葬场的死者"火化证明书"应交给领队或死者亲属。我国民政部门发给对方携带骨灰出境证明。各有关事项的办理,我方应予以协助。

(7)死者如在生前已办理人寿保险,我方应协助死者亲属办理人寿保险索赔、医疗费报销等有关证明。

(8)除领队、死者亲属和旅行社代表负责处理相关事宜外,其余团员应当由导游带领仍按原计划参观游览。

(9)若要将遗体运回国,除上述手续外,还应由医院对尸体进行防腐处理,并办理"尸体防腐证明书""装殓证明书""外国人运送灵柩(骨灰)许可证"和"尸体灵柩进出境许可证"等有关证件,方可将遗体运出境。灵柩要按有关规定包装运输,要用铁皮密封,外廓要包装结实。

(10)由死者所属国驻华使、领馆办理一张经由国的通行证,此证随灵柩通行。

(11)有关抢救死者的医疗、火化、尸体运送、交通等各项费用,一律由死者亲属或该团队交付。

(12)死者的遗物由其亲属或领队,死者生前好友代表,全陪或所在国驻华使、领馆有关官员共同清点造册,列出清单,清点人要在清单上一一签字,一式两份,签字人员分别保存。遗物要交死者亲属或死者所在国家驻华使、领馆有关人员。接收遗物者应在收据上签字,收据上应注意接收时间、地点、在场人员等。

4-9　游客死亡案例

(13)应注意的问题有:① 须有死者的亲属,领队,使、领馆人员及旅行社有关领导在场,导游、我方旅行社人员切忌单独行事;② 在有些环节还需公安局、旅游局、保险公司的有关人员在场,每个重要环节应经得起事后查证并有书面依据;③ 口头协议或承诺均属无效,事故处理后,应将全部报告、证明文件、清单及有关材料存档备案。

任务八　旅游突发事件的预防和处理

◇ 引 例

黄若雄:40 年用心做好一件事

　　作为中国导游方阵的杰出代表,她默默坚守 40 年,交上了零投诉的完美答卷。尽管退休已快 10 年,但是"不安分"的她依旧忙着与导游相关的一些事。最近的一次是辅导参加第四届全国导游大赛的两位上海选手。同事们这样形容她:"她就像一个打足了气的皮球,一拍就起来,而且会蹦得很高。"

　　黄若雄,上海东方中旅国际旅行社有限公司创建人之一,曾任上海中妇旅国际旅行社有限公司总经理助理、高级顾问,国家特级导游,国际高级旅行咨询师,文化和旅游部名导师资库专家讲师,第二届全国导游大赛评委。

　　以心相交　以友相待

　　做导游 40 年不曾被游客投诉过,有什么秘密武器吗? 黄若雄乐呵呵地亮出她的秘密武器:和游客以心相交,以友相待。

　　对黄若雄来说,1978 年是极不寻常的一年。因为懂闽南语,年仅 20 岁的她被调到上海市中国旅行社,由一名工人变为方言导游。"当时连旅行社是什么机构都不清楚,第一天就被赶鸭子上架,去医院给一位生病的老华侨当翻译,懵懵懂懂地开始了导游生涯。"她笑着说。

从工人转型到导游,年轻的黄若雄承受着巨大的压力。意识到能力不足,她努力地提升自我:工作之余刻苦学习导游专业知识,同时摸索待客之道,学习换位思考,体会服务至上,用真心对待每一位游客。从被动接受到主动承担、从自卑胆怯到乐观自信,在这个过程中黄若雄不断成长。

40多年来,不论是作为导游、管理者还是讲师,黄若雄都坚持在一线带团,严格要求自己。多年的一线经历让她形成了独特的带团风格:把游客当成朋友,赢得游客的信任。面对不同年龄的游客,她有不同的相处方式:遇到老人就当作自己的父母,平辈的则当成自己的朋友,如果是小辈,就当作自己的孩子。她重视每一位游客,观察游客所需,然后为他们安排好一切,有时候游客没有想到的她都会准备好。"我觉得将心比心是很重要的,游客能够感受到我内心的温暖。"她笑着说。

每次带团之前,她都会花时间了解每位游客。记得在一次旅途中,黄若雄提前得知团队中有一位老海员,聊天时发现他身上有许多神奇的出海故事。于是,在之后的行程中,她特别邀请这位老海员向团友们讲述精彩的与索马里海盗周旋的故事,游客们兴致高涨,漫长的车程不再枯燥乏味。这样的例子数不胜数,每次出团她都会邀请有特长的游客向团友们展示风采,比如请懂得养生的团友讲解养生知识,请能歌善舞的团友为大家表演……黄若雄带的团,每一次旅行都像是一场朋友聚会,不仅她自己和游客成为朋友,游客之间也成为好朋友,共同提升旅途的幸福感。

游客们说,黄若雄身上似乎有种神奇的力量,你能感受到她的那份真诚。这份真诚支撑着她不倦的状态,并且影响周围的人。

用心＋细心

黄若雄的第二个秘密武器是"用心＋细心"。导游工作惊喜与惊险共存,为了避免出现意外,她会提前准备多种预案,避免将自己置于被动状态。后来转型领导岗位,这个习惯也给她的事业带来不少帮助。"我不做'消防员',等事故发生了再去解决就晚了。"她说。

当导游这么多年,只要车上有游客,黄若雄绝对不会闭眼休息。至今,黄若雄依然清晰地记得曾经带过的一个团。作为领队,她带领团队从曼谷赶往芭提雅,四五个小时的车程,游客和导游都昏昏欲睡。突然,她听到来自车底的一声巨响,车子震动了一下。司机和导游都不以为意,但是为了安全起见,黄若雄坚持停车检查。下车一看,大家都吓坏了,大巴车底部一个重要中轴部件断落在马路上,而大巴车就在没有任何安全措施的情况下靠惯性滑行了几百米。如果不是黄若雄坚持停车,后果不堪设想。

司机和导游惊魂未定,黄若雄已经紧急启动第二套预案。在路边拦下其他回程的大巴车,将游客送往附近的休息站等待支援车辆。她的细心和谨慎既避免了意外发生,又没有耽误行程,游客们称赞她是真正的旅途护航者。

习惯了提前服务的黄若雄会在出团前记住每一位游客的信息,她会提前查阅目的地资料,做大量的准备工作。她还会根据目的地的特点或者可能发生的情况,提醒游客在出行前做好预防措施。所以,当她接团时,她与游客就像老友重逢,在游览过程中她会针对每个游客的特点,介绍他们感兴趣的内容,还会关注旅途中过生日的游客,给他们准备一些小惊喜,以此拉近与游客们的距离。

从导游到老师

1998 年,黄若雄获得"国家特级导游"称号,她的工作重心也逐渐转为培养新人。黄老师常受邀前往学校和机构讲课,她自行研发了几十个课件,为旅游行业培养人才。如今的黄老师已是桃李满天下,她的学生们正在旅游岗位上发光发热,为行业发展添砖加瓦。

去年,在相关部委的帮助下,黄若雄组织了一支以高级导游为主的文明旅游宣讲队伍。同时成立了金牌导游联合工作室,黄若雄任顾问,定期举办公益讲座和实地培训,传播导游正能量,给导游们一个温暖的港湾。许多年轻导游,无论遇到的是工作上还是生活上的问题,都会向黄老师讨教,她也总是不厌其烦帮助他们,大家都亲切地叫她"黄妈妈"。"黄妈妈"不仅教授他们导游技巧,还一直强调"要提高情商,学会控制情绪。因为无论是特级导游、高级导游还是金牌导游,都是服务游客的普通劳动者。"

黄若雄用她的坚持与奉献赢得了 40 年零投诉的骄人业绩,如今,她正无私地把自己多年的经验倾囊相授,争取为导游行业培养更多优秀导游。

（资料来源：http://www.ctnews.com.cn/lyfw/content/2019-11/07/content_55075.html.）

一、旅游突发事件概述

（一）概念

2016 年,中华人民共和国国家旅游局第 41 号令《旅游安全管理办法》第三十九条规定：旅游突发事件,是指突然发生,造成或者可能造成旅游者人身伤亡、财产损失,需要采取应急处置措施予以应对的自然灾害、事故灾难、公共卫生事件和社会安全事件。

（二）等级

根据旅游突发事件的性质、危害程度、可控性以及造成或者可能造成的影响，《旅游安全管理办法》中将旅游突发事件分为特别重大、重大、较大和一般四级。具体规定如下。

1. 特别重大旅游突发事件

特别重大旅游突发事件是指下列情形：

① 造成或者可能造成人员死亡（含失踪）30 人以上或者重伤 100 人以上；

② 旅游者 500 人以上滞留超过 24 小时，并对当地生产生活秩序造成严重影响；

③ 其他在境内外产生特别重大影响，并对旅游者人身、财产安全造成特别重大威胁的事件。

2. 重大旅游突发事件

重大旅游突发事件是指下列情形：

① 造成或者可能造成人员死亡（含失踪）10 人以上、30 人以下或者重伤 50 人以上、100 人以下；

② 旅游者 200 人以上滞留超过 24 小时，对当地生产生活秩序造成较严重影响；

③ 其他在境内外产生重大影响，并对旅游者人身、财产安全造成重大威胁的事件。

3. 较大旅游突发事件

较大旅游突发事件是指下列情形：

① 造成或者可能造成人员死亡（含失踪）3 人以上 10 人以下或者重伤 10 人以上、50 人以下；

② 旅游者 50 人以上、200 人以下滞留超过 24 小时，并对当地生产生活秩序造成较大影响；

③ 其他在境内外产生较大影响，并对旅游者人身、财产安全造成较大威胁的事件。

4. 一般旅游突发事件

一般旅游突发事件是指下列情形：

① 造成或者可能造成人员死亡（含失踪）3 人以下或者重伤 10 人以下；

② 旅游者 50 人以下滞留超过 24 小时，并对当地生产生活秩序造成一定影响；

③ 其他在境内外产生一定影响，并对旅游者人身、财产安全造成定威胁的事件。

（三）旅游突发事件的处理原则

旅游突发事件发生后,导游人员应与有关人员一道全力以赴进行救援,采取一切可能的手段,尽最大的努力,减少人员伤亡和财物的损失,把事故造成的人员伤害、财物损失和不利影响降低到最小限度,保护游客的基本权益,维护我国旅游业的声誉。在旅游突发事件的善后处理工作中,应恪守以保护游客的基本权利和利益为第一的原则。在具体工作中要遵循下述基本原则。

1. 依法办事

善后事宜的处理,要依据我国现行的法律、规定、条例和制度办理,要依法办事,要言出有据,不能凭主观臆断,避免引发新的麻烦和扩大事端。

2. 尊重当事人的意愿

在不违反法律规定的情况下,各项具体事宜的处理,要尽可能地尊重伤亡人员及其家属的意愿,不要激化矛盾。

3. 尽早开放现场

造成海外游客伤亡事故的现场取证工作,要尽可能赶在伤亡人员家属来到现场之前完成,尽可能早地对外开放现场,以减少外界的无端猜疑。

4. 尊重当事人本人及其所在国家和地区的风俗习惯

在善后处理工作中,一定要考虑伤亡者所在国家、地区和民族的风俗习惯和宗教信仰。

二、旅游突发事件的预防和处理

旅游突发事件往往是导游人员和游客始料不及的,一旦发生,后果较为严重。为此,导游人员在接待服务全过程中,务必贯彻落实"安全第一,预防为主"的方针,真正树立"没有安全,便没有旅游业的发展"的观念,确保旅游工作安全。

（一）交通事故的预防与处理

📈 1. 交通事故的预防

在旅游活动中发生交通事故,虽然不是导游人员所能预料和控制的,但是导游人员在接待工作中应该具有安全意识,协助司机做好行车安全工作,预防交通事故的发生。

(1)在接团前,导游人员应与司机联系,同时提醒司机检查车辆,发现事故隐患,及时提出更换车辆的建议。

(2)在安排活动日程的时间上要留有余地,避免造成司机为抢时间、赶日程而超速行驶和疲劳驾驶。不催促司机开快车。

(3)行车途中,要阻止司机开"英雄车""斗气车";遇有天气不好(如下雨、下雪、起雾),交通拥挤,路况不好等情况,要主动提醒司机注意安全,谨慎驾驶。

(4)行车途中,导游人员不要与司机聊天,以免分散其注意力影响其开车。

(5)注意事项:阻止非本车司机开车;提醒司机不要饮酒,如遇司机酒后驾车,导游人员要立即阻止,并向旅行社汇报,请求改派其他车辆或调换司机。

📈 2. 交通事故的处理

遇有交通事故发生,只要导游人员没有负重伤,神智还清楚就应立即采取措施,冷静果断地处理,并做好善后工作。由于交通事故类型不同,其处理方法也很难统一,但一般情况下,导游人员应当严格按照旅游突发事件处理程序规定,采取如下措施。

(1)立即组织抢救。导游人员应立即组织现场人员迅速抢救受伤的游客,特别是重伤员,进行止血、包扎、上夹板等初步处理,以赢得救治机会。还应立即打电话(120)叫救护车或拦车送重伤员去就近医院抢救。

(2)严格保护现场,立即报案。事故发生后,不要在忙乱中破坏现场,应指定专人保护现场并立即报案,通知交通部门(122)、公安部门(110)。如果有两名以上导游人员在场,可由一个指挥抢救,一个留下保护现场。如果只有一名导游人员,可请司机或其他熟悉情况的人协助处理,并尽快让游客离开事故车辆,争取尽快派人来现场调查处理。

4-10 旅游交通事故处理案例

(3)迅速汇报。地陪应迅速向接待社领导和有关人员报告,讲清事故发生地点、原因、经过及所采取的措施、游客伤亡情况、团内其他游客的反应等,听取领导对下一步工作的指示。

(4)做好游客的安抚工作。事故发生后,交通事故的善后工作将由交运公司和旅行社的领导出面处理。导游在积极抢救、安置伤员的同时应及时安定其他游客的情绪,若事故不是很严重,有可能的话,要组织其他游客继续进行参观游览活动。等事故原因查明后,要慎重地向全团游客说明。

（5）协助有关部门做好善后处理工作。导游应积极配合交通部门、公安部门调查事故原因；协助旅行社有关人员处理善后事宜，如事故原因调查、帮助游客向有关保险公司索赔等。

（6）写出书面报告。在事故处理结束后，导游应就事故的原因和经过、抢救经过、伤亡情况、游客的情绪和对处理的反应、事故责任及对责任者的处理等，写出详细的书面报告交旅行社领导。

（二）治安事故的预防与处理

在旅游活动过程中，遇到坏人行凶、诈骗、偷窃、抢劫，导致游客身心及财物受到不同程度的损害，统称治安事故。

📊 1. 治安事故的预防

导游在接待服务中要时刻警惕，可采取有效的措施预防治安事故的发生。

（1）住店前，提醒游客不要将房号随便告诉陌生人；不要让陌生人或自称饭店的维修人员随便进入房间；尤其是夜间不可贸然开门，以防止意外；出入房间一定要锁好门。

（2）入住饭店时，导游应建议游客将贵重财物存入饭店保险柜，不要随身携带大量现金或将大量现金放在房间内。

（3）提醒游客不要与私人兑换外币，并讲清关于我国外汇管制的规定等。

（4）每次离开旅游车时，导游要提醒游客不要将证件或贵重物品遗留在车内。游客下车后，导游要提醒司机锁好车门、关好车窗，尽量不要走远。

（5）在旅游活动中，导游要和游客在一起。随时注意观察周围的环境，发现可疑的人或在人多拥挤的地方，要提醒游客看管好自己的财物，并经常清点人数。

（6）汽车行驶途中，不得停车让无关人员上车；若有不明身份者拦车，导游应提醒司机不要停车。

📊 2. 治安事故的处理

（1）保护游客的人身和财产安全。根据现场条件，机智勇敢地保护游客；立即将游客转移到安全地点；力争在在场群众、当地公安人员的帮助下缉拿嫌疑犯，追回钱物。

（2）迅速抢救受伤游客。如果有游客受伤，应立即组织抢救，或送伤者去医院。

（3）立即报警求助。治安事故发生后，导游人员应立即向当地公安部门报案并积极协助破案。报案时要实事求是地介绍事故发生的时间、地点、案情和经过，提供作案者的特征，受害者的真实身份、国籍、伤势及损失物品的名称、数量、型号、特征等情况。

（4）及时向领导报告。导游要及时向旅行社领导报告治安事故发生的情况并请示指示，情况严重时请领导前来指挥、处理。

（5）安抚游客情绪。治安事故发生后,导游应采取必要措施安抚游客的情绪,努力使旅游活动顺利地进行下去。

（6）写出书面报告。导游应写出详细、准确的书面报告。报告除上述内容外,还应写明案件的性质、采取的应急措施,侦破情况,受害者和旅游团其他成员的情绪及有何反应、要求等。

（三）火灾事故的预防与处理

📈 1. 火灾事故的预防

（1）做好提醒工作。在旅游活动中,为防止火灾事故的发生,导游应提醒游客不携带易燃、易爆物品,不乱扔烟头和火种。尤其到景区（点）游览时,导游要明确告知游客,做好景区（点）的安全防火工作是每一位游客义不容辞的责任。向游客讲明交通运输部门的有关规定,不得将不准作为行李运输的物品夹带在行李中。

（2）熟悉饭店的安全出口和转移线路。入住酒店后,导游自己要记住游客下榻饭店的防火通道、安全出口、安全楼梯的位置及安全转移的路线,并向游客介绍。同时提醒游客遵守饭店规定,如不能躺在床上抽烟、要安全使用电器等。

（3）牢记火警电话。导游应牢记火警电话(119),掌握领队和游客所住房间的号码。一旦发生火灾,要及时报警并通知游客。

📈 2. 火灾事故的处理

为了保证游客在火灾发生时能够尽快疏散,导游应该这样做。

(1)立即报警。

(2)迅速通知领队及全团游客。

(3)配合工作人员,听从统一指挥,迅速通过安全出口疏散游客。

(4)判断火情,引导大家自救。如果情况危急,不能马上离开火灾现场或者被困,导游人员应该采取的正确做法是:

① 如果情况紧急,提醒游客千万不要搭乘电梯或随意跳楼;

② 若身上着火,可就地打滚,或用厚重衣物压灭火苗;

③ 必须穿过浓烟时,用浸湿的衣物披裹身体,捂着口鼻,贴近地面蹲行或顺墙爬行;

④ 大火封门无法逃出时,可用浸湿的衣物、被褥堵塞门缝或泼水降温,等待救援;

⑤ 见到消防队来灭火时,可以挥动色彩鲜艳的衣物呼唤救援人员。

(5)协助处理善后工作。游客得救后,导游应立即组织抢救受伤者;若有重伤者应迅速送医院;有人死亡应按规定处理;采取各种措施稳定游客的情绪;解决因火灾事故给游客生活方面造成的困难,设法使旅游活动继续进行;协助领导处理好善后事宜,写出事故的书面报告。

（四）社会骚乱等群体性事件的处理

当游客遭遇社会骚乱等群体性事件时,导游应按以下规范要求处理。

(1)立即向旅行社报告,反映游客遭遇群体性事件的详细情况,并向游客进行预警,引导游客采取相应的安全防范措施,同时配合现场警务人员指挥,组织游客有序撤离事发区域,若无警务人员现场指挥,立刻带领游客撤离事发区域。

(2)游客的人身和财物安全受到威胁的,根据现场条件,引导游客开展自救和互救,并及时带领游客脱离险境,全力保护游客的人身和财物安全。

(3)稳定游客情绪,视情况变更或取消行程,取消行程的,协助游客返回出发地或游客指定的合理地点。

游客遭遇社会骚乱等群体性事件发生在境外的,领队应及时向中国驻当地使、领馆或政府派出机构报告,并在其指导下,妥善将游客转移至安全区域,全力做好群体性事件的应对处置工作。

（五）食物中毒的预防与处理

游客因食用变质或不干净的食物常会发生食物中毒,其特点是:许多人同时发病,病状相似,病情急,进展快,有食用某种食物的情况。

1. 食物中毒事故的预防

(1)严格执行在旅游定点餐厅就餐的规定。

(2)提醒游客不要在小摊上购买食物。

(3)用餐时,若发现食物、饮料不卫生,或有异味变质的情况,导游应立即要求更换,并要求餐厅负责人出面道歉,必要时向旅行社领导汇报。

2. 食物中毒事故的处理

如果发现游客食物中毒,导游应做到以下几点。

(1)设法催吐,并让食物中毒者多喝水以加速排泄,缓解毒性。

(2)立即拨打120将患者送医院抢救,请医生开具诊断证明,若是群体性食物中毒事件,要请医院协助保留食物样本,并联系当地卫生防疫部门调查处理。

(3)迅速报告旅行社并追究供餐单位的责任。

（六）溺水事故

溺水又称淹溺,是指人淹没于水中,由于水吸入肺内(湿淹溺90%)或喉挛(干淹溺10%)所致窒息。

1. 溺水事故的预防

劝阻游客,请他们不要独自在河边、海边玩耍,不要前往非游泳区游泳;劝阻游泳者不要游到深水区,即使带着救生圈也不安全;提醒游客在游泳前要做适当的准备活动,以防抽筋。

2. 溺水时的自救方法

(1)不要慌张,发现周围有人时立即呼救。

(2)放松全身,让身体漂浮在水面上,将头部浮出水面,用脚踢水,防止体力丧失,等待救援。

(3)身体下沉时,可将手掌向下压。

(4)如果在水中突然抽筋,又无法靠岸时,立即求救。如果周围无人,可深吸一口气潜入水中,伸直抽筋的那条腿,用手将脚趾向上扳,以缓解抽筋。

3. 发现有人溺水时的救护方法

(1)可将救生圈、竹竿、木板等物抛给溺水者,再将其拖至岸边。

(2)若没有救护器材,可入水直接救护。接近溺水者时要转动他的髋部,使其背向自己然后拖运。拖运时通常采用侧泳或仰泳拖运法。

(3)特别强调:未成年人发现有人溺水,不能贸然下水营救,应立即大声呼救,或利用救生器材施救,在自己的能力范围之内救人。

4. 岸上急救溺水者方法

(1)迅速清除溺水者口鼻中的污泥、杂草及分泌物,保持呼吸道通畅,并拉扯舌头,以避免堵塞呼吸道。

(2)将溺水者举起,使其俯卧在救护者肩上,腹部紧贴救护者肩部,头脚下垂,以使溺水者呼吸道内积水自然流出。

(3)进行口对口人工呼吸及心脏按压。

(4)尽快联系急救中心或送去医院。

（七）自然灾害与突发公共卫生事件应对

📈 1. 地震

1）现场自救

室内避险应就地躲避：躲在桌、床等结实的家具下；尽量躲在窄小的空间内，如卫生间、厨房或内墙角；可能时，在两次震动之间迅速撤至室外。室外避险切忌乱跑乱挤，不要扎堆，应避开人多的地方；远离高大建筑物、窄小胡同、高压线、广告招牌、霓虹灯架等；注意保护头部，防止砸伤。如果旅游团在游览时遇到地震，导游应迅速引导游客撤离建筑物、假山，集中在空旷开阔地域。

2）遭灾者的自救

地震时被压在废墟下、神志还清醒的幸存者，最重要的是不能在精神上崩溃，而应争取创造条件脱离险境或保存体力等待救援。例如，若能挣脱开手脚，应立即捂住口鼻，以隔挡呛人的灰尘，避免窒息；设法保存体力，不要乱喊，听到外面有人时再呼救；若能找到水和食物，要计划使用，尽可能长地维持生命。

📈 2. 洪水

1）洪水灾害的预防

一个地区短期内连降暴雨，容易发生洪水灾害。为避免在游览中受到洪水的侵袭，导游应在出发前收听气象台的天气预报，当听到气象台发出红色预警或橙色预警时，应对计划去山区、河湖或低洼地区的游览采取相应的措施，如可同游客协商并征求其同意，适当调整旅游项目。

2）遭遇洪水时的应对

（1）洪水来临时的自救措施。第一，不要带游客去危险地带，如电线杆和高压线塔周围，危墙及高墙旁，河床、水库、沟渠与涵洞边，化工厂及储藏危险物品的仓库。第二，带游客迅速离开低洼地带，选择有利地形，将游客转移至地势较高的地方以躲避洪水。

（2）被洪水围困时的自救措施。第一，如果转移没有及时完成，导游应带游客选择较安全的位置等待救援，并用自身备有的通信工具，不断地向外界发出求救信号，以求及早得到解救。第二，设法稳定游客的情绪，如果离开原地要采取集体行动，不要让游客单独离开，以免因情况不明而陷入绝境。第三，利用手机迅速报警，将游客受洪水围困的地点、人数和所处的险情报告清楚，请他们迅速组织人员前来救援。

3. 泥石流

泥石流多发生在山区,遇到泥石流,导游要镇定地引导游客逃生,做到以下几点。

(1)泥石流发生时,不能在沟底停留,而应迅速向山坡坚固的高地或连片的石坡撤离,抛掉一切重物,跑得越快越好,爬得越高越好。

(2)切勿与泥石流同向奔跑,面要向与泥石流流向垂直的方向逃生。

(3)到了安全地带,游客应集中在一起等待救援。

4. 台风

游客若遇到强大风暴,尤其遇到龙卷风时,要采取自我保护措施。

(1)如果在室内,最好躲在地下室、半地下室或坚固的最小的房间内,避开重物,不能躲在野外小木屋、破旧房屋或帐篷里。

(2)如果被困在普通的建筑物内,应立即紧闭临风方向的门窗,打开另一侧的门窗。

(3)如果被飓风困在野外,不要在狂风中奔波,而应平躺在沟渠或低洼处,但要避免水淹。

(4)游客在旅游车中时,司机应立即停车,导游要组织游客尽快撤离,躲到远离汽车的低洼地带或紧贴地面平躺,并注意保护头部。

5. 山体滑坡

山体滑坡不仅会造成一定范围内的人员伤亡、财产损失,还会对附近道路交通造成严重威胁。当遇到滑坡正在发生时,首先应镇静,不可惊慌失措。为了自救或救助游客,应该做到以下几点。

1)保持冷静

当处在滑坡体上时,首先应保持冷静,不能慌乱,慌乱不仅浪费时间,而且极可能因为慌乱而做出错误的决定。

2)组织自救

导游要迅速环顾四周,组织游客迅速离开交通工具,向较为安全的地段撤离。一般除高速滑坡外,只要行动迅速,都有可能逃离危险区段。跑离时,以向两侧跑为最佳方向。在向下滑动的山坡中,向上或向下跑都是很危险的。当遇到无法跑离的高速滑坡时,更不能慌乱,在特定条件下,如滑坡呈整体滑动时,原地不动,或抱住大树等物,不失为一种有效的自救措施。

3)寻求救助

滑坡时,极易造成人员受伤,当受伤时应及时拨打 120 求救。

6.海啸

海啸是一种灾难性的海浪,通常由震源在海底下 50 公里以内、里氏震级 6.5 以上的海底地震引起。

1)海啸逃生

(1)如果导游感觉到较强的震动,不要靠近海边、江河的入海口。如果听到有关附近地震的报告,要做好防范海啸的准备,注意电视和广播新闻。要记住,海啸有时会在地震发生几小时后到达离震源上千公里远的地方。

(2)如果发现潮汐突然反常涨落,海平面明显下降或者有巨浪袭来的现象,导游都应组织游客以最快速度撤离岸边。

(3)海啸前海水异常退去时往往会把鱼虾等许多海生动物留在浅滩,场面蔚为壮观。此时千万不要前去捡拾鱼虾或看热闹,应当带领游客迅速离开海岸,向内陆高处转移。

(4)发生海啸时,航行在海上的船只不可以回港或靠岸,应该马上驶向深海区,深海区相对于海岸更为安全。

2)自救与互救

(1)如果在海啸来临时不幸落水,要尽量抓住木板等漂浮物,同时注意避免与其他硬物碰撞。

(2)在水中不要举手,也不要乱挣扎,尽量减少动作,能浮在水面随波漂流即可。这样既可以避免下沉,又能够减少体能的无谓消耗。

(3)如果海水温度偏低,不要脱衣服。

(4)尽量不要游泳,以防体内热量过快散失。

(5)不要喝海水。海水不仅不能解渴,反而会让人出现幻觉,导致精神失常甚至死亡。

(6)尽可能向其他落水者靠拢,这样既便于相互帮助和鼓励,又可因目标扩大更容易被救援人员发现。

(7)溺水者被救上岸后,最好能进入温水里恢复体温,没有条件时也应尽量裹上被、毯、大衣等保温衣物。注意不要采取局部加温或按摩的办法,更不能给落水者饮酒,饮酒只会使热量更快散失。

(8)如果落水者受伤,应采取止血、包扎、固定等急救措施,重伤员则要及时送医院救治。

(9)要记住及时清除落水者鼻腔、口腔和腹内的吸入物。具体方法是:将落水者的肚子放在救援者的大腿上,从后背按压,让海水等吸入物流出。如果心跳、呼吸停止,则应立即交替进行口对口人工呼吸和心脏按压。

📊 7. 突发公共卫生事件的应对

《突发公共卫生事件应急条例》中规定:"本条例所称突发公共卫生事件是指突然发生,造成或者可能造成社会公众健康严重损害的重大传染病疫情、群体性不明原因疾病、重大食物和职业中毒以及其他严重影响公众健康的事件。"《国家突发公共卫生事件应急预案》中根据突发公共卫生事件性质、危害程度、涉及范围,将突发公共卫生事件划分为特别重大(Ⅰ级)、重大(Ⅱ级)、较大(Ⅲ级)和一般(Ⅳ级)四级。

1)突发公共卫生事件的特性

(1)成因的多样性。突发公共卫生事件成因多样,一是与病毒有关,比如严重急性呼吸综合征(SARS)、中东呼吸综合征(MERS)以及新型冠状病毒肺炎(COVID-19)等烈性传染病;二是与自然灾害有关,比如地震、水灾、火灾等大灾之后容易出现大疫;三是与事故灾害相关,比如环境污染、生态破坏、交通事故等;四是与社会安全事件有关,如生物恐怖等。

(2)分布的差异性。首先在时间分布差异上,在不同的季节,传染病的发病率不同,比如 SARS、COVID-19 往往发生在冬、春季节,肠道传染病则多发生在夏季。其次在空间区域分布上有差异,如我国南方和北方发生的传染病不一样。此外,还有人群的分布差异等。

(3)传播的广泛性。在全球化时代,疾病可以跨国流动,造成全球传播。

(4)危害的复杂性。重大的公共卫生事件不但对人的健康有影响,而且对环境、经济乃至政治都有很大的影响。

(5)治理的综合性。治理需要技术层面和价值层面的结合、直接任务和间接任务的结合、责任部门和其他部门的结合、国际和国内的结合等综合治理。另外,还涉及如社会体制、经济机制、工作效能、人群素质等深层次的问题。

2)特别重大突发公共卫生事件的应对

特别重大突发公共卫生事件主要包括:① 肺鼠疫、肺炭疽在大、中城市有扩散趋势;② 发生传染性非典型肺炎、人感染高致病性禽流感病例,并有扩散趋势;③ 涉及多个省份的群体性不明原因疾病,并有扩散趋势;④ 发生新传染病或我国尚未发现的传染病发生或传入,并有扩散趋势,或发现中国已消灭的传染病重新流行;⑤ 发生烈性病菌株、毒株、致病因子等丢失事件;⑥ 周边以及与中国通航的国家和地区发生特大传染病疫情,并出现输入性病例,严重危及我国公共卫生安全的事件;⑦ 国务院卫生行政部门认定的其他特别重大突发公共卫生事件。

(1)政府的应对措施。《突发公共卫生事件应急条例》中规定,突发公共卫生事件发生后,国务院设立全国突发事件应急处理指挥部,由国务院有关部门和军队有关部门组成,国务院主管领导人担任总指挥,负责对全国突发事件应急处理的统一领导、统一指挥。国务院卫生行政主管部门和其他有关部门,在各自的职责范围内做好突发事件应急处理的有关工作。省、自治区、直辖市人民政府成立地方突发事件应急处理指挥部,省、自治区、直辖市人民政府主要领导人担任总指挥,负责领导、指挥本行政区域内突发事件应急处理工作。县级以上地方人民政府卫生行政主管部门,具体负责组织突发事件的调查、控制和医疗救治工作。县级以上地方人民政府有关部门,在各自的职责范围内做好突发事件应急处理的有关工作。

(2)导游的应对措施。导游的应对措施分为带团过程中导游的应对措施和非带团过程中导游的应对措施。带团过程中导游的应对措施包括以下几点。首先,保持高度的敏感,在带团过程中,如出现突发重大公共卫生事件,尤其是类似新冠疫情时,导游必须有极高的敏感度,能迅速注意到相关信息并积极采取应对的举措。其次,积极主动配合,在了解相关信息后,要及时核实信息的真实性,迅速告知游客,并积极与游客沟通,做好对游客的宣传工作,提醒游客注意健康防护,请游客依法协助、配合、服从政府部门组织开展的防控工作;在出入机场(车站/码头)或景区时配合测量体温,出示健康码,依法接受相关机构有关传染病的调查、样本采集、检测、隔离治疗等防控措施,并如实提供有关情况;从自己做起,自觉戴口罩、勤洗手,同时帮助游客增强防护意识、掌握防护知识,引导游客自觉佩戴口罩,遵守公共秩序,积极配合防控工作,推进文明旅游。除此之外,导游在景区讲解时尽量采用耳机式讲解器,尽量保持 1 米距离使游客不聚集。在旅游车、火车上,尽量安排游客分散就座,减少近距离接触,尽量带游客在人流量较小的地方活动。再次,耐心细致关心游客,密切关注游客身体状况,发现疑似病症如发热、乏力、干咳、腹泻等,及时就近联系医院,按指导送医;按要求对疑似病人及时采取临时隔离措施,就地停止旅游活动,一旦疑似病人确诊,全团游客包括导游需接受隔离观察。最后,努力完成带团工作,如果不在疫区中心地区,导游尽可能在团队做好防护的前提下带团完成旅游活动。如果带团游览活动在疫区中心地区,导游需根据疫情实际情况与旅行社领导随时保持沟通,并直接征询游客意见,尽快带游客离开中心疫区。导游带游客回到客源地后,应告知游客回家后需按要求居家观察、报告健康状况、配合做好随访或电话询问。带团过程中如突发疫情,无论身处何地,导游都应马上完善旅游团队人员和行程资料信息,以便后续旅行社能做好旅游团队跟踪监测工作。

非带团过程中导游的应对措施如下:导游此时没带团,也应根据之前所带团队的行程做出研判,善意提醒之前所带游客注意关注疫情,如游客有疫区经历,则需提醒游客尽量进行居家隔离医学观察;旅游业务停止期间,导游可趁此机会加强与老客户沟通和联系;可通过旅游企业平台宣传旅游产品和所在地的特产,增强与老客户之间的黏度;可积极投身公益,成为抗疫一线的志愿者;也可努力修炼内功,通过自学或培训来提升专业素养;还可参与在线景点云游直播,积极用自己的力量为城市代言,为旅游业的复苏努力。

任务九 游客不当言行的处理

◇ 引 例

我跟台湾游客"斤斤计较"

遵纪守法事关原则,导游对此不可有一丝一毫的马虎。北京某旅行社的 D 导游是一位参加工作不久的女士,法纪观念却很强。D 女士说:"我对游客一向比较宽容,这既是我参加导游工作时许下的一个心愿,也是我一直坚持的一个标准。但是,无论是宽容大度,还是斤斤计较,要首先分清是为了什么事。我有一次就和游客'斤斤计较'了一番,至今回想起来一点也不后悔。"

那一次 D 女士带了一个台湾旅游团,游览之余途经三里屯使馆区一带,她便向游客逐一介绍了路边的几家大使馆,无非是说这是某某国家的驻华大使馆,助助兴而已。团里有一位四十多岁的男性游客对她说:"D 小姐,请你回答我一个问题好吗?"D 女士没有往坏处想,微笑着表示同意。谁料想这位游客假装漫不经心地说:"我们什么时候能在这里建大使馆?"D 女士立刻意识到问题的严重性。游客的这个无理问题分明是一种挑衅,它不仅蔑视了国家的统一和尊严,同时也蔑视和侵犯了自己。这个无法宽容也无法回避的问题关系到国格、人格,必须针锋相对,予以反驳,然而同时还要考虑到法律、纪律和礼貌的因素。

当时她急中生智,回答那位游客:"大使馆是两个主权国家互相设在对方首都的外交机构,台湾是中国的一部分,怎么能在北京设什么大使馆呢?要设也只能设驻京办事处呀,就像全国各省在北京都设的那种办事处一样。要是设这种办事处,我认为应该越早越好。"听了 D 女士的回答,许多游客开怀大笑,那位提出问题的先生自己尴尬起来。

(资料来源:郭赤婴,《导游职业道德实证分析》,中国旅游出版社,2003 年版。)

一、游客不当言行的预防

不当言行一般是指违反社会公德或者触犯法律,但尚不足以引起法律责任的行为。外国游客在中国境内必须遵守中国的社会公德和法律,若违反社会公德情节严重,甚至违法,必将受到中国法律的制裁。

(一)预防措施

导游应积极向游客介绍我国有关法律、宗教、习俗、景点管理的规定,强调这些方面的注意事项,多做提醒工作,以免个别游客无意中做出不当、犯法行为。发现可疑现象,导游要有针对性地给予必要的提醒和警告,迫使预谋越轨者知难而退。对顽固不化者,其不当行为一经发现应立即汇报,协助有关部门调查,分清性质。处理这类问题要严肃认真,实事求是,合情、合理、合法。

(二)处理原则

游客不当言行的处理,事前要认真调查核实,处理时要特别注意"四个分清":

第一,分清不当行为和违法行为的界限;

第二,分清有意和无意的界限;

第三,分清无故和有因的界限;

第四,分清言论和行为的界限。

只有正确地区别上述界限,才能正确处理此类问题,才能团结朋友、增进友谊,维护国家的主权和尊严。

二、几种典型游客不当言行情况的处理

1. 对攻击和诬蔑言论的处理

对于海外游客来说,由于其国家的社会制度与我国的不同,政治观点也会有差异,因此,他们中的一些人可能对中国的方针政策及国情有误解或不理解,在一些问题的看法上产生分歧也是正常现象,可以理解。此时,导游要积极友好地介绍我国的国情,认真地回答游客的问题,阐明我国对某些问题的立场、观点。总之,多做工作,求同存异。

对于个别游客站在敌对的立场上进行恶意攻击、蓄意诬蔑挑衅，作为一名中国导游，要严正驳斥，驳斥时要理直气壮，观点鲜明。导游应首先向其阐明自己的观点，指出问题的性质，劝其自制。如其一意孤行，影响面大，或有违法行为，导游应立即向有关部门报告。

2. 对违法行为的处理

对于海外游客的违法行为，首先要分清是由于对我国的法律缺乏了解，还是明知故犯。对前者，应讲清道理，指出错误之处，并根据其违法行为的性质、危害程度，确定是否报有关部门处理。对那些明知故犯者，导游要提出警告，明确指出其行为是中国法律和法规所不允许的，并报告有关部门严肃处理。

4-11 劝阻游客
散发宗教
宣传品案例

中外游客中若有人进行窃取国家机密和经济情报，宣传邪教，组织邪教活动，走私，贩毒，偷窃文物，倒卖金银，套购外汇，贩卖黄色书刊及录像、录音带，嫖娼，卖淫等犯罪活动，一旦发现应立即汇报，并配合司法部门查明罪责，严正处理。

3. 对散发宗教宣传品行为的处理

游客若在中国散发宗教宣传品，导游一定要予以劝阻，并向其宣传中国的宗教政策，指出不经我国宗教团体邀请和允许，不得在我国布道、主持宗教活动和在非完备活动场合散发宗教宣传品。处理这类事件要注意政策界限和方式方法，但对不听劝告并有明显破坏活动者，应迅速报告，由司法、公安有关部门处理。

4. 对违规行为的处理

1）一般性违规的预防及处理

在旅游接待中，导游应向游客宣传、介绍、说明旅游活动中涉及的具体规定，防止游客不知而误犯。例如，参观游览中某些地方禁止摄影，禁止进入等，都要事先讲清，并随时提醒。如果游客在导游已讲清、提醒的情况下明知故犯，当事人要按规定受到应有的处罚（由管理部门司法机关处理）。

2）对异性越轨行为的处理

对于游客中举止不端、行为猥琐的任何表现，都应郑重向其指出其行为的严重性，令其立即改正。导游遇到此类情况，为了自卫要采取断然措施。情节严重者应及时报告有关部门依法处理。

3）对酗酒闹事者的处理

游客酗酒，导游应先规劝，并严肃指明可能造成的严重后果，尽力阻止其饮酒。不听劝告、扰乱社会秩序、侵犯他人、造成物质损失的肇事者必须承担一切后果（包括法律责任）。

任务十　旅游投诉及其处理

◇ 引 例

"不讲条件"和"讲条件"

"导游为游客服务要力争做到倾其所有，尽其所能；对自己的敬业精神和工作能力要力争做到善之为善，精益求精。"这句话，是北京新都国际旅行社 L 女士的座右铭。L 女士做导游快 10 年了，待客热忱，富有经验和能力，她对于"不讲条件"和"讲条件"的问题有着自己独到的理解。L 女士认为："在导游的世界里，'不讲条件'是不能讲条件，而'讲条件'又是不能不'讲条件'。作为导游，你面对的是一个个活生生的人，要解决一个个突如其来的难题。解决这些难题靠什么？靠的就是奉献精神和独立工作的能力。"

记得有一次我接待了一位来自东南亚的客户，她说她们公司接待的一个旅游团比较特殊，团里的成员在当地属于那种"先富裕起来"的人，这些人见多识广，经常会提出一些比较棘手的问题和要求，要让他们满意不太容易，但是她又不愿意失去这样一个不错的客源，因此希望由我来接待这个团。这个团果然名不虚传，接团的第一天就给我来了一个下马威。一出机场，游客们见到来接他们的车是一辆"依维柯"，立刻七嘴八舌地开始抱怨。我自然要把公司的接待制度和规格向他们解释一番。可是游客说："我们并不是要求坐那种大型车，'考斯特'就可以嘛。"我一看，他们一个个身材宽大，人数又和"依维柯"的座位相等，加上行李，坐起来确实有诸多不便；我们的考虑有所欠缺，游客提出换车的要求也合理。但是，那天正好是周末，我到哪里去换"考斯特"呢？于是只好用心做团长的工作，先稳住阵脚，答应再想办法，明天尽可能换一辆大一点的车。

吃饭的时候,我见服务员忙不过来,便主动为游客服务,虽是端茶倒水的小事,但是我做得真诚利索,游客们的态度也随之缓和了许多,并催我去吃饭。换车的事情我一直记挂在心里,吃饭时就用手机向公司做了汇报。晚上,我陪着公司领导看望了这批游客,满足了他们的要求。事后他们笑着对我说:"你知道吗,如果第一天你不给我们换车的话,大家已经商量好了,准备第二天集体拒绝上车,看你怎么办!"我心里明白,换不换车事小,游客们实际上是在检验我对他们是不是有足够的尊重和重视。在之后几天的游览中,我和这批游客渐渐熟识起来。他们果然"挑剔",一些在我们看来属于正常的事情,他们却不能理解。比如,酒店的房间有大有小,楼层有高有低,有人就要问为什么交一样的钱,而住的房间不一样?为什么老是坐小飞机,是不是因为价格便宜?诸如此类的问题,很影响人的情绪。这时候,导游一定要理解游客,宽容游客。于是,我一有时间就和他们聊天,让他们对中国有更多的了解,并在服务上尽可能做到细心、周到。虽然后来出现地接社的对接问题导致游客自己提行李上火车的事情,但是经过我的冷静处理,终于圆满解决了。那个团回国以后,对我的评价相当好。在之后的两年中,这个团又先后两次来中国旅游,相同的游客,不同的线路,这个团的全陪自然是非我莫属。当然,游客们也高兴地看到了一个熟识的导游和逐步提高的服务水平。

(资料来源:郭赤婴,《导游职业道德实证分析》,中国旅游出版社,2003年版。)

一、旅游投诉的含义

旅游投诉是指游客对旅游企业所提供的旅游产品和服务不满而提出的批评意见,一般包括口头投诉和书面投诉两种。

当旅游服务质量与游客的期望不相符时,游客通常会以投诉的方式表达其不满。投诉的原因既有旅游供给方面的原因,也有游客个人方面的原因。供给原因通常为旅游交通、住宿、餐饮以及其他旅游服务部门质量低下,或者是旅行社擅自改变活动日程、活动安排不当、导游工作不力和失误、延长购物时间和增加自费项目、处理投诉态度消极等,情况较为复杂。尤其是旅游旺季,导游带团队的时间越长,旅游投诉的概率就会越高。虽然旅游投诉并不总是有道理,但如果不及时处理,就会成为一种旅游事故,因此对旅游投诉的处理,既是对旅游事故的消除,也是对游客权益的保障。

二、旅游投诉的处理技巧

（一）游客投诉心理分析

1. 求尊重心理

游客求尊重的心理贯穿于整个旅游活动的始终。旅游消费者有权获得质价相符的服务，当他（她）受到怠慢或要求得不到满足时就可能引起投诉，其目的是找回尊严、获得尊重。

2. 求平衡心理

游客花钱是为了寻求愉快而美好的经历，如果遇到不称心的事情就会感到心理不平衡，认为自己受到了不公正的待遇而产生抵触、焦虑、愤怒的情绪。他们希望通过投诉将心中的怒气、怨气发泄出来，以恢复心理平衡。

3. 求补偿心理

游客遭受一定损失后，希望通过投诉得到物质上或精神上的补偿。当游客对旅游服务感到不满意时，导游要让其得到应有的物质补偿或某种"替代的满足"，以消除不满。

4. 求保护心理

游客通过合法的途径投诉，既是为自己，也是为所有消费者寻求利益保护。通过投诉，使相关部门重视游客的反映，并不断改进工作，服务质量才能不断提高，游客在今后的旅游中才能得到更优质的服务。

（二）把握正确处理旅游投诉的原则

1. 真心诚意解决问题

以"换位思考"的方式去理解投诉者的心情和处境，满怀诚意地帮助投诉者解决问题，只有这样，才能赢得投诉者的信任并有助于解决问题。

2. 不与游客争辩

游客投诉时一般情绪比较激动,因此导游不能与其争辩,要给游客讲话和申诉解释的机会。

3. 维护整体利益

在处理投诉时,导游应当明确自己所代表的是旅行社的整体利益,要注意尊重事实,既不能推卸责任,又不能贬低他人或其他部门,避免制造矛盾,否则,游客会更加反感。

(三)掌握处理旅游投诉的策略

1. 礼貌接待,耐心聆听,做好记录

面对游客投诉,导游可提早起立问候,视情况为游客倒上茶,请他们坐下,缓和气氛,让交谈变轻松。投诉者一般心有怨愤,不发泄出来,情绪无法平静,因此导游应耐心听他们把话说完,并做好记录,记录要与游客核对,并请相关人员留名签字,做好留证工作,作为解决问题的资料依据。对于游客的正式书面投诉,导游应立即向旅行社汇报,并尽快将投诉书转交到相关单位。对于游客宣泄愤怒时侮辱性的语言,导游要保持冷静,不与其争辩,更不要反驳对方。如果因游客情绪过于激动而无法继续交谈,导游应先稳定游客情绪,礼貌建议另找时间再谈。

2. 尽量采用个别接触的方式

个别游客的投诉,往往会引起其他游客的注意和共鸣。因此,把游客的不满情绪降低到最小限度和控制在最小范围是导游必须重视的问题。此时,导游最好把游客请到远离团队的地方,切忌在游客中间议论交谈,也不要在乱哄哄的环境中交谈。如果是集体投诉,也建议游客选派代表交谈。

3. 表示理解,诚恳道歉,但不盲目承诺

导游在接待投诉的游客时,应站在其立场考虑问题,以诚恳的态度向其表示理解、尊重与歉意。导游的共情和理解既安抚了游客,又可以把其注意力引向解决问题而不是纠缠于问题本身。对于游客的诉求,导游不可轻易表态,更不可盲目地承诺。如果是旅行社的责任,要向旅行社汇报,得到旅行社同意后方可宣布投诉处理方案。

4. 努力收集投诉信息，弄清真相

接到投诉后，导游应尽快核实情况，找出投诉原由和出错环节，及时给予明确、满意的答复。

5. 妥善处理，尽快解决问题

投诉原因核实后，导游应向投诉者实事求是地解释并诚恳地道歉，同时会同有关部门尽快采取措施解决投诉问题，该弥补的弥补，该赔偿的赔偿。

4-12　导游如何处理游客的投诉

6. 事后总结，吸取教训，记录存档

对所发生的旅游投诉的处理过程，导游要做好记录并存档。处理完投诉后，要对投诉产生的原因及后果进行反思和总结，对典型问题产生的原因和相应处理措施进行分析，从中吸取教训，积累经验，改进工作。

◇ 练习思考题

一、名词解释

1. 漏接
2. 旅游投诉
3. 游客不当言行
4. 旅游突发事件

二、判断题

1. 一旦发生错接的责任事故后，如果两个团队恰好都是同一家旅行社接待，可以将错就错，不必交换。　　　　　　　　　　　　　　　　　　　　　　　　（　）

2. 导游在工作中需要游客的证件时，要经由领队收取，用完后应立即如数归还，不要代为保管。　　　　　　　　　　　　　　　　　　　　　　　　　　　（　）

3. 如游客在参观游览时突然患病，不要搬动患病游客，让其就地坐下或躺下。　（　）

4. 导游在带团过程中应常备一些药品，如有游客在旅游期间患病，可以紧急给游客服用，缓解病情。　　　　　　　　　　　　　　　　　　　　　　　　　（　）

5. 游客在旅游途中病危，在抢救过程中，需要领队或患者亲友在场，并详细记录患者患病前后的症状及治疗情况。　　　　　　　　　　　　　　　　　　　　（　）

6.地陪带团过程中,有游客患重病,有时不得不将全团活动中断。　　　(　　)

7.在处理游客死亡事故时,应注意的问题是:须有死者的亲属,领队,使、领馆人员及旅行社有关领导在场,导游和我方旅行社人员切忌单独行事。　　　(　　)

8.为防止食物中毒事故的发生,导游应严格执行在旅游定点餐厅就餐的规定。　(　　)

三、单项选择题

1.为了预防漏接事故,导游应保证按规定提前(　　)到达接站地点。

A.40分钟　　　　　　　　　　B.30分钟

C.20分钟　　　　　　　　　　D.10分钟

2.造成错接事故的原因是导游(　　)。

A.工作责任心不强　　　　　　B.没有认真阅读计划

C.没有提前抵达接站地点　　　D.举牌接站的地方选择不当

3.旅游团因故提前离开,导游应通知一下站接待社,以免造成(　　)。

A.误接事故　　　　　　　　　B.错接事故

C.空接事故　　　　　　　　　D.漏接事故

4.游客提出变更旅游路线或日程时,导游原则上应(　　)。

A.按旅游合同执行　　　　　　B.上报组团社

C.上报接待社　　　　　　　　D.按指示做好变更工作

5.对丢失身份证的情况的处理,应(　　)。

A.先到当地公安局报失,再由旅行社开具证明,机场安检人员核准放行

B.先由当地旅行社核实后开具证明,再到公安局报失,经核实后开具身份证明

C.先报告机场安检部门并报失,再到公安局补办临时身份证

D.先由当地旅行社核实后开具证明,再到丢失地的公安局办理新的身份证

6.游客患重病需做手术,如果亲属不在,应由(　　)同意并签字。

A.全陪　　　　　　　　　　　B.地陪

C.领队　　　　　　　　　　　D.其他游客

7.如果游客非正常死亡,导游首先应(　　)。

A.拨打110报警电话　　　　　B.保护现场

C.向旅行社领导汇报　　　　　D.告知旅游团其他游客

8.面对个别游客恶意攻击和诬蔑我国的言论,导游应该(　　)。

A.不卑不亢、求同存异　　　　B.阐明观点、严正驳斥

C.认真倾听、耐心解释　　　　D.立即报有关部门处理

9.在面对部分游客不当言行的问题时,导游应该(　　)。

A.听之任之,放纵不管

B.严肃认真,实事求是,合情、合理、合法地处理

C. 尊重游客国家的传统习俗,理解他们的道德观念

D. 大事化小,小事化了

10. 中外游客中若有窃取国家机密和经济情报的活动,一旦发现应( )。

A. 立即汇报　　　　　　　　　　B. 请示旅行社领导

C. 予以劝阻　　　　　　　　　　D. 耐心解释

四、多项选择题

1. 导游在处理突发事件时,一般应遵循的原则包括( )。

A. 符合法律原则　　　　　　　　B. 公平对待原则

C. 尊重游客原则　　　　　　　　D. 维护尊严原则

E. 不卑不亢原则

2. 为预防漏接事故,导游应该( )。

A. 认真阅读计划　　　　　　　　B. 提前抵达接站地点

C. 核实交通工具到达的准确时间　D. 提供更加热情周到的服务

E. 提醒司机不要迟到

3. 为预防误机(车、船)事故,导游应( )。

A. 认真核实机(车、船)票　　　　B. 在离开当天安排自由活动

C. 在离开当天不去偏远的景点　　D. 留足时间去机场、车站、码头

E. 按规定的时间到达机场、车站、码头

4. 对于游客的证件,导游应( )。

A. 需要时由领队收取　　　　　　B. 用毕立即如数归还

C. 不要代为保管证件　　　　　　D. 提醒游客保管好证件

E. 为避免游客丢失,代为保管

5. 个别游客在旅游景点走失,一般应由( )分头去找。

A. 全陪　　　　　　　　　　　　B. 地陪

C. 领队　　　　　　　　　　　　D. 其他游客

E. 游客中的领导

6. 为预防游客在游览途中患病,导游应( )。

A. 严格按计划的项目游览　　　　B. 安排活动日程要留有余地

C. 随时提醒游客注意饮食卫生　　D. 不要买小贩的食品,不要喝生水

E. 及时报告天气变化

7. 为避免交通事故的发生,地陪应做到( )。

A. 不催促司机开快车　　　　　　B. 阻止非本车司机开车

C. 提醒司机经常检查车辆　　　　D. 司机开车时多与其聊天,以避免瞌睡

E. 如果天气恶劣,地陪对日程安排可适当灵活地加以调整

8.导游在接待工作中应该(　　)以防止发生治安事故。

A.在入住饭店时,建议游客将贵重财物存入饭店保险柜

B.提醒游客不要将自己的房号随便告诉陌生人

C.在旅游景点活动中,导游要始终和游客在一起

D.离开旅游车时,导游都要提醒游客不要将证件或贵重物品遗留在车内

E.汽车行驶途中,如遇司机的熟人可停车让其搭顺风车

9.导游处理游客的不当言行要特别注意"四个分清",即(　　)。

A.分清有意和无意的界限　　　　　B.分清无故和有因的界限

C.分清言论和行为的界限　　　　　D.分清违法和违规的界限

E.分清不当行为和违法行为的界限

10.如果离团后继续留下的游客需要帮助,导游可帮其所做的工作有(　　)。

A.协助其重新订妥航班、机票或火车票

B.协助其重新订饭店

C.带游客跟随自己的下一个团队出游

D.向其讲明所需费用自理

E.如其要求继续提供导游或其他服务,则应与接待社另签合同

五、问答题

1.简述旅游事故的预防措施。

2.简述漏接的预防和处理。

3.简述错接的预防和处理。

4.简述处理旅游投诉的策略。

六、实践创新

学生分组,各小组抽签选定某几个事故问题的处理,小组两两结对进行设计模拟,一组同学扮演游客,模拟设计场景、情节;另一组同学扮演导游,根据第一组同学提出的要求应对,提出具体方案(内容形式灵活,可展示纠错环节,利用PPT、音频、视频等多媒体,展示完成需进行知识点总结);其他同学依据相关知识点做出评判。

4-13　项目四练习思考题参考答案

项目五　游客个别要求的处理

◇ **本项目目标**

■ **知识目标**

1.掌握游客吃住行方面个别要求的处理方法；

2.掌握游客游购娱方面个别要求的处理方法；

3.熟悉游客自由活动、探视亲友、亲友随团活动、转递物品和信件、中途离团或延长旅游期限等个别要求的处理；

4.了解游客个别要求处理的原则和程序。

■ **能力目标**

1.掌握游客个别要求的处理方法,提供优质的导游服务；

2.能够正确判断游客的个别要求是否合理,正确处理游客个别要求与相关规定之间的关系,做到"以情感人""以理服人"。

■ **情感目标**

1.树立"游客为本,服务至诚"的导游服务理念,培养学生的导游工匠精神；

2.培养学生全心全意为人民服务的精神和根据游客需求提供个性化服务产品的创新精神。

任务一　游客个别要求处理的原则和程序

◇ 引 例

第四届全国导游大赛金牌导游郭程——学唱戏曲

月色阑珊,在扬州一个古色古香的厅堂里,一位身着中式服装的男士微笑着迎面走来,他就是刚刚在第四届全国导游大赛上把家乡之美娓娓道给人们听的郭程。

锲而不舍赛两届

眼前这位"金牌导游",学的专业却是植物学。20 岁的时候,长辈阿姨到家中做客,聊起了出门旅行时遇到的那位导游,让郭程对这个职业入耳入心。毕业后,做了几年专业对口的绿化工程工作之后,郭程觉得志趣不在此,便考取了导游证。他从兼职导游起步,到成为扬州市导游协会理事,一干也有近十年。按他的话说,就是"成功地再就业了。"

十年磨一剑,但其实郭程已经磨了两剑。"每两年一届的全国导游大赛是导游实现梦想的舞台,我前年就参加过,只是没能走到最后,有点不甘心,总结经验教训,2019 年再战。当年我就是这么想的,所以今年我又来了。"郭程说,两年前的自己确实不够沉着和放松,这两年他刻意增加了带团天数和次数,对行业认知、对游客的认知、对市场需求的认知,比过去更加成熟,"手中有粮,心中不慌"。

除了不紧张之外,郭程认为,"博览群书""文旅融合"是自己获奖的秘诀。郭程家里有大小不等 3 个书房,珍藏了逾 2.6 万册书。不过郭程说,他的读书方式是跳跃式的,因为常常对某本书中某个章节有些疑问,就直接去查其他书,"一定要弄明白才睡得着"。郭程还有一个爱好,就是曲艺,"书和扬州评话,是我这辈子都无法割舍的东西,就和做导游一样,这些都是我的兴趣所在,而不仅仅是谋生手段。"

既要接地气,也要够文气

作为一名地接导游,很重要的工作就是把扬州这座城市介绍给每一位游客。"在我从事这个职业之前,我从未想过外地人、外国人对生我养我的这方土地怀有这么大的热情。很多时候,他们的这种热情也感染着我,成为我解答疑问,不断更新知识、创新讲解的动力。"郭程说,最初的导游词是一个通用版本,随着带团频率的增多,慢慢地,他发现每一个团、每个小组乃至每名游客,他们的兴趣点都不尽相同,这就需要导游在实践中摸索,提前了解游客资料,了解他们的学历、工作背景,因团而异调整讲解方向。日复一日、年复一年,便有了属于自己的"讲解知识库"。

"带团过程中看似脱口而出的话,其实都是从知识库中提取的知识点。"郭程表示,好的导游讲解既要接得了地气,也要够得上文气。大家知其然不知其所以然的东西,你生动地讲出来就是最好的。"就拿扬州来说,关于它的介绍一定是围绕这座城市本身的魅力展开的,一方面,可以用上诗词歌赋楹联;另一方面,内容一定要与日常生活息息相关。"

郭程的讲解讲究语言的节奏和故事的代入感。讲一个故事不难,如何把这个故事讲得更真实,讲成游客愿意听并能记住这座城市的故事,却不容易。比如,同样是园林,非专业人士很难搞清楚苏州园林和扬州园林的区别,但这正是郭程花了大力气研究的课题。"苏州园林很多是'退休'官员所造,而扬州园林多为盐商所建,不同的文化背景和生活追求造就了不同的园林艺术,再结合扬州八怪等历史故事,讲给游客听,让他们各取所需。我还会把扬州评话中一些口技技巧运用到淮扬美食的讲解当中,比如吃汤包吮吸汤汁的感觉,就会用拟声词把它更形象地表现出来。"郭程笑着说,很多游客就是冲着这一声去品尝的。

三人行必有我师

古人云:三人行必有我师。这一句古语在郭程身上体现得淋漓尽致。

"我曾经非常困惑,讲淮扬美食过去只有看书,自己都找不到感觉。草草了事,游客听着也索然无味。后来我决定学习烹饪。"郭程说,他曾跟着淮扬菜名师蹲班,"扬州狮子头里的肉,师傅是要先切一刀放旁边的,意在用刀的阻力试试这块肉是老猪肉还是嫩猪肉;而烧猪头的时候,猪头皮朝下、肉朝上皮粘在锅底怎么办?窍门是拿卵石垫在下面,既不粘锅还可以保证受热均匀。"如今,讲解三头宴,这些亲身体验让郭程的讲解绘声绘色。

采访郭程,他给人的感觉非常惬意自在,从未叫苦不迭。他说:"任何一个行业都很辛苦。作为导游,可能一年365天有300天在外面奔波,家庭怎么办?感觉生活因此没有了。但工作真的不能把它当成任务去做,换种思维,试着把它看作一种乐趣。导游最吸引我的就是每天会遇到不同的人,交到很多朋友,在他们身上我能学到许多东西。"郭程回忆说,他曾经接待过一个上海团,团员大多是做肉制品的。从他们身上,"我了解到原来猪身上的肉分很多种类,下次带团再讲扬州炒饭的时候,这个知识点就能够丰富我的讲解。"还有一次,郭程接待的游客大多来自新疆油田,"从他们身上,我懂得了石油煤层气的划分,知道了什么样的碳比例会形成什么样的东西,后来遇到另一批从事水利工作的游客,我就把石油的知识讲出来,结合水利聊了聊。"

> "每个人都有擅长的东西,我学到了再运用于讲解,对于游客来说都是新鲜的。结合专业寻找不同的兴趣点,最终都是为了把我知道的关于这座城市的所有美好呈现给别人,这也是一名导游最有意义的使命。倘若每个人都有自己的小确幸的话,这就是我的幸福。"郭程说。
>
> (资料来源:http://www.yctga.org/news.aspx? id=236 2019-12-15.)

游客的个别要求是指参加团体旅游的游客提出的各种计划外的特殊要求。一般来看,游客的个别要求可以分为四种情况:合理的,经过导游的努力可以满足的要求;合理的,但现实难以满足的要求;不合理的,经过努力可以满足的要求;不合理的,无法满足的要求。对于游客提出的要求,不管其难易程度如何、合理与否,导游都应给予足够的重视,并正确、及时、合情合理地予以处理,力争使大家愉快地旅行游览。

一、游客个别要求处理的原则

(一)符合法律法规的原则

《导游人员管理条例》和《旅行社条例》中规定了游客、导游、旅行社三者之间的权利和义务,导游在处理游客个别要求时,要符合法律对这三者的权利和义务的规定。同时,还要考虑游客的个别要求是否符合我国法律的其他规定,如果相悖,应断然拒绝。

(二)"合理而可能"的原则

"合理而可能"的原则是导游处理问题、满足游客要求的依据和准绳。对于游客在旅游过程中提出的个别要求,只要是合理的,又是可能办到的,即使有一定困难,导游也应该设法予以满足。

但是,有些游客在出游时出于求全的心理,或完全出于个人利益,会提出一些虽然合理但无法办到,或看似合理但实际不可能办到的要求:针对这些要求,导游一要认真倾听,二要微笑对待,三要耐心解释,晓之以理,动之以情,切不可断然拒绝。

个别游客的无理取闹行为影响到整个旅游团的正常活动时,导游可请领队或全陪协助出面解决,或直接请全体游客主持公道。

（三）尊重游客的原则

游客提出的要求,大多数是合情合理的,但也可能会有无理取闹的人提出一些苛刻的要求,对这种情况,导游一定要遵循"尊重游客"的原则,对游客礼让三分。对于游客的挑剔,甚至吵架、谩骂,导游要保持冷静,始终有礼、有理、有节,不卑不亢。

（四）公平对待原则

公平对待原则是指导游对所有游客一视同仁、平等相待。不管游客的国籍、民族、宗教信仰、肤色,不管其社会经济地位高低、长幼、性别,也不管其身体是否健全,都是导游服务的对象。导游要尊重他们的人格,热情周到地为他们提供服务,维护他们的合法权益。切忌厚此薄彼、亲疏偏颇。

（五）维护尊严原则

《导游管理办法》规定了导游在对待游客的个别要求时,要坚决维护国家的尊严和自身的人格尊严。对于游客有损国家利益和民族尊严的要求应断然拒绝,并予以严正驳斥;对于游客提出的侮辱自身人格尊严或违反导游职业道德的不合理要求,也应予以拒绝。

二、游客个别要求处理的程序

（一）认真倾听

在游客提出个别要求时,导游要面带微笑,认真地倾听,不急于答复,更不要轻易打断游客的话语。即使游客的要求显然不合理,甚至有过激言论,导游也应保持头脑冷静,不要急于辩解或马上否定,更不得与游客发生争执。

（二）分析满足游客要求的可能性

游客的个别要求往往具有临时性、突发性,有的还有紧迫性,既不能急于答复,也不能久拖不决。能否及时答复游客的要求也是导游工作素养高低的一个体现。答复游客之前,导游应对游客的要求的合法性、合理性、可行性进行分析,能否恰当分辨游客的要求,也是对导游的素质的考验。

导游要有意识地进行知识、经验和技能的积累,主要包括以下方面。

(1)尽量熟悉导游工作的各项基本业务。导游要有良好的判断能力,不仅要熟悉工作内容,还要熟悉工作程序,把握处理问题的分寸。

(2)做一个博学的人。丰富的知识,尤其是法律知识不仅有助于导游的讲解,还有助于开拓导游的视野,增强导游解决问题的能力。

(3)对一些规律性的问题事先做好准备。

(三)及时答复,切实执行

在对游客的要求进行分析之后,无论是否能够满足游客的要求,导游都应该及时答复游客,这能体现导游服务的诚意和效率。如果游客的要求最终被拒绝,导游应详细解释理由和原因,做到以理服人。如果导游决定满足游客的要求,就要开始做出有效的安排,切实满足游客的要求。

任务二　游客吃住行方面个别要求的处理

◇ 引 例

反对食品浪费　文明健康用餐

记者从中国人大网了解到,《中华人民共和国反食品浪费法(草案)》近日向社会公众征求意见,征求意见的截止日期为 2021 年 1 月 29 日。草案提出,旅游经营者应当引导游客文明、健康用餐。旅行社及导游在安排团队用餐时,应当提醒游客适量点餐、取餐。有关行业应当将旅游经营者反食品浪费的工作情况纳入相关质量标准等级评定指标。

草案共 32 条,从国家、各级政府、国务院各部门、机关和国有企业事业单位、餐饮服务提供者、学校、餐饮外卖平台、旅游经营者等方面,就防止食品浪费作出规定。

草案提出,餐饮服务提供者应当建立健全食品采购、储存、加工管理制度,加强服务人员职业培训,将珍惜粮食、反对浪费纳入培训内容;主动对消费者进行防止食品浪费提示提醒;提升餐饮供给质量,按照标准规范制作食品,合理确定数量、分量,提供小份餐等不同规格选择;提供团体用餐服务,应当将防止食品浪费理念纳入菜单设计,按照用餐人数科学合理配置菜品、主食;提供自助餐服务,应当主动告知消费规则和防止食品浪费要求,提供不同规格餐具,提醒消费者适量取餐。餐饮服务提供者未主动进行防止食品浪费提示提醒的,由县级以上地方人民政府市场监督管理部门或者商务主管部门责令限期改正,给予警告;诱导、误导消费者超量点餐造成明显浪费的,由县级以上地方人民政府市场监督管理部门或者商务主管部门责令改正,给予警告;拒不改正的,处一千元以上一万元以下罚款。

　　草案还提出,制定和修改有关国家标准、行业标准和地方标准,应当将防止食品浪费作为重要考虑因素。食品、餐饮行业协会应当加强行业自律,依法制定、实施反食品浪费等相关团体标准和行业自律规范,推广先进典型,引导会员自觉开展反食品浪费活动,对有浪费行为的会员采取必要的自律措施;开展食品浪费监测,加强分析评估,每年向社会公布有关反食品浪费工作情况及监测评估结果。

（资料来源:http://www.ctnews.com.cn/news/content/2021-01/13/content_95972.html.）

一、对餐饮方面个别要求的处理

（一）对特殊饮食要求的处理

由于宗教信仰、生活习惯、身体状况等原因,有些游客会提出饮食方面的特殊要求,例如,不吃荤,不吃油腻、辛辣食品,不吃猪肉或其他肉食,甚至不吃盐、糖、味精等。对游客提出的特殊要求,要区别对待。

1. 在旅游协议书有明文规定的要求

接待方旅行社须早做安排,地陪在接团前应检查落实情况,不折不扣地兑现。

5-1 游客特殊饮食要求案例1

📊 2. 游客抵达后或到定点餐厅后临时提出的要求

需视情况而定。一般情况下地陪应积极与餐厅联系,在可能的情况下尽量满足其要求。如情况复杂,确实有困难满足不了其特殊要求,地陪则应说明情况,协助游客自行解决,如建议游客到零点餐厅临时点菜或带其去附近餐馆(最好是旅游定点餐馆)用餐,餐费自理。

(二)要求换餐

部分外国游客不习惯中餐的口味,在几顿中餐后要求改换成西餐;有的外地游客想尝尝当地小吃,要求换成风味餐。诸如此类要求,处理时考虑如下几方面。

5-2　游客特殊饮食要求案例2

首先要看是否有充足的时间换餐。如果游客在用餐前 3 个小时提出换餐的要求,地陪应尽量与餐厅联系,但需事先向游客讲清楚,如能换妥,差价由游客自付。并且,询问餐厅能否提供相应服务。若计划中的供餐单位不具备供应西餐或风味餐的能力,应考虑换餐厅。如果是在接近用餐时间或到餐厅后提出换餐要求,应视情况而定:如果该餐厅有该项服务,地陪应协助解决;如果情况复杂,餐厅又没有此项服务,一般不应接受此类要求,但应向游客做好解释工作。如果游客仍坚持换餐,地陪可建议其到零点餐厅自己点菜或单独用餐,费用自理,并告知原餐费不退。

(三)要求单独用餐

由于游客的内部矛盾或其他原因,个别游客要求单独用餐。此时,导游要耐心解释,并告诉领队请其调解。如游客坚持,导游可协助其与餐厅联系,但餐费自理,并告知综合服务费不退。

游客由于外出自由活动、访友、疲劳等情况不随团用餐,导游应同意其要求,但要说明餐费不退。

(四)要求在客房内用餐

如果游客生病,导游或饭店服务员应主动将饭菜端进房间以示关怀。如果是健康的游客希望在客房用餐,应视情况办理。如果餐厅能提供此项服务,可满足游客的要求,但须告知服务费标准。

（五）要求自费品尝风味餐

游客要求外出自费品尝风味,导游应予以协助,可由旅行社出面,也可由游客自行与有关餐厅联系订餐。订妥风味餐后游客又不想去,导游应劝他们在约定时间前往餐厅,并说明如果不去用餐须赔偿餐厅的损失。

（六）要求推迟就餐时间

由于游客的生活习惯不同,或由于在某旅游地游兴未尽等原因要求推迟用餐时间。导游可与餐厅联系,视餐厅的具体情况处理。一般情况下,导游要向游客说明餐厅有固定的用餐时间,劝其入乡随俗,过时用餐需另付服务费。若餐厅不提供过时服务,最好按时就餐。

二、对住宿方面个别要求的处理

旅游过程中,酒店是游客临时的家。对于在住房方面的要求,游客是相当重视的,导游一定要尽力协助解决,满足游客的要求。

（一）要求调换酒店

团体游客到一地旅游时,享受什么星级的酒店的住房在旅游协议书中有明确规定,有的在什么城市下榻哪家酒店都写得清清楚楚。所以,接待旅行社向游客提供的客房低于标准,即使用同星级的酒店替代协议中标明的酒店,游客都会提出异议。

如果接待社未按协议安排酒店或协议中的酒店确实存在卫生、安全等问题而致使游客提出换酒店,地陪应随时与接待社联系,接待社应负责予以调换。如确有困难,按照接待社提出的具体办法妥善解决,并给出游客有说服力的理由,提出补偿条件。

（二）要求调换房间

根据游客提出的不同原由,有不同的处理方法。

1. 房间不干净

如有蟑螂、臭虫、老鼠等,游客提出换房应立即满足,必要时应调换酒店。

2. 客房设施尤其是房间卫生达不到清洁标准

应立即打扫、消毒,如游客仍不满意,坚持调房,应与酒店有关部门联系予以满足。

3. 若游客对房间的朝向、层数不满意

要求调换另一朝向或另一楼层的同一标准客房时,若不涉及房间价格并且酒店有空房,可与酒店客房部联系,适当予以满足,或请领队在团队内部进行调整。无法满足时,应耐心解释,并向游客致歉。

5-3 游客要求
调换饭店案例

4. 若游客要住高于合同规定标准的房间

如有空房,可予以满足,但游客要交付原定酒店退房损失费和房费差价。

(三)要求住单间

团队旅游一般安排住标准间或三人间。由于游客的生活习惯不同或因同室游客之间闹矛盾,而要求住单间,导游应先请领队调解或内部调整,若调解不成,酒店如有空房,可满足其要求。但导游必须事先说明,房费由游客自理(一般由提出方付房费)。

5-4 特殊游客
住房案例

(四)要求延长住店时间

出于某种原因(生病、访友、改变旅游日程等)而中途退团的游客提出延长在本地的住店时间,导游可先与酒店联系,若酒店有空房,可满足其要求,但延长期内的房费由游客自付。如原住酒店没有空房,导游可协助联系其他酒店,房费由游客自理。

(五)要求购买房中物品

如果游客看中客房内的某种摆设或物品,要求购买,导游应积极协助,与酒店有关部门联系,满足游客的要求。

三、对交通方面个别要求的处理

一般情况下,交通行程都是事先定好的,并不好更改,但在实际工作中仍会有游客提出一些个别要求。

(一)要求更换交通工具类型

游客可能要求把火车票改为机票或更换搭乘交通工具的时间等。这种要求除非在自然灾害、误车(机/船)等特殊情况下,一般都不能答应更换。旅途中票务预订、退换手续非常烦琐,并且短时间内很难满足要求。

(二)要求提高交通工具等级

游客可能要求提高舱位、座位等级等。导游遇到这种要求应首先与接待社计调部联系,若有所要求等级的舱位、座位可帮忙更换,但差价及相关费用自理。

任务三　游客游购娱方面个别要求的处理

◇ 引 例

除了基本功,导游还应该具备哪三种新能力?

蔡剑波,三亚凤凰岭海誓山盟景区副总经理,2011年荣获"全国优秀导游"称号,同年入选国家旅游局师资培训人才资料库,2012年入选海南省优秀人才资料库。

伴随着旅游业的兴旺,旅游市场对导游的要求今非昔比。在旅游市场竞争充分的今天,游客的需求变了、眼光高了,对导游们素质和能力的要求也随之提高。过去,导游的基本功有三项:有资质、讲解好、服务好。而在蔡剑波看来,如今一名合格的导游不仅要有以上三项基本功,还应该具备较强的领导力、控制力,灵活的讲解能力和引导游客理性消费的能力。

领导力、控制力是关键

"在一次海南全省高级导游座谈会上,有一位导游提出,导游应以服务为重,态度一定要好,怎么能'训'游客、'凶'游客呢? 对于这个问题,争议挺大的。"蔡剑波说:"一直以来,导游对游客的态度都是比较谦恭的,基本是哄着游客的。那么,导游到底能不能'凶'游客呢? 我认为可以。当然,这个'凶'是打引号的,其实质是'立规矩'。"

蔡剑波认为,"立规矩"考验的是一个导游的领导力和控制力,而这两者也是目前导游普遍缺乏的一种能力。"导游应该意识到,在一个团队里,自己是一团之长、是管家,不能光尽义务不讲权利。比如,近年来,老年游客的比重逐渐加大。全团都是比我年纪大的老人,怎么好意思说他们呢? 可是,总有个别老年游客爱贪便宜、不注意影响。"蔡剑波说,他在带周边一日游团队时就遇到过类似的情况。参团前就说好,每位游客都能得到组团社送的鸡蛋或者是一只鸡。可是,每到发东西的时候,总有那么几位老人冲上去,挑个头大的鸡或是鸡蛋,闹出了很多不愉快。

"遇到这种情况,导游应该怎么办?"蔡剑波说,"我有一段把话说在前面的'训导词'。'我带各位叔叔阿姨们出门,既高兴又担忧,高兴的是我的父母跟你们都是一样大的年纪,感到特别亲切,这个年纪还能健康地出来玩、享受生活,多好啊。但是担心的是,咱们先把丑话说在前面,出门不能贪小便宜,发东西不要哄抢,吃自助餐要注意按需取食,要时刻提醒自己,时代变了,我们生活好了,不缺这点儿了'。要是谁在这方面出现了问题,那我可真要训了。"

"有共同话题"才是好讲解

在导游行业内,说起讲解,大家是这样总结的:上知天文地理,下知鸡毛蒜皮。那么,讲解是不是讲得越多就越好呢?

在蔡剑波看来,导游出口成章,诗词歌赋样样都会,并不代表就把讲解做好了。"导游可以不说,但是不能不会,不能不懂。游客出来旅游是寻求放松的,不是来上课的。例如,到海南来,你用几个小时把海南的地理、历史等全都讲出来,游客真会认真听吗? 其实不然,这种讲解的结果大多是10分钟之后就有人打哈欠,半个小时以后一半的人都睡着了,这足以说明这样的讲解不是好讲解。"

蔡剑波说,好的讲解,首要原则就是找对话题,必须要根据游客的情况,找准游客感兴趣的话题。这个话题可以通过游客的年龄、籍贯等一些基本信息来判断。"同时,要注意在路上关注、挖掘游客的兴趣点。"

有一个例子给蔡剑波留下了深刻的印象。那次,他带一个来自北方的团队,长途飞行让游客们很疲劳,一路上无精打采。但当他们看见到窗外田里的水牛时,却忽然来了兴致,"因为很多北方人没有见过水牛。"蔡剑波就抓住这个兴趣点,从水牛和黄牛的差异讲起,一直讲到海南和北方的差异。游客们还展开了热烈的讨论,到达目的地了还意犹未尽。

"好的讲解,第二个原则就是口语化,不要照本宣科。怎样用口语的方式,通过'郭德纲式的幽默'让游客听得进去,需要导游用心钻研,要善于把书本知识用自己的讲解风格讲述出来。"

理性、坦然引导消费

"消费这个词一和游客联系起来,就变得很敏感,似乎成了导游与游客之间的一道隔阂。导游应不应该引导消费?我认为,引导消费的能力是一个合格的导游应该具备的。在不误导游客的情况下,理性地引导游客消费、促进当地经济发展,对于旅游目的地和游客来说都是好事。"蔡剑波说,旅游归来,带些当地的特产给亲人和朋友是一种风俗,也是一种礼仪。"导游要在一种和谐的气氛中,在游客理解的基础上,学会引导消费。"

那么,如何理性、坦然地引导消费呢?"其实,在领导力、控制力、讲解的能力都做到位的基础上,引导消费就是水到渠成,游客会心甘情愿地购买,甚至主动要求购物。购物不是错,以次充好、偏离价值规律的购物诱导才是错。"

蔡剑波说,引导消费可以说是一个系统工程,首先,要了解游客的需求、购买力和购买欲望。"什么是需求?短缺意味着需求,北方不产海南椰子、不产咖啡,所以游客要买。购买欲望是什么?不是说你有了就不用买了,购买一件物品的原因是多方面的,有人因为需要,有人是为了面子。人的心理很微妙,尤其是在购物的时候会受到很多因素的干扰。引导消费的能力,跟一个人的情商关系密切。从这个角度来说,成为一名真正合格的导游确实不易。"(被访者:"全国优秀导游"蔡剑波　采访者:王赵洵)

(资料来源:http://www.yctga.org/news.aspx? id=163.)

一、对游览方面个别要求的处理

(一)游客要求更换或取消游览项目

凡是计划内的游览项目,导游一般应该不折不扣地按计划进行。若是全团统一提出更换游览项目,则须请示接待社计调部门,请其与组团社联系,同意后方可更换;若是个别游客提出更换游览项目,地陪应向游客耐心解释,不能随意更换。

（二）游客要求增加游览项目

在时间允许的情况下，导游应请示接待社并积极协助。与接待社有关部门联系，请其报价，将接待社的对外报价报给游客，若游客认可，地陪则陪同前往，将游客交付的费用上交接待社并将发票交给游客。

二、对购物方面个别要求的处理

购物是旅游活动的重要组成部分，游客往往会有各种各样的特殊要求，导游要不怕麻烦、不图私利，设法予以满足。

5-5 游客购物案例 1

（一）要求单独外出购物

游客要求在自由活动时间单独外出购物，导游要尽力帮助，当好购物参谋。如建议去哪家商场，联系出租车等。但是，如果游客在离开本地当天要求单独外出购物，导游要劝阻，以防误机（车/船）。

（二）要求退换商品

导游者购物后发现是残次品、计价有误或对物品不满意，要求导游帮其退换，导游应积极协助，必要时陪同前往。

5-6 游客购物案例 2

（三）要求再次前往某商店购物

游客欲购买某一商品，出于"货比三家"的考虑或对于商品价格、款式、颜色等犹豫不决，当时没有购买。后来经过考虑又决定购买，要求地陪帮助。对于这种情况，地陪应热情帮助，如有时间可陪同前往，车费由游客自理。若因故不能陪同前往可为游客写便条，写清商店地址及欲购商品的名称，请其乘出租车前往。

（四）要求购买古玩或仿古艺术品

游客希望购买古玩或仿古艺术品，导游应带其到文物商店购买，并提醒游客保存好物品发票，不要将物品上的火漆印（如有的话）去掉。如果游客要在地摊上选购古玩，导游应予以劝阻，并告知有关规定。若发现个别游客有走私文物的可疑行为，导游须及时报告有关部门。

（五）要求购买中药材

有些游客想买些中药材,并携带出境。导游应告知中国海关有关规定(数量、品种、限量等)。

三、对文娱方面个别要求的处理

文娱活动是晚间活动的重要内容,不仅充实了游客的夜间生活,也会帮助他们进一步了解中国的传统文化,留下深刻印象。

（一）要求调换计划内的文娱节目

对于计划内的文娱节目,一般情况下,地陪应按计划准时带游客到指定文娱场所观看文艺演出。因为在文娱活动方面,游客各有爱好,一般不强求一致。若游客提出调换节目,地陪应视情况,本着"合理而可行"的原则,进行如下处理。

📶 1.如全团游客提出更换

地陪应与接待社计调部门联系,尽可能调换,注意未联系妥当之前不要随意许诺。如接待社无法调换,地陪要向游客耐心做解释工作,并说明票已订好,不能退换,请其谅解。

📶 2.部分游客提出更换

本着"合理而可能"的原则,视具体情况妥善处理。若决定分路观看文娱演出,在交通方面导游可这样处理:如两个演出点在同一线路,导游要与司机商量,尽量为少数游客提供方便,送他们到目的地;若不同路,则应为他们安排车辆,但车费自理。

（二）要求自费观看文娱节目

在时间允许的情况下,导游应积极协助。以下两种方法地陪可酌情选择。

📶 1.与接待社有关部门联系,请其报价

将接待社的对外报价(其中包括节目票费、车费、服务费)报给游客,并逐一解释清楚。若游客认可,请接待社预订,地陪同时要陪同前往,将游客交付的费用上交接待社并将收据交给游客。

5-7　文娱节目
处理案例

📊 2.协助解决，提醒游客注意安全

地陪可帮助游客联系购买节目票,请游客自乘出租车前往,一切费用由游客自理。但应提醒游客注意安全,带好饭店地址。必要时,地陪可将与自己联系的电话告诉游客。如果游客执意要去大型娱乐场所或情况复杂的场所,导游须提醒游客注意安全,必要时陪同前往。

（三）要求前往不健康的娱乐场所

游客要求去不健康的娱乐场所,过不正常的夜生活,导游应断然拒绝,严肃指出不健康的娱乐活动和不正常的夜生活在中国是明令禁止的,是违法行为,会受到法律的惩处。

任务四　游客其他方面个别要求的处理

◇ 引 例

文明为美景增色　节约为行程加分

禁烟火,勿砍伐,禁捕猎,不丢杂……在海南呀诺达雨林文化旅游区,每位游客都会在景区导游的带领下,大声宣读善行旅游"三字经"。旅游区常务副总经理聂世军表示,一个小小的"仪式感"环节,增强了游客的责任感,效果很好。景区内攀爬、随意刻画的现象减少了,游客文明旅游的意识明显提升。

国庆中秋假期,各地通过增设文明旅游志愿者、播放文明旅游宣传视频等多种方式,引导游客争做文明旅游践行者,助推假日旅游服务提质升级。

创新服务赢好感

长假第一天,位于四川省甘孜藏族自治州稻城县的稻城亚丁景区就迎来了大量游客。细心的游客发现,景区新增了"垃圾淘宝店",游客可以在淘宝店或驿站领取一个环保袋,在游览途中捡拾垃圾,游览结束后将一袋子的垃圾交回后就可参与抽奖,获得CD、冰箱贴、钥匙扣、明信片等亚丁文创产品。"'垃圾淘宝'非常有意义,增加了景区与游客的互动,也有利于保护自然环境。我抽到了两张明信片,还发动其他朋友一起参与。"游客许健说。

在三亚天涯海角旅游区，"带着文明去旅行"活动受到游客的欢迎。景区"以奖促优"，让游客在答题中了解疫情防控的相关要求和文明旅游行为规范，广泛参与到文明旅游行动中。

在河北省承德市，各大景区着力做好双节文明旅游大文章。全市4A级以上旅游景区全部设立了文明旅游志愿服务驿站、文明旅游志愿服务岗，提供文明引导、旅游咨询、义务讲解、质量监督等服务，进一步优化承德市全域旅游发展环境，提升游客体验感、满意度。

"大美衡水 文明旅游 绿色出行"活动成为国庆假期衡水各景区的一道风景线。活动包括"文明景区""文明用餐""文明旅社"等内容，各景区按照"提质提效 文明服务"的省级文明城市创建标准，建设学雷锋志愿服务站。

"建设文明南宁，共享美好生活""珍惜文明城市荣誉，美丽南宁共建共享""规范文明行动，塑造文明形象"……在广西南宁的大街小巷，处处可见文明标语，润物细无声地播撒文明种子，让文明的理念根植在每个市民心中。

国庆当天，南宁方特东盟神画乐园接待了5500多名游客。偌大的园区里地面整洁，几乎看不到果皮纸屑等杂物。保洁员韦师傅推着保洁车在园区里来回检查，一看到有垃圾碎屑马上打扫清理。

"请您出示健康码……"在南宁青秀山风景区西门，游客在景区工作人员的引导下，自觉扫码、亮码、网络购票、排队检票入园。在景区内，热情亲切的文明引导员引导游客文明观光、安全游览。游客王祺铭带着一家老少前来游玩，他自备了垃圾袋，把果皮、果核及包装纸等随手装进袋里。"现在我们身边的文明氛围越来越浓厚，文明为美景添色，为绿城南宁加分，我们要自觉践行文明。"他说。

厉行节约见成效

10月4日中午，来自上海的10名游客在浙江省绍兴市柯桥区鉴湖大酒店就餐，在点菜师张飘的建议下，点了几道既有地方特色又营养均衡的菜品，既解决了顾客点菜的烦恼，又合理安排了菜品避免铺张浪费，如今，点菜师已经成为柯桥区各大酒店的标配。"我们的宗旨是让顾客吃得健康又美味。"张飘说，点菜师不仅介绍菜品，还秉承健康就餐、营养就餐的原则，向游客提出建议，提醒点餐要"适可而止"。

"专业点菜师的出现，在一定程度上减少了因点菜过多出现的浪费现象。"柯桥区餐饮协会会长胡伟钧表示，接下来，协会还将适时开展包括营养配餐等在内的多种专业培训。

盘大量足一直是农家菜的特色，也是农家菜口碑的一部分。如何在农家菜中体现"厉行节约"是浙江省金华市农家乐江南店餐厅负责人洪丽霞一直在思考的问题。"我们尝试推出一系列价格实惠、种类丰富的小盘菜组合，争取能从过去一盘大菜吃饱转变为丰富的小盘让人吃好。"洪丽霞说。

为了杜绝餐饮浪费，假期前夕，四川省成都市武侯祠博物馆在售票处 LED 显示屏等显著位置加大了"珍惜粮食、反对浪费"的宣传力度，向餐饮商户发放了宣传海报，倡议餐饮经营者和就餐游客合理定制餐量、按需订餐，养成勤俭节约的好习惯。一家餐饮店的店员说："为了鼓励游客节约用餐，餐馆在点菜环节做了一些新尝试。我们会在点菜的时候给顾客提一些菜式搭配方面的建议。当顾客点的菜量过多时，也会提醒他们可能吃不完，建议不要浪费。"

重庆市涪陵区美心红酒小镇有家名为"吃饭公司"的自助餐厅。十一期间，餐厅推出的各种美食超过 30 种。"为了避免浪费，餐厅一直坚持推行'光盘行动'。刚开始的时候浪费现象比较严重，我们规定盘中剩余食物超过 50 克就要加收 10 元餐费，其实这只是督促大家适量取餐避免浪费，现在食客们取餐时大多是量力而行。"自助餐厅负责人王丽表示。

除此以外，美心红酒小镇还专门设置了光盘行动"辅导员"，就餐高峰期间厨师长会走出厨房，向游客"喊话"，"农民伯伯种粮食辛苦，小学课本就教我们粒粒皆辛苦"等话语，起到了良好的效果。

在南宁市的多家餐厅，"使用公筷""拒绝浪费"等宣传海报标语随处可见，餐桌文明理念深入人心。"餐桌举止非小事，一筷一勺显文明"，一家火锅餐厅内张贴着这样的海报。服务员建议顾客："您和朋友两个人，每道菜点半份就可以了，不够再加。"食客林镇宇说，"现在提倡厉行节约，反对浪费，我们都习惯'光盘'，吃不完也会打包回家。"

凝心聚力倡文明

国庆中秋假期前夕，文化和旅游部市场管理司策划了一系列以文明用餐为主题的文明旅游宣传推广活动。各地也纷纷行动起来，对旅游从业人员做好培训，提升文明旅游服务水平；积极营造文明旅游氛围，引导游客做厉行节约的践行者、文明餐桌的维护者和美好生活的创造者。

十一假期前夕，甘肃省兰州市文化和旅游局面向市内各星级饭店、景区景点、农家乐、旅游民宿等涉旅餐饮企业及广大消费者发出倡议，做厉行节约的践行者、文明餐桌的维护者、美好生活的创造者，养成"节约光荣、浪费可耻"的用餐文化。

假日期间，烟台市文化和旅游局推出"秋韵"烟台文明旅游有奖问答活动，通过线上宣传方式，引导游客文明旅游。同时，还在全市 255 家旅行社中开展从业人员文明旅游宣导培训，从行前教育到出行中的文明提示，再到用餐过程中的"光盘"提醒，从各个环节提升从业者的服务水平，满足游客的高品质服务需求。

烟台市文化和旅游局局长张祖玲说，十一假期是对文化和旅游行业的一次"文明大考"，烟台组织文明旅游志愿者走进景区、饭店、海岛、码头、机场、火车站等地，宣传文明出行、预约消费，从小事做起、抓细节落地。让游客在抵达烟台的第一眼，看到烟台文化和旅游最美丽的风景；让游客在烟台旅途的每一眼，都能发现烟台文明旅游志愿者的身影，感受他们的用心服务。

　　国庆假期,海南省旅游协会推出了文明旅游志愿服务活动,在海口美兰机场、天涯海角游览区、长影环球 100 奇幻乐园、三亚国际免税城等地随处可见文明旅游志愿者。他们向市民和游客发放《文明旅游出行指南》《文明旅游宣传折页》等宣传资料,认真负责的工作作风得到了多位游客的认可。

　　武汉旅游志愿服务队在长假期间走进湖北武汉各 A 级旅游景区,用专业、热情的服务向游客倡导文明旅游、安全旅游,引导游客错峰出行,帮助游客现场解决问题。这支拥有国家金牌导游、武汉星级导游的队伍于 2015 年 9 月组建,主要由武汉市优秀旅游工作者、旅游爱好者等组成,目前队伍已超过 1500 人。

　　紧密结合文明城市常态长效创建工作,国庆假期,山东省青岛市市北区组织各景区景点开展常态化文明旅游志愿服务活动。着眼沿海一线、山头公园等重点区域和自驾游客等重点人群,市北区组织旅游从业人员和志愿者发放《青岛市文明礼仪文明旅游行为公约》,开展"文明旅游在身边"等活动,在海云庵广场等景区捡拾垃圾,营造"文明出行,你我相伴"的旅游环境。

　　(资料来源:http://www.ctnews.com.cn/news/content/2020-10/07/content_87710.html.)

一、自由活动的要求

旅游线路安排中往往有自由活动时间,在集体活动时间内也有游客要求单独活动的要求。导游应根据不同情况,妥善处理。

(一)应劝阻游客自由活动的几种情况

　　(1)如游客计划去另一地游览,或游客即将离开本地时,导游应劝阻游客不要自由活动,以免误机(车/船)。

　　(2)如在地方治安不理想、复杂、混乱的地区,导游要劝阻游客外出活动,更不要单独活动,但必须实事求是地说明情况。

　　(3)不宜让游客单独骑自行车去人生地不熟、车水马龙的街头游玩。

　　(4)游河(湖)时,游客提出希望划小船或在非游泳区游泳的要求,导游不能答应,不能置旅游团不顾而陪少数人去划船、游泳。

　　(5)游客要求去不对外开放的地区、机构参观游览时,导游不得答应此类要求。

（二）允许游客自由活动时导游应做的工作

1. 要求全天或某一景点不随团活动

有些游客因已游览过某地或某景点，不想随团活动，要求一天或数天离团自由活动。如果其要求不影响整个旅游团的活动，可以满足并提供必要帮助，具体处理程序如下。

（1）提前说明不随团的时段内，未随团活动的所有项目的费用不退，游客自行活动的各项费用自理。

（2）告诉游客用餐的时间和地点，以便其归队时用餐。

（3）提醒其注意人身、财务安全。

（4）提醒游客带上住址卡片（卡片上有中英文饭店名称、地址、电话）备用。

（5）用中英文写一张便条，注明游客要去的地点的名称、地址及简短对话，以备不时之需。

（6）必要时将自己的手机号码告诉游客。

2. 到游览点后要求自由活动

到游览点后，个别游客希望自行游览或摄影，若环境许可（游人不太多、秩序不乱），可满足其要求。导游要提醒其集合的时间和地点及旅游车的车牌号，必要时留一字条，在上面写清楚集合时间、地点和车牌号以及酒店名称和电话号码，以备不时之需。

3. 自由活动时间或晚间要求单独行动

导游应建议不要走得太远，不要携带贵重物品（可寄存在前台），不要去秩序乱的场所，不要太晚回饭店等。

4. 少数人要求一起活动

少数人自由活动时，导游不可陪少数人单独活动，应与大多数游客在一起，确保旅游计划的全面贯彻实施。

二、探视亲友的要求

游客到达某地后，希望探望在当地的亲戚或朋友。导游应设法予以满足，并视情况酌情处理。

（1）游客知道亲友的姓名、地址，导游应协助联系，并向游客讲明具体乘车路线。

（2）游客只知道亲友姓名或某些线索，地址不详，导游协助寻找，必要时可通过旅行社请公安户籍部门帮助寻找，找到后及时告诉游客并帮其联系；如果旅游期间没找到，可请游客留下联系电话和通信地址，待找到其亲友后再通知他（她）。

（3）入境游客要会见中国同行洽谈业务、联系工作或进行其他活动，导游应向旅行社汇报，在领导指示下给予积极协助。

（4）游客慕名求访某名人，导游应了解其会见目的，并向领导汇报，按规定办理。

（5）导游发现个别中国人与游客之间以亲友身份作掩护进行不正常往来，或游客会见人员中有异常现象，应及时汇报。

（6）外国游客要求会见在华外国人或驻华使、领馆人员，导游不应干预。如果游客要求协助，导游可给予帮助；若外国游客盛情邀请导游参加使、领馆举办的活动，导游应先请示领导，经批准后方可前往。

三、亲友随团活动要求

（一）游客要求中国籍亲友随团活动

游客提出希望旅行社准许其中国亲友参加旅游团在当地的活动，甚至随团一起到其他城市旅游，在条件允许（如车上有空位，不影响其他人）的情况下，可满足游客要求，但事先要征得领队和旅游团其他成员的同意，然后到旅行社办理入团手续，并交付各种费用。导游对游客随团活动的亲友应热心服务，一视同仁，并根据情况给予照顾。如果其亲友不办理手续、不交纳费用就直接随团活动，导游应有礼貌地问清他们与游客的关系以及姓名和工作单位，向游客及其亲友解释旅行社的有关规定，请其谅解，说明他们必须先办理手续，然后再随团活动。

5-8　亲友随团活动案例1

（二）游客要求外籍亲友随团活动

游客要求其外籍亲友随团活动，一般情况下，在征得领队和旅游团其他成员的同意后方可允许。但外籍亲友须出示有效证件，办理入团手续，交付必要的费用。对于使、领馆人员的随团活动要求，导游要了解其姓名、身份、活动的内容。如果是外交官员还应享受相应的外交礼遇。对他们的接待和活动安排严格按我国政府的有关规定办理。如果游客的在华亲友以记者身份参加旅游团的活动，一般不同意，特殊情况必须请示有关部门的批准。

5-9　亲友随团活动案例2

四、转递物品和信件的要求

游客要求旅行社和导游帮助其向有关部门或亲友转递物品及信件,应视情况按相应规定和手续办理。一般情况下,应由游客将物品或信件亲手交给或邮寄给收件部门或收件人。若确有困难,可予以协助。转递物品和信件,尤其是转递重要物品和信件,手续要完备。

（一）游客要求导游转递物品

游客要求转递物品,导游须问清何物。若是应税物品,应促其纳税。若是贵重物品、食品、药品或未缴税的应税物品,一般应婉言拒绝。实在无法推托时,要请游客写好委托书,注明物品名称、数量并当面点清,签字并留下详细通信地址。收件人收到物品后要写收条,并签字盖章。办妥后,导游要将委托书和收条一并交旅行社保管。若是转递给外国驻华使、领馆及其人员的物品,原则上不能接受。在推托不了的情况下,导游应详细了解情况并向旅行社领导请示,经同意后将物品交旅行社有关部门,由其转递。

（二）游客要求转递信件

游客要求导游转递信件,导游应建议其直接去邮局寄出,可提供必要的协助。如果游客要求转递的是重要资料和信件,导游最好让其自行处理;若导游答应转递,应做好必要的记录并留下委托者的详细通信地址;收件人收到资料和信件后要出具收据,交旅行社保存。

（三）要求转递他人委托的物品

游客受他人所托,请导游代为转递物品时,导游首先应了解委托人的情况及其与游客的关系,了解收件人的情况及其与委托人的关系,了解物品的名称和数量等。如果物品价值较贵重或委托人与收件人情况较特殊,导游必须先向旅行社领导报告,经领导同意后按规定办理。

五、中途离团或延长旅游期限的要求

（一）游客要求中途离团的处理

1. 因特殊原因提前离开旅游团

游客因患病、家中出事、工作上急需,或其他特殊原因,要求提前离开旅游团,中止旅游活动,经接待社与组团社协商后可予以满足,因提前离团而未享受的旅游费用,按旅游协议书规定,或部分退还,或不予退还。

2. 无特殊原因要求中途离团

5-10 游客中途
离团案例

游客无特殊原因,只是某个要求得不到满足而提出提前离团,导游要配合领队做说服工作,劝其继续随团旅游。若接待社确有责任,应设法弥补;若游客提出的是无理要求,要耐心解释;若劝说无效,游客仍执意要求退团,可满足其要求,但应告知其未享受的综合服务费不予退还。

外国游客不管因何种原因要求提前离开中国,导游都要在领导指示下协助游客重订航班,办理分离签证及其他离团手续,所需费用游客自理。

（二）游客要求延长旅游期限的处理

1. 由于某种原因中途离团，但本人继续在当地逗留需延长旅游期限

对于无论何种原因中途退团并要求延长在当地旅游期限的游客,导游都应帮其办理一切相关手续。对于那些因伤病住院,不得不离团并需延长在当地居留时间的游客,除了办理相关手续外,还应前往医院探视,并帮助解决患者或其陪伴家属在生活上的困难。

5-11 游客延长
旅游期限案例

2. 不随团离开或出境

旅游团的游览活动结束后,出于某种原因,游客不随团离开或出境,要求延长逗留期限,地陪应酌情处理:如不需办理延长签证,一般可满足其要求;无特殊原因的游客要求延长签证,原则上应予以婉拒;如确有特殊原因需要留下但需办理签证延期的,地陪应请示旅行社领导,向其提供必要的帮助。

（1）具体做法是:先到旅行社开证明,然后陪同游客持证明、护照及集体签证到出入境管理部门办理分离签证手续和延长签证手续,费用由游客自理。

（2）如有需要,可协助游客重新订妥机票或火车票、酒店等,并向其讲明所需费用自理;如游客要求继续提供导游服务或其他服务,则应与接待社另签合同。

（3）离团后的一切费用均由游客自理。

◇ **练习思考题**

一、名词解释

游客个别要求

二、判断题

1. 某国外游客在北京的琉璃厂淘到一幅古字画,导游应协助其将字画打包至游客所带行李,方便托运出境。						(　　)

2. 有些游客想买些中药材,并携带出境。导游应告知中国海关有关规定。			(　　)

3. 外国游客无特殊原因要求提前离开中国,由其自己重订航班,办理分离签证及其他离团手续。						(　　)

4. 由于游客外出访友不随团用餐,导游应同意其要求,并退还餐费。			(　　)

三、单项选择题

1. 旅游团游东湖时,一游客提出希望单独划船游湖,导游应(　　)。

A. 同意其要求,且陪同一起划船　　　　B. 婉言劝阻,若游客坚持,可不必阻拦

C. 让游客去问领队,由领队决定　　　　D. 说明为了安全,不能同意其要求

2. 以下关于游客用餐方面个别要求的处理中,正确的是(　　)。

A. 旅游团要求外出自费品尝风味餐,应予以劝阻

B. 若在抵达后才提出特殊饮食要求,应婉言拒绝

C. 若在用餐前提出换餐,应尽量满足,但差价自理

D. 游客要求在客房内用餐,可满足其要求,但服务费自理

3. 下列情况中,当游客提出换房,导游应立即满足其要求的是(　　)。

A. 客房朝北光线不好　　　　　　　　B. 客房在走廊尽头离电梯近

C. 在客房内发现蟑螂　　　　　　　　D. 要求住高档客房又拒付差价

4. 如游客要求去不对外开放的地区、机构和单位参观,导游应(　　)。

A. 报告旅行社　　　　　　　　　　　B. 断然拒绝

C. 婉言拒绝　　　　　　　　　　　　D. 让游客自己处理

5. 游客购物后发现是残次品、计价有误或对物品不满意,要求导游帮其退换,导游应(　　)。

A. 帮游客叫车,让他自己去换　　　　B. 帮游客联系,请司机陪同前往

C. 告诉游客,离店的物品不能退换　　D. 积极协助,必要时陪同前往

6. 外国游客在旅游团的活动结束后,不随团离境,无特殊原因要求延长签证时,导游应(　　)。

A. 陪同游客到公安局办理延长签证手续

B. 可满足其要求

C. 给予婉拒

D. 请示旅行社

四、多项选择题

1.个别游客因团内矛盾要求单独用餐,导游应该( )。

A.婉言拒绝,并说明理由　　　　　B.耐心解释,并请领队调解

C.如游客坚持,可协助与餐厅联系　　D.告知餐费自理

E.告知综合服务费不退

2.游客要求调换不同朝向的同一标准客房,导游应该( )。

A.婉言拒绝　　　　　　　　　　B.请领队在团内调整

C.如有空房,可适当予以满足　　　D.如无法满足,向游客耐心解释

E.可满足,但须另付服务费

3.以下关于游客住房方面的个别要求中,导游可予满足的是( )。

A.要求购买房中物品　　　　　　B.要求住单间但不愿另付房费

C.要求延长住店时间且饭店有空房　D.要求住高标准房间且同意支付差价

E.要求住不同楼层的客房且酒店有空房

4.游客要求在自由活动时间单独外出购物,导游可提供的帮助主要有( )

A.建议去哪家商场　　　　　　　B.联系出租车

C.直接帮游客买回商品　　　　　D.写中文便条

E.在离开本地当天要劝阻,以防误机(车/船)

5.在引导游客购买古玩时,导游应( )

A.建议游客去文物商店

B.提醒游客保存发票

C.劝阻游客在地摊上选购古玩并告知中国的有关规定

D.对个别游客走私文物的行为进行劝说

E.告知不要去掉古玩上的火漆印

6.游客要求其外籍亲友随团活动,导游应( )。

A.在征得领队和其他成员的同意后方可允许

B.请其外籍亲友出示有效证件

C.帮助办理入团手续,交付费用

D.如其亲友是记者,以记者身份参团,一般不予同意

E.如果是外交官员,也应和其他游客同等待遇

7.游客要求全天或某一景点不随团活动,导游应( )。

A.提前说明如果不随团活动,所有费用不退

B.告诉游客用餐的时间和地点

C.将不随团活动游客的情况报告旅行社

D.提醒其注意安全

E.将自己的手机号码告诉游客

8.游客因其个人要求得不到满足而提出离团要求,导游正确的做法是(　　)。

A.配合领队做说服工作,劝其继续随团旅游

B.若接待方旅行社确有责任,应设法弥补

C.若游客提出的是无理要求,应断然拒绝

D.若游客仍执意要求退团,可满足其要求

E.若游客执意离团,应退还其未享受的综合服务费

五、问答题

1.简述游客个别要求处理的原则。

2.简述应劝阻游客自由活动的几种情况。

六、实践创新

学生先分组,各小组抽签选定某几个游客个别要求问题的处理,小组两两结对进行模拟,一组同学扮演游客,模拟设计各种背景材料,以及向导游提出个别要求;另一组同学扮演导游,根据第一组同学提出的要求应对,提出具体方案(内容形式灵活,可展示纠错环节);其他同学依据相关知识点做出评判。

5-12　项目五练习思考题参考答案

项目六　导游语言技能

◇ **本项目目标**

■ **知识目标**

1.掌握导游口头语言的基本形式、表达要领、表达方法；

2.掌握导游态势语言如首语、表情语、目光语、服饰语、姿态语、手势语等运用技巧；

3.熟悉导游交际语言如称谓、交谈、劝服、提醒、回绝、道歉等语言运用技巧；

4.了解导游语言的含义与要求。

■ **能力目标**

能够正确合理地运用导游语言,提供优质的导游服务。

■ **情感目标**

1.树立"游客为本,服务至诚"的导游服务理念,培养学生的导游工匠精神；

2.培养学生全心全意为游客服务的精神和不断提升自己导游语言技能的进取精神。

任务一　导游语言的含义与要求

◇ 引　例

"金牌导游"崔少青：展现专业素养　讲好中国故事

崔少青，1997年12月出生，中共党员，本科毕业于山东农业大学旅游管理系，现任山东省坤河旅游开发有限公司接待导游部总组长，主要负责齐河博物馆群的讲解及政务接待工作。

她以讲好中国故事为初心使命，坚持做好每一次讲解、每一次介绍，用真情服务温暖每一名游客。多年来，她先后为多位国家、省部级领导进行齐河博物馆群的讲解，凭借极高的专业素养，得到各级领导的一致认可。多年来先后荣获德州市导游大赛第一名，2022年度德州市导游、讲解员及网络主播大赛第一名等好成绩，并获得过"烟台市巾帼建功标兵""烟台市十佳文明导游""烟台市岗位服务明星"等荣誉称号。

崔少青出生在一个海滨旅游小城——蓬莱，小的时候妈妈经常带着她到处玩，坐船、坐飞机、坐火车，她的梦想就是能够走遍祖国的大好河山，看看更多外面的世界。所以，高考报志愿时，她郑重地选择了旅游管理专业，毕业后如愿成为一名导游，也有机会了解那些之前只出现在地图上，但从未踏足的地方。带着对这份工作的热爱，她在导游岗位坚守了10年。

毕业之初，怀揣着对导游工作的向往、对美好生活的憧憬来到了三仙山风景区，从事了她人生中的第一份职业——讲解员，五年的讲解工作，不论寒冬炎夏，刮风下雨，她始终立足于岗位，坚持做好自己的每一次讲解，每一次介绍，将平凡的工作做到极致，她时刻扪心自问，做游客知识的传播者，处在景区的第一线，就一时一刻也不能怠慢，一分一秒都不应该退缩，面对游客那一张张期待的面孔，怎能停下脚步呢？

有一次，崔少青在景区内讲解，看到两名外国游客在不远处的小路上来回走动，他们不时地向周围的游客比划交流，但最终也没人理解，纷纷离开，看到他们垂头丧气的样子，她结束了手头的讲解工作后，上前交流，他们说着不太流利的中文，她讲着不太标准的外语，原来，这是来自美国的三口之家，在蓬莱游玩了一个星期，明天就要回国，不想却在刚才丢失了背包，背包里还有他们的签证，看到他们无助而又着急的样子，她赶紧安抚他们,并第一时间联系景区为他们广播寻物。当时正值春节长假,景区里的游客络绎不绝,让本来就很困难的搜寻工作进一步增加了难度。终于,在太阳落山前工作人员找到了他们的背包,她也收获了游客的感激。

作为一名讲解员,在平凡的岗位上能让有需要的游客得到帮助,让他们出门在外能够简单安心,是责任也是使命。也许没有耀眼的光环和雷动的掌声,她选择导游这个岗位是出于对导游工作的执着和热爱,正是因为有这份坚定的信念和不怕苦不怕累,不忘初心牢记使命的拼搏精神,在做好本职工作的同时,崔少青还参加了烟台市导游大赛并取得了理想的成绩,先后被授予"烟台市巾帼建功标兵""烟台市十佳文明导游""烟台市岗位服务明星"等荣誉称号。

正是有了这一次次的磨砺,五年前崔少青被公司外派来到德州齐河成为博物馆群的讲解员,从事政务接待,多次接待过省市县重要领导的参观讲解工作。

不积跬步无以至千里,不积小流无以成江海,只有这样,才能更好地立足于岗位,几年来,崔少青不断充实自己,先后参加了多次大赛,不断锤炼自己,提升自我,2018年参加德州市导游大赛获得第一名的成绩,被选送参加山东省导游大赛,并取得优异成绩。今年参加了 2022 年度德州市导游、讲解员及网络主播大赛,取得导游组第一名的好成绩,荣誉是一种鼓励,更是一种责任。崔少青说,未来她将继续讲好中国故事,展现专业素养,用实际行动在导游队伍里传播正能量,有一分光就发一分热。

(资料来源:http://sd.sdnews.com.cn/dezhou/xwzx/202209/t20220928_4104779.htm.)

一、导游语言的含义

导游语言从狭义的角度上看,是导游与游客交流思想感情、指导游览、进行讲解、传播文化时使用的一种具有丰富表达力、生动形象的口头语言。

从广义的角度来说,导游语言是导游在导游服务过程中必须熟练掌握和运用的所有具有一定意义并能引起互动的一种符号。

导游语言不仅包括口头语言,还包括态势语言、书面语言和副语言。其中副语言是一种有声而无固定语义的语言,如重音、笑声、叹息、掌声等;导游语言还能传递某种信息或表达某种思想感情。比如,介绍旅游景观如何美、美在何处等,游客通过感受导游的语言行为能产生相应的反应;再比如,导游微笑着搀扶老年游客上车,其态势语言(微笑语和动作语)就会引起游客的互动,老年游客说声"谢谢",周围游客投来"赞许的目光"等;导游语言还是导游过程中的一种有意义的媒介。

6-1 遣词造句准确举例

二、导游语言的基本要求

导游语言也是思想性、科学性、知识性和趣味性的结合体。导游的语言除了要符合语言规范之外,还要满足以下基本要求。

（一）准确性

准确性是指导游的语言必须以客观现实为依据,即在遣词造句、叙事上要以事实为基础,准确地反映客观实际。导游的语言要做到准确,必须注意如下几个方面。

📈 1. 态度要严肃认真

首先,导游要有竭诚为游客服务的思想和不断提高导游服务质量的意愿,实事求是地用恰当的语言表达;其次,导游要有锲而不舍、勤学苦练的科学精神,认真地措辞,使话语符合语境并贴切地反映客观实际。

6-2 词语组合
得当举例

📈 2. 熟悉所讲内容

如果导游不熟悉所讲景点的情况、讲解内容,很难表达清楚、准确,更谈不上流畅、优美了。如果导游准备充分,在讲解时就能用词准确、妥帖,易被游客接受和理解。

6-3 注意逻辑性
举例

📈 3. 遣词造句准确

遣词造句准确,词语组合、搭配恰当是语言运用的关键。

📈 4. 词语组合得当

导游在选择贴切的词汇的基础上,还要按照语法规律和语言习惯进行词语的有机组合,使之符合规范,搭配相宜。

6-4 表达有层次
举例1

（二）逻辑性

逻辑性,是指导游的思维要符合逻辑规律,语言要保持连贯性,并且语言表达条理清晰、有层次感。而要使自己的语言具有逻辑性,导游还应掌握必要的逻辑方法。

6-5 表达有层次
举例2

1. 思维要符合逻辑规律

导游若能掌握并正确地运用这些逻辑形式,遵守形式逻辑的思维规律,就会使自己的思维具有确定的、前后一贯的、有条理的状态,从而在语言表达上保持首尾一致,具有较强的逻辑性。

6-6 比较法举例

2. 语言表达要有层次感

导游应根据思维逻辑,将要讲的内容分成前后次序,即先讲什么、后讲什么,使之层层递进,条理清楚,脉络清晰。

6-7 分析法和
综合法举例 1

3. 掌握必要的逻辑方法

导游的语言要具有逻辑性,必须学习和掌握一些基本的逻辑方法。

1)比较法

比较法是辨别两种或两种以上的同类事物的异同或高下的方法。人们常说"有比较才有鉴别",只有通过比较,才能对事物有所区分。在导游语言中,应用比较法的场合很多。

6-8 分析法和
综合法举例 2

2)分析法和综合法

分析法是把一件事物、一种现象或一个概念分成较简单的组成部分,然后找出这些部分的本质属性和彼此之间的关系。综合法则是把分析的对象或现象的各个部分、各种属性联合成一个统一的整体。

3)抽象法

抽象法又称概括法,是从许多事物中舍弃个别的、非本质的属性,抽出共同的、本质的属性的方法。

6-9 抽象法举例

4)演绎法和归纳法

演绎法和归纳法都是推理的方法。前者是由一般原理推出关于特殊情况下的结论,其中三段论就是演绎的一种形式。后者是由一系列具体的事实概括出一般原理。这两个方法是相互对应的。

6-10 演绎法举例

（三）生动性

导游语言的生动性也至关重要。导游的语言表达要力求与神态表情、手势动作及声调和谐一致，形象生动，富有感染力。要想使口语表达生动形象，导游除了要把握好语音、语调之外，还要善于运用比喻、比拟、排比、夸张、映衬、引用、双关和示现等修辞手法。

1. 比喻

比喻就是用类似的事物来打比方的一种修辞手法，它包括下面几种形式。

1）使抽象事物形象化的比喻

比如，"土家族姑娘山歌唱得特别好，她们的歌声就像百灵鸟的声音一样优美动听。"土家族姑娘的歌声是抽象的，这里将其比喻为百灵鸟的声音就形象化了。

2）使自然景物形象化的比喻

比如，"如果说，云中湖是一把优美的琴，那么，喷雪崖就是一根动听的琴弦。"
这里将九宫山的云中湖比喻为琴，将喷雪崖比喻为琴弦，显得既贴切又形象。

3）使人物形象更加鲜明的比喻

比如，"屈原的爱国主义精神和《离骚》《九歌》《天问》等伟大的诗篇如日月生辉！"
这里将屈原的精神和成就比喻为"日月"，使其形象更加突出。

4）使语言简洁明快的比喻

比如，"鄂南龙潭是九宫山森林公园的一条三级瀑布，其形态特征各异，一叠仿佛白练悬空，二叠恰似银缎铺地，三叠如同玉龙定潭。"
这里将瀑布比喻为白练、银缎和玉龙，言辞十分简洁明快。

5）激发丰富想象的比喻

比如，"千岛湖的水，涟涟如雾地缠绕在山的肩头；千岛湖的山，隐隐作态地沉湎在水的怀抱。千岛湖的山水像一幅涂抹在宣纸上的风景画，极尽构图之匠心，俱显线条之清丽，那么美轮美奂地舒展着，那么风情万种地起伏着。她用山的钟灵揽光云影，她用水的毓秀成鉴湖风月。"
这里将千岛湖比喻为山水风景画，令人产生无穷的遐想。

2. 比拟

比拟是通过想象把物拟作人或把甲物拟作乙物的修辞手法。在导游语言中，最常用的是拟人。

比如,"迎客松的主干高大挺直,修长的翠枝向一侧倾斜,如同一位面带微笑的美丽少女向上山的游客热情招手。"

迎客松是植物,赋予人的思想感情后,会"面带微笑",能"热情招手",显得既贴切又生动形象。

运用比拟手法时,导游要注意表达恰当、贴切,要符合事物的特征,不能牵强附会。另外,还要注意使用场合。

3. 排比

排比是将几个内容相关、结构相同或相似、语气连贯的词语或句子组合在一起,以增加语势的一种修辞手法。在导游讲解中运用得当,可产生朗朗上口、一气呵成的效果,增添感人力量。

比如,上海南浦大桥的一段导游词:"大桥的建成已成为上海又一重要的标志。它仿佛一把钥匙,打开上海与世界的大门;它仿佛一面镜子,反映着代表中国最先进生产力水平的大都市的现代文明;它仿佛一部史册,叙述着中国的未来;它仿佛一本资质证书,充分证明中国完全可以参与和完成世界上的任何工程项目;它仿佛一曲优美的交响乐,奏出时代的最强音。"

4. 夸张

夸张是在客观真实的基础上,用夸大的词句来描述事物,以唤起人们丰富的想象的一种修辞手法。在导游语言中,夸张可以强调景物的特征,表现导游的情感,激起游客的共鸣。

比如,"相传四川、湖北两地游客会于江上舟中,攀谈间竞相夸耀家乡风物。四川游客说'四川有座峨眉山,离天只有三尺三',湖北游客笑道'峨眉山高则高矣,但不及黄鹤楼的烟云缥缈。湖北有座黄鹤楼,半截插在云里头'。惊得四川游客无言以对。"

这里用夸张的手法形容黄鹤楼的雄伟壮观,使游客对黄鹤楼"云横九派""气吞云梦"的磅礴气势有了更深的认识。

导游运用夸张手法应注意两点:一是要以客观实际为基础,使夸张具有真实感;二是要鲜明生动,能激起游客的共鸣。

5. 映衬

映衬是把两个相关或相对的事物,或同一事物的两个方面并列在一起,以形成鲜明对比的修辞手法。在导游讲解中运用映衬的手法可以增强口语表达效果,激发游客的情趣。

比如,"溶洞厅堂宽敞、长廊曲折,石笋耸立、钟乳倒悬,特别是洞中多暗流,时隐时现、时急时缓。水声时如蛟龙咆哮,令人惊心动魄;时如深夜鸣琴,令人心旷神怡。"

这里"宽敞"和"曲折","耸立"与"倒悬","隐"和"现","急"与"缓","蛟龙咆哮"和"深夜鸣琴"形成强烈的对比,更加深了游客对洞穴景观的印象。

6. 引用

引用是指用一些现成的语句或材料(如名人名言、成语典故、诗词寓言等)作为根据来说明问题的一种修辞手法。在导游讲解中经常运用这种方法来增强语言的表达效果。引用包括明引、意引和暗引三种形式。

1)明引

明引是指直接引用原话、原文。其特点是出处明确,说服力强。比如,"归元寺的寺名'归元'亦称归真,即归于真寂本源、得道成佛之意,取自于佛经上的'归元性不二,方便有多门'的偈语。"这里引用的佛经上的偈语诠释了归元寺名称的内涵,令人信服。

2)意引

意引是指不直接引用原话原文而只引用其主要意思。比如,"国内外洞穴专家考察后确认,湖北利川的腾龙洞不仅是中国目前已知最大的岩溶洞穴,而且是世界特级洞穴之一,极具旅游和科研价值。"这里引用的专家对腾龙洞的评价虽不是原话,但同样具有较强的说服力。

3)暗引

暗引是指把别人的话语融入自己的话语里,而不注明出处。比如,"东坡赤壁的西面石壁更峻峭,就像刀劈的一样。留在壁面上的层层水迹,表明当年这儿确乎有过'惊涛拍岸,卷起千堆雪'的雄奇景象。"这里引用了苏东坡《念奴娇·赤壁怀古》中的词句,虽没有点明出处,但却是对赤壁景观最形象的描写和绝妙的概括,让游客听后产生无穷的遐想。

导游在运用引用手法时,既要注意为我所用、恰到好处,不能断章取义,又要注意不过多引用,更不能滥引。

7. 双关

双关是利用词语同音或者多义的条件,使一个语言片段同时兼有表、里两层意思,并以里层意思为表意重点。双关有谐音、谐义两种,在导游词中运用得比较多的是谐音双关技巧。我国民俗文化内容异常丰富,各种用谐音双关手段表现的生活内容必然要反映在语言表达中。如果在导游词中巧妙地加以利用,不仅能够为表达增色,而且还能够将一些民俗知识巧妙地传达给游客,从而十分生动形象地反映当地的民俗风貌,给游客留下深刻的印象。

8.示现

示现是把已经过去的事情、将要发生的事情或想象中的事情活灵活现地描述出来的修饰技巧。示现一般有回忆、追述、预想、悬想等形式,具有极强的表现力。回忆、追述,是使过去的事情再现出来,如在眼前,给人身临其境的感觉;预想是将未来移至眼前,生动形象,给人活灵活现的感受。不论是哪种示现,都使人"未见如见""未闻如闻",具有较强的艺术魅力与感染力。导游为了给游客留下深刻的印象,应该根据交际的需要,不失时机地使用这种方法进行讲解,以收到更加理想的效果。

任务二 导游口头语言表达技巧

◇ 引 例

"金牌导游"凌敏:心怀国之大者,讲好红色故事

凌敏,女,1985年出生,中共党员,现为乐陵市旅游产业发展中心导服股股长。自2007年毕业至今,凌敏同志已在导游讲解工作岗位上度过十几个春秋。十几年来,她致力于为游客提供高品质讲解服务,不断提升自己的业务水平。会计出身的她,硬是凭着一点一滴的努力,考取了初级普通话导游证,取得第四届山东省导游大赛"优秀选手"、德州市地接服务技能视频大赛"优秀导游"的成绩,荣获乐陵市"青年岗位能手""五一劳动奖章"等荣誉称号,多次在全市演讲比赛中取得优异成绩。

工作15年来,凌敏始终坚持奋斗在一线,冀鲁边区革命纪念馆、文庙、千年枣林游览区、碧霞湖、碧霞元君故居、大孙生态采摘园等景区景点都曾留下她带领游客参观的足迹。而她亲切自然的讲解风格、专业的讲解技能、热情的服务态度都给游客留下了深刻的印象,并得到各级领导、专家及群众的赞扬。

厚积才能薄发,博学才能专长。2014年9月,冀鲁边区革命纪念园开园,凌敏担负起了弘扬红色文化的讲解重任。冀鲁边区革命纪念园承担着弘扬冀鲁边区精神以及对党员领导干部开展党性党风党纪教育的重要使命,凌敏凭借着优秀的专业素质和思想道德水平,成为市委组织部重点培养的一名教员。

凌敏知道自己的党史和抗战历史知识欠缺,就悄悄地下功夫,看书查、上网搜、向专家请教,逐渐掌握起了2万多字的讲解稿。刚装修完的纪念馆充斥着浓重的气味,凌敏不顾环境恶劣,每天多次到纪念馆实地模拟演练,熏得头晕恶心,便跑到室外呼吸一下新鲜空气,继续回到馆里练习,寻找站位,练习引导手势,提炼讲解重点,功夫不负有心人,最终凌敏顺利地完成了"三严三实""两学一做"等党性教育培训的政治任务,在社会上引起广泛赞誉。

一声声夸赞和表扬,并没有让她迷失自我,而是更加坚定了她为冀鲁边抗战史发声的决心。夏天骄阳似火,冬天寒风刺骨,汗水曾让她汗流浃背,冷风曾让她感冒流涕,繁重的讲解任务更是让她声音嘶哑,高跟鞋磨破了脚后跟,汗水浸湿了工装,但是她都不曾喊苦喊累,而是秉持一个共产党人的初心,怀着无比激动的心情用情用力用心地讲述着冀鲁边区的一个个抗战故事。曾有学员听她讲述的《边区慈母马振华》《夹小包袱的抗日大嫂崔兰仙》等红色故事感动落泪,更有无数听众为她鼓掌、为她竖起大拇指。

一线讲解环境是艰苦的,没有四季恒温的办公环境,只有烈日一身汗,冬天冒风寒的一线艰苦工作,但是看到听众泛着泪花的眼睛,或者洋溢着笑容的脸庞,抑或一个个竖起的大拇指,一声声情真意切的"谢谢",她便觉着这份工作是神圣而有意义的。工作中她收获着播撒知识、宣传枣乡文化的快乐,大女儿在妈妈的耳濡目染下,喜欢读书、朗诵、讲解,更是冀鲁边区纪念馆的小小讲解员,曾多次参与冀鲁边区革命纪念馆接待活动。孩子噙着泪花深情讲述的《夹小包袱的抗日大嫂崔兰仙》曾打动很多听众,而且受到观众的高度认可和赞扬。凌敏想,这是工作赋予她最丰足的回报。

紧跟时代步伐,创新宣传方式。当短视频平台等新媒体平台兴起时,凌敏抓住了这次机遇,她出镜主持,以"乐小旅"的身份宣传推广家乡的美景、美食、美物,创新讲述方式,围绕吃住行游购娱进行多角度全方位的宣传报道,让乐陵旅游品牌更加深入人心。由她出镜主持的"乐陵文旅"短视频账号,在枣乡大地声名远扬。《千年枣林喜迎春雪》《乐陵又添文化新高地》《一只蛐蛐卖到5万多》等视频点击量达几十万次。

她先后在10余场德州(乐陵)旅游宣传推介会上担任推介人,对解说队伍的管理工作也是一丝不苟。她注重做好传帮带,多次举办讲解员培训讲座,组织讲解新人走进景区开展实地讲解培训,认真提高服务水平。她带领的导服队伍被评为德州市"青年文明号"、乐陵市"巾帼标兵岗""工人先锋号"。

凌敏,一个在一线讲解岗位上坚守15年的导游,用热情、专注、踏实、认真诠释着青春的力量和对家乡的热爱。

(资料来源:http://sd. sdnews. com. cn/dezhou/xwzx/202209/t20220928_4104779.htm.)

口头语言是在导游服务中心使用频率最高的一种语言形式,是导游做好导游服务工作最重要的手段和工具。

一、导游口头语言的基本形式

（一）独白式

独白式是导游讲、游客倾听的语言传递方式,常见于致欢迎词、欢送词或独白式的导游讲解中,其特点是:第一,目的性强,导游讲一段话,是为了介绍情况、联络感情,或是为了说明问题;第二,对象明确;第三,表述充分。

6-11 独白式举例

（二）对话式

对话式是导游与一个或一个以上的游客之间所进行的交谈,如问答、商讨等,常用于在散客导游讲解中,其特点是:第一,依赖性强,即对语言环境有较强的依赖性,对话双方共处同一语境,有些话不展开来说,只言片语也能表达一个完整的或双方都能理解的意思;第二,反馈及时,对话式属于双向语言传递形式,其信息反馈既及时又明确。

6-12 对话式举例

二、导游口头语言的表达要领

（一）音量大小适度

音量是指一个人讲话时声音的强弱程度。导游在导游讲解时要注意控制音量,做到音量大小适度和音量变化顺畅自然。既不能大到声嘶力竭的程度,也不能小到游客听不到。导游讲解时音量的大小应以每位游客都能听清为宜。但在游览过程中,导游应根据游客人数、讲解内容和所处环境等调节音量大小。比如,当游客较多时,导游适当调高音量,反之调低音量;在室外嘈杂的环境中讲解,音量应适当放大,反之适当放小;对于重要内容、关键性词语或要特别强调的信息,导游要加大音量,以提醒游客注意,加深游客的印象。

（二）语调高低有序

语调是指一个人讲话的腔调,即讲话时语音的高低起伏和升降变化。语调一般分为升调、降调和平调三种,高低不同的语调往往伴随着人们不同的感情状态。

📊 1. 升调

多用于表达兴奋、激动、惊叹、疑问等感情状态。

比如,"大家快看,前面就是三峡工程建设工地!"(表示兴奋、激动)

又如,"你也知道我们湖北咸宁有个神秘的'131'军事工程?"(表示惊叹、疑问)

📊 2. 降调

多用于表达肯定、赞许、期待、同情等感情状态。

比如,"我们明天早晨 8 点准时出发。"(表示肯定)

又如,"希望大家有机会再来我们湖北当阳,再来玉泉寺。"(表示期待)

📊 3. 平调

多用于表达庄严、稳重、平静、冷漠等感情状态。

比如,"这儿的人们都很友好。"(表示平静状态)

又如,"武汉红楼是中华民族推翻帝制、建立共和的历史里程碑。"(表示庄严、稳重)

语调被称为"情感的晴雨表",有十分重要的表达情感的作用。在导游讲解中,如果能根据讲解的具体内容需要对语调进行创造性的处理,就会使讲解声情并茂。在一段导游讲解中,语调的安排要随着讲解内容的变化而变化,要有高低的升降起伏,要使语调高低有序、错落有致,使讲解有强烈的感情色彩。

(三)语速快慢相宜

导游在讲解或同游客谈话时,要力求语速徐疾有致、快慢相宜。语速过快,游客会跟不上导游的节奏,感到听起来很吃力;语速过慢,游客注意力容易分散;如果一直用同一种语速讲解,缺乏感情色彩,会让人感到乏味,昏昏欲睡。

一般来说,讲解中语速应控制在每分钟 200 字左右。同时,游客群体、讲解内容不同,语速也应适当调整。譬如,对中青年游客,语速可稍快些,对老年游客则要适当放慢;对讲解中重要或要特别强调的内容,语速可适当放慢,以加深游客印象,对不太重要的内容,可适当加快讲解速度。

(四)停顿长短合理

这里所说的停顿不是讲话时的自然换气,而是语句之间、层次之间、段落之间的有意间歇。其目的是集中游客的注意力,增强导游语言的节奏感。常用的停顿的类型有以下几种。

📈 1. 语义停顿

语义停顿是指导游根据语句的含义所作的停顿。一般来说，一句话说完要有较短的停顿，一个意思说完则要有较长的停顿。

比如，"武当山是我国著名的道教圣地，/首批国家级重点风景名胜区和世界文化遗产。//武当山绵亘八百里，/奇峰高耸，险崖陡立，/谷涧纵横，云雾缭绕。//武当山共有 72 峰，/主峰天柱峰海拔高达 1612 米，/犹如擎天巨柱屹立于群峰之巅。//发源于武当山的武当拳是中国两大拳术流派之一，/素有'北宗少林，南尊武当'之称。"

分析：表示短停顿、//表示长停顿，有了这些长短不一的停顿，导游就能将武当山的特点娓娓道来，游客听起来也比较自然。

📈 2. 暗示省略停顿

暗示省略停顿是指导游不直接表示肯定或否定，而是用停顿来暗示，让游客自己去判断、去思考，从而留下深刻的印象。

比如，"请看，江对面的那座山像不像一只巨龟？//黄鹤楼所在的这座山像不像一条长蛇？//这就是'龟蛇锁大江'的自然奇观。//"

📈 3. 等待反应停顿

等待反应停顿是指导游先说出令人感兴趣的话，然后故意停顿以激起游客的反应。

比如，一位埃及导游讲到尼罗河时这样说："这里仍保留着用人祭河神的习俗。他们每年都要举行一次仪式，众人将一位美丽的少女投进河水之中。"导游讲到这里，停顿下来，游客的脸上写满了惊异和不解——难道真的还有这样野蛮的习俗？停了一会儿，导游才说道："不过，现在这位姑娘是用塑料做的。"游客这才松了一口气。

📈 4. 强调语气停顿

强调语气停顿是指导游讲解时，每讲到重要的内容，为了加深游客内心的印象所作的停顿。

比如，"黄鹤楼外观为 5 层建筑，里面实际上有 9 层，为什么要这样设计呢？"//导游讲到这里，故意打住，然后带团上楼参观，使游客在参观过程中联系这个问题进行思考。

（五）语气丰富多变

丰富语气是指通过调遣语气助词、语气副词、感叹词以及语调、轻重音甚至停顿等要素来使讲解语气丰富多变。导游不仅要根据讲解调整自己的语气,还要调动游客,心气一致地回应游客。导游根据需要表达出各种恰当的语气,能够感染游客,调动游客的情绪,使游客与导游之间形成和谐的感情共振。

任务三 导游态势语言运用技巧

◇ 引 例

敖燕军:编写导游词创意源自实践

"在导游服务中,讲解是关键,导游词编写又是导游讲解的基础。"近日,围绕如何编写导游词,笔者采访了第四届全国导游大赛"银牌导游"称号获得者、国家高级导游敖燕军。

三大部分必不可少

敖燕军说,一篇完整的导游词,一般包括引言、主体、结语三部分,就像"公鸡头""孕妇肚""猴子尾",各具特色。

引言是整篇导游词的开篇。好的开篇好比一出大戏的序幕,状似"公鸡头",精巧而不失华丽、亮点突出、夺人眼球。"引言中,导游要向游客表示欢迎的问候,除了介绍自己、预祝成功等几个不可缺少的要素之外,可以用精练的一两句话引出即将游览的景区景点,点明主题。"敖燕军说。

导游词的主体部分状似"孕妇肚",有材有料、史料翔实、详略得当、层次分明、核心突出,是导游文学功底和导游艺术相融合的精彩篇章。敖燕军以海南著名景点天涯海角景区举例,"踏浪向前,我们来到南天一柱景观。这是清代范云梯所题,他欲以己身做擎天之柱振兴国家,正是这种激情与豪迈让南天一柱显得格外高大,使之与珠穆朗玛峰、万里长城、泰山等都成为人民币上的图案。"敖燕军说,主体部分的各个主要景观就像是一颗颗珍珠,在讲解时要用导游的语言将这些珍珠串联起来,比如,"移步换景我们来到某地""说到甲就不得不提乙""沿着小道我们来到了某地""向西 300 米就是我们的核心景观""了解了这些我们现在就来到了某地""关于这个景点还有一个动人的传说"等都是串联性的导游词。这部分需要导游不断学习、积累,灵活应用。

　　结语是整篇导游词的尾声。这一部分要尽量使游客产生余音绕梁之感、意犹未尽之情，生发出故地重游的欲望，就像是"猴子尾"灵活多变、功能多样。"如果说引言给游客留下了美好的第一印象，那么，好的结语则给游客留下深刻、持久的最后印象。但是，结语切忌写成抒情诗或散文一般，更不能是演讲稿。要注意口语的表达和运用，要朴实亲切、富含真情实感，切忌矫揉造作。"敖燕军说道。

导游词创新有妙招

　　敖燕军说："编写一篇有新意的导游词，创新是关键，而创新从实践中来。我的经验是创编段子、演绎故事、选择独特角度。"

　　段子或针砭时弊、或博文益智、或逗众取乐，还有祝福、劝喻等意义。根据海南实际情况，他创编了海南水果快板段子："一年四季椰飘香，热带果王六月忙。水果皇后菠萝蜜，还有荔枝百果王。闻起来臭、吃起来香，榴莲五月来上场。小米蕉、皇帝蕉，阳桃龙眼八月飘。鸡蛋果、蛇皮果、神秘果，处处结着大硕果……"

　　如何演绎故事，敖燕军有一套方法叫"非常6＋1"——演绎故事时要把握好六要素：时间、地点、人物、起因、经过、结果。最后这个"1"就是你的故事要给游客一种获得感或者感悟，所谓小故事有大智慧。

　　说到独特角度，敖燕军认为，每一个旅游目的地都是独特的，导游要从不同的角度去发现它的魅力。比如，讲到海南省的地形地貌和行政区划时，可以用"手形法"引导游客记忆："俗话说一方水土养育一方人，正是这个美丽富饶的宝岛养育了淳朴的海南人。咱先说说这一方水土，海南19个行政区划。怎么记忆呢？很简单，伸出左手，掌心面向自己，然后握拳，那现在这个形状就像海南的地图。大拇指指尖位置就是文昌市、大拇指第一节骨头的位置就是海口市，也是海南的省会城市……这种记忆法直观又有趣。"

　　（资料来源：http://www.ctnews.com.cn/lyfw/content/2019-12/03/content_57330.html.）

　　态势语言亦称体态语言、人体语言或动作语言，它是通过人的表情、动作、姿态等来表达语义和传递信息的一种无声语言。同口头语言一样，它也是导游服务中重要的语言艺术形式之一，对口头语言起着辅助作用，甚至还能起到口头语言难以企及的作用。

一、首语

首语是通过人的头部活动来表达语义和传递信息的一种态势语言，它包括点头和摇头。

一般说来,世界上大多数国家和地区都以点头表示肯定,以摇头表示否定。实际上,首语有更多的具体含义,如点头可以表示肯定、同意、承认、认可、满意、理解、顺从、感谢、应允、赞同、致意等。另外,因民族习惯的差异,首语在有些国家和地区还有不同的含义,如印度、泰国等地某些少数民族奉行的是点头不算摇头算的原则,即同意对方意见用摇头来表示,不同意则用点头表示。

二、表情语

表情语是指通过人的面部表情来传递情感和信息的一种态势语言。导游的面部表情要给游客一种诚挚、亲切、友好、自然的感觉。被称为"交际世界语"的微笑是一种富有特殊魅力的面部表情,它可以美化人的形象,体现导游良好的修养和文雅气质。导游的微笑要给游客一种明朗、甜美、亲切的感觉,微笑时要嘴角含笑,嘴唇似闭非闭,以半露出牙为宜。对导游来说,控制自己的脸部表情时要注意以下几点。

(一)灵敏

因为导游所讲解的内容可能已经无数遍地重复过了,导游在讲解时很可能会面无表情,甚至表情麻木,这样就会引起游客不满,很难再与游客沟通了,因此导游面部表情的变化要随着讲解内容的需要迅速表现出来。

(二)鲜明

讲解的内容是明快的,就眉舒目展;是沉重的,神情就严肃凝重;是快乐的,就喜笑颜开;是郁闷的,就紧锁眉头;是愤怒的,就面色铁青……这样才能感动和感召游客。

(三)真诚

导游讲解时面部表情要表现出真情实感,要让游客感到导游的表情是真诚的,否则任何虚情假意或者做作的姿态都会引起游客的反感。

6-13 讲解表情语举例

(四)有分寸

导游在讲解过程中的各种表情还要有分寸,要自然、合理、和谐,千万不能夸饰。

总之,导游在讲解过程中的面部表情要随着具体讲解内容的需要或随着游客的反应而变化,与表达同步,要有真情实感。

三、目光语

目光语是通过人与人之间的视线接触来传递信息的一种态势语言。艺术大师达·芬奇所说的"眼睛是心灵的窗户",意思是透过人的眼睛,可以看到他的心理情感。

导游连续注视游客的时间一般应在1～2秒钟以内,以免引起游客的厌恶和误解。一般来说,人的视线向上接触(即仰视)表示期待、盼望或傲慢等含义;视线向下接触(即俯视)则表示爱护、宽容或轻视等含义;而视线平行接触(即正视)表示理性、平等等含义。导游常用的目光语应是"正视",让游客从中感到自信、坦诚、亲切和友好。常用的运用目光的方法如下。

(一)目光的联结

德国导游专家哈拉尔德·巴特尔认为,导游的目光应该是开诚布公的、对人表示关切的,是一种可以看出谅解和诚意的目光。导游应注意与游客目光的联结,切忌目光呆滞(无表情)、眼帘低垂(心不在焉)、目光向上(傲慢)、视而不见(轻视)和目光专注却无反应(轻佻)等不正确的目光联结方式。

(二)目光的移动

导游讲解某一景物时,首先要用目光把游客的目光牵引过去,再及时收回目光,并继续投向游客。这种方法可使游客集中注意力,并使讲解内容与具体景物和谐统一,给游客留下深刻的印象。

(三)目光的分配

导游讲解时,目光要统摄全部听讲解的游客,即可把视线落点放在最后边两端游客的头部,也可不时环顾周围的游客,但切忌只用目光注视面前的部分游客,使其他的游客感到自己被冷落。

(四)目光与讲解的统一

导游在讲解传说故事和逸闻趣事时,讲解内容中常常会出现甲、乙两人对话的场景,需要加以区别,导游应在说甲的话时,把视线略微移向一方,在说乙的话时,把视线略微移向另一方,这样可使游客产生一种逼真的临场感,犹如身临其境一般。

四、服饰语

服饰语是通过服装和饰品来传递信息的一种态势语言。一个人的服饰既是所在国家、地区和民族风俗与生活习惯的反映,也是个人气质、兴趣爱好、文化修养和精神面貌的外在表现。服饰语的构成要素很多,如颜色、款式、质地等,其中颜色是最重要的,不同的颜色给人的印象和感觉也不一样。深色给人深沉、庄重之感;浅色让人感觉清爽、舒展;蓝色使人感到恬静;白色让人感到纯洁。

导游人员的衣着装饰要与自己的身材、气质、身份和职业相吻合,要与所在地的社会文化环境相协调。着装不能过分华丽,饰物也不宜过多,以免给游客以炫耀、轻浮之感。在带团旅游时,男导游不应穿无领汗衫、短裤,也不要赤脚穿凉鞋;女导游不宜戴耳环、手镯等。

五、姿态语

姿态语是指人在一定场合中以身体姿态所传递的信息。

（一）站姿

导游在景点站立讲解时,应身体端正,挺胸,双脚分开与肩同宽,将身体重心放在双脚,双臂自然下垂,或双手相叠置于身前,以表示谦恭、彬彬有礼,或双手交叉放于身后,传达一种自信和轻松。如果在旅游车内站立讲解,导游可微靠司机后面的护栏,或手扶护栏,以保持身体的平衡,但要注意保持上身正直,精神饱满,不可心不在焉。

导游站立时应避免躬背,给人以病态之感;不要双手叉腰,使游客觉得导游傲慢无礼;也不要双臂抱于胸前,显得松懈、懒散。男导游的站姿应给人刚毅之美,女导游的站姿应体现文雅之美。

（二）坐姿

坐姿是导游气质教养与个性的表现,应文雅、端庄、稳重、亲切自然。导游要根据不同的场合和语言环境选择适当的坐姿。入座应轻、缓、从容。男导游应上身正直,微微分开双腿而坐,女导游坐下后上身正直,目视前方,腰背微靠椅背。两膝间距,男子以松开一拳为宜,女子以不分开为好。坐时应根据椅子的高低及有无扶手、靠背,注意身体的自然协调。跷二郎腿、坐下后前倾或后仰、抖腿等坐姿会给人一种目中无人、缺乏教养的印象,导游应避免这些坐姿。

（三）走姿

　　导游的走姿要给游客一种轻盈稳健的感觉。其基本要领是:行走时,上身自然挺直,立腰收腹,肩部放松,两臂自然前后摆动,身体的重心随着步伐前移,脚步要从容轻快、干净利落,目光要平稳,可用眼睛的余光(必要时可转身扭头)观察游客是否跟上。行走时,不要把手插在裤袋里。

六、手势语

　　手势语是通过手的挥动及手指动作来传递信息的一种态势语言。

（一）握手语

　　握手在初次见面时表示欢迎,告别时表示欢送,对成功者表示祝贺,对失败者表示理解,对信心不足者表示鼓励,对支持者表示感谢等多种语义。

　　导游在与游客初次见面时,可以握一下手表示欢迎。对年龄较长或身份较高的游客应身体稍微前倾或向前跨出一小步双手握住对方的手以示尊重和欢迎。在机场或车站与游客告别时,导游和游客之间已建立起较深厚的友谊,握手时可适当紧握对方的手并微笑着说些祝愿的话。

（二）手指语

　　手指语是一种较为复杂的伴随语言,是通过手指的各种动作来传递不同信息的手势语。由于文化传统和生活习俗的差异,在不同的国家、不同的民族中手指动作的语义也有较大区别,导游在接待工作中要根据游客所在国和民族的特点选用恰当的手指语,以免引起误会和尴尬。

1. 竖起大拇指

　　在世界许多国家包括中国都表示"好",用来称赞对方高明、了不起、干得好。但是,在韩国表示"首领""部长""队长"或"自己的父亲",在日本表示"最高""男人"或"您的父亲",在美国、墨西哥、澳大利亚等国则表示"祈祷幸运",在希腊表示让对方"滚开",在法国、英国、新西兰等国人们做此手势是请求"搭车"。

2. 伸出食指

在新加坡表示"最重要",在缅甸表示"拜托""请求",在美国表示"让对方稍等",而在澳大利亚则是"请再来一杯啤酒"的意思。

3. 伸出中指

在墨西哥表示"不满",在法国表示"下流的行为",在澳大利亚表示"侮辱",在美国和新加坡则是"被激怒和极度的不愉快"的意思。

4. 伸出小指

在韩国表示"女朋友""妻子",在菲律宾表示"小个子",在日本表示"恋人"女人",在印度和缅甸表示"要去厕所",在美国和尼日利亚则是"打赌"的意思。

5. 伸出食指往下弯曲

在中国表示数字"九",在墨西哥表示"钱",在日本表示"偷窃",在东南亚一带则是"死亡"的意思。

6. 用拇指与食指尖形成一个圆圈并手心向前

这是美国人爱用的"OK"手势,在中国表示数字"零",在日本则表示"金钱",而希腊人、巴西人和阿拉伯人用这个手势表示"诅咒"。

7. 伸出食指和中指构成英语 "victory"（胜利）的第一个字母 "v"

西方人常用此手势来预祝或庆贺胜利,但应注意把手心对着观众,如把手背对着观众做这一手势,则被视为下流的动作。

在导游服务中,导游要特别注意不能用手指指点游客,这在西方国家是很不礼貌的动作,如导游在清点人数时用食指来点数,就会引起游客的反感。

（三）讲解时的手势

导游讲解时,手势不仅能强调或解释讲解的内容,还能生动地表达口头语言所无法表达的内容,使讲解更生动和有感染力。

1. 情意手势

情意手势是用来表达导游讲解情感的一种手势。比如,在讲到"我们中华民族伟大复兴的梦想一定能够实现"时,导游用握拳的手有力地挥动一下,既可渲染气氛,也有助于情感的表达。

2. 指示手势

指示手势是用来指示具体对象的一种手势。比如,导游讲到黄鹤楼一楼楹联"爽气西来,云雾扫开天地憾;大江东去,波涛洗尽古今愁"时,可用指示手势来一字一字地加以说明。

3. 象形手势

象形手势是用来模拟物体或景物形状的一种手势。比如,当讲到"有这么大的鱼"时,可用两手食指比一比;当讲到"五公斤重的西瓜"时,可用手比成一个球形状;当讲到"四川有座峨眉山,离天只有三尺三;湖北有座黄鹤楼,半截插在云里头"时,也可配合手的动作。

导游讲解时,手势需根据讲解的内容变化。运用手势时要注意:一要简洁易懂;二要协调合拍;三要富有变化;四要节制使用;五要避免使用游客忌讳的手势。

（四）服务时的手势

导游为游客提供服务时要善于运用手势。比如,当游客向导游询问时,导游脸上马上露出笑容,并且用手表示出一种关怀的姿态。即使游客没能达到预期的目的,但是心里也是愉快的,因为他得到了导游的尊重和关注。又如,游客询问导游洗手间在何处,一般导游都会用手指指明方向,如果能改用手掌(手心朝上)指明方向,那就更好、更文明了。

任务四 导游交际语言运用技巧

◇ 引 例

肖雷:从"拓荒者"到"成功的游客"

　　毕业于北京语言学院(现北京语言大学)的肖雷,于1979年正式进入旅游行业。"1978年改革开放,1979年旅游业刚刚开始发展,那时还没有导游词,我们这些刚入行的人,就要开始编写资料、翻译文本,入行3个月就开始带新人。"国家特级导游肖雷用"拓荒者"形容当年与她同期进入行业的旅游人。作为外语导游讲解的先行者、探路人,他们没有来自前人的压力,但肩负着为后人奠定讲解风格、讲解方式的重任。

　　"老外问得最多的问题就是,苏州的garden(花园)为什么没有花,碰到这样的问题你该怎么回答?"在肖雷看来,这个问题是中西文化碰撞产生的小火花,而在接待外国游客的过程中小火花会一个又一个涌现。"讲故事式的讲解无法满足游客的需求,只有不断地思考,深挖文化内涵,才能让游客'游有所得'。"肖雷说。

　　她认为,导游讲解是一门艺术,不仅要告诉游客景区"有什么",看到的"是什么",还得讲明白"为什么"。"绘画时,中国人对春的诠释是'追逐马蹄的蝴蝶',西方人的表达则是女性露出的胳膊与大腿,这就是中西方差异。面对外国游客,要在讲解中跨越社会、历史差异和民族、文化心理造成的距离,导游就必须多学习、多累积,深掘文化内涵。"肖雷说,为了解答"花园为何没花"这个问题,她从中国绘画开始琢磨,最后从中西方思维方式、绘画观念、哲学精神、美学概念等几个角度来解释中西方花园的差异。

　　作为外语导游,除了西班牙语的功底之外,肖雷还学习了意大利语。她深知,只有过硬的知识储备加上自身的积累才能做好导游这一行。

　　在长期与外国游客接触的过程中,她遇到过各种各样有趣的问题。难能可贵的是,她不仅乐于接受来自各国游客的"挑战",还主动地思考"问题背后的问题",比如为什么法国游客的提问通常比较谨慎,为什么意大利游客的问题相对天马行空,甚至略显尖锐等。在不断地自我提问、寻找答案的过程中,肖雷形成了爱思考的习惯,而这一习惯也为她退休后的生活带去更多精彩。

"过去我是一名行业'拓荒者',现在我是一名'成功的游客'。"肖雷笑着说,她这样规划退休生活,"60岁不带团,70岁不讲课,每个阶段都要保持最好的状态。"退休之后,她开设了导游沙龙,创办过导游培训班。现今73岁的她精神饱满,钟爱旅游。

采访肖雷时,走进她家,笔者第一眼看到的就是她为接下来的美国之行准备好的行李箱,旅游已经成为肖雷生活中必不可缺的一部分。2011年以来,她和爱人走过了全球50多个国家。旅行过程中,她遵守纪律、从不掉队,导游从业经历累积的知识、经验、形成的习惯,让她乐于边走边想,收获颇丰。"过去不理解为什么有些外国游客说拙政园是贵族的花园,等我走进英国乡村才发现,英国贵族对于乡村闲适生活的追求与中国古代文人在拙政园里的追求是相通的,难怪外国游客说'拙政园是贵族的花园'。"

触类旁通,肖雷又从西班牙圣家族大教堂尖顶上透过的彩色光中,看到了西方宗教与苏州园林对自然的共同追求;乘着缆车穿过加拿大硫磺山,在云层中思考为什么中西方都会将美景形容成"人间仙境";静坐于加拿大空旷的战场公园,看来来往往的行人,她思考着当地人对地战争、历史的理解;从人骨教堂入手,尝试解读中西方对于生死看法的差异……旅途中,她常与团友们分享这些感悟,她也因此收获了一批铁杆驴友,每年都会结伴而行。

"如果再给我当导游的机会,我一定会把这些年旅游的感悟融入讲解当中。"肖雷感慨地说,在人生的不同阶段,旅游总能给自己带来不同的感悟。

当笔者问及肖雷,如何回顾旅游从业经验时,肖雷说,最令她感动的是在参加苏州电视台庆祝改革开放40周年的活动中,看到结尾处播出的"谨以此片献给在旅游战线40多年的工作者"的瞬间。仔细回想起来,从1979年成为行业的"拓荒者",到如今"成功的游客",无论哪个身份,她都从未离开过旅游行业。未来,她还会背着行囊,与爱人、朋友,用脚步、用自己的方式与旅游行业继续保持联系。

（资料来源：http://www.ctnews.com.cn/lyfw/content/2019-11/07/content_55076.html.）

导游与游客接触过程中,语言是最基本、最重要的工具,语言表达方式、方法和技巧对沟通效果都会产生较大的影响。常用的导游语言的沟通技巧有以下几种。

一、称谓的语言技巧

（一）交际关系型

交际关系型的称谓主要是强调导游与游客在导游交际中的角色关系。如"各位游客""诸位游客""各位团友""各位嘉宾"等。这类称谓角色定位准确,宾主关系明确,既公事公办,又大方平和,其中"游客"称谓,是导游语言中使用频率最高的一种。

（二）套用尊称型

套用尊称是在各种场合都比较适用,对各个阶层、各种身份也比较合适的社交通称,如"女士们、先生们""各位女士、各位先生"等,这类称谓尊敬意味浓厚,适用范围广泛,回旋余地较大。但是,这种尊称一般用于涉外团,对国内团来说有点太正式了,欠缺亲和力。

（三）亲密关系型

多用于比较密切的人际关系之间的称谓。如"朋友们""游客朋友们"等,这类称谓热情友好,亲和力强,注重强化平等亲密的交际关系,易于消除游客的陌生感,建议在和游客熟悉后再用此称谓。

总之,对游客的称谓总的原则应把握三点:一要得体,二要尊重,三要通用。

二、自我介绍的语言技巧

自我介绍是导游推销自我形象和价值的一种重要方法。接团时,导游常常要与旅游团团长、领队、游客做自我介绍。导游掌握自我介绍的语言艺术,要注意以下技巧。

（一）热情友善，充满自信

导游自我介绍时要清晰地报出自己的姓名、单位、身份;面带微笑,用眼神表达友善、诚恳,并充满自信。如果含糊,或态度冷淡、随便应付就会使人产生疑虑和不信任感,彼此之间产生隔阂。

（二）介绍内容繁简适度

导游与旅游团团长、领队或地陪与全陪接头时，自我介绍一般从简，讲清自己的姓名、单位、身份即可，不便过多地自我介绍，因为旅游团初到一地，还有许多事情需要与团长、领队或全陪接洽协商。在游客集中后，或去下榻酒店的途中，导游的自我介绍可以具体详细一些，以便于游客尽快熟悉自己。

（三）善于运用不同的方法

自我介绍不是单纯地介绍自己的姓名、单位、年龄、身份等，往往还有一个自我评价的问题。恰如其分的自我评价是缩短导游与游客之间距离的重要途径。

1. 自谦式

比如，"我是去年从外语学院毕业的，导游经验不足，请各位多多关照。"对东方游客用自谦式自我介绍未尝不可，但对西方游客大可不必用这种自谦式，否则会使游客对你产生不信任感，更有甚者，游客会提出调换导游。

2. 调侃式

比如，"十分荣幸能成为各位的导游，只是我的长相不太符合合格导游的标准。因为有名人说，导游是一个国家的脸面。大家看，我这脸面能代表我们这个美丽的国家吗?"其自我嘲讽中包含着自律和诙谐，于自我揶揄之中露出一点自信和自得之意，既能增强言语风趣感，又不流于自夸。

3. 自识式

比如，"我姓张，名曲，张是弯弓张，曲是弯弯曲曲的曲，但大家不要误会，我不是一个弯弯曲曲的人，而是一个十分正直的人。我为什么要取名'曲'呢? 大概是我小时候特别爱唱歌，所以父亲给我取名'张曲'。现在，对于唱歌，我还是名副其实的，等会儿有空，我将为大家演唱一两曲。"

导游的自我介绍，既可用语言，也可借助名片。在导游活动中，对团长、领队、全陪或人数不多的游客皆可用这种自我介绍方法。赠送名片时要用双手恭敬地递给对方，并附带说声"认识您很高兴""请多关照，今后保持联系"之类的话，这是一种高雅的自我介绍艺术。

三、交谈的语言技巧

在导游过程中,导游同游客之间自由交谈,是增进互相了解与友谊的重要途径之一,因此,必须注意交谈的语言艺术。

（一）开头要寒暄

不寒暄就进入交谈会显得唐突而不礼貌。寒暄可以拉近彼此距离,有利于进一步沟通了解。寒暄的方法主要有以下几种。

1. 问候式

比如,"您好,挺辛苦吧?"显得亲切自然。

2. 询问式

一般用于询问对方的姓名、职业。比如,"您贵姓?""您从事什么工作(职业)呢?"等。但切忌直接询问对方的履历、工资、收入、家庭财产、衣饰价格、年龄(对女性而言)、婚姻状况等私人生活方面的问题。

3. 夸赞式

比如,"王女士,您的时装真漂亮!""张教授,您的身体比我们年轻人还棒啊!"诚心赞美是一种活泼的寒暄方法。

4. 描述式

以友好的语气描述对方正在进行时的动态。比如,"您累了休息一下吧!""您对此挺有兴趣呀!"

5. 言他式

用双方都认同的话打破沉默,引出话题。比如,"今天天气真热!""唉,又下雨了。"

进入交谈的方法,不仅仅局限于寒暄,寒暄也不必拘泥于谈话的内容,但切忌干涉对方的事。比如,"你这衣服穿着不怎么合身。""你是大学毕业吗?"等。

（二）说话要真诚

真诚,就是敢于把自己真诚的思想开诚布公地说出来。同时,当对方真诚地对你时,你也要诚恳对待。对人真诚,并不是毫无顾忌地说话,也不是无原则地什么话都谈,必须符合外事纪律和道德规范。

（三）内容要健康

导游与游客交谈的内容一般不要涉及疾病、死亡等不吉利的、不愉快的事情,不要说荒唐、色情的事情,不要说他人的坏话,更不要谈有损国格、人格的事情。

（四）言语要中肯

喋喋不休、夸夸其谈或吞吞吐吐、欲言又止,或故弄玄虚、矫揉造作等,都是交谈时的禁忌,导游必须特别注意。

（五）要"看"人说话

在不同的场合,对不同的人要说不同的话,这是交谈的一个基本准则。日本经营评论家创立了一种"实用会话法",把说话能力分解成五个因素:语气、用词、内容、感情、技巧。在不同场合下面对不同的人,适当地调整这五个因素,就能获得良好的交谈效果。

（六）善于把握谈话过程

在交谈过程中,导游要注意以下几点。

第一,切忌在对方谈兴正浓时戛然中止交谈,应待交谈告一段落时,再设法收场。

第二,不要勉强延长交谈。当发现自己或对方交谈的内容临近枯竭,应及时结束交谈,不要无话找话,故意延长交谈时间。

第三,要留意对方的暗示,遇到对方频繁看表、如坐针毡地改变坐姿或者心不在焉地游目四周等情况,就要知趣地结束谈话。

第四,结束交谈要从容不迫、恰到好处。准备结束谈话之前,可先缓冲一段时间。突然中止交谈,匆匆离开,会显得粗鲁无礼。若因别的事需要打断对方的谈话,可说一句道歉的话,然后再离开。

第五,结束交谈时,要给对方留下一个愉快的印象。微笑往往是结束交谈的最佳"句号",几句幽默的话语更是结束交谈的"尾声"。

四、劝服的语言技巧

在导游服务过程中,导游常常会面临各种问题,需要对游客进行劝服,如活动日程改变需要劝服游客接受,对游客的某些越轨行为需要进行劝说等。劝服一要以事实为基础,即根据事实讲明道理;二要讲究方式、方法,使游客易于接受。

(一)诱导式劝服

诱导式劝服即循循善诱,通过有意识、有步骤的引导,澄清事实,讲清利弊得失,使游客逐渐信服。对这类问题的劝服,导游一是要态度诚恳,使游客感到导游是站在游客的立场上帮助他们考虑问题;二是要善于引导,巧妙地使用语言分析其利弊得失,使游客感到退而求其次也是较好的选择。

6-14 诱导式
劝服举例

(二)迂回式劝服

迂回式劝服是指不对游客进行正面、直接的说服,而采用间接或旁敲侧击的方式进行劝说,即通常所说的"兜圈子"。这种劝服方式的好处是不伤害游客的自尊心,而又使游客较易接受。

6-15 迂回式
劝服举例

(三)暗示式劝服

暗示式劝服是指导游不明确表示自己的意思,而采用含蓄的语言或示意的举动让人领会。

6-16 暗示式
劝服举例

导游劝服的方式要因人而异、因事而异,要根据游客的不同性格、不同心理或事情的性质和程度,分别采用不同的方法。日本导游专家大道寺正子谈到待客方法,现将其关于劝说的内容摘要如下,以供参考(见表 6-1)。

表 6-1　不同类型游客的待客方法

游客类型	特征	待客方法
傲慢型	瞧不起人	让其充分亮相后以谦虚的态度耐心说服
腼腆型	内向性格,说话声小	亲切相待,忌用粗鲁语言
难伺候型	爱挑毛病	避免引入争论或板着面孔
唠叨型	说话啰唆,不得要领	在不伤害其感情的前提下耐心说服
散漫型	不遵守时间,自由散漫	有礼貌地耐心说服

五、提醒的语言技巧

在导游服务中,经常会有少数游客表现出群体意识较差或丢三落四的行为,如迟到、离团独自活动、走失、遗忘物品等。导游应在语言上适时提醒。常用的语言提醒方式有以下几种。

（一）敬语式提醒

敬语式提醒是导游使用恭敬口吻的词语,对游客直接进行的提醒方式,如"请""对不起"等。导游在提醒时应多使用敬语,使游客易于接受,如"请大家安静一下""对不起,您又迟到了"等,这样的提醒比"喂,你们安静一下""以后不能再迟到了"等命令式语言要好得多。

（二）协商式提醒

协商式提醒是导游以商量的口气间接地对游客进行的提醒方式,以取得游客的认同。协商将导游与游客置于平等的位置上,导游主动同游客进行协商,是对游客尊重的表现。一般说来,在协商的情况下,游客是会主动配合的。

6-17　协商式
提醒举例

（三）幽默式提醒

幽默式提醒是导游用有趣、可笑而意味深长的词语对游客的提醒方式。导游运用幽默的语言进行提醒,既可使游客获得精神上的快感,又可使游客在欢愉的气氛中得到启示或产生警觉。

6-18　幽默式
提醒举例

六、回绝的语言技巧

在导游服务中,导游需要回绝有些游客提出的一些不合理的或不可能办到的问题。但是,导游不便于直接回答"不",而必须运用回绝的语言技巧。

（一）柔和式回绝

柔和式回绝是导游采用温和的语言进行推托的回绝方式。采取这种方式回绝游客的要求,不会使游客感到太失望,避免了导游与游客之间的对立状态。

（二）迂回式回绝

迂回式回绝是指导游对游客的发问或要求不正面表示意见，而是绕过问题从侧面予以回应或回绝。

6-19　柔和式
回绝举例

（三）引申式回绝

引申式回绝是导游根据游客话语中的某些词语加以引申而产生新意的回绝方式。

（四）诱导式回绝

诱导式回绝是指导游针对游客提出的问题进行逐层剖析，引导游客对自己的问题进行自我否定的回应方式。

总之，导游无论用哪种回绝方式，其关键都在于尽量减少游客的不快。导游应根据游客的情况、问题的性质、要求的合理与否，分别采用不同的回绝方式和语言表达技巧。

6-20　迂回式
回绝举例

6-21　引申式
回绝举例

七、道歉的语言技巧

在导游服务中，因为导游说话不慎、工作中的某些过失或相关接待单位服务上的欠缺，会引起游客的不快和不满，造成游客与导游之间的关系紧张。不管造成游客不愉快的原因是主观的还是客观的，也不论责任在导游自身还是在旅行社方面，抑或相关接待单位，导游都应妥善处理，需要采用恰当的语言表达方式向游客致歉或认错，以消除游客的误会和不满情绪，得到游客的谅解。

6-22　诱导式
回绝举例

（一）微笑式道歉

微笑是一种润滑剂，微笑不仅可以对导游和游客之间产生的紧张气氛起缓和作用，而且也是向游客传递歉意信息的载体。如果导游把与景点有关的知识讲错，被游客发现错误并现场纠正，导游用微笑向游客致歉，游客也不会斤斤计较。

（二）迂回式道歉

迂回式道歉是指导游在不便于直接、公开地向游客致歉时，采用其他方式得到游客谅解的方式。如果某导游在导游服务中过多地接触和关照部分游客，引起了另一些游客的不悦，导游觉察后，便主动地多接触这些游客，并给予关照和帮助，与这部分游客冰释前嫌。又如，某游客就下榻酒店早餐品种单调的问题向导游表示不满，提出要换住其他饭店。导游经与饭店协商后，增加了早餐的品种，得到了游客的谅解。

导游除了采用迂回式道歉改进导游服务外，还可请示旅行社或同相关接待单位协商后，通过向游客赠送纪念品、加菜或免费提供其他服务项目等方式向游客道歉。

（三）自责式道歉

6-23 自责式
道歉举例

由于旅游供给方的过错，游客的利益受到较大损害而引起强烈不满时，即使代人受过，导游也要勇于自责，以缓和游客的不满情绪。

总之，不管采用何种道歉方式，道歉首先必须是诚恳的。另外，道歉必须是及时的，知错必改，这样才能赢得游客的信赖。最后，道歉要把握好分寸，不能因为某些游客一有不快就道歉，要明确道歉的界限。

八、答问的语言技巧

游客常常要提出各种各样的甚至是稀奇古怪的问题，需要导游给予回答。避而不答和率直的表态这两种反应形式可能会加深问题的严重性。讲究答问的语言技巧，不仅会降低问题的严重性，也不会削弱表达效果。因此，导游有必要掌握答问的语言技巧。

（一）是非分明

导游在回答游客的提问时，能够给予明确回答的，就要是非分明、毫不避讳地予以回答，以澄清对方的误解和模糊认识。

比如，有一批西方游客在参观河北承德时，有人问："承德以前是蒙古人住的地方，因为它在长城以外，对吗？"导游答："是的。现在还有一些村落是蒙古名字。"游客又问："那么，是不是可以说，汉人侵略了蒙古人的地盘呢？"导游说："不应该这么讲，应该叫民族融合。中国的北方有汉族，同样南方也有蒙古族，这是历史的原因。现在的中国不是哪一个民族的中国，而是一个统一的多民族的中国。"

这位导游在回答提问时，沉着冷静，是非分明，有理有据，因而具有一定的说服力。

（二）以问为答

导游对于游客的有些问题,可以不直接给予肯定或否定的回答,而是以反问的形式,使对方从中得到答案。

（三）委婉回避

有的游客提的问题很刁钻,导游答问时容易陷入"两难境地",无论你回答肯定或否定,都能被抓住把柄。这时只能以曲折含蓄的语言予以回避,不正面回答。

比如,有一位美国游客问一位导游:"你认为是毛泽东好,还是邓小平好?"这位导游很机智,立即委婉回避道:"您是否能先告诉我,是华盛顿好还是林肯好?"这位游客顿时哑然。

（四）诱导否定

对方提出问题之后,不马上回答,先讲一点理由,提出一些条件或反问一个问题,诱使对方自我否定,自我放弃原来提出的问题。此方法类同于前述的"诱导式回绝"。

◇ **练习思考题**

一、名词解释

1. 导游语言

2. 态势语言

二、判断题

1. 导游要提高自己的口头语言表达技巧,必须在"达意"和"舒服"上下功夫。 （　　）

2. 在导游讲解中,较为理想的语速应控制在每分钟 180 字左右。 （　　）

3. 导游的微笑要给游客一种爽朗、甜美的感觉。 （　　）

4. 导游微笑时要嘴角含笑,嘴唇似闭非闭,以露出半牙为宜。 （　　）

5. 导游对西方游客不可用自谦式的自我介绍方式,否则会使游客对你产生不信任感。

（　　）

三、单项选择题

1. "长江是中国第一长河,名列世界第三",这种逻辑方法是（　　）。

A. 分析法 　　　　　　　　　　B. 综合法

C. 比较法 　　　　　　　　　　D. 归纳法

2.把已经过去的事情、将要发生的事情活灵活现地描述出来,这种修辞手法是(   )。

A.示现   B.双关

C.比拟   D.映衬

3."屈原的爱国主义精神和《离骚》《九歌》《天问》等伟大的诗篇与日月同辉!"这种比喻是(   )。

A.使语言简洁明快的比喻   B.使自然景物形象化的比喻

C.使抽象事物形象化的比喻   D.使人物形象更加鲜明的比喻

4."迎客松的主干高大挺直,修长的翠枝向一侧倾斜,如同一位面带微笑的美丽少女向上山的游客热情招手。"这种修辞手法是(   )。

A.比喻   B.夸张

C.比拟   D.双关

5."南浦大桥的建成已成为上海又一重要的标志。她仿佛一把钥匙,打开上海与世界的大门;她仿佛一部史册,叙述着中国的未来;她仿佛一曲优美的交响乐,奏出时代的最强音……"这种修辞手法是(   )。

A.比拟   B.排比

C.夸张   D.双关

6.看见游客正想跨入景区禁止踩踏的草坪,导游忙上前笑着说:"小心!再往前一步,真理成错误!"这种提醒属于(   )。

A.引申式提醒   B.幽默式提醒

C.迂回式提醒   D.协商式提醒

7.一位游客在旅游车内抽烟,使得车内空气混浊,导游面对着他摇了摇头或捂着鼻子轻轻咳嗽两声,使游客自觉地熄灭了香烟。这种劝服技巧是(   )。

A.暗示式劝服   B.迂回式劝服

C.诱导式劝服   D.柔和式劝服

四、多项选择题

1.导游语言是(   )的结合体。

A.思想性   B.科学性

C.趣味性   D.知识性

E.逻辑性

2.导游语言除了符合语言规范之外,还具有(   )。

A.观赏性   B.准确性

C.逻辑性   D.生动性

E.知识性

3.导游语言要准确,导游必须注意(   )。

A.态度严肃认真   B.了解所讲内容

C.遣词造句准确   D.讲解生动幽默

E.词语组合得当

4.导游的面部表情首先要给游客一种( )的感觉。

A.平静   B.放松

C.自然   D.和蔼

E.微笑

五、问答题

1.简述导游语言的基本要求。

2.简述导游口头语言的表达要领。

6-24   项目六练习思考题参考答案

项目七　导游讲解技能

◇ **本项目目标**

■ **知识目标**

1.掌握导游词的创作方法；

2.掌握导游讲解的方法和实地导游讲解的要领；

3.熟悉导游词的结构和写作要求；

4.了解导游词的特点与功能、导游讲解的原则。

■ **能力目标**

能够正确合理地运用导游语言,提供优质的导游讲解服务。

■ **情感目标**

1.树立"游客为本,服务至诚"的导游服务理念,培养学生的导游工匠精神；

2.培养学生全心全意为游客服务的精神,不断提升自己导游讲解技能的进取精神。

任务一　导游词的创作

◇ **引 例**

新疆启动 3A 级以上景区(点)导游词编审工作

4 月 10 日,新疆维吾尔自治区旅游发展委员会新闻办透露,即将启动 3A(含 3A)级以上旅游景区(点)导游词编审工作。

据悉,不少 A 级景区(点)存在导游词编制不规范、文化挖掘不充分、导游讲解不标准、导游词的编制水平参差不齐,甚至没有正规导游词等问题。为此,新疆维吾尔自治区旅游发展委员会拟对 3A(含 3A)级以上景区(点)导游词进行编审,以达到导游词完整、科学、严谨等要求。

此次编审工作将根据各地州市征集的旅游概况资料、3A(含 3A)级以上景区(点)导游词相关资料等,组织专业院校教授、高级导游专家等对导游词进行全面编审,以填补新疆旅游景区导游词编审工作的空白。

新疆维吾尔自治区旅游发展委员会相关负责人说,本次活动旨在以导游词编审工作为契机,提升新疆全域导游行业水平,加大新疆旅游景区宣传推介力度,夯实"新疆是个好地方"旅游品牌基础,推进新疆旅游工作又好又快地发展。

(资料来源：http://www.ctnews.com.cn/jqdj/content/2017-04/17/content_6769.html.)

一、导游词的特点与功能

(一)导游词的概念

导游词是导游引导游客观光游览时的讲解词,是导游同游客交流思想、向游客传播文化知识的工具,也是吸引和招徕游客的重要手段。导游词从形式上有书面导游词和现场口语导游词两种,通常意义上,人们所说的导游词创作主要指书面导游词的创作。书面导游词一般是根据实际的游览景观,遵照一定的游览线路,模拟游览活动而创作的。它是口语导游词的基础与脚本。在书面导游词的基础上,根据游客的实际情况,再临场加以发挥,即可形成口语导游词。导游词提供给导游一些基本的数据、知识及方法,但游客是千变万化的,不能对所有的游客都背诵同一篇导游词,而应根据游客的年龄、身份、职业、修养、地区等不同而变换讲解的重点与方法,提供游客需要的知识与信息,满足游客了解旅游目的地的需求。

(二)导游词的特点

1. 临场性

书面导游词的创作者把自己比作导游,设想正带领游客游览,因此导游词是依循游览线路层层展开的,而且为增加现场感,多以第一人称的方式写作。在修辞方面,多用设问、反问等手法,仿佛游客就在眼前,造成很强烈的临场效果。

2. 实用性

导游词既是作为导游实际讲解的参考,又是游客了解某一景点或某一旅游目的地的资料。每一个景点导游词都提供翔实的资料,并从各个方面加以讲述。导游将导游词加工成口头讲解的内容,游客通过导游讲解,详尽了解该景点或旅游目的地。

3. 综合性

在一篇导游词中,会用到自然科学知识,如地质成因、动植物学知识、力学原理等;还会用到社会科学知识,如宗教常识、哲学美学知识、诗词歌赋、中外文学等;另外,建筑、园林、书法、绘画等,都会有所涉猎。一篇优秀的导游词往往综合了各个学科门类,能够多角度、多层面对景点加以叙述,给阅读者全方位的综合信息。

4. 规范性

书面语言的导游词,用语应该规范,应该避免口语化的表达方法和地方方言等,即便为了增加幽默感而需要运用地方方言,也应该加以解释,让全国各地的游客都能听懂。规范的用语反映了创作者良好的中文修养与造诣。

（三）导游词的功能

1. 引导游客鉴赏

导游以导游词为蓝本,对旅游景观绘声绘色地讲解、指点、评说,帮助游客欣赏景观,以达到游览的最佳效果。

2. 传播文化知识

导游向游客介绍有关旅游胜地的历史典故、地理风貌、风土人情、传说故事、民族习俗、名胜古迹、风景特色,使游客增长知识。

3. 陶冶游客情操

导游词的语言应具有言之有理、有物、有情、有神等特点,通过语言艺术和技巧,给游客勾画出一幅幅立体的图画,构成生动的视觉形象,把游客引入一种特定的意境,从而达到陶冶情操的目的。此外,导游词对旅游地出产物品的说明、讲解,客观上起到向游客介绍商品的作用。

二、导游词的基本结构

一篇完整的导游词包括欢迎词、沿途讲解词、景点讲解词和欢送词四个方面。一般来说,欢迎词是用于游客抵达时前往下榻酒店的途中,或者在前往景区的路上;沿途讲解词是用在游客前往目的地景区途中的;景点讲解词用于导游对景点所作的讲解,是导游词内容的核心;欢送词则是用在游客结束当地的旅游活动、前往机场(车站/码头)的送行途中。

（一）欢迎词

致欢迎词对导游人员来说非常重要,它好比一场戏的序幕、一篇乐章的序曲、一部作品的序言,会给游客留下深刻的“第一印象”。导游应当通过致“欢迎词”来展示自己的个人风采,使“良好的开端”成为“成功的一半”。

（二）沿途讲解词

详见项目三相关内容。

（三）景点讲解词

景点讲解词是导游词的核心内容,它是对旅游行程所到达的游览景点所作的全面介绍和详细讲解,包括景点名称的来历、历史典故、民间传说,等等,因此要具有知识性、幽默性、引导性与悬念性等。

1.景点讲解词的素材收集

一般来说,我们把所有的景点分成两大类型,即自然景观和人文景观。在景点讲解词创作素材的收集上导游可以从这两个方面的各项特征着手进行。自然景观主要是观形赏景,探寻其独特的地质地貌、景物景观的形成,了解其丰富的自然资源等;人文景观则偏重于历史渊源,重大历史事件、重要历史人物,民风民俗等,我们也可以称这些为景点的讲解属性。但是,没有哪一个景点只具备一种讲解属性,往往是多个讲解属性相互结合、相互渗透。这就要求导游在资料的收集整理过程中不能只收集景点某一方面的资料,要将资料收集全面。

2.景点讲解词的创作要领

(1)创作主题明确、思路清晰,讲解词始终围绕主题展开。对以自然风光为主的景点,如长江三峡、神农架、九寨沟等,应着重突出其自然特色;对以人文景观为主的景点,如故宫、黄鹤楼、白马寺等,讲解内容应注重文化内涵的挖掘。

(2)创意景点讲解词一定要有新意,应有鲜明的个性。如讲解寺庙从弥勒大殿到大雄宝殿,几乎所有的导游都是讲布袋和尚的传说,四大金刚所持的法器及含义,大雄宝殿中释迦牟尼如何成道。这些千篇一律的讲解词,让游客刚听开头就已经知道结尾。

(3)好的景点讲解词中的每一个用词都要准确。如介绍武汉江汉路步行街的雕塑时,导游讲"过去,每到夏夜,武汉会出现'壮观'的竹床阵",在这句中,"壮观"与实际情况不符,不如改为"奇特";对景观内容及其文化内涵还应正确解释,如黄鹤楼西门门楼正面的"三楚一楼"四个大字,景点讲解词对其中的"三楚"应予以解释——古称江陵为南楚,吴都(苏州)为东楚,彭城(徐州)为西楚,合称"三楚",今泛指长江中下游地区。

(4)层次景点讲解词应注意层次分明、结构完整,切忌头重脚轻或无头无尾。除此之外,还要注意讲解内容的层次应与游览的先后顺序相吻合,一般应由外到里、由下至上、由粗到细等。

(5)重点景点讲解词在对景点内容进行全面介绍的基础上,应选择重点内容突出讲解。

(6)在介绍基本内容的基础上,对景点讲解词进行创意性的即兴发挥。如穿插一些趣味性较强的笑话,或者唱唱民歌、山歌等,但注意不要喧宾夺主,偏离主题。

(7)口语化景点讲解词尽量使用通俗易懂的、优雅文明的口头语言进行讲解,且语句力求简短。

（四）欢送词

详见项目三相关内容。

7-1　欢送词举例1　　7-2　欢送词举例2

三、导游词的写作要求

（一）重科学，显特色

📈 1. 强调知识性，突出科学性

一篇优秀的导游词必须有丰富的内容，应融入各类知识并做到旁征博引、融会贯通、引人入胜。导游词的内容必须准确无误，令人信服，特别是进行科普导游时导游词必须严格按科学规律写作，切忌胡编乱造，更不能人造"假科学"。

📈 2. 内容要有特色，新颖并深刻

导游词的内容不能只满足于一般性介绍，还要注重深层次的内容，如同类事物的鉴赏、有关诗词的点缀、名家的评论等。这样可以提高导游词的水准。导游要善于根据游客的现实需要，结合景区、景物的分析来创作导游词。

导游词的创作要不断创新，具有时代气息。所选主题要有新内容、新见解、新材料、新角度。导游词内容还要深刻，给游客一种深入的思考，这有助于提高导游讲解质量。

（二）讲究口语化

导游语言是一种具有丰富表达力、生动形象的口头语言，要注意多用日常用语词汇和浅显易懂的书面语词汇，避免难懂的书面语词汇和音节拗口的词汇。多用短句，以便讲起来顺口，听起来轻松。强调导游词口语化，不意味着忽视语言的规范化。

（三）突出趣味性

1.编织故事情节

讲解一个景点,要不失时机地穿插趣味盎然的传说和民间故事,以激起游客的兴趣和好奇心理。选用的传说故事必须与景观相关,而且是健康的。

2.语言生动形象,用词丰富多变

生动形象的语言能将游客导入意境,给他们留下深刻的印象。

3.适当地运用修辞方法

适当地运用比喻、比拟、夸张、象征等手法,可使静止的景观深化为生动鲜活的画面,揭示出事物的内在美,使游客沉浸陶醉。

4.幽默风趣的韵味

幽默风趣是导游词艺术性的重要体现,可使其锦上添花,气氛轻松。

5.情感亲切

导游词应是文明、友好和富有人情味的语言,应言之有情,让游客赏心悦目、倍感亲切温暖。

6.随机应变,临场发挥

导游词的创作成功与否,不仅表现出导游的知识是否渊博,也反映出导游的技能技巧。

（四）突出重点

每个景点都有代表性的景观,每个景观又都从不同角度反映出它的特色内容。导游词必须在照顾全面的情况下突出重点。面面俱到、没有重点的导游词是不成功的。

（五）强调针对性

导游词不是以一代百、千篇一律的，它必须从实际出发，因人、因时而异，要有的放矢，即根据不同的游客以及当时的情绪和周围的环境进行导游讲解之用。

（六）重视品位

创作导游词必须注意提高品位，一要强调思想品位，因为弘扬爱国主义精神是导游义不容辞的职责；二要讲究文学品位，导游词的语言应该是规范的，文字是准确的，结构是严谨的，内容层次是符合逻辑的，这是对一篇导游词的基本要求。如果再在关键内容之外适当地引经据典，得体地运用些诗词名句和名人警句，就会使导游词的文学品位得到提升。

▌四、导游词的创作方法

（一）借鉴与创新

借鉴是导游词创作的基础。导游词的编写过程就是在大量历史文化资料的基础上，运用导游的技巧及口语化的导游语言进行再创作的过程，因此，创作导游词时借鉴是不可避免的，同时也是必需的。已经公开出版的有关景点的简介、旅游界前辈多年总结出的观点认识都是应该重视且可以借鉴的，但是借鉴并不是简单地照搬和模仿。随着时代的发展，有些资料不可避免地存在局限性，因此在借鉴时，应该破除迷信、解放思想，尤其是在艺术性较强的内容如雕塑、壁画、音乐、建筑等方面的认识上，更是仁者见仁、智者见智，很难有一个统一的尺度和不容置疑的结论。

创新是导游词创作的生命。导游词贵在创新，但创新不是漫无边际的、毫无根据的信口开河，而是在符合历史的真实和社会发展规律的前提下进行创新，给游客以更深刻、更丰富、更新奇的感受。导游词的创新还体现在要有更强的时代性。

（二）观察与思考

观察是导游词创作的本源，思考是导游词创作的灵魂。如果导游仅仅靠书籍资料去编写导游词，可能会空洞无物、千篇一律。导游讲解中有一种很重要的方法，就是突出与众不同之处。只有经过认真观察，精心比较，深入思考之后才能真正找出"与众不同"之处。

（三）提炼与概括

提炼与概括是导游词创作的重要方法。面对众多无序的资料，编写时不可能面面俱到，必须做适当的选择和裁剪。材料的取舍、结构的布局，都必须经过认真的提炼与概括。

例如，在讲解山西五台山唐代建筑佛光寺时，就不能不提到将佛光寺介绍给全世界的梁思成教授。如果只是单纯地叙述梁思成教授发现、考察佛光寺的过程，难免流于平淡。但是经过提炼，在讲解中突出梁思成教授的爱国主义情怀，就会给游客较强的感染力。又如黄河壶口瀑布的导游词的提炼也有较典型的意义。黄河壶口瀑布原本属于自然景观，其中，"通天彩虹""水底冒烟""石窝宝镜""旱地行船"四大景观的确有特色，但这远不能表现出黄河壶口瀑布的真实风貌。中国人对黄河寄予了太多的思想感情，突出黄河壶口瀑布的力量、性格才是导游词的主旨。这个提炼结果会使每一位身临其境的游客都产生一种心灵的震撼。

概括是将表达的内容条理化、精练化的总结方式，反映在导游词中能给游客完整的、深刻的印象。导游在讲解中，不能期望游客在听过之后自己去总结该景点的几大特点。为使游客对景点有较为清晰的认识，导游需要对其进行概括。山西太原晋祠是个较大的景点，沿中轴线游览将涉及很多具体的内容。如果在游览之前先向游客概括地介绍一下晋祠，游客就更易于把握景点的特色，游览也便有了目的性。如果用"诸神荟萃，各得其所"8个字先对晋祠的特色进行概括，然后再详细介绍，就会收到很好的讲解效果。

概括还表现在对一个景点从不同角度的具体分类上，这样可以将讲解内容按层次、有条理地介绍给游客，使游客既易于理解又便于接受。比如，对云冈石窟第六窟予以艺术性角度的概括，可以分为：构思奇特、布局新颖、内容丰富、造型优美、手法多样、技法精湛……然后再详细介绍，就使游客有了全面的、完整的认识。

导游讲解结束前，再对景点进行总结性概括，可以使游客的印象更为深刻。例如，平遥古城日升昌票号的导游词在总结票号衰落时概括为：

> 19世纪末，西方银行的介入、官方银行的兴起，再加上清王朝的垮台，促使票号走向衰落……在此期间，曾有人提议票号之间联合，改组成真正的商业银行，以增强自身实力。但票号中的守旧势力担心自己的利益受到损害，认为联合会使大票号受到小票号的拖累，而小票号又会被大票号吞并。他们宁愿保持现状，把老祖宗留下来的东西原封不动地传下去……但动荡的社会已不再允许票号的抱残守缺、故步自封。要以不变应万变的票号，最终在一系列内外因素的影响下，失去了改组银行的机会，随着清王朝的垮台而整体走向衰落。

这段短小精辟的概括将中国票号的衰落原因讲得十分清楚，耐人回味。

（四）个性与风格

每个导游所具备的自身积累和表达方式不可能完全相同，因此，没有任何一份导游词适合两个以上的导游使用。

讲解的个性与风格,是指导游在讲解中驾驭题材、表现内容、描绘形象、安排情节、阐述哲理和运用语言等方面所体现出来的导游的情感倾向、性格特点、审美情趣和文化素养的综合性个人特征。在带团中体现出独特的讲解风采,应是每位导游的理想追求。要创作适合自己的导游词,就要克服简单的模仿,杜绝众口一词、千人一腔的现象。导游应根据自身条件和性格特点,设计风格鲜明、特点突出的导游词。

任务二 导游讲解的原则、要求、方法

◇ 引 例

让导游岗位成为宣传红色文化的新阵地

中国共产党在百年奋斗历程中,留下了大量的革命旧址、遗迹遗存和实物资料。这些文物记录着党的光辉历程,是我们弥足珍贵的精神财富。伴随着中国共产党建党百年的重要时机,红色旅游蓬勃兴起,全国上下深入开展党史学习教育,红色旅游资源成为学习教育的生动教材。导游人员如何抓住机遇,做一名合格的历史讲述者,如何在旅游中融入"四史"学习,讲好红色故事,这给导游提出了更高的要求。这是机遇,更是挑战。

"红"起来

每一个红色旅游景点都是一个常学常新的生动课堂。作为新时期的导游,要有效利用红色旅游资源和科学的方法,让游客近距离地触摸历史、感知红色精神,从而获得良好的沉浸式旅游体验。

导游讲解水平的高低,影响到红色文化传承的效果。为此,导游要加强学习,加强"四史"学习,不断升华理想信念,提高自己的政治素质。要了解家乡的革命历史和红色文化,掌握所有景区(景点)的红色印记和红色文化的内涵,不但要熟知发生在家乡的大事件,还要积极探访和发掘那些感人的红色小故事。通过不断学习、积累、融会贯通,在安排路线和讲解时,就会充分利用好红色资源,讲好这些故事,成为旅游行程中的亮点和特点。

导游要善于利用各种条件和特定场合,把革命历史、红色文化等内容进行穿插讲解,让游客的游览内容更加丰满、更有意义。例如,在前往山西太行山大峡谷的路途中,

面对巍巍太行山的壮美雄姿,在讲解太行山独特的地形地貌、观赏太行山美景的同时,讲述太行山作为抗日战争的重要战场,发生的那些惊天动地的大战役、大事件和老百姓支持抗日的可歌可泣的感人故事,如太行奶娘舍弃亲身孩子保护八路军的后代、山村母亲把自己三个儿子相继送上战场打击日寇的故事等。这些故事会引起共鸣,让游客深刻感受到美好生活的来之不易,潜移默化地传递太行精神的内涵和意义。

五台山的寺院中,有当年毛主席从延安辗转前往西柏坡过程中生活的小院子,有主席关心宗教发展与僧人交谈的历史,有主席走近老乡访贫问苦的足迹;乔家大院除了大家熟知的乔致庸,还有放弃优越生活、立志报效祖国的乔家后人乔倜烈士的故事。这些生动、感人的故事,都是导游沿途讲解的好素材。

打铁还需自身硬,因此,要想做一名优秀导游,就要用知识武装自己,让自己先"红"起来,以高度的责任感和使命感,把红色文化渗透到游览者行程中,切实成为红色文化的宣传员、践行者。

"活"起来

导游要心怀崇敬之心、以严谨而有法度的态度讲解红色历史故事,确保红色旅游"不走调""不串色"。

红色旅游,有了旅游二字就有了旅游的属性,讲解就要生动、有趣。如何将红色文化传承的严肃性、规范性和导游讲解的灵活性、讲解内容的可塑性结合起来,是导游的新思考、新命题和新任务。

要形成生动翔实的讲解内容。在讲解中,既要忠于革命史实原貌,又需结合自己的学习体会,对景点的资源特色、历史文化进行再综合、再创造,形成自己独具特色、生动翔实的讲解内容,让游览者听后都有收获。

要注意讲解技巧的合理运用。要增强讲解的贴近性、互动性,不仅要把红色旅游景区的景观和革命历史、文化内涵讲述清楚,更要在吸引游客的同时给予其思考空间,达到升华思想和情感的最终效果。在武乡八路军太行纪念馆,讲到有的战士年仅11岁时,就可与年龄相仿的游客互动。问问年龄、有没有独自离家半年的经历、有没有体会过吃不饱的感受等,把小战士的故事与孩子的生活、体验联系起来,让孩子们有心灵上的触动。

要在尊重历史的前提下寓教于乐、寓教于游。每一处革命遗址、纪念馆,都有大量的文物,每件文物背后都有着可歌可泣的故事,但我们不可能一一讲述。这就需要导游面对不同的受众群体,通过不同的文物,讲述那段历史故事。面对学生团,可以重点讲旧式简陋武器,让孩子知道当年的八路军就是用土枪土炮打败了有着精良装备的日寇,从而激发孩子们不惧困难、勇往直前的革命精神;青年团可以多介绍年轻革命先烈的故事,让青年有时代的对比和思想的触动。左权将军牺牲前写给妻子的家书就是很好的史料,通过讲解家书,让大家真切感受到左权将军不仅是一位有血有肉的革命战士,也是一位有胆有识的朋友,更是一位有爱有情的丈夫和父亲。这样就会拉近青年和先烈的距离,一同走进那烽火硝烟的年代。

"强"起来

围绕新时代红色旅游高质量发展,需要一支高素质的导游队伍来助力,才能把红色资源利用好、把红色传统发扬好、把红色基因传承好。

新时期的导游,要思想过硬,有坚定的政治立场、鲜明的政治观点、丰富的政治理论,这样才能提高讲解的高度。要本领高强、爱岗敬业,不断提升工作能力与自身素质,增强与时俱进的超前学习、工作的能力,始终踏准时代节拍、跟上时代发展。工作方法要巧。要增强讲解的针对性、灵活性,根据情景采用多种讲解方法,做到因人而异、以人为本,提高传递效果,增加传播力度。感情要真,在红色导游服务中,导游首先要用真情去体会革命历史,用真情去感悟红色文化,用真情去传递红色力量。

作为文化和旅游部万名英才计划导游大师(常敬忠)工作室的负责人,成立 5 年来,我始终以做好传帮带、示范引领为己任,努力为提升全省导游队伍服务质量尽自己的微薄之力。

如今,工作室已是成员们互相学习、交流提升、彼此合作的平台。工作室会定期组织参观红色景点、开展实地培训、"山西红歌"传唱、"讲好吕梁英雄传"主题分享会,为左权老区留守儿童送温暖等活动,不断提高讲好红色故事的能力。工作室还走进旅游院校,和导游管理专业的学生们开展了"国旗在我心中"主题活动。通过集体讨论、课堂讲授、观看视频等方式,为学生们讲解国旗背后的故事、规范使用的要求等,加深对国旗的情感,同时号召学生做文明旅游的引导者和践行者。

当下,红色旅游体验质量持续提高、产品类型持续丰富,导游要充分利用岗位特点,积极发挥宣传和传播红色文化的正向作用,在国内红色旅游"火起来"的同时,让导游岗位成为宣传红色文化的新阵地。

(资料来源:http://www.ctnews.com.cn/hsly/content/2021-08/26/content_110626.html.)

导游讲解就是导游以丰富多彩的社会生活和绚丽多姿的景观景物为题材,以兴趣爱好不同、审美情趣各异的游客为对象,对自己掌握的各类知识进行整理、加工和提炼,用简洁明快的语言进行的一种意境的再创造。

导游精彩的讲解,可使祖国的大好河山更加生动形象,使各地的民俗风情更加绚丽多姿,使沉睡千百年的文物古迹"死而复活",使令人费解的自然奇观有了科学答案,使造型奇巧的工艺品栩栩如生,使风味独特的名点佳肴内涵丰富,从而使游客感到旅游生活妙趣横生,留下经久难忘的深刻印象。

一、导游讲解的原则

导游讲解是导游的一种创造性的劳动，要保证导游讲解质量，无论导游采用何种讲解方式，都必须符合导游讲解的基本规律，遵循导游讲解的基本原则。

7-3　导游词举例 1

（一）客观性原则

所谓客观性是指导游讲解要以客观现实为依据，在客观现实的基础上进行意境的再创造。这些客观存在的事物既有有形的，如自然景观和名胜古迹；也有无形的，如社会制度和旅游目的地居民对游客的态度等。在导游讲解中，导游无论采用什么方法或运用何种技巧，都必须以客观存在为依托，必须建立在自然界或人类社会某种客观现实的基础上。

7-4　导游词举例 2

（二）针对性原则

所谓针对性是指导游从游客的实际情况出发，因人而异、有的放矢地进行导游讲解。游客来自四面八方，审美情趣各不相同，因此，导游要根据不同游客的具体情况，在讲解内容、语言运用、讲解方法上有所区别。通俗地说，就是要看人说话，投其所好，导游讲的正是游客希望知道的并感兴趣的内容。

（三）计划性原则

所谓计划性就是要求导游在特定的工作对象和时空条件下发挥主观能动性，科学地安排游客的活动日程，有计划地进行导游讲解。

7-5　导游词举例 3

游客在目的地的活动日程和时间安排是计划性原则的中心。导游按计划带团进行每一天的旅游活动时，要特别注意科学地分配时间，如酒店至各参观游览点行车所需时间、出发时间、各条参观游览线所需时间、途中购物时间、午间就餐时间等。如果在时间安排上缺乏计划性，就会出现"前松后紧"或"前紧后松"的被动局面，甚至有的活动被挤掉，影响计划的实施而导致游客的不满甚至投诉。

计划性的另一个具体体现是每个参观游览点的导游方案。导游应根据游客的具体情况合理安排在景点内的活动时间，选择最佳游览路线，导游讲解内容也要作适当取舍。什么时间讲什么内容，什么地点讲什么内容以及重点介绍什么内容都应该有所计划，这样才能达到最佳的导游效果。

7-6　导游词举例 4

（四）灵活性原则

所谓灵活性是指导游讲解要因人而异、因时制宜、因地制宜。旅游活动往往受到天气、季节、交通以及游客情绪等因素的影响，最佳时间、最佳线路、最佳景点都是相对而言的，客观上的最佳条件缺乏主观上导游艺术的运用就不可能有很好的导游效果。因此，导游在讲解时要根据游客的具体情况，天气、季节的变化和时间的不同，灵活地运用导游知识，采用切合实际的导游内容和导游方法。

导游讲解以客观现实为依托，针对性、计划性和灵活性体现了导游活动的本质，也反映了导游方法的规律。导游应灵活运用这四个基本原则，自然而巧妙地将其融于导游讲解之中，这样才能不断提高自己的讲解水平。

二、导游讲解的要求

（一）言之友好

导游在讲解时的用词、声调、语气和态势语言都应该表现出友好的感情。"有朋自远方来，不亦乐乎""能认识大家是我的荣幸""很高兴与大家有缘在这里相识"等都是表达友好的语言。作为友谊的载体，友好的语言可以使游客感到温暖。

（二）言之有物

导游讲解要有具体的指向，不能空洞无物。讲解资料应突出景观特点，简洁而充分。可以充分准备，细致讲解，不要东拉西扯，缺乏主题，缺乏思想，满嘴空话、套话。导游应把讲解内容最大限度地"物化"，使所要传递的知识深深地烙在游客的脑海中，实现旅游的最大价值。

（三）言之有据

导游说话要有依据，不能没有根据而胡乱地瞎说一通。对游客讲话、谈问题，对参观游览点的讲解和对外宣传，都要从实际出发，要有根据。

（四）言之有理

导游讲解的内容、景点和事物等都必须以事实为依据，要以理服人，不要言过其实和弄虚作假,更不要信口开河。那种不以事实为依据的讲解,一旦游客得知事实真相,即刻会感到自己受了嘲弄和欺骗,导游的形象在游客的心目中就会一落千丈。

（五）言之有趣

导游讲解要生动、形象、幽默和风趣,要使游客紧紧地以导游为核心,在听讲解的过程中,感受到一种美好的享受。需要指出的是,导游在讲解中的风趣和幽默,要自然、贴切,决不可牵强附会,不正确的比拟往往会伤害游客的自尊心,并对其他游客产生不良的影响,让其反感。

7-7　导游词举例 5

（六）言之有神

导游讲解应尽量突出景观的文化内涵,使游客领略其内在的神韵。讲解内容要经过综合性的提炼并形成一种艺术,让游客得到一种艺术享受。同时,导游要善于掌握游客的神情变化,分析哪些内容游客感兴趣,哪些内容游客不愿听,游客的眼神是否转移,游客中是否有人打呵欠,对这些情况都需随时掌握,并及时调整所讲内容。

（七）言之有力

导游在讲解时要正确掌握语音、语气和语调,既要有鲜明生动的语言,又要注意语言的音乐性和节奏感。此外,导游在讲解结尾时,语音要响亮,让游客有心理准备。

（八）言之有情

导游要善于通过自己的语言、表情、神态等传情达意。讲解时,应充满激情和热情,又充满温情和友情,富含感情和人情味的讲解更容易被游客接受。

（九）言之有喻

导游在讲解时要用比喻的语言,用游客熟悉的事物,来介绍、比喻参观的事物,使游客对生疏的事物很快就能理解并产生亲切感。恰当地运用比喻手法,可以降低游客理解的难度,增加旅游审美中的形象化和兴趣。

（十）言之有礼

导游的讲解用语要文雅,行为要谦恭,让游客获得美的享受。

7-8　导游词举例 6

三、导游讲解的方法

（一）概述法

概述法是导游就旅游城市或景区的地理、历史、社会、经济等情况向游客进行概括性的介绍，使其对即将参观游览的城市或景区有一个大致的了解和轮廓性认识的一种导游方法。此法多用于导游接到游客后坐车驶往下榻酒店的首次沿途导游中，这就好比交响乐中的序曲，能起到引导游客进入特定的旅游意境，初步领略游览地的奥秘的作用。

7-9 导游词举例 7

（二）分段讲解法

分段讲解法就是对于那些规模较大、内容较丰富的景点，导游将其分为前后衔接的若干部分来逐段进行讲解的导游方法。

一般来说，导游可首先在前往景点的途中或在景点入口处的示意图前介绍景点概况（包括历史沿革、占地面积、主要景观名称、观赏价值等），使游客对即将游览的景点有个初步印象，达到"见树先见林"的效果，然后带团到景点按顺序进行游览，进行导游讲解。在讲解这一部分的景物时注意不要过多涉及下一部分的景物，目的是引起游客对下一部分景物的兴趣，并使导游讲解环环相扣、景景相连。

7-10 导游词举例 8

（三）突出重点法

突出重点法就是在导游讲解中不面面俱到，而是突出某一方面的导游方法。一处景点，要讲解的内容很多，导游必须根据不同的时空条件和对象区别对待，有的放矢地做到轻重搭配、重点突出、详略得当、疏密有致。导游讲解时一般要突出以下四个方面。

7-11 导游词举例 9

1. 突出景点的独特之处

游客来到目的地旅游，要参观游览的景点很多，其中不乏一些与国内其他地方类似的景点。导游在讲解时必须讲清这些景点的特征及与众不同之处，尤其在同一次旅游活动中参观多处类似景观时，更要突出介绍其特征。

7-12 导游词举例 10

2. 突出具有代表性的景观

游览规模大的景点,导游必须事先确定好重点景观。这些景观既要有自己的特征,又要能概括全貌。实地参观游览时,导游应主要向游客讲解这些具有代表性的景观。

7-13 导游词举例 11

3. 突出游客感兴趣的内容

游客的兴趣爱好各不相同;但从事同一职业的人、文化层次相同的人往往有共同的爱好。导游在研究旅游团的资料时要注意游客的职业和文化层次,以便在游览时重点讲解旅游团内大多数成员感兴趣的内容。

4. 突出"××之最"

面对某一景点,导游可根据实际情况,介绍这是世界或中国最大(最长、最古老、最高、最小)的……因为这也是在介绍景点的特征,很能引起游客的兴致。不过,在使用"××之最"进行导游讲解时,必须实事求是、言之有据,绝不能杜撰,也不要张冠李戴。

7-14 导游词举例 12

(四)问答法

问答法就是在导游讲解时,导游向游客提问题或启发他们提问题的导游方法。使用问答的目的是活跃游览气氛,激发游客的想象思维,促使游客和导游之间产生思想交流,使游客获得参与感或自我成就感。问答法包括自问自答法、我问客答法、客问我答法和客问客答法四种形式。

1. 自问自答法

导游自己提出问题,并作适当停顿,让游客猜想,但并不期待他们回答,只是为了吸引他们的注意力,促使他们思考,激起他们的兴趣,然后作简洁明了的回答或作生动形象的介绍,还可以借题发挥,给游客留下深刻的印象。

2. 我问客答法

导游要善于提问,所提问题要问得恰当,要预料到游客不会一无所知,也要估计到会有不同答案。同时还要诱导游客回答,但不要强迫他们回答,以免使游客感到尴尬。游客的回答不论对错,导游都不应打断,更不能笑话,而要给予鼓励。最后由导游讲解,并引出更多、更广的话题。此外,导游提问的时机也要把握好。导游应该懂得,与游客在一起的时候提问不能太随便也不能没有目的,只有懂得把握时机,才能收到较好的效果。一般说来,游客在静想和思考问题的时候,导游不宜打扰游客;游客在欣赏美景和节目的时候,导游不提与此不相关的事情和问题。

📊 3. 客问我答法

导游要善于调动游客的积极性和他们的想象思维,欢迎他们提问题。游客提出问题,说明他们对某一景物产生了兴趣,进入了审美角色。对他们提出的问题,即使是幼稚可笑的,导游也绝不能置若罔闻,千万不要笑话他们,更不能显示出不耐烦,而是要善于有选择地将回答和讲解有机结合起来。不过,对于游客的提问,导游不要他们问什么就回答什么,一般只回答一些与景点有关的问题,注意不要让游客的提问干扰你的讲解,打乱你的安排。

在导游实践中,导游要学会认真倾听游客的提问,善于思考,掌握游客提问的一般规律,并总结出一套相应的"客问我答"的导游技巧,以随时满足游客的好奇心理。

📊 4. 客问客答法

导游对游客提出的问题并不直截了当地回答,而是有意识地请其他游客来回答问题,亦称"借花献佛法"。导游在为"专业团"讲解专业性较强的内容时可运用此法,但前提是必须对游客的专业情况和声望有较深入的了解,并事先打好招呼,切忌安排不当,引起其他游客的不满。如果发现游客回答问题时所讲的内容有偏差或不足之处,导游也应见机行事,适当指出,但注意不要使其自尊心受到伤害。此外,这种导游方法不宜多用,以免游客对导游的能力产生怀疑,产生不信任感。

7-15 导游词 举例 13

（五）虚实结合法

虚实结合法就是在导游讲解中将典故、传说与景物介绍有机结合,即编织故事情节的导游方法。所谓"实"是指景观的实体、实物、史实、艺术价值等,而"虚"则指与景观有关的民间传说、神话故事、趣闻逸事等。

"虚"与"实"必须有机结合,但要以"实"为主,以"虚"为辅,"虚"为"实"服务,以"虚"烘托情节,以"虚"加深"实"的存在,努力将无情的景物变成有情的讲解内容。

7-16 导游词 举例 14

在实地导游讲解中,导游一定要注意不能为了讲故事而讲故事,任何"虚"的内容都必须落实到"实"处。

导游在讲解时还应该注意选择"虚"的内容,要"精"也要"活"。所谓"精",就是所选传说故事是精华,与讲解的景观密切相关;所谓"活",就是使用时要灵活,见景而用,即兴而发。

7-17 导游词举例15

（六）触景生情法

触景生情法就是在导游讲解中见物生情、借题发挥的一种导游方法。在导游讲解时,导游不能只是就事论事地介绍景物,而是要借题发挥,利用所见景物制造意境,引人入胜,使游客产生联想,从而领略其中妙趣。

触景生情法要求导游讲解内容与所见景物和谐统一,使其情景交融,让游客感到景中有情,情中有景。

触景生情贵在发挥,要自然、正确、切题地发挥。导游要通过生动形象的讲解、有趣而感人的语言,赋予死的景物以生命,注入情感,引导游客进入审美对象的特定意境,从而使他们获得更多的知识和美的感受。

7-18 导游词举例16

（七）制造悬念法

制造悬念法就是导游在导游讲解时提出令人感兴趣的话题,但故意引而不发,激起游客急于知道答案的欲望,从而产生悬念的导游方法,俗称"吊胃口""卖关子"。这种"先藏后露、欲扬先抑、引而不发"的手法,一旦"发"（讲）出来,会给游客留下特别深刻的印象。

制造悬念是导游讲解的重要手段,在活跃气氛、制造意境、激发游客游兴等方面往往能起到重要作用,所以导游都比较喜欢用这一手法。

7-19 导游词举例17

（八）类比法

类比法就是在导游讲解中风物对比,以熟喻生,以达到触类旁通的一种导游方法。导游用游客熟悉的事物与眼前景物进行比较,既便于游客理解,又使他们感到亲切,从而达到事半功倍的导游效果。类比法可分为以下两种。

7-20 导游词举例18

📈 1.同类相似类比

同类相似类比是将相似的两个事物进行比较,便于游客理解并使其产生亲切感。

7-21 导游词举例19

269

2.同类相异类比

同类相异类比是将两种同类但有明显差异的风物进行比较,比出规模、质量、风格、水平、价值等方面的不同,以加深游客的印象。

要正确、熟练地使用类比法,要求导游掌握丰富的知识,熟悉客源国,对相比较的事物有比较深刻的了解。面对来自不同国家和地区的游客,要将他们知道的风物与眼前的景物相比较,切忌进行胡乱、不相宜的比较。

(九)妙用数字法

妙用数字法就是在导游讲解中巧妙地运用数字来说明景观内容,以促使游客更好地理解的一种导游方法。导游讲解中离不开数字,因为数字是帮助导游精确地说明景物的历史、年代、形状、大小、角度、功能、特性等方面内容的重要手段之一,但是使用数字必须恰当、得法,如果运用得当,就会使平淡的数字发出光彩,否则,就会令人产生索然寡味的感觉。运用数字忌讳平铺直叙,因为导游讲解不同于教师上课,一味地讲述多大、多小、多宽等,大量的枯燥数字会使游客厌烦。所以,使用数字要讲究"妙用"。

在实地导游中,导游常用数字换算来帮助游客了解景观内容。导游运用数字分析可以更准确地说明景观内容。导游还可以通过数字来暗喻中国传统文化。

(十)画龙点睛法

画龙点睛法就是导游用凝练的词句概括所游览景点的独特之处,给游客留下突出印象的导游方法。游客听了导游讲解,观赏了景观,既看到了"林",又欣赏了"树",一般都会有一番议论。导游可趁机给予适当的总结,以简练的语言,甚至几个字,点出景物精华之所在,帮助游客进一步领略其奥妙,获得更多更高的精神享受。

实地导游讲解常用的方法还有很多。如点面结合法、引人入胜法、启示联想法、谜语竞猜法、知识渗透法等,它们都是导游在导游工作实践中提炼、总结出来的。在具体工作中,各种导游方法和技巧都不是孤立的,而是相互渗透、相互依存、相互联系的。导游在学习众家之长的同时,必须结合自己的特点融会贯通,在实践中形成自己的导游风格和导游方法,并视具体的时空条件和对象,灵活且熟练地运用,这样才能获得良好的导游效果。

7-22 导游词举例 20

7-23 导游词举例 21

7-24 导游词举例 22

7-25 导游词举例 23

7-26 导游词举例 24

7-27 导游词举例 25

任务三　实地导游讲解的要领

◇ 引 例

张娟：注重细节设计让讲解更出彩

近年来，随着游客的旅游经历逐渐丰富，对于常规讲解，游客开始产生审美疲劳。如何让讲解出彩、出色、出奇，迅速吸引游客、让游客有如沐春风之感，从而有效提升游客的体验度？全国首批优秀导游、金牌导游张娟认为要做好以下几点。

首先，开篇要出彩。这个开篇就是导游的欢迎词。"接团先讲欢迎词，介绍自己、介绍司机、介绍乘坐的旅行大巴车、代表旅行社欢迎大家等，这是必要的程序。不过，在这个欢迎词之前，还可以说点不一样的。"张娟说，不同的季节可以有不同的欢迎词，秋天接团，可以说"层林尽染，欢迎大家走进某地，车外秋意萧瑟，希望我的讲解能让大家感受到车内温暖如春。"

张娟说，有一次接团时，天正下雨，游客明显不开心。她即兴来了这样一段开场白："今天，让我们迎着这淅淅沥沥的小雨走进古老的孔氏旧庄，去感受那千年的建筑犹如无声的音符在雨中默默流淌。"这种因季节、因天气而异的开场方式，很容易给游客留下不错的第一印象。

其次，结尾要出色。落脚点可以放在欢送总结上。"常规的欢送词大概分为这么几种：期待再见型、谦虚认错型、渴望包容型、美好祝福型，这些形式都很好，但是容易落入俗套，我们不妨试试欣赏作业型。"

所谓欣赏作业型，就是给每位游客做一个小结。张娟曾在送团时给游客做过这样一份小结："感谢团队里的王姐，您对我们的工作提出了很多意见和建议，这些都会让我们更好地成长；感谢李叔叔，您是一位特别热心的人，昨天咱们团队里小朋友不小心划破手，您第一时间递上创可贴，为您乐于助人的精神点赞；感谢王大哥，在我讲解时一直帮我举着旗子，你是最优秀的导游助理。还有其他的几位朋友，谢谢你们在我讲解的过程中一直带给我温暖的眼神。这样的总结游客是很喜欢的，因为他们感受到被关注、被重视、被欣赏，所以，不妨学着带给游客一份精彩的欣赏作业。"

张娟说,某年十一假期,她在曲阜三孔景区带深度讲解团,走至孔庙杏坛前发现门前摆放着几块《论语》的宣传牌。"通常来说,这种用来渲染气氛的宣传品,导游是不必讲的。但是,注重细节设计,可以让讲解更出彩。"

张娟是这样对游客说的:"杏坛在哪里呢?杏坛在每个中国人的心里。孔子当年周游列国,众多学生追随,走到哪里都可以席地而坐,看着蓝天白云一起来讲述。就好像此时此刻我们站在这里,眼前出现了这样一块牌子,'学如不及,犹恐失之',孔老夫子教给我们的学习态度就是这样的。所有的语言都在向我们传递着文化的味道、国学的魅力。"一段精彩的现场解说,让游客们鼓起了掌。

张娟说,导游讲解不要为了讲而讲,除了搞清楚来龙去脉,凡是跟讲解对象产生关联的细节,比如它的历史、带给你的感触、与景区的前世今生等都可以拿来说说,配上自己的语言让讲解活色生香。

讲解曲阜大成殿的龙柱时,一般来说,导游会介绍柱子如何精美,讲述关于龙柱的传说故事。乾隆皇帝来时,柱子上的布被大风刮了下来。孔家人解释里面都是野龙,您是真龙天子它们害怕了,等等。很多导游的讲解就停留在这个地方。但对游客来说,这仅仅是个有意思的故事而已,还不过瘾。那么,如何继续挖掘景点的内涵和外延呢?

张娟是这样讲的:"古代的皇帝跟龙柱有着美丽的故事,现代的帝王跟龙柱也有美丽的邂逅。说的是谁呢?法国前总统密特朗先生。密特朗总统和龙柱合影了,他想把中国龙带给法国人,让他们看看龙的精美。没想到,照片拍出来他是闭着眼睛的。可是,这样一个被很多人看起来失败的照片,却有着一个美丽的名字——聆听龙的声音。朋友们,聆听龙的声音,就在这空气当中有龙的声音。您听到了吗?那是中华民族的传统文化在流淌、在传承。"

她说,运用这种方式,让游客感觉听了故事、有了乐趣,意境也随之提升了。

(资料来源:http://www.ctnews.com.cn/lyfw/content/2020-01/19/content_70518.html.)

导游讲解是导游的重要职责,导游讲解水平的高低也是判断导游综合水平的重要内容之一。要想成为一名优秀的导游,就应该不断提高自己的导游讲解水平,掌握导游讲解的方法与要领。

一、做好讲解前的准备工作

（一）注重日常知识积累

如果没有导游日常的知识积累，前面章节中提到的言之有物、言之有理、言之有据等导游讲解要求，概述法、分段讲解法、突出重点法等导游讲解技法，就很难做到运用自如，导游讲解也很难满足游客的求知需求。要提高导游讲解水平，知识积累是重要的基础。

7-28 讲解重点
举例 1

在日常工作和生活中，导游可以通过以下渠道积累知识。

(1)通过媒体关注"身边事"，收集城市及景区的点滴变化。

(2)通过阅读专业书籍，丰富自己在某一知识领域的积累。

(3)通过网络搜索，寻找所关注问题的相关背景知识。

（二）做好接到任务后的准备

虽然平时的积累非常重要，但是"临阵磨枪"也是做好导游讲解工作的要领之一，因为导游只有在接到讲解任务，确切了解游客情况以及游览线路和景点后，才能有针对性地做好讲解前的准备。

1.分析游客信息，厘清讲解重点

如果旅游团成员的年龄偏长，可多准备一些民间传说、历史上的人文轶事、革命历史故事及人物事迹等内容；如果旅游团成员多为年轻人，对他们关心的购物及娱乐方面的情况就要用心多收集一些，在讲解内容上要突出城市的新亮点、新变化。

当然，以某一个方面为重点，并非其他的方面就一点都不涉及，技巧在于讲解内容的组合，主次分明，主题突出。

2.温习"旧内容"，构思"新创意"

导游在讲解前要注意"温故知新"。"温故"指的是对于自己不是特别熟悉或曾经出过错的讲解内容，需要再次温习，以免出错，特别是自己不太熟悉的重要的历史年代、建筑物的长度或高度等数据；"知新"指的是在讲解前有意识地去寻找自己未曾讲解过的知识点和内容，力争使自己的讲解每次都有新信息、新创意。

📈 3.养精蓄锐，做好身体准备

导游讲解也是一项"体力活"，边走边讲，眼观六路，耳听八方，因此导游在讲解前要养精蓄锐，保护好嗓子。

▌二、把握讲解过程中的要领

导游讲解过程中，有可能受到其他因素的影响，如天气变化、行程变更、游客兴趣等，因此，即使做了大量的前期准备工作，如果没有当场的随机应变，灵活应对，也可能达不到理想的讲解效果。因此，在导游讲解过程中要学会吸引游客的"耳朵"，也就是"讲游客最想听的"。

（一）在旅游车上讲解时应掌握的要领

第一，与司机商量确定行车线路时，在合理而可能的原则下尽量不要错过城市的重要景观。

第二，讲解内容及时与车外的景物相呼应。在经过重要的景点或标志建筑时，要及时向游客指示景物的方向。

第三，学会使用"触景生情法"。在讲解城市的交通、气候、地理特点等概况时，可与游客看到的景象结合并借题发挥。比如，通过提醒游客观察计程车的车型，讲到武汉经济开发区的汽车产业；看到水杉树时及时介绍武汉的市树市花；经过三峡专用公路众多的隧道和桥梁时介绍宜昌的地理特点等。

7-29 讲解重点
举例2

第四，在讲解的过程中要注意观察游客的反应。如果大部分人的关注点是车外或频繁地互相交流，此时导游要注意调整讲解内容，通过指示游客观看车外的某个景物或现象将其注意力吸引回来，并及时运用"问答法"与游客进行互动交流。

第五，在快要到达将要游览的景区（点）时，要使用"突出重点法"将景区（点）内最重要的价值及最独特之处向游客进行讲解，以激发游客对该景区（点）的游览兴趣。同时要注意强调景区（点）游览时的注意事项及集合时间和地点。

（二）在景区（点）讲解时应掌握的要领

第一，在景区（点）的游览指示图前向游客说明游览线路、重要景点、洗手间及吸烟区的位置。

第二,要做好景区(点)的讲解,需要确定讲解主题,以主题为红线将每一个小景点串起来,引导游客去发现景区(点)最独特之处。导游如果在讲解中能注意去寻找和发现更多的主题及相应的线索,就可以针对不同的游客从不同的主题讲解一个景区,引导游客去发现美、欣赏美,满足他们的求知、求美的需求。这样的导游讲解一定会给游客留下深刻的印象。

第三,在讲解每个小景点时可以用"突出重点法"来讲解该景点的独特之处,用"触景生情法"延伸讲解与此有关的景区背景及历史,用"妙用数字法"来讲解其历史、建筑特点等,有些还需要用"类比法"将该景点与游客家乡的景点或其他熟知的景点联系起来以加深印象。

第四,导游在讲解自己熟悉或擅长的内容时,不要过于张扬卖弄,避免过多使用"你们知不知道""让我来告诉你"等语言,同时注意控制节奏,给游客缓冲、消化知识内容的时间。

三、注意讲解后的导游服务

(一)巧妙回答游客的提问

在导游讲解结束后,游客有可能会提出各种各样的问题。如果问题与游览有关,而且导游也知道如何回答,可以在回答问题的同时进行深入讲解,往往会有好的效果,能增强游客对自己的信任;如果问题与游览无关,就要学会巧妙地回避。当遇到自己不清楚的问题时切忌胡乱回答,以免被当面指出错误,贻笑大方,从而失去游客对自己的信任;如果自己知道确切答案,但游客有另一种说法时,要注意不要当众争执,不要直接指出对方的错误,要学会回避矛盾,找出共同点,给对方找"梯子"下台,及时转换话题。

(二)引导游客"换位欣赏"

导游在讲解结束后,要善于引导游客用眼睛去发现美,从不同角度去欣赏美,从不同层面去感受美。比如,在某个角度拍照效果最好,从某个地方远眺风景最美等。

(三)告知游客相关注意事项

导游在讲解结束后,要向游客说明自由活动的注意事项、建议他(她)们去的地方及线路,再次强调集合的时间和地点,并告诉游客如果需要帮助可以在什么地方找到导游等。

每个导游在实地导游讲解中都会自觉或不自觉地运用各种方法技巧,只要善于总结相提炼,往往就能掌握导游讲解中的要领。

◇ 练习思考题

一、名词解释

导游词

二、判断题

1. 言之有理是指导游说话要有依据,不能没有根据而胡乱地瞎说一通。　　　　(　　)

2. 导游小王在介绍完太湖石后用"瘦、透、漏、皱、丑"五个字来总结太湖石的特点是一种突出重点的导游讲解方法。　　　　(　　)

3. 导游讲解时将北京的王府井与日本东京的银座进行比较讲解。这是运用了同类相异类比的导游手法。　　　　(　　)

4. 导游在讲解岳麓书院时,向游客强调这是世界上办学历史最悠久的大学之一,这是在运用突出重点法进行讲解。　　　　(　　)

5. 导游在讲解自己熟悉或擅长的内容时,可使用"你们知不知道""让我来告诉你"等语言。　　　　(　　)

三、单项选择题

1. "有朋自远方来不亦乐乎""能认识大家是我的荣幸""很高兴与大家有缘在这里相识"等语言,体现了导游讲解中的(　　)。

A. 言之有情　　　　　　　　　　B. 言之有理

C. 言之友好　　　　　　　　　　D. 言之有喻

2. 导游讲解要有具体的指向,不能空洞;讲解资料应突出景观特点,简洁而充分。这说明导游讲解应(　　)。

A. 言之有神　　　　　　　　　　B. 言之有理

C. 言之有据　　　　　　　　　　D. 言之有物

3. 导游讲解要生动、形象、幽默,要使游客紧紧地以导游为核心,在听讲解的过程中感受到一种美好的享受。这说明导游讲解应(　　)。

A. 言之有神　　　　　　　　　　B. 言之有趣

C. 言之有情　　　　　　　　　　D. 言之有喻

4. 向游客介绍湖北鄂州的"吴王城",虽然游客看到的只是残垣断壁,但导游以此为基础来创造意境,通过讲解再现1700多年前东吴都城的盛景。这体现了导游讲解的(　　)。

A. 计划性　　　　　　　　　　　B. 针对性

C. 客观性　　　　　　　　　　　D. 灵活性

5. "三峡工程是世界上最大的水利工程,三峡水电站是世界上最大的水电站"。这种导游讲解方法是(　　)。

A. 画龙点睛法　　　　　　　　　B. 突出重点法

C. 触景生情法　　　　　　　　　D. 妙用数字法

6. 游览杭州西湖,导游在向游客讲解了西湖的科学成因后,又介绍"西湖明珠自天降,龙飞凤舞到钱塘"的传说。这种导游手法是(　　)。

A. 画龙点睛法　　　　　　　　　　B. 触景生情法

C. 突出重点法　　　　　　　　　　D. 虚实结合法

7. 导游把青岛的风光特色概括为"碧海、蓝天、绿树、红瓦、金沙",犹如音乐中的五线谱一样优美。这种导游方法是(　　)。

A. 触景生情法　　　　　　　　　　B. 突出重点法

C. 虚实结合法　　　　　　　　　　D. 画龙点睛法

8. 导游运用突出重点法讲解湖北省博物馆展出的曾侯乙墓出土文物时,把讲解重点放在乐器上,尤其是打击乐器中的曾侯乙编钟。这是突出了(　　)。

A. 景点的独特之处　　　　　　　　B. 重点推介的内容

C. 游客感兴趣的内容　　　　　　　D. 具有代表性的景观

四、多项选择题

1. 导游讲解应遵循的原则包括(　　)。

A. 客观性原则　　　　　　　　　　B. 针对性原则

C. 计划性原则　　　　　　　　　　D. 灵活性原则

E. 特色性原则

2. 所谓针对性是指导游从游客的实际情况出发,(　　)地进行导游讲解。

A. 因人而异　　　　　　　　　　　B. 因时制宜

C. 因地制宜　　　　　　　　　　　D. 有的放矢

E. 收放自如

3. 运用突出重点法,就是要在导游讲解中(　　)。

A. 突出代表性景观　　　　　　　　B. 突出"××之最"

C. 突出景点的独特之处　　　　　　D. 突出游客感兴趣的内容

E. 突出自身最熟悉的内容

4. 导游讲解"虚实结合法"的"虚"是指与景观有关的(　　)。

A. 艺术价值　　　　　　　　　　　B. 民间传说

C. 历史沿革　　　　　　　　　　　D. 趣闻逸事

E. 历史人物

5. 导游运用虚实结合法进行导游讲解时,要注意(　　)。

A. 以"实"为主,以"虚"为辅　　　　B. 不能"为了讲故事而讲故事"

C. 选择"虚"的内容要"精"和"活"　　D. "实"为"虚"服务,以"虚"烘托情节

E. 多讲有意思的故事

6. 问答法是在导游讲解时,导游向游客提问题或启发他们提问题的导游方法,包括(　　)。

A. 自问自答法　　　　　　　　　　B. 我问客答法

C. 客问我答法　　　　　　　　　　D. 客问客答法

E. 设问提出法

五、问答题

简述导游词的特点和功能。

六、实践创新

选取本地知名红色景点或者文化景点,各小组抽签选定某一景点,自行前往调研,创作完整的导游词,并派代表以该景点进行讲解比赛;由班级学委和各小组负责人共同商议比赛规则和细节,写出比赛策划方案,比赛评委和主持人由学生评选出。

7-30

项目七练习思考题参考答案

项目八　导游带团技能

◇ **本项目目标**

■ **知识目标**

1.掌握旅游活动的组织安排技巧、导游的协作技巧;

2.掌握调整游客情绪的方法、提供心理服务的要领、观景审美的方法;

3.掌握儿童、高龄游客、残障游客等特殊游客的接待技巧;

4.熟悉导游带团的原则与要领、激发游客游兴的方法;

5.熟悉分析游客的审美感受、激发游客的想象思维的方法;

6.了解游客心理、传递正确的审美信息。

■ **能力目标**

能够正确合理地运用导游带团技能,提供优质的导游服务。

■ **情感目标**

1.树立"游客为本,服务至诚"的导游服务理念,培养学生的导游工匠精神;

2.培养学生全心全意为游客服务的精神,不断提升自己导游带团技能的进取精神。

任务一　导游带团的原则与要领

◇ 引　例

导游如何在车内调节气氛

一、音乐电影类

1.唱歌

这是最简单的一种方式。唱流行的或传统的歌都可以,但是稍加改编效果更好——像韩红的《家乡》、阿牛的《浪花一朵朵》、容中尔甲的《高原红》都可以。只要不是五音不全,谁都会唱。可以清唱,也可以伴着卡拉 OK 唱。(年轻人多的就可以选择前者,年长者多的最好用后者,因为年轻人记得的歌多,而年纪大的只会一些老歌,有的歌词都不一定记得)。

2.对歌

导游和游客对歌或者分男女对歌,只要把游客逗乐,气氛自然上来了,那么相互配合也就默契了。

3.放电影

但是像《无间道》这种有好几部的就算了,不然到店时该让游客下车了,他们可能还会说"等我们看完了再下吧……",如果在车上放《蓝色生死恋》,一群阿姨都不愿下车爬山了,车上备的那盒纸巾都用完了,回程路上还在想,到家了看不完该怎么办!

二、小游戏类

1."吃牦牛"

用"我最喜欢吃牛的××(某一部分)……"让游客轮番上,把牛身上能吃的都说一遍,谁重复了就表演个节目,这个很耗时,也很好玩。如果是 40 多人的大团,就算了!特别要注意一点,遇到团上有少数民族的,像新疆人都不吃猪肉的,肯定不能让游客玩与猪肉有关的游戏!

2."对歌或讲笑话"

让游客讲笑话或唱歌,可能常会遇到游客不配合,造成冷场。这时可以带动游客来鼓掌(鼓掌的方式有很多种),也可以让游客跟你学绕口令之类的相对简单的节目。为了鼓励他们参与,也可以分成几派来做节目(像对歌大赛),派别可以取名为峨眉派、青城派、岷山派等之类的。让没参与的人来评判,给得第一名的适当的奖励!比如,地方特色的明信片(如九寨沟明信片)都可以。

3.“你做我猜”

就是一个人比划动作或用语言描述,另一个人来猜。可以猜车上的物品,可以猜景区,可以猜一种动作……导游就当裁判,给获胜的一方颁奖——牛肉干一包或矿泉水一瓶。

4.“击鼓传花”

这是幼儿园小朋友都会玩的游戏,可以用可乐瓶或导游旗代替手绢,导游在前面唱歌,歌一停,看谁拿到瓶子(或导游旗),谁就表演节目,获得“国宝熊猫玩具”“明信片”等一类的奖品;扎气球猜灯谜、谜语,如果没有人回答,只要点出活跃分子表演节目,奖品就归他(她)。

另外,还有“车上跳舞”“明七暗七”“青蛙陷阱”“故事接龙”“词语组合”,以及绕口令、猜谜语、脑筋急转弯等游戏。

三、注意事项

通常旅行过程当中,都有乘车两三个小时的情况,很多游客出来旅游就是希望玩玩闹闹、开开心心、听听笑话、唱唱歌、放松心情、开心一下。但有时候游客扭扭捏捏死活不肯上来,造成冷场。这个时候,导游一个人可以唱“独角戏”。要唱独角戏,必须有丰富的表演资料,而且如果导游自己的表演不出色,游客的兴致也调动不起来了。做导游一定要有一两个自己的拿手节目。如果可以调动大家的兴致,那么游客就愿意表演自己的绝活,车上的气氛就好多了。

要注意的是,面对不同的游客要选择不同的节目,比如,面对年龄大的游客,不要唱流行歌曲,他们大多没有听过,也不知道你在唱些什么,表演效果肯定不行,他们一般喜欢一些老歌。也可以在出团前针对性地准备一些老歌在车上放,他们爱听的话就会安安静静地听歌。

另外,如果游客太散或者年龄差距较大,玩游戏的活动就不好操作了。这时,导游的讲解会比较重要,因为游客出来除了游玩,也特别注重导游对当地文化的讲解,他们更想知道的是相关的知识。

(资料来源:http://www.yctga.org/news.aspx? id=234.)

一、导游带团的原则

（一）游客至上原则

在带团过程中,导游要有强烈的责任感和使命感,要明辨是非曲直,任何情况下都要严格遵守职业道德,遇事多从游客的角度去思考,将维护游客的合法利益摆在首位,真正做到"游客至上"。

（二）服务至诚原则

"服务至诚"既是导游的一条服务标准,也是最基本的职业道德规范,还是导游处理问题的出发点。"服务至诚"的关键在于关心他人,导游要始终将游客放在心上,时刻关心游客。

（三）履行合同原则

是否履行旅游合同的内容,是评价导游是否尽职的基本尺度。导游既要设身处地为游客考虑,也应考虑旅游企业的利益,使游客在合同约定的范围内获得优质服务的同时,保证旅行社的应得利益。

（四）公平对待原则

不管游客来自境外或境内,也不论游客的肤色、语言、信仰、消费水平,导游都应一视同仁,公平对待。不应偏爱某些游客而造成旅游团内部关系紧张,影响导游服务的正常进行。

二、导游带团的要领

（一）确立在旅游团中的主导地位

旅游团是由素不相识、各种各样的游客构成的临时性团体,极具松散性。导游在带团过程中应尽快取得游客信任,确立自己的主导地位,团队才能具有凝聚力、影响力。

1. 真诚和热情

导游服务的特点之一是周期性短。导游每接一个团与游客接触的时间都不长,做全陪有十几天,做地陪只有几天,不能"日久见人心"。因此,导游应迅速与游客建立良好的人际关系。真诚对待游客是建立良好关系的感情基础。真诚和热情能弥补导游的某些不足,当游客认定导游是真心维护他们的利益时,即使旅途中遇到了阻碍,他们也会配合和支持。

2. 树立威信,工作有序

导游服务是引导、组织游客进行各种旅游活动的积极行为。导游要对旅游团有"驾驭"能力,善于使游客的行为趋于一致,使旅游团的活动按计划进行,减少盲目性和随意性,控制旅游团的内容、时间和节奏,主导游客的情绪和意向,使一个临时组成的松散的团体有序地进行活动。

3. 换位思考,宽以待客

换位思考,即导游以"假如我是游客"的思维方法来理解对方的所想、所愿、所求和所为,做到"宽以待客,想方设法满足游客的要求",理解他们的"过错"或"苛求"。对游客提出的种种要求抑或是苛求,平心静气地对待,努力寻找其中的合理成分,尽力使游客的要求达到满足,即使是苛求也应正确对待,冷静处理。

4. 提供个性化服务

个性化服务是导游在做好接待计划要求的各项服务或规范化服务的同时,针对游客个别要求而提供的服务。导游应该明白,每位游客都希望导游一视同仁,又希望给予自己一些特别关照,因此导游既要按规范化的服务去满足游客的一般要求,又要根据每位游客的情况提供个性化服务,有针对性地满足游客的特殊要求。

(二)树立良好的导游形象

导游的良好形象对服务水平产生积极的宣传作用,是获得游客的认同、接受、吸引与团结游客高质量完成导游工作的前提和条件。

📈 1. 重视"第一印象"

心理学中有一种"首因效应",它是指在人际知觉中,给人留下的第一印象是至关重要的。第一印象对他人的社会知觉产生较强的影响,并且在对方的头脑中形成并占据着主导地位。导游从第一次接触游客起就必须重视良好形象的树立。既要注意外在形象,又要注意态度对游客心理的影响,还要通过周密的安排、细致的服务和高效率的工作给游客留下良好的第一印象。

导游真正的第一次"亮相"是在致欢迎词的时候,这时候,游客慢慢消除了到异地的孤独感和茫然感,会静下心来掂一掂导游的分量。他们会用审视的目光观察导游的衣着装束和举止风度,聆听导游讲话的声音、语调、用词是否得体,态度是否真诚等,然后通过分析思考对导游做出初步的判断。因此,导游应特别注意致欢迎词这一环节的言行举止,力求在游客心目中留下良好的第一印象。

📈 2. 维护良好的形象

维护良好的形象贯穿于旅游活动的全过程。导游一旦忽视在服务工作中保持和维护良好形象的重要性,在游客心目中的威信便会降低,游客对其的信赖感和依靠感会消失,旅游活动自然无法顺利开展。因此,导游需要在工作中注意维护和保持良好的形象。导游在游客面前要始终表现出豁达自信、坦诚乐观、沉着果断、知识渊博、技能娴熟等特质,用使游客满意的行为来加深和巩固良好的第一印象,始终维持良好的形象。

📈 3. 留下美好的最终印象

心理学中有一种"近因效应",它是指在人际知觉中,最后给人留下的印象因时间距离最近而对人有着强烈的影响。如果导游留给游客的最终印象不好,可能导致前功尽弃;而美好的最终印象能使游客对即将离开的旅游目的地和导游产生较强烈的恋恋不舍的心情,从而激起再游的动机。游客回到家乡后,通过现身说法还可起到良好的宣传效果。国外一些旅游专家就有这样的共识:旅游业最关心的是其最终的产品——游客的美好回忆。

任务二　导游的组织协调技巧

◇ 引　例

导游"控团"三部曲

　　蔡剑波,高级导游。在长期的带团和培训生涯中,将服务、讲解和做功相结合,形成知识丰富、表现力强、风趣幽默的讲解风格;以其对海南历史、地理、人文的深入了解,以及导游业务知识方面的深厚积淀,深受广大游客及导游欢迎。

　　带团过程中,刚接团时,游客对导游的态度往往带有几分戒备和怀疑,如何在短短几天时间里与原本陌生的游客相处融洽,将游客的戒备心理转变为信任,并且服从团队管理,"控团"无疑是导游们最为关注的话题。近日,有着 20 多年带团及培训经验、被誉为"最会控团"的海南导游蔡剑波,向笔者分享了他的控团技巧。

　　通过讲解树立良好形象

　　"把控一个团队很不容易,因为团队里会有各种各样的人,会碰到各种各样的事儿。很多同行问我,为什么你接的团都那么顺?其实这种顺不是运气,而是以经验和技巧为基础的。控团的第一个关键因素就是讲解,通过讲解吸引游客,让他们产生信任感,同时树立自己的形象。从某种程度上说,导游就是演员,台下的你可能不善言谈,但是走上舞台,你必须要能说会道;你可能性格内向,但是作为导游,你必须热情洋溢,给游客的印象一定是阳光开朗的。在导游这个舞台上,一定要塑造这样一种形象,只有这样一种形象才能给游客带来亲近感,拉近和游客的距离。然后再通过讲解让他们信赖你,这一点特别重要。"蔡剑波说。

　　蔡剑波透露了一个小技巧——"一定要有一段量身定制的开场白,树立自己的形象。这个形象不一定就是自我,更多的可能是遵照游客意愿、标准去塑造的一个角色。要仔细打磨这个角色的开场白,要有亲和力,能够被游客接受和喜欢,同时又专业、严谨、暖心,但是又有自己的原则和权威性。"

　　蔡剑波认为,"讲解是需要有一点天分的。同样的话,别人说来就有说服力,而你说来可能就平淡无奇。因而,导游需要有意识地培养自己的表达能力,可能需要五六年的时间才能打造一个讲解上比较成熟的导游。而在讲解中适当地穿插一些才艺,能起到锦上添花的效果。比如,在旅游大巴上来段方言、戏曲、地方小调或者相声,不仅能够帮助导游巩固形象,还会让整个团队充满笑声,那样控团就成功一半了。"

提前预判,防患于未然

蔡剑波说:"导游控团的第二步是预判。比如,遇到不文明的游客怎么办? 这就需要导游提前预判,在游客还没有做出不文明行为之前,提前告诉全团游客哪些行为是不文明的、应该避免的,以此提醒那部分游客。又比如,有些游客爱贪小便宜,或者是卫生习惯不太好,尤其是在出境游时,国人的大嗓门会被认为是不文明的行为。这时,作为导游就要提前做出反应,不要等到全团大部分游客都大声讲话时,你再去纠正。那时,游客会认为你在挑毛病,很容易演变成一种对立,极易引发投诉。其实游客心中未必不认同导游的提示,只是游客不愿意为此道歉,于是就会转移视线,在其他的事情上挑导游的刺儿。处理这种情况,接团时,导游可以在简短的开场白之后,告诉游客'我们出国旅游代表的是中国的形象,要为国争光,每个人都要自觉维护中国人的形象,维护国家的名声。可是现在外国人怎么评价我们呢? 哪里声音最喧闹,哪里就是中国的团队。我们要不要做这样的团队? 我相信咱们团队里没有这样的人。'如此,可以引起少数习惯不太好的游客的重视。"

"一个团队中,可能有什么样的游客、说出什么样的话、做出什么样的行为,这些都是行程中可能出现但又难以准确预料的事情。如何妥善解决这些问题,考验的是导游的实践经验和导游的应急处理能力。平时,要多向老导游请教,随时总结经验,准备一些应急处理的办法。"蔡剑波说。

巧妙立规,控制团队节奏

"一个优秀的导游,善于掌控团队的情绪,同时能够控制整个团队的节奏。"蔡剑波说,一味地迎合游客并不意味着能带好这个团。"一个优秀的导游必须有一套自己的规则,创造出一个标准来,并且巧妙地灌输给游客。"

"比如,在海南散拼团很多,在南山或者天涯海角这样的景点,可能只是集合就需要半个小时,甚至一个小时。在你讲注意事项的时候,由于你的讲解不够过关,游客根本就没注意听,还有一些游客根本就没拿导游的话当回事儿。等候时间过长,准备集合的游客难免出现烦躁情绪,但是他们通常不会对其他游客发火,而是把矛头指向导游,责怪导游没有掌控好时间。"蔡剑波说,遇到这种情况,可以遵循"向后进看齐"原则。"一个景区往往有几个著名的小景点,是游客一定会游览的。那么,从第一个景点开始,导游就要认真观察,观察哪几个游客总是在队伍的最后、哪些游客容易脱离团队、谁最有可能迟到,导游一定要随时关注这些人,把这些最容易迟到、最容易脱团的游客控制好,团队集合就可能在短时间内完成。"

"总之,导游控团是否成功,关键在于导游能不能去引领游客,让他们按照既定的路线完成整个行程安排。"蔡剑波说。

(资料来源:http://www. ctnews. com. cn/lyfw/content/2019-02/26/content_ 35252. html.)

旅游团是一个特殊的群体,其特点为:第一,它完全是临时性的;第二,同一旅游团游客虽然动机不尽相同,但都是为了追求享受,都希望旅行平安、愉快,获得美好的经历;第三,游客之间习惯、爱好和观点等各不相同,有产生矛盾的可能性。因此,导游应具备良好的组织协调能力。

一、旅游活动的组织安排技巧

(一)灵活搭配活动内容

导游界有句行话——"有张有弛,先张后弛"。这句话生动地反映了导游在带团过程中应该掌握游览活动的节奏,应该遵循"旅速游缓""先远后近""先高后低"的原则。

导游活动在内容上是否搭配得当以及活动在节奏上是否搭配合理,都会影响游客的情绪和心理。在内容搭配上,当天的游览景点安排要避免雷同,此外,游览要与购物、娱乐相结合。

(二)科学安排游客饮食

导游在安排饮食时,要提醒游客特别注意以下几点:① 不宜过多地在旅游期间改变平日饮食习惯,坚持饮食荤素搭配,注意多吃水果,以利消化;② 注意饮食卫生,防止"病从口入";③ 注意饮食平衡,吃饭不可饥一顿、饱一顿,多饮茶水,保持体内水分;④ 防止偏食,少吃大鱼、大肉等肥腻食物,防止消化不良;⑤ 各地名吃要"品",但要注意量不可大,注意自己的消化能力;⑥ 不要勉强吃自己不喜欢吃的东西,虽然有人主张"舍命吃名品",但食物中若含有自己一向忌口的东西,不可勉强去吃;⑦ 提醒游客注意水土不服的问题,一些当地人吃得津津有味的东西比如风味小吃、特产瓜果、生猛海鲜等,游客并不一定能享受。

(三)尽快安排游客入住

首先,进入酒店大堂后,要先找地方安排游客坐下休息,顺手拿些小册子、酒店介绍、景点介绍让游客看看。游客有了可看之物,引起兴趣,就不会因干等而着急了。

其次,请游客按顺序到前台办理入住手续,并请地陪帮忙将房号登记在游客名单上。然后,将安顿好的名单交给前台,复印三份,一份留前台,一份给地陪,一份留给自己。技巧的关键是想得周到,准备工作做得好,到时候才不会忙乱。

最后,游客陆续进入房间,导游要做好以下工作:一是帮助游客学会用房卡;二是提醒游客房间注意事项和检查行李物品;三是帮助游客看看房间是否已打扫干净,有些酒店风评欠佳,尤其旅游旺季时,常常出现差错。

（四）注意旅行服务技巧

按国际惯例,导游在乘坐任何交通工具时,都要第一个下,最后一个上,这样便于照顾好游客。乘坐交通工具安全第一,还要注意礼让,了解规则,导游应艺术地予以介绍和提醒。

1. 带团乘机的技巧

乘坐飞机时,导游一般应当最后上机,这样可以确保全团都顺利登上飞机;导游应选择坐在游客中间靠走道的位置,以便在飞行时照料自己的游客。下飞机时,应当先下,尽快与前来迎接的地陪做好对接。

在整个乘机过程中,导游应特别注意以下几点。

(1)购票后,要核查票面信息,防止出现乘机人姓名同音字错误,并了解乘机注意事项,一定要按时抵达机场等候。

(2)办理登机手续,导游应请游客带好机票、身份证等,通过安全检查,等候上机。

(3)上机后,如有晕机经历者,可先吃片"乘晕宁"。在飞机上如有游客出现晕机反应,导游可帮助按压其合谷穴处以减轻反应。若严重,可与机上服务员联系。

(4)上机后,听从机上服务员安排,请游客仔细听服务员介绍安全知识。一般来讲,机上服务员都能热情服务,所以,在机上有什么问题,可随时向服务员提出。

(5)到达时,听从服务员安排,依次下机,提醒游客带齐行李、记得领取托运行李。如果行李出现损坏现象,要及时报告,可从机场得到赔偿。

2. 带团乘火车的技巧

乘坐火车时,导游要尽力把自己安排在位于游客中间的床位、席位,要经常走动一下,关照每一位游客。在分配车厢时,注意游客之间的关系,尽量把一家人、夫妻、情侣分配在同一车厢中。

(1)购得火车票后,要检查票面信息,以免乘错车次。

(2)到车站,留意广播和大屏幕信息,以免误了车次。排队进站时,导游领头,请团长殿后,以便前后照料。

(3)上车后,找好铺位和席位,找不到时可请服务员协助;安排好车上生活,提醒游客要经常活动一下身体,防止不适。

(4)注意车上广播,提醒游客早些做好下车准备。

（五）引导游客理性购物

1. 帮助游客制订"购物计划"

为避免购物浪费,导游可帮助游客制订一个"购物计划"。旅游购物品主要包括这几种。

(1)旅游工艺品,如饰物、手编、民间工艺品等。

(2)旅游纪念品,如带有当地景观的小型纪念品,如泰山手杖、长城纪念章等。

(3)土特产品,如贵州茅台、云南白药、东北人参、苏杭丝绸,以及文物古玩、旅游食品、旅游日用品等。

2. 引导游客学会理性购物

首先,购物的首要原则是"少买吃的,多买用的"。

其次,导游要提醒游客,购物时应坚持"三要"与"五不要"。"三要"是:要买自己喜欢的物品;买东西一定要商家开发票;贵重物品一定"保单"。"五不要"是:贵重物品不要买;金银珠宝不要买;玉器不要买;大件物品不要买;海鲜水产不要买。

二、导游的协作技巧

（一）全陪（地陪）与领队的协作

领队既是海外旅行社的代表,又是游客的代言人,还是导游服务集体中的一员,在海外社、组团社和接待社之间以及游客和导游之间起着桥梁作用。导游能否圆满完成任务,在很大程度上要靠领队的合作和支持。

1. 尊重领队，遇事与领队多磋商

领队一般在海外旅行社任职多年并受过专业训练,对我国情况尤其是我国旅游业的业内情况相当熟悉。他们服务周到细致,十分注意维护组团社的信誉和游客的权益,深受游客的信赖。此类领队是中方旅行社长期合作的海外客户代表,也是旅游团中的"重点游客",对他们一定要尊重。尊重领队就是遇事要与他们多磋商。旅游团抵达后,地陪要尽快与领队商定日程,如无原则问题应尽量考虑采纳领队的建议和要求。在遇到问题,处理故障时,全陪、地陪更要与领队磋商,争取领队的理解和支持。

2. 关心领队，支持领队的工作

职业领队常年在异国他乡履行自己的使命，进行着重复性的工作，十分辛苦。因此，导游如果在生活上对领队表示关心，在工作上给予领队支持，他会很感动。当领队的工作不顺利或游客不理解时，导游应主动助其一臂之力，能办到的事情尽量给予帮助，办不到的多向游客解释，为领队解围。但要注意，支持领队的工作并不是取代领队，导游应把握好尺度。此外，作为旅游团中的"重点人物"，导游给领队以照顾或提供方便应掌握分寸，不要引起游客的误会和心理上的不平衡。

3. 多给领队荣誉，调动领队的积极性

导游还要随时注意给领队面子，遇到一些显示权威的场合，应多让领队尤其是职业领队出头露面，使其博得游客们的好评。如游览日程商定后，地陪应请领队向全团游客宣布。只要导游真诚地对待领队，多给领队荣誉，领队一般也会领悟到导游的良苦用心，从而采取合作的态度。

4. 灵活应变，掌握工作主动权

有些领队为讨好游客而对导游工作指手画脚，当着全团游客的面"抢话筒"，一再提"新主意"，给导游出难题，使地陪的工作比较被动。遇到类似情况，地陪应采取措施，变被动为主动。对于"抢话筒"的领队，地陪既不能马上反"抢话筒"，也不能听之任之，而应灵活应变，选择适当的时机给予纠正，让游客感到"还是地陪讲得好"。这样，导游既表明了自己的态度又不失风范，工作上也更为主动了。

5. 争取游客支持，避免正面冲突

接待方导游与领队在某些问题上有分歧是正常现象。一旦出现此类情况，接待方导游要主动与领队沟通，及早消除误解。对那些工作不熟练、个性突出且难于合作的领队，导游要沉着冷静，坚持原则，分清是非，对违反合同内容、不合理的要求不能迁就，对于某些带侮辱性的或"过火"的言辞不能置之不理，要根据"有理、有利、有节"的原则讲清道理，使其主动道歉，但要注意避免与领队发生正面冲突。

有时领队提出的做法行不通，导游无论怎样解释说明，领队仍固执己见。这时导游要向全团游客讲明情况，争取大多数游客的理解和支持。但要注意，即使领队的意见被证明不对也不能把领队"逼到绝路"，要设法给领队台阶下，以维护领队的自尊和威信，争取以后的合作。

（二）全陪与地陪的协作

全陪与地陪协作成功的关键是各自应把握好自身的角色或位置,找准个人的定位。要充分认识到虽然受不同旅行社的委派,但都是旅游服务的提供者,都在执行同一个协议,彼此间是相互平等的关系。

首先要尊重对方,努力与合作者建立良好的人际关系;其次,要善于向对方学习,有事多请教;最后,要坚持原则,平等协商。如果对方"打个人小算盘",提出改变活动日程、减少参观游览时间、增加购物等不正确的做法,全陪或地陪应向其讲清道理,尽量说服并按计划执行,如对方仍坚持己见、一意孤行,应采取必要的措施并及时向接待社反映。

（三）导游与司机的协作

旅游车司机在旅游活动中扮演着非常重要的角色,司机一般熟悉旅游线路和路况,经验丰富,导游与司机的配合,是导游服务工作能否顺利进行的重要因素之一。

📶 1. 及时向司机通报相关信息

旅游线路有变化时,导游应提前告诉司机。如果接待的是外国游客,在旅游车到达景点时,导游用外语向游客宣布集合时间、地点后,要再用中文告诉司机。

📶 2. 协助司机做好安全行车工作

导游可适当给予协助以减轻司机的工作压力,便于更好地开展工作,比如:帮助司机更换轮胎,安装或卸下防滑链,或帮助司机进行小的修理;帮助司机保持旅游车挡风玻璃、后视镜和车窗的清洁;遇到险情,由司机保护车辆和游客,导游去求援;不要与司机在行车途中闲聊,影响驾驶安全;不要过多干涉司机的驾驶工作,尤其不应对其指手画脚,以免司机感到被轻视。

📶 3. 征求司机对活动日程的意见

注意倾听司机的意见,使司机产生团队观念和被信任感,积极帮助导游顺利完成带团任务。

（四）导游与相关单位的协作

📶 1. 及时协调,衔接好各环节的工作

在服务过程中,导游要与酒店、车队、机场(车站/码头)、景点、商店等许多部门和单位打

交道。任何一个接待单位或服务工作中的某一环节出现失误和差错,都可能导致"一招不慎,满盘皆输"的不良后果。导游要善于发现或预见旅游服务中可能出现的差错和失误,及时予以协调,使各个接待单位的供给正常有序。比如,旅游团活动日程变更涉及用餐、用房、用车时,地陪要及时通知相关接待单位并进行协调,以保证旅游团的食、住、行能有序地衔接。

2.主动配合,争取协作单位的帮助

导游独自带团,常常会有意外、紧急情况发生,因此导游要善于利用与各地旅游接待单位的协作关系,主动与协助单位有关人员配合,争取得到他们的帮助。比如,迎接散客时,为避免漏接,地陪可请司机站在另一个出口处举牌帮助迎接。又如,旅游团离站时,个别游客到达机场后发现自己的贵重物品遗忘在酒店客房内,导游可请求酒店协助查找,找到后将物品立即送到机场或者邮寄给游客。

任务三　导游的心理服务技巧

◇ 引 例

导游带团过程中的安全提醒

随着旅游业的快速发展,突显的旅游安全问题成为悬在旅行社头上的一把利刃。大大小小的安全事故,不但耗费了大量的人力和财力,也给导游的身心带来严重的伤害。随着旅游旺季即将到来,请各位会员导游们把"安全第一,预防为主"的思想贯穿到操作的各个环节中,事先做好各种防漏补缺工作,降低风险。

一、住宿

(1)导游要清楚游客所住房间的楼层、位置及领队或全陪的房间和酒店的安全紧急通道,一旦发生情况,能够组织游客迅速、安全地撤离现场,避免伤亡。

(2)提醒游客出门时携带好房间钥匙,贵重物品随身保存或寄存,不要托付他人去自己房间取东西;提醒楼层服务员不要贸然给未持钥匙的人开房门,防止不法之徒打着"钥匙忘带了""我们是一个团"等借口偷盗游客财物。

（3）提醒游客睡前关好门窗，搭上门扣，以防小偷循窗而入偷盗财物。

（4）导游要将自己的房间号及联系方式告知全陪及游客，如给游客打电话时，要先自报家门。

二、行车

（1）导游出团前一天，应与司机定好接头时间及地点，可顺路搭司机的车去接团，但忌让司机专程绕路接送。

（2）如发现司机要携带家属或其他闲杂人员随团，要劝其中止该行为或立即报告旅行社请示处理。

（3）如有实习导游等随团，要安排其坐在最前面（不能是主座）或最后面的位置，不要坐在游客当中，以防发生财物丢失或其他事情时产生嫌疑。

（4）等游客全部坐稳后再示意司机开车，在向游客宣布长途车程所需时间时，应比实际时间富余出半个小时。

（5）提醒司机注意安全，在长途行进时，要保持清醒，忌与游客一起呼呼大睡，可适当与司机聊聊天，放点音乐，防止司机犯困。天气不好或道路不好走时，尤其要提醒司机注意安全，尽量不要让游客睡觉，因为如遇紧急情况，清醒的游客的防御反应肯定比睡着的游客快。

（6）在雨、雪、雾天气走山路时，导游应就前方路况多渠道打听，落实没有问题后方可前进，以免车行至半路出现状况导致进退两难。

（7）秋冬季节进入山区时，导游应提醒司机加负号油，以免气温骤降汽车不好发动。

（8）行进途中如需休息，应选择在有宽敞便道、视野开阔的地方，卫生间或出售土特产处要选择与停车位置在同一方向的，尽量不选公路对面的，避免让游客穿过车辆快速行驶的公路。

（9）提醒晕车的游客提前服用晕车药，并且上车后不要频繁走动。

三、行李

（1）接到行李员运送的游客行李时，导游应先将行李在旅游车行李厢前排列好，集中清点，等所有游客都确认好自己的行李后，方可将行李装车。

（2）装厢前应提醒游客：将白天游览所需物品都带至车上，中途将不再打开行李厢。如遇游客中途要开厢取行李，导游要在旁边查看，防止游客在搬挪行李时，遗落了其他游客的行李，尤其在繁华闹市区，更要防止有外人顺手牵羊。

（3）车上的小件行李应集中堆放在最后面的位置或游客的座位下面，但不要影响游客伸腿。走道里尽量不要放行李，放置在游客头顶行李架上的行李要注意用防护带固定牢，以免在行车当中掉下来砸伤人。行李安放要平稳，避免碰撞、摔坏。

(4)在火车上,如行李放在靠近门口上下车之处,要将行李的带子之间互相拴结起来,防止有人下车时顺手拽走。

四、财务

(1)在参观游览的过程中,导游应随时提醒游客加强防范意识,尤其在每次退房前后或离开任何一个地方时,都应强调游客清点并保管好自己的财物。男士尽量不用夹包,女士尽量不用手提包。

(2)导游应提醒游客手机、钱包不要总拿在手里,看到有游客将手机放在上衣口袋时,要提醒小心弯腰时滑落。

(3)下车前,导游应提醒游客关好车窗。

(4)不要替游客保管身份证、护照等重要证件,需要使用时,由全陪或领队收取,用完后及时归还。

五、游览

(1)熟悉接待计划中行程的安排,能够预见危及游客安全的环节。

(2)根据天气及所去风景区的情况,提前通知游客准备好相应的衣物并讲解注意事项。如在下雨且风大时,不要撑伞,以防人伞一起被刮走。参观寺庙时应着装整齐。在少数民族地区旅游时要尊重当地的风俗习惯等。内容说明要真实、明确,既不危言耸听,也不能含糊其辞。

(3)提醒游客游览时要紧跟团队,听从安排,切忌擅自单独行动。自由活动时,不要走得太远,不要太晚回酒店,不要去秩序乱、不安全的地方。

(4)在体力消耗大的活动中,尤其要注意老年人及体弱者,提醒他们事先备好拐杖、药品等,千万不可勉强,并在游程中格外照顾好他们。

(5)参与景区娱乐项目前,告知各项目具体注意事项并严格执行。

六、餐饮

(1)严格按照旅行社的安排,带游客到指定的旅游定点餐厅用餐。

(2)带游客通过餐厅通道、楼梯时,如发现地面油腻、台阶破损、地毯弯曲等,要提醒游客注意脚下安全。

(3)用餐过程中,如发现饭菜不洁、变质、发霉时,要立即撤下菜品并与餐厅主管进行交涉,要求其按标准重新提供。

(4)提醒游客注意饮食卫生,不要暴食暴饮,以免水土不服引起腹泻。在北方旅游时,提醒游客多喝水,多吃水果,以防上火和感冒。

(5)吃海鲜后,1小时内不要食用冷饮、西瓜等冷食,也不要马上去游泳,反之游泳后也不立即食用冷饮、海鲜、西瓜等。晕车、晕船、晕机者,在乘坐前不要吃得太饱,也不要吃得太油腻。

(6)请游客自备防腹泻、过敏、感冒等药品,不要轻易将自己的药给游客服用。

七、购物

(1)导游带团购物必须去与旅行社有协议的或旅游局指定的地点。

(2)提醒游客注意商品的价格、质量,要实事求是地介绍;在游客无购物意向而导游需完成签单任务时,要向游客做好解释说明工作,如果游客不同意,不可强求。

(3)在游客不配合或消费不理想时,导游和司机切不可态度冷淡,服务消极,此举极易造成投诉。

(4)一些变相的消费活动,如烧香、抽签、参加民俗活动等,要事先向游客明示这其中何时需要消费,消费多少,本着自愿自觉的原则,请游客根据自己的情况酌情参与。

(5)事先提醒游客不要与当地小商贩发生纠纷,尤其当游客与商贩讨价还价后又不买时,有些商贩会恶语相加,还有就是不小心碰坏了小商贩的东西,被其勒索。

(6)熟知乘车、船、机及出入海关携带物品的规定,避免游客买到无法带回的东西。

八、票据

(1)保存好所有消费票据,为安全事故的明确责任提供依据。

(2)票据填写应齐全、清楚、正确,无涂改。

(3)提防以下情况:对方借口没有发票要求下次补给;提供过期作废发票;提供非本地区、本次消费的发票;不盖发票专用章或财务章或者章与店名不符;假发票等。

(资料来源:http://www.yctga.org/news.aspx? id=46.)

心理服务亦称情绪化服务,是导游为调节游客在旅游过程中的心理状态所提供的服务。旅游团中的游客因受团体的限制,其个别要求难以在旅游合同中反映出来。当游客到达旅游目的地后,个人的想法和要求会有所反映。此外,在旅游过程中,还可能遇到一些问题,这些问题有的来自接待服务某个环节的欠缺,有的来自与旅游团中其他游客的关系,有的出自游客本人或其家庭,但碍于团体关系不便表示出来,而形成心理障碍。这些情况要求导游除了要提供旅游合同中规定的游客有权享受的服务之外,还有必要向游客提供心理服务。

一、了解游客心理

(一)从人口统计特征了解游客

不同国家,不同地区、不同民族的人在性格和思维方式上也有很大差异;游客所属的社会阶层、年龄和性别的不同,对其心理特征和生活情趣也会产生较为明显的影响。导游应从这些方面去了解游客,并有针对性地向他们提供心理服务。

1.区域和国籍

首先,从区域的角度看,东方人和西方人在性格和思维上有较明显的差异。西方人较开放、感情外露,喜欢直截了当地表明意愿,其思维方式一般是由小到大、由近及远、由具体到抽象;东方人较含蓄、内向,往往委婉地表达意愿,其思维方式一般是从抽象到具体、从大到小、从远到近。因此,导游在接待西方游客时,就应特别注重细节。比如,西方游客认为,只有各种具体的细节做得好,由各种细节组成的整体才会好,他们把导游提供的具体服务抽象为导游的工作能力与整体素质。

其次,从国籍的角度看,同是西方人,在思维方式上也存在着一些差别。如英国人矜持,讲究绅士风度;美国人开放、随意,重实利;法国人浪漫,爱享受生活;德国人踏实、勤奋,守纪律;意大利人热情,热爱生活,等等。

2.所属社会阶层

来自上层社会的游客大多严谨持重,发表意见时往往经过深思熟虑,他们期待听到高品位的导游讲解,以获得高雅的精神享受。一般游客则喜欢不拘形式的交谈,话题广泛,比较关心带有普遍性的社会问题及当前的热门话题;在参观游览时期待听到故事性的导游讲解,希望轻轻松松地旅游度假。

3.年龄和性别

年老的游客好思古怀旧,对游览名胜古迹、会见亲朋老友有较大的兴趣,他们希望得到尊重,希望导游多与他们交谈;年轻的游客好逐新猎奇,喜欢多动多看,对热门社会问题有浓厚的兴趣。女性游客则喜欢谈论商品及购物,喜欢听带故事情节的导游讲解。

(二)从分析所处的地理环境来了解游客

游客由于所处的地理环境不同,对于同一类旅游产品会有不同的需要与偏好,他们对那些与自己所处地理环境迥然不同的旅游目的地往往情有独钟。比如,我国北方游客喜爱南国风情,南方游客偏好北国风光;内陆地区游客喜欢去青岛、三亚等海滨城市,沿海地区游客向往九寨沟、西双版纳独特的风貌;游客在盛夏时节去大连、哈尔滨等北方名城,隆冬季节奔赴海南岛和东南亚。这种反向、反季节出游已成为一种普遍的现象。导游可通过分析地理环境来了解游客的这些心理活动。

（三）从参团和出游动机了解游客

一般说来,人们参加旅游团的心理动机是:① 省心,不用做决定;② 节省时间和金钱;③ 有伴侣、有团友;④ 有安全感;⑤ 能正确了解所看到的景物。导游通过周到、细致的服务和精彩、生动的讲解能满足游客的这些心理需求。

游客的旅游动机一般包括:① 观赏风景名胜、探求文化差异、寻求文化交融的文化动机;② 考察国情民风、体验异域生活、探亲访友寻根的社会动机;③ 考察投资环境、进行商务洽谈、购买旅游商品的经济动机;④ 休闲度假、康体健身、消遣娱乐的身心动机。导游了解和把握了游客的旅游动机,就能更恰当地安排旅游活动和提供导游服务。

（四）从不同的个性特征了解游客

游客的个性各不相同,导游从游客的言行举止可以判断其个性,从而达到了解游客并适时提供心理服务的目的。

1. 活泼型游客

爱交际,喜欢讲话,好出点子,乐于助人,喜欢多变的游览项目。对于这类游客,导游要扬长避短,既要乐于与他们交朋友,又要避免与他们过多交往,以免引起其他团员的不满;要多征求他们的意见和建议,但注意不让其左右旅游活动,打乱正常的活动日程;可适当地请他们帮助活跃气氛,协助照顾年老体弱者等。活泼型游客往往能影响旅游团的其他人,导游应与之搞好关系,在适当的场合表扬他们的工作并表示感谢。

2. 急躁型游客

性急,好动,争强好胜,易冲动,好遗忘,情绪不稳定,比较喜欢离群活动。对这类比较难对付的游客,导游要避其锋芒,不与他们争论,不激怒他们;在他们冲动时不要与之计较,待他们冷静后再与其好好商量,往往能取得良好的效果;对他们要多微笑,服务要热情周到,而且要多关心他们,随时注意他们的安全。

3. 稳重型游客

稳重,不轻易发表见解,一旦发表,希望得到他人的尊重;这类游客容易交往,但他们不主动与人交往,不愿麻烦他人;游览时他们喜欢细细欣赏,购物时爱挑选比较。导游要尊重这类游客,不要怠慢,更不能故意冷淡他们;要采取主动多接近他们,尽量满足他们的合理而可能的要求;与他们交谈要客气、诚恳,速度要慢,声调要低;讨论问题时要平心静气,认真对待他们的意见和建议。

4. 忧郁型游客

身体弱,易失眠,忧郁孤独,少言语但重感情。面对这类游客,导游要格外小心,别多问,尊重他们的隐私;要多亲近他们、多关心体贴他们,但不能过分表示亲热;多主动与他们交谈一些愉快的话题,但不要与之高声说笑,更不要与他们开玩笑。

这四种个性的游客中以活泼型和稳重型居多,急躁型和忧郁型只是少数。不过,典型个性只能反映在少数游客身上,多数游客往往兼有多种类型的个性特征。而且,在特定的环境中,人的个性往往会发生变化,因此导游在向游客提供服务时要因人而异,要随时观察游客的情绪变化,及时调整,力争使导游服务更具针对性,获得令游客满意的效果。

(五)从分析心理变化了解游客

游客来到异国他乡,由于生活环境和生活节奏的变化,在旅游的不同阶段,其心理活动也会随之发生变化。

1. 旅游初期阶段:求安全心理、求新心理

游客刚到目的地,较为兴奋激动,但人生地疏、语言不通,往往容易产生孤独感、茫然感和不安全感,唯恐发生不测,危及财产甚至生命。也就是说,在旅游初期阶段,游客求安全的心态表现得非常突出,因此,消除游客的不安全感成为导游的首要任务。旅游目的地全新的环境、奇异的景物、独特的民俗风情,使游客逐新猎奇的心理空前高涨,这在入境初期阶段表现得尤为突出,往往与不安全感并存。所以,在消除游客不安全心理的同时,导游要尽力安排富有特色的活动项目,满足他们的求新心理。

2. 旅游中期阶段:懒散心态、求全心理、群体心理

旅游中期,旅游团成员之间、游客与导游之间越来越熟悉,游客开始感到轻松愉快,会产生一种平缓、轻松的心态。但是,游客往往忘却了控制自己,思辨能力减退,常常自行其是,甚至出现一些反常言行及放肆、傲慢、无理的行为。一方面,游客的个性充分暴露,开始出现懒散心态,如时间概念较差,群体观念更弱,游览活动中自由散漫,到处丢三落四,旅游团内部的矛盾逐渐显现等;另一方面,游客把旅游活动理想化,产生生活上、心理上的过高要求,对旅游服务挑剔,求全责备,求全心理非常明显;再者,由于游客的思考力和判断力减弱,如果团内出现思辨能力较强而又大胆直言的"领袖人物"时,其他游客便会不假思索地附和他,不知不觉地陷入一种人云亦云、随波逐流的群体心理状态。

导游在旅游中期阶段的工作最为艰巨,也最容易出差错。这个阶段也是对导游组织能力和独立处理问题能力的检验,是对其导游技能和心理素质的全面检阅,因此,导游的精力必须高度集中,不能掉以轻心。

📶 3. 旅游后期阶段：忙于个人事务

旅游活动后期,即将返程时,游客的心理波动较大,开始忙乱起来,比如,与家庭及亲友联系突然增多,想购买称心如意的纪念品又怕行李超重等。总之,他们希望有更多的时间处理个人事务。在这一阶段,导游应给游客留出充分的时间处理自己的事情,对他们的各种疑虑要尽可能耐心地解答,必要时做一些弥补和补救工作,使前一段时间未得到满足的个别要求得到满足。

二、调整游客情绪的方法

游客会随着自己的需要是否得到满足而产生不同的情感体验,如果得到满足,就会产生愉快、满意、欢喜等肯定的、积极的情绪;反之则会产生烦恼、不满、懊恼,甚至愤怒等否定的、消极的情绪。导游应察言观色,了解他们的情绪,如发现游客出现消极或否定情绪,应及时查找原因并采取相应措施来消除或调整。

（一）补偿法

补偿法是指导游从物质或精神上给游客以补偿,从而消除或弱化游客不满情绪的一种方法。比如,没有按协议书上注明的标准提供相应的服务,应给游客相应的补偿,而且替代物一般应高于原标准;因故无法满足游客的合理要求而致其不满,导游应实事求是地说明原因、诚恳道歉,取得游客的谅解,消除其消极情绪。

8-1　调节游客的
情绪举例

（二）分析法

分析法是指导游将造成游客消极情绪的原委向游客讲清楚,并一分为二地分析事物的两面性及其与游客的得失关系的一种方法。比如,出于交通原因不得不改变日程,游客要多花时间在旅途中,常会引起他们的不满,甚至愤怒抗议。导游应耐心地向游客解释原因,诚恳表示歉意;并分析改变日程的利弊,强调其有利的一面或着重介绍新增加游览内容的特色和趣味。

（三）转移注意法

转移注意法是指在游客产生烦闷或小情绪时,导游有意识地调节游客的注意力,使其从不愉快、不顺心的事转移到愉快、顺心的事情上去。比如,有的游客因对参观什么内容有不同意见而不快,有的游客因爬山时不慎划破了衣服而懊恼,有的游客因看到不愉快的现象产生联想而伤感等。导游除了说服或安慰游客以外,还可通过讲笑话、唱山歌、学说本地话或讲些民间故事等形式来活跃气氛,使游客的注意力转移到有趣的文娱活动上来。

三、激发游客的游兴

导游在游览过程中要激发游客的游兴,使游客自始至终沉浸在兴奋、愉悦的氛围之中,这样会取得良好的效果。

8-2　激发游客的
游兴举例 1

（一）通过直观形象激发游客的游兴

导游应通过突出游览对象本身的直观形象来激发游客的游兴。

（二）运用语言艺术激发游客的游兴

导游运用语言艺术调动游客的情绪、激发其游兴。比如,讲解历史故事,激发游客对名胜古迹和民间艺术的探索;朗诵名诗佳句,激起游客漫游名山大川的豪情;提出生动有趣的问题,引起游客的思考和探讨等。

8-3　激发游客的
游兴举例 2

（三）通过组织文娱活动激发游客的游兴

导游还应抓住时机,组织丰富多彩的文娱活动,动员全团游客共同营造愉快氛围。比如,在旅游活动开始不久,可请游客作自我介绍,以加速彼此之间的了解,同时还可以发现游客的特长;如果去的景点路途较远,可组织游客唱歌、猜谜语、做游戏、教外国游客学说中国话;如果团内有多才多艺的游客,可请他出来主持或表演等。导游也应有一两手"绝活",如演奏民族乐器、唱山歌等。

（四）使用声像导游手段激发游客的游兴

声像导游是导游服务重要的辅助手段。去景点游览前,导游可先为游客放映与景点内容相关的声像资料,往往能收到事半功倍的效果。声像导游可以弥补景点因受客观条件限制或因游客体力不支,游客难以看到景点的全貌而留下的缺憾,给游客留下完整的、美好的印象。在旅游车上讲解,导游还可利用车上的音响设备配上适当的音乐,或在讲解间歇时播放一些有着浓郁地方特色的歌曲、乐曲、戏曲等,使车厢内的气氛轻松愉快,让游客始终保持游兴和兴奋、愉悦的心情。

四、提供心理服务的要领

（一）尊重游客

尊重人是人际关系中的一项基本准则。尊重游客,就是要尊重游客的人格和愿望。游客希望在与旅游目的地的人们交往的过程中,人格得到尊重,意见和建议得到尊重;希望要求得到重视,生活得到关心和帮助。游客希望得到尊重是正常的、合理的,也是起码的要求。导游必须明白,只有当游客生活在热情友好的气氛中,自我尊重的需求得到满足时,为他提供的各种服务才有可能发挥作用。

"扬他人之长,隐其之短"是尊重人的一种重要做法,在旅游活动时,导游要妥善安排,让游客进行"参与性"活动,使其获得自我成就感,增强自豪感,从而在心理上获得最大的满足。

（二）微笑服务

微笑是自信的象征,是友谊的表示,是和睦相处、合作愉快的反映;微笑是无声的语言,有强化有声语言、沟通情感的功能,有助于增强交际效果。导游若想向游客提供成功的心理服务,就得学会笑口常开,"笑迎天下客"。

（三）使用柔性语言

"一句话能把人说笑,也能把人说跳。"导游在与游客交往时必须注意自己的语言表达方式,与游客说话要避免使用"铿锵有力""掷地有声"的刚性语言,要尽量做到语气亲切、语调柔和、措辞委婉、说理自然,常用商讨的口吻与游客说话,这样的"柔性语言"既使人愉悦,又有较强的说服力,往往能达到以柔克刚的效果。

（四）与游客建立"伙伴关系"

游客既是导游的服务对象,也是合作伙伴。只有游客通力合作,旅游活动才能顺利进行,导游服务才能取得良好的效果。导游应设法与游客建立"伙伴关系"。一方面,导游应态度诚恳、服务热情周到、谦虚谨慎,让游客获得自我成就感,尊重游客,与游客保持平行性交往,与游客建立正常理性的情感关系。这种情感关系应是面对每一位游客的,决不能厚此薄彼。

(五)提供个性化服务

个性化服务是导游在做好规范化服务的同时,针对游客个别要求而提供的服务。提供个性化服务能达到事半功倍的效果,尤其是对注意细节的西方游客而言,可使他们感受到导游求真务实的作风和为游客分忧解难的精神,从而产生对导游的信任。提供个性化服务关键在于导游要将游客"放在心中",眼中"有活儿",善于把握时机主动服务。个性化服务要求导游要了解游客,用热情主动的服务尽力满足其合理要求。此外,个性化服务只有与规范化服务完美地结合才是优质的导游服务。

任务四 导游的审美引导技巧

◇ 引 例

部晓磊:做好游客的审美引导者

温煦的语调、热情的招呼,简单的几句话就拉近了与他人之间的关系;坚持原则而又有礼有节,就连提醒游客注意事项的语句,也让游客听得十分舒适……初见全国特级导游、甘肃康辉国际旅行社导游部晓磊,很多游客就对他产生了十足的信任感。

今年40岁的部晓磊,看着比实际年龄年轻,他有着同青年一样的热情和赤诚。"可能是导游这份职业要求从业者要有更多热情和耐心投入,而长久地从事这份工作,也不断塑造着我的内心,让自己保持了年轻的心态。"他说。

部晓磊毕业于西北师范大学旅游学院。读大二时,他就考取了导游资格证,成为一名持证上岗的年轻导游。大学期间,在老师的支持下,他一边读书,不断提高自己的基础知识,一边利用业余时间带团讲解,不断提升自己的实践能力。"我是在不断的学习中逐渐喜欢上这个职业的。看到游客在我的讲解下能够了解到景点的文化历史,从中有所受益,我就觉得很有成就感。"部晓磊说。

大学毕业后,部晓磊毫不犹豫地将导游作为自己的职业。工作期间,他主要从事港澳台、东南亚和各国华人游客在省内各条旅游线路游览时的陪同接待工作。"在旅游旺季时,以兰州一日游为例,从早上5点到火车站接团开始,一般忙到晚上12点才能回家休息,一周只休息一天。"回想起年轻时带团的经历,部晓磊说:"那真是痛并快乐着。"

2010年5月,甘肃省举办第一届导游大赛,部晓磊积极参赛。最终,他赢得了普通话组第一名,并获得"甘肃省明星导游""甘肃省旅游行业(导游)优秀技术能手"称号。

好学好问是部晓磊提升知识储备和讲解技能的一大法宝。面对自己不了解的知识点,他总是第一时间去学习和了解。有一次,为了记住公交车上一句优美的宣传标语,他忘记下车,坐过了站。他并没有因此而懊恼,而是高兴地将记住的语句融入自己的讲解词中,讲给更多的游客听。

现在,部晓磊不仅是导游行业的行家里手,更是"讲好甘肃故事"的践行者。近年来,他坚持从事志愿讲解服务,在甘肃省博物馆、敦煌研究院兰州分院敦煌艺术馆等场所为广大群众义务讲解,通过专业的讲解宣传展示甘肃文化,用热情的态度服务广大群众,怀抱感恩之心回馈社会。

早在2011年,部晓磊就成为甘肃省博物馆的一名志愿讲解员。多年的志愿讲解,让他对于馆内的陈设布置十分熟悉,对展出文物的相关历史、看点和文化艺术信息,更是了如指掌,只要游客提出问题,他都能一一回答。长达11年的义务讲解,让部晓磊不仅得到游客的认可,更得到社会的认可,先后获得甘肃省博物馆"荣誉馆员""十佳志愿者""优秀志愿者""荣誉之星"等荣誉称号。

2021年12月底,重新布展后的敦煌研究院兰州分院敦煌艺术馆开馆,身为该馆志愿讲解员的部晓磊在很短时间内,就将变动后的信息一一熟悉掌握,并融入自己的讲解中,介绍给前来参观的游客。

多年的工作经历,让部晓磊对导游这份职业有了自己的认识。他说:"导游的功能就是带领游客在参观游览中发现美、审视美,享受美带来的乐趣。导游与游客最大的区别,就是导游要在自己司空见惯的事物中找到美的所在,要学会在一遍又一遍的讲解中抵抗审美疲劳,还要真诚地与游客沟通,建立信任关系,才能做到'感动自己'继而'感动别人'。"

因有丰富的实践经验和扎实的专业知识,部晓磊也被一些院校邀请做旅游专业的教学工作和职业培训。"我现在除了做专题讲解外,还要做一些教学培训工作,目的是把自己的专业学识和技能教授给更多有导游梦的学子,希望能够为西北的旅游行业发展贡献自己的能量。"部晓磊建议想要从事导游工作的人,要善于学习,丰富理论知识和实践技能,要在导游工作中真诚待人,提升共情能力,想游客之所想,急游客之所急,以真诚和热情对待每一次导游服务。

（资料来源：http://www.ctnews.com.cn/rcjy/content/2022-06/01/content_124803.html.）

旅游活动是一项寻觅美、欣赏美、享受美的综合性审美活动。俄罗斯教育家乌申斯基说:"美丽的城郭,馥郁的山谷,凹凸起伏的原野,蔷薇色的春天和金黄色的秋天,难道不是我们的老师吗？……我深信,美丽的风景对青年气质发展具有的教育作用,是老师都很难与之竞争的。"

一、传递正确的审美信息

游客初到旅游目的地,往往不知如何欣赏。导游首先应把正确的审美信息传递给游客,帮助游客观景,感觉、理解、领悟其中的奥妙和内在的美。同时,导游应注意所传递的信息是准确无误的。

8-4 传递正确的审美信息举例1

二、分析游客的审美感受

我国著名美学家李泽厚就将审美感受分为"悦耳悦目""悦心悦意"和"悦志悦神"三个层次。

8-5 传递正确的审美信息举例2

（一）悦耳悦目

悦耳悦目,是指审美主体以耳、目为主的全部审美感官所体验的愉快感受。这种美感通常以直觉为特征,仿佛主体在与审美对象的直接交融中,不假思索便可于瞬间感受到审美对象的美,同时唤起感官的满足和愉悦。比如,漫步于神农架国家森林公园之中,当游客看到以绿色为主的自然色调,呼吸到富含负氧离子的清新空气,嗅到沁人心脾的花香,听到林间百鸟鸣唱,就会不自觉地陶醉其中,从而进入"悦耳悦目"的审美境界。

（二）悦心悦意

悦心悦意，是指审美主体透过眼前或耳边具有审美价值的感性形象，在无目的中直观地领悟到对方某些较为深刻的意蕴，获得审美享受和情感升华，这种美感是一种意会，有时很难用语言充分而准确地表述。比如，观赏齐白石的画，游客感到的不只是草木鱼虾，而是一种悠然自得、鲜活洒脱的情思意趣；泛舟沱江之上，聆听土家族姑娘优美动人的歌声，游客感到的不只是音响、节奏与旋律的形式美，而是一种饱含着甜蜜和深情的爱情信息流或充满青春美的心声。

这些较高层次的审美感受，使游客的情感升华到一种欢快愉悦的状态，进入了较高的艺术境界。

（三）悦志悦神

悦志悦神，是指审美主体在观照审美对象时，经由感知、想象、情感、理解等心理功能交互作用，从而唤起的那种精神意志上的昂奋和伦理道德上的超越感。它是审美感受的最高层次，体现了审美主体大彻大悟，从小我进入大我的超越感，体现了审美主体和审美对象的高度和谐统一。比如，乘船览游长江、黄河，会唤起游客的思旧怀古之情，使游客产生深沉崇高的历史责任感；登上八达岭长城俯瞰长城内外，会激起游客的壮志豪情，使游客产生强烈的民族自豪感。

导游应根据游客的个性特征，分析他们的审美感受，针对性地进行导游讲解，使具有不同美感层次的游客都能获得审美愉悦和精神享受。

三、激发游客的想象思维

8-6　激发游客的
想象思维举例

观景赏美是客观风光环境和主观情感结合的过程。人的审美活动是以审美对象为依据的，经过积极的思维活动，调动已有的知识和经验，进行美的再创造的过程。一些旅游景观，尤其是人文景观的导游讲解，需要导游制造意境，进行美的再创造，才能激起游客的游兴。

四、灵活掌握观景审美的方法

8-7　观景审美
举例1

（一）动态观赏和静态观赏

任何风景都是活泼的、生动的、多变的、连续的整体，不是单一的、孤立的、不变的画面。

游客漫步于景物之中,步移景异,从而获得空间进程的流动美,这就是动态观赏。然而,在某一特定空间,观赏者停留片刻,选择最佳位置驻足观赏,通过感觉、联想来欣赏美、体验美感,这就是静态观赏。这种观赏形式时间较长、感受较深,人们可获得特殊的美的享受。

(二)观赏距离和观赏角度

距离和角度是两个不可或缺的观景赏美的因素。自然美景千姿百态,变幻无穷,一些似人似物的奇峰巧石,只有从一定的空间距离和特定的角度去看,才能领略其风姿。导游带团游览时要善于引导游客从最佳距离、最佳角度去观赏风景,使其获得美感。

除空间距离外,游客观景赏美还应把握心理距离。心理距离是指人与物之间暂时建立的一种相对超然的审美关系。在审美过程中,游客只有真正从心理上超于日常生活中功利的、伦理的、社会的考虑,摆脱私心杂念,超然物外,才能真正获得审美的愉悦,否则就不可能获得美感。

8-8 观景审美
举例 2

8-9 观景审美
举例 3

(三)观赏时机和观赏节奏

观赏美景要掌握好时机,即掌握好季节、时间和气象的变化。清明踏青、重阳登高、春看兰花、秋赏红叶、冬观腊梅等都是自然万物的时令变化规律造成的观景赏美活动。导游还要注意调节观赏节奏。

1. 有张有弛,劳逸结合

导游要根据旅游团成员的实际情况安排有弹性的活动日程,使旅游审美活动既丰富多彩又松紧相宜,让游客获得最大限度的美的享受。

2. 有急有缓、快慢相宜

导游要视具体情况把握好游览速度和导游讲解的节奏,哪里该快、哪里该慢,哪里多讲、哪里少讲甚至不讲,必须做到心中有数。对年轻人可以讲得快一点、走得快一点、活动多一点;对老年人则相反。如果游客的年龄相差悬殊、体质差异大,要注意既让年轻人的充沛精力有发挥的余地,又不使年老体弱者过于劳累。总之,观赏节奏要因人、因时、因地随时调整。

8-10 观景审美
举例 4

8-11 观景审美
举例 5

3. 有讲有停,导和游结合

导游通过讲解和指点,游客可适时地、正确地观赏到美景,但在特定的地点、特定的时间

要让游客去凝神遐想,去领略、体悟景观之美,往往会收到更好的审美效果。

总之,在旅游过程中,导游应力争使观赏节奏适合游客的生理负荷、心理动态和审美情趣,安排好行程,组织好审美活动,让游客感到既顺乎自然又轻松自如,从而获得旅游的乐趣和美的享受。

任务五　特殊游客的接待技巧

◇ 引 例

金牌导游钱秀珍:以心换心,把每一位游客都当家人

因为热爱,14 年来足迹遍布苍洱大地;因为热爱,从初涉旅游行业的"小菜鸟",一步步成长为"国家金牌导游"……今年 45 岁的钱秀珍说:"我活在自己的热爱里,终其一生,都只想要讲好家乡故事,讲好中国故事。"

成为一名导游,按照自己的方式,去度过人生

心之所向,素履以往。2006 年,自主经商的钱秀珍忽然转行,参加了全国导游资格考试;2007 年,取得国家导游证进入导游行业。

刚工作的时候,钱秀珍接了一个团,当时正值吃饭时间,一位女士手机没电了,钱秀珍当即为这位女士买回了电池,女士很感谢钱秀珍,为她写了一封表扬信,原因是这位女士当时在炒股,钱秀珍的小小举动帮了她很大的忙……从那时起,钱秀珍开始思考导游这份职业的意义,逐渐明白"导游"一词的重量。

于是,钱秀珍开始充实自我,通过看书、向前辈请教、实地开展调研等多种方式,努力提高自身的知识储备量,在一次次带团的过程中,改善和提升服务质量和水平,一路奔赴,一路收获,一路成长。

从 2008 年开始,钱秀珍就被邀请参与到导游年检的培训当中;2009 年,获得了云南省"百年旅游先进产业人物"称号;2010—2012 年,获得了大理州"创先争优先进工作者"称号;2015 年获得"中国好导游"和大理州"最美金牌导游"称号;2016 年获得"云南省文明交通导游";2020 年入选"国家金牌导游"培养对象;2021 年 7 月 8 日,大理州旅游行业协会导游分会成立,被选举为会长……然而,钱秀珍始终谦逊低调,每一项荣誉的获得,都是她生命的一次全新开场。

就如当年明月在《明朝那些事儿》中写道的那样,"成功只有一种——按照自己的方式,去度过人生。"大理丰富的自然生态旅游资源滋养着钱秀珍,导游这个职业更成就着钱秀珍,每一次带团,她都把自己当作旅行者,永远拥有一颗年轻的求知心与上进心。

作为一名导游,把每一位游客都当作家人

作为一名金牌导游,最大的技巧是什么?钱秀珍说,最大的技巧就是没有技巧,即以心换心,从细节处出发,想游客之所想,急游客之所急。从刚工作开始,钱秀珍就会提前记得团里每一位游客的名字,不管这个团有多少人。她的细心、亲切及对每一位游客无微不至的关心,都会在不经意间,让大家感觉舒服、暖心。

2020年,钱秀珍所在的旅行社接了一个行程为9天的团,上车不到半小时,游客就非常喜欢钱秀珍。其中一位游客也给钱秀珍写了表扬信,这位游客表示,自己的姓氏是一个生僻字,到云南9天了没有人叫得出她的名字,但钱秀珍却第一时间叫出了,并准确讲出了其姓氏背后的故事,钱秀珍是一名真正的导游,她的专业素养都在细节处体现着。

导游的工作总是人来人往,有人来,又有人走,但钱秀珍说,这都没关系,把每一位游客都当作家人去对待,总会以真心换来真心。2018年,钱秀珍和同伴去北京开会,当她发了朋友圈后,好多年前接待过的一位游客朋友驱车一百多公里来机场接她,并为她们安排了好几天的北京之游;当时走在北京的街道上,之前接待的一位姐姐也直接开车过来邀请钱秀珍去她自家的餐厅里吃饭……

作为大理州旅游行业协会导游分会会长,提升游客体验感、获得感和幸福感

"风花雪月地,山光水色城。大理,融独特的自然风光与深厚的人文底蕴为一体,是一方非常美的家园,甚至'大理'二字就是一种精神符号,代表着人们对诗与远方的所有向往。"在钱秀珍看来,大理的旅游资源非常丰富且独一无二。

"我希望在大理,游客真正成为参与者,不再只是旁观者,而是自己旅程中的主角。"钱秀珍希望,每一位游客都能在大理全身心放松,感知幸福,感知生命的意义。

为此,作为大理州旅游行业协会导游分会会长,钱秀珍和大理州旅游行业协会一起做了新的尝试。旅游竞争最重要的方式之一就是导游服务质量的竞争,同时也是旅游产品优化的主要途径,落地游客增加,出行方式多元,让持证导游到没有专职讲解员的景区景点作讲解,从细节处提升在岗导游的知识储备量等各方面素质。同时,扩大理事及会员范围,增加了景区讲解员、博物馆宣教部主任、大理大学教授等人,大家在一起互相学习,内强素质,外展形象。另外,钱秀珍和协会还串联了很多非遗传承人,包括扎染、甲马、三道茶、泥塑等多种非遗类型,让游客亲自参与到非遗作品的制作中去,体验非遗的魅力,解锁大理慢生活的密码。

"我见青山多妩媚,料青山见我应如是。"尽管在当前旅游市场充斥着对导游的重重质疑与误解的情况下,钱秀珍始终和同伴们努力坚守着作为一名导游的专业操守,希望讲好大理故事,更讲好中国故事。

(资料来源:https://mp.weixin.qq.com/s/L-Unp9Jaex4GwNqxCrPq7A.)

游客来自不同的国家和地区,他们在年龄、职业、宗教信仰、社会地位等方面存在较大的差异,有些游客甚至非同一般,特点尤为突出,导游必须给予特别重视和关照,因此称之为特殊游客或重点游客。虽然他们都是以普通游客的身份而来,但接待方法有别于一般的游客。

一、儿童的接待技巧

（一）注意儿童的安全

儿童游客,尤其是 2~6 岁的儿童,天生活泼好动。地陪可酌情讲些有趣的童话和小故事吸引他们,既活跃了气氛,又使他们不到处乱跑,保证了安全。在旅游过程中,经常会出现中国游客因喜爱要和外国儿童合影留念的情况。面对好客的中国人,孩子和家长开始很兴奋、新鲜,很愿意合作,但时间一长,次数一多,他们就会产生厌烦情绪。遇到这种情况,导游一方面要代他们婉言谢绝,另一方面也可做一些工作,尽量让双方都满意。

（二）掌握"四不宜"原则

对于有儿童的旅游团,导游应掌握"四不宜"的原则:不宜为讨好儿童而给其买食物、玩具;不宜在旅游活动中突出儿童,而冷落其他游客;即使家长同意也不宜单独把儿童带出活动;儿童生病,应及时建议家长请医生诊治,而不宜建议其给孩子服药,更不能提供药品给儿童服用。

（三）对儿童多给予关照

导游对儿童的饮食起居要特别关心,多给一些关照。如天气变化时,要及时提醒家长给孩子增减衣服,如果天气干燥,还要提醒家长多给孩子喝水等。用餐前,考虑到儿童个子小,而且外国儿童不会使用中餐用具,地陪应先给餐厅打电话,请餐厅准备好儿童用椅和刀、叉、勺等一些儿童必备用具,以减少用餐时的不便。

（四）注意儿童的收费标准

根据儿童不同的年龄,有不同的收费标准和规定,比如,机(车/船)票、住宿、用餐等,导游应特别注意。

二、高龄游客的接待技巧

尊敬老人是我们中华民族的传统美德,导游应通过谦恭尊敬的态度、体贴入微的关怀以及不辞辛苦的服务做好高龄游客的接待工作。

(一)妥善安排日程

首先,日程安排不要太紧,活动量不宜过大,项目不宜过多,在不减少项目的情况下,尽量选择便捷路线和有代表性的景观,做到"少而精",以细看、慢讲为宜。

其次,应适当增加休息时间。参观游览时可在上午和下午各安排一次中间休息;在晚餐和看节目之前,应安排回饭店休息一会儿;晚间活动不要回饭店太晚。

此外,带高龄游客团不能用激将法和诱导法,以免消耗体力大,发生危险。

(二)做好提醒工作

高龄游客年龄大,记忆力减退,视力差,大多数腿脚不太灵活。导游首先应每天重复讲解第二天的活动日程并提醒注意事项。如预报天气情况,提醒增减衣服、带好雨具、穿上旅游鞋等。景点人多时,要反复提醒他们提高警惕,带好自己的随身物品。

另外,为了使用方便或不被人蒙骗,地陪应提醒他们准备适量的小面值人民币。此外,地陪还应适当增加让游客去厕所的次数,并提前提醒他们准备好零钱(收费厕所)。

(三)注意放慢速度

游览时,地陪一定要注意放慢行走速度,照顾走得慢或落在后面的高龄游客,选台阶少、较平坦的地方走,以防摔倒碰伤。讲解时,也应适当放慢速度,加大音量,吐字要清楚,必要时还要多重复。

(四)耐心解答问题

老年游客喜欢提问题,好刨根问底,有时一个问题重复问几遍,对此,导游要耐心、不厌其烦地给予解答。

(五)预防游客走失

每到一个景点,地陪要不怕麻烦、反复多次地告诉高龄游客旅游路线及旅游车停车的地点,尤其是上下车地点,一定要提醒高龄游客记住停车地点,并提醒他们,一旦找不到团队,不要着急,不要到处乱走,要在原地等待导游的到来。

(六)尊重西方传统

许多西方老年游客,不愿受到导游过多的特别照顾,导游应尊重西方传统,注意照顾方式。

三、残障游客的接待技巧

残障游客的自尊心和独立性特别强,虽然他们需要关照,但又不愿给别人增添麻烦。因此,在接待残疾游客时,导游要特别注意方式方法,在任何时候、任何场合都不应讥笑和歧视他们,而应表示尊重和友好。既要热情周到,尽可能地为他们提供方便,又不要给他们带来压力或伤害他们的自尊心,真正做到让其乘兴而来、满意而归。

(一)适时、恰当的关心照顾

接到残障游客后,导游首先应适时地询问他们需要什么帮助,但不宜问候过多,避免他们反感;其次,如果残障游客不主动介绍,导游不要打听其残障的原因,以免引起不快。此外,导游要时刻关注他们的行踪,并给予恰当的照顾。在安排活动时,要多考虑残障游客的生理条件和特殊需要,比如,选择路线时尽量不走或少走台阶,提前告诉他们洗手间的位置,通知餐厅安排在一层餐厅就餐等。

(二)具体、周到的导游服务

对不同类型的残障游客,导游服务应具有针对性。接待聋哑游客,要安排他们在车上前排就座,以便他们通过导游讲解的口型来了解讲解的内容,同时导游还应有意面向他们,放慢讲解的速度;对于截瘫游客,导游应分析游客是否需要轮椅,提前做好准备,并预留足够的放行李的空间,以便放轮椅或其他物品;对于有视力障碍的游客,导游应安排他们在前排就座,能用手触的地方、物品可以尽量让他们触摸。在导游讲解时可主动站在他们身边,讲解内容要力求细致生动,口语表达更加准确、清晰,讲解速度也适当放慢。

◇ **练习思考题**

一、判断题

1.导游在工作中应多从游客角度考虑问题,进行换位思考,体谅游客的感受。   (   )

2.悦心悦意是审美感受的最高层次,体现了审美主体大彻大悟,从小我进入大我的超越感。   (   )

3.乘坐火车时,导游要尽力把自己安排在位于游客中间的车厢和床位、席位。   (   )

4.导游带团乘坐任何交通工具时,按国际惯例,都要第一个下,最后一个上,这样便于照顾好游客。   (   )

二、单项选择题

1.来自上层社会的游客大多严谨持重,期待听到(   )的导游讲解。

A.高品位   B.故事性

C.大众化   D.趣味性

2.不主动与人交往,游览时喜欢细细欣赏,购物时爱挑选比较,这样的游客属于(   )。

A.稳重型   B.忧郁型

C.急躁型   D.活泼型

3.导游在旅游(   )阶段的工作最为艰巨,也最容易出差错。

A.准备   B.初期

C.中期   D.结束

4."一句话能把人说笑,也能把人说跳。"导游与游客说话应使用(   )。

A.礼貌语言   B.规范语言

C.形象语言   D.柔性语言

5.漫步于森林公园之中,当游客看到以绿色为主的自然色调,呼吸到富含负氧离子的清新空气,嗅到沁人心脾的香,听到林间百鸟鸣唱,就会不自觉地陶醉其中。这种审美感受是(   )

A.赏心悦目   B.悦耳悦目

C.悦心悦意   D.悦志悦神

6.乘船游览长江、黄河,会唤起游客的思旧怀古之情,使游客产生深沉崇高的历史责任感。这种审美感受是(   )。

A.赏心悦目   B.悦耳悦目

C.悦心悦意   D.悦志悦神

7."不识庐山真面目,只缘身在此山中。"说明观景赏美要注意保持一定的(   )。

A.心理距离   B.相对距离

C.时间距离   D.空间距离

三、多项选择题

1.导游要想确立在旅游团中的主导地位,应做到(　　)。

A.以诚待人,热情服务　　　　　　B.换位思考,宽以待客

C.向游客提供心理服务　　　　　　D.树立良好的导游形象

E.树立威信,善于"驾驭"

2.游客在旅游中期阶段的心理主要有(　　)。

A.求新心理　　　　　　　　　　　B.懒散心态

C.求全心理　　　　　　　　　　　D.群体心理

E.求安全心理

3.导游把握心理服务的要领包括(　　)。

A.尊重游客　　　　　　　　　　　B.微笑服务

C.使用柔性语言　　　　　　　　　D.了解游客心理

E.提供规范化服务

4.柔性语言的特点包括(　　)。

A.语气亲切　　　　　　　　　　　B.语调柔和

C.措辞委婉　　　　　　　　　　　D.说理自然

E.用平和的心理说话

5.导游引导游客观景赏美应注意(　　)。

A.传递正确的审美信息　　　　　　B.分析游客的审美感受

C.激发游客的想象思维　　　　　　D.掌握观景赏美的方法

E.传递合适的审美信息

6.导游调节游客的观赏节奏应该做到(　　)。

A.有张有弛,劳逸结合　　　　　　B.有急有缓,快慢相宜

C.有收有发,详略得当　　　　　　D.有讲有停,导游结合

E.有动有静,动静结合

7.对有儿童的旅游团,导游应掌握"四不宜"的原则,即(　　)。

A.不宜给儿童买食物　　　　　　　B.不宜给儿童买玩具

C.不宜建议家长请医生诊治　　　　D.不宜单独把儿童带出活动

E.不宜突出儿童而冷落其他游客

8.对高龄游客的接待,导游应注意(　　)。

A.妥善安排日程　　　　　　　　　B.做好提醒工作

C.适当运用诱导法　　　　　　　　D.不可采用激将法

E.尽量放慢速度

9.接待有视力障碍的游客,导游应注意(　　)。

A.安排游客在前排就座　　　　　　B.物品尽量让游客触摸

C.讲解时离游客稍远　　　　　　　D.讲解内容细致生动

E.讲解速度适当放慢

10.导游搞好与领队的关系,应做到(　　　)。

A.支持领队的工作　　　　　　　B.服从领队的领导

C.遇事与领队多磋商　　　　　　D.掌握工作的主动权

E.避免发生正面冲突

四、问答题

1.简述如何树立良好的导游形象。

2.简述如何组织安排旅游活动。

五、实践创新

学习小组查阅导游带团资料,并结合小组导游校园学习任务和市内景点调研,以及讲解比赛任务和做旅游志愿者的心得体会,形成小组的导游带团经验交流意见,选一名代表在全班汇报。

8-12　项目八练习思考题参考答案

项目九　导游服务必备常识

◇ **本项目目标**

■ **知识目标**

1.掌握出入境所持有效证件、办理出入境手续、出入境携带物品的规定等常识；

2.掌握旅游安全常识、旅游保健常识、常见病的防治、突发病的防治、受伤的救护、人工呼吸救助法等常识；

3.熟悉航空客运常识、铁路客运知识、公路客运知识、水路客运知识、邮电常识；

4.熟悉货币常识、保险常识；

5.熟悉国际时差,摄氏、华氏换算和度量衡换算等常识；

■ **能力目标**

能够正确合理地运用导游服务常识,提供优质的导游服务。

■ **情感目标**

1.树立"游客为本,服务至诚"的导游服务理念,培养学生的导游工匠精神；

2.培养学生全心全意为游客服务的精神,以及不断丰富导游带团知识的进取精神。

任务一　　出入境常识

◇ **引　例**

曾文杰：“只有变得更好才能更有底气”

　　"重启全国特级导游评选，不仅能留住导游队伍中的有生力量，也能激发导游的奋进精神，给大家明确努力的方向。"今年5月，上海中旅国际旅行社导游曾文杰获评全国特级导游，日前接受采访时，谈及这次时隔20余年后重新启动的评选，曾文杰仍然十分激动。

　　从头起步　不断蜕变

　　2000年大学毕业后，曾文杰入职上海中旅国际旅行社，成为一名英语导游。从实习期的单项接送服务，到上海世博会期间接待超过3200人次的重要贵宾团组，成为出境游领队兼导游……一路走来，曾文杰一步一个脚印，实现了蜕变。

　　曾文杰至今还记得实习期间与朋友合带的第一个团。那是一个30多人的美籍华人团，原本信心满满的他在带团过程中发现，当自己把提前准备的导游词背完后，就不知道该如何与游客交流了，甚至还出现了冷场、全陪导游提出要更换导游的情况，这件事情让曾文杰受到了不小的打击。他下定决心，要保持高强度的学习、不断地进行积累，一定要做到带团不尴尬、不冷场、不被问倒。

　　于是，只要有空闲时间，曾文杰就一头扎进上海博物馆的外文书店，阅读大量英文原版书籍。同时，他还很注重日常积累，比如留心电视和广播中每一个可能会被问到的知识点，把时事新闻和各地人文历史、风土人情融合在一起，掌握透彻。"带团时如果只讲解游客能够轻易检索到的内容，导游的可替代性就会变得很高，所以要输出一些有价值的信息，提高讲解吸引力。"曾文杰总结道。

　　有苦有甜　直面挑战

　　"人的一生就是不断成长的过程，只有掌握多种技能才能更好地应对可能出现的不确定情况。"2011年，曾文杰尝试改变，从入境导游转型为专门服务欧洲团的出境游领队。

　　狂风暴雪、火山爆发、大范围的航班延误……在做出境领队的那10年，曾文杰经历了很多困难。他深刻地意识到，在欧洲带团，自己就是团队的主心骨。

曾文杰曾接待过一位患有视神经脊髓炎的阿姨,出游前阿姨的女儿就提前联系曾文杰,告知病情。"阿姨有一定的视觉障碍,病情严重最终会导致失明,所以,她的心愿就是好好看看世界的风景。"曾文杰说,接团伊始,他就跟其他团员讲好,请大家多多包容,并在行程中时刻关注这位阿姨,主动与她交流。"作为一名导游,我有义务将阿姨照顾好,但更重要的是让她感到舒适,而不是被当作病人对待。"在曾文杰的带领下,旅游团的氛围十分融洽,那位阿姨对此行也非常满意。

"在欧洲带团,基本是一辆大巴游到底,司机不一定是当地人,对线路未必很熟悉,所以,身为领队的我必须要提前把相关情况掌握清楚。"曾文杰买来书和地图,提前把行程中的每一个点位看熟、摸透,对每个细节做到了如指掌。

慢慢地,善于总结的曾文杰掌握了一些带欧洲出境团的技巧。比如,在讲解过程中要加入一些历史事件,让每个知识点尽可能丰满起来。"面对中国游客,如果只是讲公元1553年发生了什么事情,游客是没有概念的,因此要对比说明这一年是中国的哪个朝代。对外国游客同样如此,他们不清楚万历年间和康熙年间的区别,就要结合欧洲的历史进行讲解。"曾文杰举例道。

不负热爱 更进一步

曾文杰告诉记者,带欧洲出境团最忙的那段时间,他曾数次在旅程结束后于凌晨飞抵上海,四五个小时后再带团乘坐早班机离开。

高强度出差与倒不尽的时差曾是他工作的常态,然而即便如此,他仍然不断自我加压。"深夜回到酒店,我仍然坚持学习。变得更好、更优秀,才能更有底气、更有力量。"

2015年,曾文杰赴瑞典留学,这段留学经历让曾文杰有了很大改变。"带团时我能更好地站在全局的角度考虑问题了。比如,带团到欧洲某国,偶尔会听到第一次走出国门的游客抱怨'不够繁华、与期望差异很大'等。这时,我就会告诉游客,到这个国家最重要的是感受古老的历史与文化。当我们走出国门看世界的时候,要抱着平等、包容的眼光去对待别国的差异性,而不是带有偏见地去贴标签。"

"看上去可能比较破旧,但当大家用步行的方式丈量这座城市,伸手触摸那些石制的墙体,就能感受到3000年前的文化与温度。"这是曾文杰带团时常对游客讲的话。做跨文化交流的桥梁,是曾文杰从业多年所追求的。

在曾文杰看来,作为一名全国特级导游,除了做好本职工作以外,更重要的是把老导游的精神内核传承下去。"大家都以更高的职业操守要求自己,向好的方向努力,才能吸引更多新人入行,让他们感受到这个职业的价值,进而形成良性循环。"

曾文杰经常与刚入行的导游分享自己的带团经验,告诉他们要时刻保持良好的状态。"导游工作重复性很高。但对于游客来说,每天他们看到的风景却是不一样的。所以,导游要始终用谦虚、开放的心态,与不同的游客进行不同的互动,在看似枯燥的工作中找到乐趣。"眼下,曾文杰对行业充满信心,时刻准备着重回岗位。"坚持自我、保有激情,这样在行业复苏时,我们才能用热情感染游客,才能获得更多认可。"

(资料来源:http://www.ctnews.com.cn/rcjy/content/2022-10/27/content_132248.html.)

外国人入境必须在指定口岸向边防检查站(由公安、海关、卫生检疫三方组成)交验有效证件,填写入境卡,经边防检查站查验核准加盖验讫章后方可入境。中国公民返归时,只要在入境口岸的边检站出示有效证件,不必填写入境卡。

有效证件指各国家(地区)政府为其公民(居民)颁发的出境证件,其种类很多,不同类型的人员使用的有效证件名称也不同,比如,供国际航班机组人员使用的是"执照",供国际海员使用的是"海员证",邻国边民使用的是"边民证",华侨使用的是"旅行证",港澳同胞使用的是"港澳居民来往内地通行证",台湾同胞使用的是"台湾居民来往大陆通行证",绝大多数外国游客和中国公民使用的是护照以及前往国(地区)在护照中签注和盖印的签证。下面介绍与旅游有关的几种有效证件。

一、出入境所持有效证件

(一)护照

护照是一国主管机关发给本国公民出国或在国外居留的证件,证明其国籍和身份。护照一般分为外交护照、公务护照和普通护照三种,有的国家为团体出国人员(旅游团、体育队、文艺团体)发放团体护照。

1. 外交护照

外交护照发给政府高级官员、国会议员、外交和领事官员、负有特殊外交使命的人员、政府代表团成员等。持有外交护照者在外国享受外交礼遇,如豁免权。

在中国,外交护照由外交部签发,公务护照由外交部,中华人民共和国驻外使、领馆或者外交部委托的其他驻外机构以及外交部委托的省、自治区、直辖市和设区的市人民政府外事部门签发。

2. 公务护照

公务护照发给政府一般官员,驻外使、领馆工作人员以及因公派往国外执行文化、经济等任务的人员。

3. 普通护照

普通护照发给出国的一般公民、国外侨民等。

在中国,普通护照由公安部出入境管理机构或者公安部委托的县级以上地方人民政府公安机关出入境管理机构,以及中华人民共和国驻外使、领馆和外交部委托的其他驻外机构签发。自 2012 年 5 月 15 日起,公安机关统一签发电子普通护照,在传统本式普通护照中嵌入电子芯片,芯片中存储执照人的个人基本资料、面相、指纹等特征。普通护照的有效期为:护照持有人未满 16 周岁的为 5 年,16 周岁以上的为 10 年。

（二）签证的种类与办理

签证是一国主管机关在外国公民所持的护照或其他有效出入境证件上签注、盖印,表示准其出入本国国境或者过境的手续。

我国签证分为外交签证、礼遇签证、公务签证、普通签证等四种,还可分为入境签证、出境签证、出入境签证和过境签证。此外,还有移民签证、非移民签证、另纸签证、口岸签证和 ADS 签证。其中,另纸签证是签注在护照以外的一张纸上,它同签在护照内的签注具有相同作用,但必须和护照同时使用;口岸签证是指在前往国的入境口岸办理的签证;ADS 签证是指仅限于在被批准的旅游目的地国家一地旅游的签证,它在旅游目的地国家境内既不可转签,也不可延期,持此种签证的人必须团进团出。

9-1　授权的口岸

9-2　可申请
电子签的国家

旅游签证属于普通签证,在中国为 L 字签证(发给来中国旅游、探亲或因其他私人事务入境的人员)。签证上规定持证者在中国停留的起止日期。10 人及以上的旅游团可发放团体签证。团体签证一式三份,签发机关留一份,来华旅游团两份,一份用于入境,一份供出境使用。签证的有效期限不等,获签证者必须在有效期内进入中国境内,超过期限签证不再有效。希望进入中国境内的外国人必须持有效护照(必要时提供有关证明)向中国的外交代表机关、领事机关或者外交部授权的其他驻外机关申请办理签证。

9-3　免办签证的
几种情况

（三）港澳居民来往内地通行证

港澳居民来往内地通行证是港澳同胞来往于中国香港、中国澳门与内地之间的证件,由广东省公安厅签发,于 1999 年 1 月 15 日启用。它的前身是港澳同胞回乡证,新版港澳居民来往内地通行证于 2013 年 1 月 2 日起开始启用。年满 18 周岁的为 10 年有效,未满 18 周岁的为 5 年有效。

（四）台湾居民来往大陆通行证

台湾居民来往大陆通行证简称"台胞证",是中国政府发给台湾人民来往大陆地区观光、商务、探视的身份证明书。目前,台湾居民前往大陆时,仍需持"中华民国"护照出关,至大陆边检时,再以台胞证入境。台湾居民来往大陆通行证分为 5 年有效和 3 个月 1 次有效这两种。台湾居民在台湾地区、港澳地区和大陆均可申领台胞证。2015 年 9 月 21 日起,在大陆的台湾居民可向县级以上公安机关出入境管理部门申请补发、换发 5 年有效电子台胞证,包括持一次有效台胞证入境的台湾居民。台湾居民来往大陆不需要办理签注。仍然有效的本式台胞证可以继续使用,持证人也可申请换发电子台胞证。

(五)往来港澳通行证

港澳通行证全称为"中华人民共和国往来港澳通行证",是内地居民往来港澳地区的唯一合法的旅游证件,由居民所在地公安局出入境管理部门颁发。自 2009 年 4 月 1 日开始,深圳居民可办理一年内多次往返港澳的通行证件;自 2018 年 9 月 1 日开始,内地居民可在全国范围内任一公安机关出入境管理机构申请办理"往来港澳通行证"。

(六)往来台湾地区通行证

往来台湾地区通行证全称为"大陆居民往来台湾地区通行证",是内地居民往来台湾地区唯一合法的旅行证件,由中华人民共和国政府授权中国公安机关颁发。此外,赴台游客还必须在户口所在地公安局出入境管理处办理"入台观光证"。赴台旅游时一定要手持双证,否则会遭到遣返。

▎二、办理出入境手续

(一)办理出入境手续

办理出入境手续是比较复杂的一项工作。导游领队要带领旅游团队经过海关检查、卫生检疫检查、边防出入境检查、登机安全检查等关口,此外还要办理登机手续、行李托运、提取行李、转机等手续。导游要对各项手续十分熟悉,以便能够带领旅游团队顺利完成出境的所有复杂工作。

◢ 1. 海关检查

根据《中华人民共和国海关法》和《中华人民共和国海关对进出境旅客行李物品监管办法》的规定,出入境旅客行李物品必须通过设有海关的地点出入境,并接受海关监管。

9-4 红色通道、绿色通道的含义

海关检查一般询问是否有需要申报的物品,或填写旅客携带物品出入境申报单,必要时海关有权开箱检查所携带物品。各国对出入境物品的管理有各自不同的具体规定。一般

烟、酒等物品按限额放行。文物、武器、毒品、动植物等为违禁品,非经特许不得入出国境。对于海关加封的行李物品,不要擅自拆开或者损毁海关施加的封志。

海关通道分为"红色通道"和"绿色通道"两种。不明海关规定或不知如何选择通道的旅客,应选择红色通道通关。

2. 卫生检疫

9-5　因私出国
边防检查程序

为了防止传染病由国外传入或由国内传出,保护人身健康,根据国际惯例及习惯法,各国都制定了《国境卫生检疫法》,要求入境者如实填写健康申明卡,来自疫区的人员还必须出示有效的有关疾病预防接种证明(俗称"黄皮书"),无证者卫生检疫机关可对其施以 6 日的强制留验。如遇传染病患者隐瞒不报,按逃避检疫论处,可禁止入境或责令其提前离境。

我国依照《国境卫生检疫法》设立了国境卫生检疫机关,在入境、出境口岸依法对包括游客在内的有关人员及其携带的动植物和交通运输工具等进行传染病检疫、检测和卫生监督,只有经过检疫,由国境卫生检疫机关许可,才能出入境。

3. 边防检查

9-6　安检规则
有关规定

边防检查是指对出入国境人员的护照、证件、签证、出入境登记卡、出入境人员携带的行李物品和财物、交通运输工具及其运载的货物等的检查和监护,以及对出入国境上下交通运输工具人员的管理和违反规章行为的处理等。边防检查是为了保卫国家的主权和安全,而对出入国境的人员等进行的检查。边防检查的内容包括:护照检查、证件检查、签证检查、出入境登记卡检查、行李物品检查、交通运输工具检查等。

4. 安全检查

安全检查是出入境人员必须履行的检查手续,是保障旅客人身安全的重要预防措施。安全检查不存在任何特殊的免检对象,且必须在旅客登机前进行,拒绝检查者不准登机,损失自负。安全检查的内容主要是检查旅客及其行李物品中是否携带枪支、弹药,易爆、易腐蚀、有毒、有放射性等危险物品,以确保航空器及乘客的安全。

安全检查采用通过安全门使用磁性探测检查、红外线透视、搜身、开箱检查等,对游客进行安全检查。安全检查的环节主要有:托运行李物品检查、旅客证件检查、手提行李物品检查和旅客身体检查。

（二）不准出入境的规定

1. 下列外国人不准入境

（1）未持有效出境入境证件或者拒绝、逃避接受边防检查的。

（2）被处驱逐出境或者被决定遣送出境，未满不准入境规定年限的。

（3）患有严重精神障碍、传染性肺结核病或者有可能对公共卫生造成重大危害的其他传染病的。

（4）可能危害中国国家安全和利益、破坏社会公共秩序或者从事其他违法犯罪活动的。

（5）在申请签证过程中弄虚作假或者不能保障在中国境内期间所需费用的。

（6）入境后可能从事与签证种类不符的活动的。

（7）法律、行政法规规定不准入境的其他情形。

对不准入境的，出入境边防检查机关可以不说明理由。对未被准许入境的外国人，出入境边防检查机关应当责令其返回；对拒不返回的，强制其返回，外国人等待返回期间，不得离开限定的区域。

2. 下列人士不准出境

1）中国公民有下列情形之一的，不准出境

（1）未持有效出境入境证件或者拒绝、逃避接受边防检查的。

（2）被判处刑罚尚未执行完毕或者属于刑事案件被告人、犯罪嫌疑人的。

（3）有未了结的民事案件，人民法院决定不准出境的。

（4）因妨害国（边）境管理受到刑事处罚或者因非法出境、非法居留、非法就业被其他国家或者地区遣返，未满不准出境规定年限的。

（5）可能危害国家安全和利益，国务院有关主管部门决定不准出境的。

（6）法律、行政法规规定不准出境的其他情形。

2）外国人有下列情形之一的，不准出境

（1）被判处刑罚尚未执行完毕或者属于刑事案件被告人、犯罪嫌疑人的，但是按照中国与外国签订的有关协议，移管被判刑人的除外。

（2）有未了结的民事案件，人民法院决定不准出境的。

（3）拖欠劳动者的劳动报酬，经国务院有关部门或者省、自治区、直辖市人民政府决定不准出境的。

（4）法律、行政法规规定不准出境的其他情形。

三、出入境携带物品的规定

（一）部分限制进出境物品

📈 1.烟酒

来往我国港澳地区的游客（包括港澳游客和内地因私前往港澳地区探亲和旅游等游客），免税烟草制品限量：香烟200支或雪茄50支或烟丝250克；免税12度以上酒精饮料限量：酒1瓶（不超过0.75升）。

当天往返或短期内多次来往港澳地区的游客，免税烟草制品限量：香烟40支或雪茄5支或烟丝40克；免税12度以上酒精饮料限量：不准免税带进。

其他入境游客，免税烟草制品限量：香烟400支或雪茄100支或烟丝500克；免税12度以上酒精饮料限量：酒2瓶（不超过1.5升）。

对不满16周岁者，烟酒禁止携带。

📈 2.旅行自用物品

非居民游客及持有前往国家或地区再入境签证的居民游客携带旅行自用物品照相机、便携式收录音机、小型摄像机、手提式摄像机、手提式文字处理机每种一件。超出范围的或单价超过5000元人民币的物品，需向海关如实申报，并办理有关手续。经海关放行的旅行自用物品，游客应在回程时复带出境。游客在海外购买了音像制品（如录音带、录像带、唱片、电影片、VCD光盘等）和印刷品（如图书、报刊、图画等）也必须申报和交验。若藏匿不报，海关将按规定处理。

📈 3.金、银及其制品

游客携带金、银及其制品入境应以自用合理数量为限，若超过50克，应填写申报单证，向海关申报；复带出境时，海关凭本次进境申报的数量核放。携带或托运出境在中国境内购买的金、银及其制品（包括镶嵌饰品、器皿等新工艺品），海关验凭中国人民银行制发的"特种发货票"放行。

📈 4.外汇

游客携带外币、旅行支票、信用证等进境，数量不受限制。游客携带5000美元或等值其他外币入境,必须向海关如实申报;复带出境时,海关凭本次入境申报的数额核放。游客携带外币现钞金额等值 5000 美元至 1 万美元出境,海关凭携带外汇出境许可证查验放行。

5. 人民币与文物、字画

游客携带人民币现钞进出境,限额 2 万元。超出限额的禁止出境。

中国政府禁止出境珍贵文物及其他禁止出境的文物。珍贵文物是指国家馆藏一、二、三级文物;其他禁止出境的文物,指有损国家荣誉、有碍民族团结、在政治上有不良影响的文物;一般文物是指 1795 年(清乾隆六十年)以后的、可以在文物商店出售的文物。

游客携带文物入境,如需复带出境,请向海关详细报明。游客携带出境的文物(含已故现代著名书画家的作品),需经中国文化行政管理部门鉴定。

携运文物出境时,须向海关详细申报。对在境内商店购买的文物,海关凭中国文化和旅游部指定的文化行政管理部门加盖的鉴定标志及文物外销发货票或开具的许可出口证明查验放行。对在境内通过其他途径得到的文物,海关凭中国文化行政管理部门加盖的鉴定标志及开具的出口许可证明查验放行;未经鉴定的文物不允许携带出境。携带文物出境不据实向海关申报的,海关将按规定处理。

6. 中药材,中成药

游客携带中药材、中成药出境,前往国外的,总值限人民币 300 元;前往港澳地区的,总值限人民币 150 元;寄往国外的中药材、中成药,总值限人民币 200 元;寄往港澳地区的,总值限人民币 100 元。进境游客出境时携带用外汇购买的、数量合理的自用中药材、中成药,海关凭有关发货票和外汇兑换证明放行。麝香、犀牛角、虎骨以及超出上述规定限值的中药材、中成药不准出境。

旅客携运进出境的行李物品有下列情形之一的,海关暂不予放行:旅客不能当场缴纳进境物品税款的;进出境的物品属于许可证件管理的范围,但旅客不能当场提交的;进出境物品超出自用合理数量,按规定应当办理货物报关手续或其他海关手续,其尚未办理的;对进出境物品的属性、内容存疑,需要由有关主管部门进行认定、鉴定、验核的;按规定暂不予以放行的其他行李物品。

(二)禁止入境出境物品

1. 禁止入境物品

禁止入境物品包括以下几种。

(1)各种武器、仿真武器、弹药及爆炸物品。

(2)伪造的货币及伪造的有价证券。

(3)对中国政治、经济、文化、道德有害的印刷品、胶卷、照片、唱片、影片、录音带、录像带、激光视盘、计算机存储介质及其物品。

(4)各种烈性毒药。

(5)鸦片、吗啡、海洛因、大麻以及其他能使人成瘾的麻醉品、精神药物。

(6)带有危险性病菌、害虫及其他有害生物的动物植物及其产品。

(7)有碍人畜健康的、来自疫区的以及其他能传播疾病的食品、药物或其他物品。

📊 2.禁止出境物品

禁止出境物品包括以下几种。

(1)列入禁止进境范围的所有物品。

(2)内容涉及国家秘密的手稿、印刷品、胶卷、照片、唱片、影片、录音带、录像带、激光视盘、计算机存储介质及其他物品。

(3)珍贵文物及其他禁止出境的文物。

(4)濒危的和珍贵的动物、植物(均含标本)及其种子和繁殖材料。

任务二　交通常识

◇ 引例

大度的司机

H先生是一位见多识广的导游。2000年夏天,H先生带一个教师旅游团到某地旅游,在某停车场,他亲身经历了一段可以来做"卒然临之而不惊,无故加之而不怒"脚注的事情。"那天,不知道是什么原因,司机师傅忘记了交停车费,这种事还真是不多见,但我绝对相信他并非有意。离开停车场的时候,汽车已经发动了,两个工作人员喊着跑过来让车停下来交费,司机师傅没有急踩刹车,而是在滑行中减速停下来的。在这个过程中,汽车不觉已经滑过了停车场的标志线。那两个工作人员一定是以为我们的车要逃费赖账,狂喊着奔了过来。待车停下来开了门,那两个人便恶狠狠地冲上车来,二话不说,对着司机抬手就打。一开始,我和这一车人都被这突如其来的事情弄懵了。后来,大家都愤怒地站起来要干涉。但是,这个司机师傅好像并不十分在意,由着那两个人胡乱打了几下,然后伸出右手抓住了其中一个人的胳膊,用左手指着另一个人,笑着说:'别着急,有话慢慢说。'被攥住胳膊的那个人突然有些不自然了,停住手站在那里,旁边那个人也不觉住了手。司机站起身来,对那两个人挺客气地说:'忘了忘了。'一边说,一边和他们下车交费去了。那两个人的表情极为尴尬,他们有些夸张地撑着面子,骂骂咧咧地下车去了。过了一会儿,司机回来了,向游客和我表示了歉意,于是继续上路。我看得出,这是个有功夫的主儿,他若是随便还还手,那两个人肯定是招架不住的。他虽有不当之处,但毕竟是那两个人动手在先,又有一车的游客可以做证,适度还手也在自卫的情理之中。可他偏不,由着人家动手出了气,还为人家留着面子。事后我问此人何故如此宽容,他只是淡淡地说:'动手打人总是不对的,再说把事情闹大了还要耽误游客的时间。'还能说什么呢?一个司机以如此的见识和心胸为人、做事,实在令我这个导游无比敬佩。"

(资料来源:郭赤婴,《导游职业道德实证分析》,中国旅游出版社,2003 年版。)

一、航空客运常识

（一）航班

◢ 1. 飞行形式

民航运输主要有三种飞行形式:班期飞行、加班飞行和包机飞行。

班期飞行:是按照班期时刻表和规定的航线,定机型、定日期、定时刻的飞行。

加班飞行:是根据临时需要在班期飞行以外增加的飞行。

包机飞行:是按照包机单位的要求,在现有航线上或以外进行的专用飞行。

9-7 国内航班
编号举例

航班分为定期航班和不定期航班。定期航班是指飞机定期自始发站起飞,按规定航线经经停站至终点站或直达终点站的飞行。在国际航线上飞行的航班称国际航班,在国内航线上飞行的航班则称国内航班。航班还可以分为去程航班和回程航班。

2. 航班号

航班编号是由航空公司的二字英文代码和阿拉伯数字组成,例如,中国国际航空公司、中国东方航空公司、中国南方航空股份有限公司的英文代码分别是 CA、MU 和 CZ。国内航班编号是由航空公司的英文代码和四位阿拉伯数字组成。我国国际航班的航班号由执行该航班任务的航空公司的英文字母代码和三位阿拉伯数字组成,其中第一位数字是航空公司的数字代码。

9-8　国际航班
编号举例

3. 代码共享

代码共享是指一家航空公司的航班号(即代码)可以用在另一家航空公司的航班上。这对航空公司而言,优化了航空公司的资源,越过了航空市场的壁垒,节省了成本,完善了航线网络、扩大市场份额。旅客则可以享受到更加便捷、丰富的服务,比如众多的航班和时刻选择,一体化的转机服务,优惠的环球票价,共享的休息厅以及旅客计划等。目前开通中国航线的外国航空公司有 50 余家。

4. 机舱等级

飞机座位是分舱位的,不同的舱位价格不同,对应的折扣不同,所得到的服务也不同。国内客票的舱位等级主要分为头等舱(舱位代码为 F)、公务舱(舱位代码为 C)、经济舱(舱位代码为 Y),经济舱里面又分不同的座位等级(舱位代码为 B、K、H、L、M、Q、X、E 不等,这种代码每个航空公司的标识都不相同,价格也不一样)。国际客票的舱位等级主要分为头等舱(舱位代码为 FA)、公务舱(舱位代码为 CDJ)、经济舱(舱位代码为 Y)。

5. 国际航空联盟

目前在世界上形成了三大国际航空客运联盟。一是星空联盟(Star Alliance),是目前全球最大的也是首个国际性航空联盟,成立于 1997 年,总部位于德国法兰克福,我国的中国国航、深圳航空是其成员;二是天合联盟(Sky Team),2000 年成立,总部位于荷兰阿姆斯特丹,我国的南方航空、东方航空、厦门航空是其成员;三是寰宇一家(One World),1999 年成立,总部位于美国纽约,中国香港的国泰航空是其创始成员之一。

（二）机票

1. 电子机票

2006年10月16日，国际上开始实行电子机票。电子机票可在民航售票处或联网计算机上完成订座、出票、作废、退票、改签等操作。游客购票须凭本人有效身份证件，客票只限票上所列姓名的游客本人使用，不得转让。正常票价的客票有效期为一年。特价机票的有效期以承运人的规定为准。

9-9 机票的分类

2. 退票

民航局2018年发布的《关于改进民航票务服务工作的通知》中明确规定航空公司应明确且合理地确定客票退改签收费标准，退票费不得高于客票的实际销售价格，不能简单规定特价机票一律不得退改签。

9-10 退票费规定

（三）乘机

1. 国内航班乘机流程

国内航班乘机流程：抵达机场确认航站楼—确认航空公司办票柜台—在规定的时限内凭本人有效身份证件在值机柜台领取登机牌、托运行李—凭相关身份证件、登机牌、携带随身物品通过安检—根据登机牌标示的登机口到相应候机区休息候机—登机。无托运行李游客通过自助值机更便捷。值机柜台停办乘机手续的时间为：国内航班一般为航班离站时间前30分钟，国际航班为离站时间前40分钟。

2. 行李

1）随身携带物品

每位游客以5千克为限。持头等舱客票的游客，每人可随身携带两件物品；持公务舱或经济舱客票的游客，每人只能随身携带一件物品。每件随身携带物品的体积均不得超过20厘米×40厘米×55厘米。超过上述重量、件数或体积限制的随身携带物品，应作为托运行李托运。

9-11 行李的
其他规定

2）免费行李额

每位游客的免费行李额：持成人票或儿童票的头等舱游客为 40 千克，公务舱游客为 30 千克，经济舱游客为 20 千克。持婴儿票的游客，无免费行李额。同行游客的免费行李额可合并计算。构成国际运输的国内航段，每位游客的免费行李额按适用的国际航线免费行李额计算。

3. 机票遗失与误机

1）机票遗失

旅客机票遗失，应以书面形式，在所乘航班规定离站时间 1 小时前向承运人或其代理人申请挂失，提供证明。承运人经核实并查明遗失机票确未被冒用或冒退，可予补发新客票，收取补票手续费。如遗失机票在申请挂失前被冒用或冒退，承运人不负责任。

2）误机与延误

（1）旅客误机。旅客误机后至迟应在该航班离站后的次日中午 12 时（含）以前，到乘机机场的承运人乘机登记处、承运人售票处或承运人地面服务代理人售票处办理误机确认。误机确认后，旅客如要求改乘后续航班，可在上述地点或原购票地点办理变更手续，承运人应在航班有可利用座位的条件下予以办理，免收误机费。但是，如所购误机的机票是折价票，旅客需向承运人补交票差。

旅客若未办理误机确认，如果要求继续旅行，应交付客票价 20％的误机费。旅客误机变更后，如果要求再次改变航班、日期，应交付客票价 50％的变更手续费。旅客误机或误机变更后，如果要求改变承运人，按自愿退票的规定办理，应交付客票价 50％的误机费。旅客误机或误机变更后，如果要求退票，也按自愿退票规定办理，应交付客票价 50％的误机费。

（2）航班延误或取消。由于机务维护、航班调配、商务、机组等承运人自身原因，造成航班延误或者取消，无论何种原因，承运人或者地面服务代理人应当向旅客提供餐食或住宿服务。由于天气、突发事件、空中交通管制、安检以及旅客等非承运人原因，造成航班在始发地延误或取消，承运人可协助旅客安排餐食和住宿，费用由旅客自理。

4. 旅客保险与伤害赔偿

1）旅客保险

旅客可以自行决定向保险公司投保国内航空运输旅客人身意外伤害保险。此项保险金额的给付，不免除或减少承运人应当承担的赔偿限额。

9-12　民航的
其他规定

2）旅客身体伤害赔偿

在国内,航空运输中,承运人对每名旅客身体伤害的最高赔偿限额,按照国务院的有关规定办理。在国际航空运输中,承运人对每名旅客伤害的赔偿限额为 16600 计算单位。

二、铁路客运知识

（一）列车种类

我国列车分为国内旅客列车和国际旅客列车（如北京至莫斯科的国际列车）。火车已成为舒适、便捷、安全的旅游交通工具。

按车次前冠有的字母分为:车次前冠有字母"G"的为高铁列车、"C"为城际动车组列车、"D"为动车组、"Z"为直达特快车、"T"为特快旅客列车、"K"为快速旅客列车、无字母的为普通旅客列车。

另外,一般在节假日或旅游旺季开行的车次前冠以字母"L"的为临客普快列车、"Y"为郊游临客快速列车、"JY"为郊游旅客列车。

凡"K"字头以上等级的列车均采用实名制购票（儿童除外）和实名查验。

（二）车票

📈 1. 车票种类

火车票中包括客票和附加票两部分。客票部分为软座、硬座。附加票分为加快票、卧铺票、空调票。附加票是客票的补充部分,除儿童外,不能单独使用。为了优待儿童、学生和伤残军人,还发售半价票。

📈 2. 儿童票

儿童身高为 1.2～1.5 米的,应购买儿童票,一名成年人旅客可以免费携带一名身高不足 1.2 米的儿童。如果身高不足 1.2 米的儿童超过一名时,一名儿童免费,其他儿童应购买儿童票,超过 1.5 米的,应购买全价坐票。成年人旅客持卧铺车票时,儿童可与其共用一个卧铺,并按上述规定免费或购票。儿童单独使用一个卧铺时,应另行购买全价卧铺票。

9-13 退票规定

📈 3.购票

2012年1月1日(乘车日期)起,全国所有旅客列车实行车票实名制,旅客需凭本人有效身份证件或复印件购买车票。同一乘车日期、同一车次,一张有效身份证件只能购买一张实名制车票。旅客可在车站售票处及各售票网点购票,也可以通过中国铁路客户服务中心网站(http://www.12306.cn)进行网络订票或通过电话订票,然后到车站取票。旅客可在各地购买带有席位号的异地票、联程票和往返票。购票前或购票后无法出示有效身份证件原件的,可到车站办理"乘坐旅客列车临时身份证明",但需提供自己的姓名和身份证号码。

9-14 车票
遗失规定

(三)乘车

📈 1.持有效身份证件乘车

游客必须持车票和与票面所载信息相符的有效身份证件原件进站、乘车(免费乘车的儿童及持儿童票的儿童除外)。票、证、人不一致或无法出示有效身份证件的游客,不得进站乘车。

9-15 不准
携带的物品

📈 2.免费携带行李的重量及尺寸

每名旅客免费携带品的重量和体积是:儿童(含免费儿童)10千克,外交人员35千克,其他旅客20千克。每件物品外部尺寸长、宽、高之和不超过160厘米,杆状物品不超过200厘米,但乘坐动车组列车不超过130厘米,重量不超过20千克。残疾人代步所用的折叠式轮椅不计入上述范围。

9-16 乘火车去
香港、西藏的要求

▌三、水路客运知识

(一)水路旅行常识

水运交通服务是指旅游企业为了满足游客在各种水域中旅行游览的需求,向内河航运、沿海航运和国际航海等水上客运部门或企业购买的交通服务。水运交通服务所提供的交通工具包括普通客轮、豪华客轮、客货混装轮船和气垫船等。每种轮船分别设有各种不同舱位,供不同类型的乘客选用。水运交通服务主要分为四种,即远程定期班轮服务、海上短程轮渡服务、游船服务和内河客轮服务。

（二）船票

船票分普通船票和加快船票，又分成人票、儿童票（1.2～1.5 米的儿童）和残障军人优待票。1.2 米以下儿童免费乘船旅行，一个成人只能带一名免费儿童。乘同一船名、航次、起讫港 10 张票以上的团体可凭介绍信购买或预订团体票。根据《水路旅客运输实名制管理规定》的规定，自 2017 年 1 月 10 日起，我国部分区域水路旅客运输将实行实名制管理。乘船人遗失船票的，经核实其身份信息后，水路旅客运输经营者或者其委托的船票销售单位应当免费为其补办船票。

（三）行李

📶 1. 随身携带行李

乘坐沿海和长江客轮，游客可携带免费行李 30 千克，持儿童票和免费票儿童可带 15 千克；每件行李的体积不超过 0.2 立方米，长度不超过 1.5 米，重量不超过 30 千克。乘坐其他内河客轮，免费携带的行李分别为 20 千克和 10 千克。

📶 2. 禁止携带和托运的物品

法令限制运输的物品：有臭味、恶腥味的物品，能损坏、污染船舶和妨碍其他游客的物品，易爆品、易燃品、腐蚀性物品、有毒物品、杀伤性物品以及放射性物品。

任务三　货币、保险常识

◇ 引 例

国内首宗旅游意外保险对失踪者赔付

2001 年"洞庭湖沉船事件"中失踪的徐女士、陈女士的家属分别获得保险公司 10 万元的保险赔付。据悉，这是国内首宗旅游意外保险对失踪者的保险赔付。2001 年 6 月

10 日,广州某旅行社组织的一批游客在湖南乘船游览洞庭湖时突发沉船意外,事件中共有 9 人死亡,其中 4 人为广州游客,参团的广州游客事发前曾统一由旅行社向平安保险公司广州分公司投保旅游意外险,每人保费 5 元。

事后,当场遇难的温某与吴某家属在出事 10 日内即获得保险公司各 10 万元的赔付;但由于徐某与陈某失踪,按有关规定不能获得保险赔付。去年 6 月,岳阳港监处出具证明,确认两位失踪者已无生还希望。今年初,失踪者家属分别向当地法院提出宣告失踪者死亡的申请,在法院发出寻人公告 3 个月后,徐与陈仍然下落不明,法院遂宣告两人死亡。平安保险公司接到两人保险受益人的申请,按规定给付了上述保险金。另悉,该事件的直接责任人岳阳国旅此前曾向广州 4 名遇难者每人给付 4.8 万元的赔款。

（资料来源:https://www.bz365.com/jiangtang/bzxq/lvxingbaoxian/detail_20228.html.）

一、货币常识

（一）外汇

1. 外汇的概念

外汇是指以外币表示的可用于国际结算的一种支付手段,包括外国货币(钞票、铸币等),外币有价证券(政府公债、国库券、公司债券、息票等),外币支付凭证(票据、银行存款凭证等)以及其他外汇资金。

2. 我国的外汇政策

我国对外汇实行国家集中管理、统一经营的方针。在中国境内,禁止外汇流通、使用、质押,禁止私自买卖外汇,禁止以任何形式进行套汇、炒汇、逃汇。

📈 3.货币兑换

海外游客来华时携入的外汇和票据金额没有限制,但数额大时必须在入境时据实申报;在中国境内,海外游客可持外汇到中国银行各兑换点(机场、酒店或商店)兑换成人民币。兑换外币后,游客应妥善保管银行出具的外汇兑换证明(俗称"水单"),该证明有效期为6个月,游客若在半年内离开中国,而兑换的人民币没有花完,可持护照和水单将其兑换成外币,但不得超过水单上注明的金额。

9-17　在中国境内
能兑换的外币

📈 4.人民币进入 SDR

2015年12月1日,国际货币基金组织(IMF)宣布把人民币纳入SDR,权重定为10.92%,这意味着人民币真正跻身于全球主要货币之列。SDR是"Special Drawing Right"(特别提款权)的英文首字母,SDR是国际货币基金组织创造的国际储备资产,目前由美元、英镑、欧元和日元组成。

(二)信用卡

信用卡是银行和其他专门机构为提供消费信用而发给客户在指定地点按照给予的消费信用额度支取现金、购买货物或支付劳务费用的信用凭证,实际上是一种分期付款的消费者信贷。信用卡是一种电子智能卡,卡上印有信用卡名称、持卡者姓名、持卡者账号及每笔赊购的限额、签字有效期和防伪标记等内容。

9-18　我国目前
受理的外国
信用卡

(三)离境退税

2011年1月1日,海南省正式实施境外旅客购物离境退税试点政策。

2014年8月,国务院公布的《关于促进旅游业改革发展的若干意见》提出,扩大旅游购物消费,研究完善境外旅客购物离境退税政策,并将实施范围扩大至全国符合条件的地区。2015年国家税务总局发布了《境外旅客购物离境退税管理办法(试行)》。该办法规定了以下内容。

9-19　退税条件及
币种

📈 1.退税对象

在我国(内地/大陆)连续居住不超过183天的外国人和港澳台同胞。

2. 退税物品

服装、鞋帽、化妆品、钟表、首饰、电器、医疗保健及美容器材、厨卫用具、家具、空调、电冰箱、洗衣设备、电视机、摄影(像)设备、计算机、自行车、文具、体育用品等,共 21 个大类 324 种,但不包括《中华人民共和国禁止、限制进出境物品表》所列的禁止、限制出境的物品,如食品、饮料、水果、烟、酒、汽车、摩托车等。

3. 退税流程

1)托运行李,包括退税物品

离境退税商店购买商品—索取离境退税申请单—办理航空公司乘机手续、海关退税物品验核并托运行李—联检手续—退税机构退税。

2)随身携带退税物品

离境退税商店购买商品—索取离境退税申请单—航空公司乘机手续办理、联检手续—海关退税物品验核—退税机构退税。

4. 享有退税政策的省市

目前被批准实施境外旅客购物离境退税政策的省、自治区、直辖市增加至 23 个,包括甘肃、湖南、海南、北京、上海、天津、辽宁、安徽、福建、四川、江苏、陕西、云南、黑龙江、山东、广东、新疆、河南、宁夏、重庆、河北、广西、江西。

二、保险常识

(一)旅游保险的概念与特点

1. 旅游保险的概念

旅游保险是保险业的一项业务。它是指根据合同的约定,投保人向保险人支付保险费,保险人对于合同约定的在旅游活动中可能发生的事故所造成的人身财产损失承担赔偿保险金的责任。

2. 旅游保险的特点

旅游保险具有短期性、强制保险与自愿保险相结合、财产保险与人身保险相结合等特点。

（二）旅游保险的种类

1. 旅行社责任保险

1）旅行社责任保险的概念

旅行社责任保险是指旅行社根据保险合同的约定,向保险公司支付保险费,保险公司对旅行社在从事旅游业务经营活动中,致使游客人身、财产遭受损害应由旅行社承担的责任,转由承保的保险公司负责赔偿保险金的行为。旅行社责任保险属强制保险。

9-20　旅行社
不承担赔偿
责任的情形

2）保险期限

旅行社责任保险的保险期限为一年。

2. 旅游意外保险

1）旅游意外保险的概念

旅游意外保险,是指旅行社在组织团队旅游时,为保护游客的利益,代游客向保险公司支付保险费,一旦游客在旅游期间发生事故,按合同约定由承保保险公司向游客支付保险金的保险行为。旅游意外保险属自愿保险。旅游意外保险由组团社负责一次性办理,接待旅行社不再重复投保。旅游意外保险的保险费由游客支付。

2）保险期限

（1）旅行社组织的入境旅游,旅游意外保险期限从游客入境后参加旅行社安排的旅游行程时开始,直至该旅游行程结束时为止。

（2）旅行社组织的国内旅游、出境旅游、旅游意外保险期限从游客在约定的时间登上由旅行社安排的交通工具开始,直至该次旅行结束离开旅行社安排的交通工具为止。

3）不承担赔偿责任的情况

（1）游客自行终止旅行社安排的旅游行程,其保险期限至其终止旅游行程的时间为止。

（2）游客在中止双方约定的旅游行程后自行旅行的,不在旅游意外保险之列。

4）旅游意外保险的索赔时效

旅游意外保险的索赔时效以自事故发生之日起 180 日内为限。

3. 交通意外伤害保险

交通意外伤害保险也称为交通工具意外伤害保险。它是以被保险人的身体为保险标的,以被保险人作为乘客在乘坐客运大众交通工具期间因遭受意外伤害事故,导致身故、残疾、医疗费用支出等为给付保险金条件的保险,主要包括火车、飞机、轮船、汽车等交通工具。

1）航空旅客意外伤害保险

航空旅客意外伤害保险简称为航意险,属自愿投保的个人意外伤害保险。此种保险游客可自愿购买一份或多份。其保险期限自游客持保险合同约定航班的有效机票到达机场通过安全检查时起,至游客抵达目的港走出所乘航班的舱门时止(不包括舷梯与廊桥)。在此期间,若飞机中途停留或绕道飞行中,只要被保险人一直跟机行动,其遭受的意外伤害均在保险责任范围内。当被保险人进入舱门后,由于民航原因,飞机延误起飞又让旅客离开飞机,在此期间被保险人遭受的伤害,保险公司也负责。

2）铁路意外伤害保险

目前铁路意外伤害保险为乘客自愿购买。2015 年 11 月 1 日起,铁路部门为境内乘车旅客提供最新的铁路旅客人身意外伤害保险,简称乘意险。铁路乘意险将保险责任扩展到旅客自持有效乘车凭证实名制验证或检票进站时起,至旅客到达所持乘车凭证载明的到站检票出站时止,即由"车上"扩展到"车上和站内"。

（三）旅游保险报案与索赔

1. 及时报案

游客发生意外事故后,应及时向投保的保险公司报案。

2. 收集证据,并妥善保存

导游应提醒当事人收集医院诊断证明、化验单据、意外事故证明等证据。

ⅰⅰⅰ 3.转院需取得保险公司同意

游客因意外住院后,如需要转回本地医院继续治疗,应事先征得保险公司同意,并要求救治医院出具书面转院报告。

任务四 旅游安全、卫生保健与救护常识

◇ 引 例

让今年留下的遗憾,变为明年最美的期盼

"你们辛苦了!感谢宁夏人民,感谢党和政府!"10月25日24时10分,随着721名滞留宁夏的游客乘坐的"萍乡—天水—额济纳—银川"旅游专列驶出宁夏石嘴山火车站,因疫情滞留宁夏的2013名游客、导游和乘务人员完成集中医学健康监测,全部顺利返程回家。

当天,《我和我的祖国》《没有共产党就没有新中国》的歌声在宁夏中卫、灵武、石嘴山火车站此起彼伏,因疫情滞留宁夏的3趟旅游专列先后返程。国务院督导组在督导检查宁夏旅游专列疫情防控工作时评价:"认识有高度,工作有力度,服务有温度。"

疫情就是命令

10月19日,在宁夏中卫、灵武、石嘴山的3趟旅游专列在结束宁夏行程准备返程时,突然接到就地集中进行医学健康监测的通知,行程中断。

疫情就是命令。宁夏立即启动新冠疫情突发事件预案,按照自治区党委、政府以及疫情防控指挥部的安排部署,中卫市、灵武市、石嘴山市分别成立专项工作组,当天确定14家酒店宾馆,免费为滞留人员提供食宿,全力配合集中医学健康监测。每个酒店都成立了卫健、公安、文旅等部门组成的联合工作组,做好滞留人员生活、安全、医疗、心理疏导等各项工作。

宁夏回族自治区文化和旅游厅快速行动,由厅领导带队,第一时间组成3个工作组分赴3市,就滞留旅游专列疫情防控工作与当地政府及文化和旅游部门进行对接协调,精准为滞留游客做好健康观测和服务保障。

据悉,此次滞留宁夏的 2013 名游客主要来自广东、湖北、湖南、山西、北京等地,以老年游客为主,其中年龄最大的 86 岁,年龄最小的仅 2 岁。要确保每一个滞留游客在集中医学健康监测期间身心健康,困难重重。

"政府相关部门及监测点管理人员、医务工作者、民警、酒店员工,日夜守候在我们身边,每天为我们送上热饭热菜、牛奶、鸡蛋和水果,服务热心周到,不是亲人胜似亲人,让我们十分感动。"来自广东湛江的陈先生说起在宁夏的经历,非常感动。

疫情无情人有情

为服务好滞留游客,中卫市疫情防控服务保障工作人员第一时间建立微信群,逐个登记游客年龄、慢性病史及用药情况等相关信息,并每天收集整理游客所需购买药物、生活用品等信息,为老人和孩子按需提供一对一服务,为有需要的游客提供医疗服务和心理疏导。除每日正餐外,还为每位游客免费提供水果、枸杞、牛奶等,并为其发放医学健康监测温馨提示卡。自治区文化和旅游厅派驻工作组及时了解滞留游客需求,协同石嘴山市,在集中隔离点引进新华百货超市、壹康源大药房设置临时供应点,解决游客的燃眉之急。

"工作人员每天给我们做核酸检测,询问用药情况,很贴心也很细心,我们这些老人很安心。"一位滞留在灵武市的游客表示,滞留游客大多是 65 岁以上的老人,患有各类慢性病,灵武市健康观测点每天为他们送去餐食和报纸,并制作"连心卡"征求意见。在登记游客信息时,工作人员了解到,有 4 名游客刚好都是 10 月 22 日生日,当天上午,工作组订购了 4 个生日蛋糕,为他们送到隔离酒店的房间。

"我当时不敢相信,他们说'祝你生日快乐'的时候,我非常意外,非常感动,非常激动。以后我一定会再来宁夏,这次因为疫情,好多地方没有去成,有点遗憾,下次我会约上几个好朋友,再来宁夏旅游。"滞留游客谢菊芳收到生日蛋糕时激动地说。

滞留游客集中进行医学健康监测期间,宁夏天气转冷,石嘴山市在设置便捷超市、药品临时供应点等便民服务设施的同时,组织专业医护人员提供 24 小时专业医疗保障,安排餐厅提供个性化餐饮服务,并为 721 名滞留游客快速订制羽绒服。中卫市安排工作人员为最小游客购置了玩具,及时为老人送上急需常备药品,沙坡头景区还为每个房间送去两箱牛奶。灵武市安排专人及时了解饭菜口味并精心改进,确保游客吃得放心、住得舒心。

"政府关爱暖心怀,他乡幸福如家归。"滞留游客周文离开宁夏时,作诗表达对宁夏人民的感激之情。

"你们辛苦了,感谢宁夏人民!""疫情无情,宁夏有爱。""我们一定还会来宁夏旅游!"这是因疫情滞留宁夏的 2013 名游客踏上回家路时说得最多的话。

友谊地久天长

"疫情来时,守护您的健康;疫情散去,帮您实现愿望。让您今年留在宁夏的遗憾,成为明年相聚最美的期待。"这是宁夏回族自治区文化和旅游厅在致滞留宁夏的 2013 名游客、导游和乘务人员的一封信中发出的邀请。

在因疫情滞留宁夏的 2013 名游客、导游和乘务人员顺利完成医学健康监测,全部平安回家之时,宁夏回族自治区文化和旅游厅加班加点制作了"宁夏旅游暖心卡",发放到每一位游客手中。该卡包含宁夏 27 家 4A 级以上旅游景区首道门票,有效期从 2022 年 1 月 1 日至 12 月 31 日,且可转赠一位亲友使用。

银川市、石嘴山市、中卫市也为滞留当地的游客赠送了旅游优惠手册和礼物,邀请滞留游客再聚"塞上江南,神奇宁夏",玩沙漠、赏美景、品美食、看星空,给心灵放个假。

"这次在宁夏有两个'没想到',一是没想到遇上疫情,二是没想到宁夏对我们照顾得这么周到,服务这么热情,等到疫情过去,我一定会和亲朋好友专程到宁夏旅游。"10 月 25 日,浙江游客谢先生在沙湖假日酒店接受媒体采访时说。

短短 7 天时间,因疫情滞留宁夏的 2013 名游客、导游和乘务人员与宁夏人民建立了深厚情谊。离别之时,他们情不自禁地唱起《我和我的祖国》等歌曲,表达他们对党和政府、对宁夏人民的感激之情,表现他们与宁夏人民建立的深情厚谊。

（资料来源：http://www.ctnews.com.cn/news/content/2021-10/27/content_113984.html.）

一、旅游安全常识

（一）旅游安全一般注意事项

搭乘飞机时,应注意飞行安全,扣好安全带,不带危险品或易燃品,不在飞机升降期间使用手机等相关电子产品。

贵重物品请放置酒店保险箱,如随身携带,注意保管,切勿离手。

出入酒店房间请随手关门,勿将衣物披在灯上或在床上抽烟,听到火警铃响,由紧急出口迅速离开,切勿搭乘电梯。

搭乘快艇、漂流木筏,参加水上活动,按规定穿着救生衣,并遵照工作人员的指导。

海边戏水,请勿超越安全警戒线;不熟悉水性者,切勿独自下水。

行程中或自由活动时若见有刺激性活动项目,身体状况不佳者请勿参加。患有心脏病、肺病、哮喘病、高血压者切忌从事水上活动、高空活动。

搭车时勿任意更换座位,头、手勿伸出窗外,上下车时请注意来车方向,以免发生危险。

搭乘缆车时,请依序上下,听从工作人员指挥。

行走雪地、陡峭山路时,请小心谨慎。

团体旅行时不可擅自脱队,单独离队,要征得全陪导游同意,并随身携带当地所住宿饭店地址、电话,以免发生意外。

抵达景区游览前,谨记导游交代的集中地点、时间、所乘游览巴士车排号。万一脱团,请于集中地点等候导游返回寻找。

外出旅行,注意身体健康,切勿吃生食、生海鲜、已剥皮的水果,不要光顾路边无牌照摊档,不要暴饮暴食,多喝开水,多吃蔬果类,少抽烟,少喝酒。

夜间或自由活动时间自行外出,请告知全陪导游或团友,应特别注意安全。

切勿在公共场所露财,购物时也勿当众清数钞票。

每次退房前,请检查所携带的行李物品,特别注意证件和贵重财物。

（二）旅途遇险的急救措施

旅途中,交通工具一旦遇到意外事故,不要惊慌失措,以下的一些办法可助你转危为安或减少伤害。

1. 火车遇险

火车发生意外,往往是因信号系统发生问题所致,一般在火车进出站时发生,此时车速不快,应迅速下蹲,双手紧紧抱头,这样可以大大减少伤害。

2. 汽车遇险

在所有交通工具中,汽车的事故率最高,伤亡的人数也最多。乘坐汽车时应注意:节假日人们都比较兴奋,警觉性也较低,乘汽车要格外小心。乘坐大客车时,首先要系好安全带,发生事故时,不要急于跳车,否则很容易造成伤亡。此时应迅速蹲下,保护好头部,看准时机,再跳离车厢。

3. 飞机遇险

相对于其他交通工具,乘坐飞机遭遇意外的机会并不多。但一旦发生意外,伤害程度却是最高的。旅客在乘机前,一定要弄清楚自己的身体状况是否适宜空中旅行,以免在空中发生意外。

4. 轮船遇险

轮船相对来说是最安全的交通工具。为了增强安全感,在乘船前要做的准备工作有:学会游泳;知道如何找到救生工具;尽量多穿衣服,以保持体温。

二、旅游保健常识

(一)预防腰肌劳损

腰肌劳损主要是指腰部肌肉筋膜韧带等软组织的慢性损伤。本病不但在日常生活和劳动、工作中发生,亦可发生于旅游及长途旅行中。因此,旅游时也要预防。其预防措施主要包括以下几点。

1. 保持良好的坐姿

连续十几个小时甚至数十个小时乘坐车、船时,除经常活动下肢和腰部外,还应注意保持良好的坐姿,不可长时间地使膝关节处于屈曲位或上身斜扭向一侧,并要不断地变换体位,否则腰部肌肉等组织就会处于紧张或牵拉状态。

2. 取物、负重、行走姿势要正确

正确的走路姿势是挺胸,身体稍向前倾,上肢平衡摆动;登山和上楼梯时的正确姿势是身躯前倾,重力主要集中于前方的下肢,并主要用足前部着地;下山和下楼梯时的正确姿势是身躯后倾,避免下滑,须使整个足底着地;跳跃时着地的正确姿势是身体呈蜷曲状,足前部着地,头向上望,不能用脚跟部着地,躯干不能后伸。

3. 不能露宿潮湿之地

(二)预防暴晒

日光浴后,若护理不当,可能会给皮肤带来伤害。通常应在晒前,涂抹防晒油,晒后注意皮肤的护理。

📈 1.洗净盐分

在海边游泳晒太阳后,皮肤会有灼痛感,应用冷水清洗干净身上的盐分,避免用热水。

📈 2.涂抹护肤膏

轻微晒伤,可使用较滋润的晚霜或护肤膏涂在痛处;严重晒伤起水泡,应找医生治疗,免得皮肤受到其他感染。

📈 3.避免化妆

晒伤后,应避免化妆,以免加重病情,减缓康复速度。

📈 4.让死皮自然脱落

如果皮肤表层开始脱落,应让死皮自然脱落,不能用手将皮肤撕落。用手撕落,会使未长成的娇嫩皮肤太早暴露在空气和阳光下,形成黑斑。

三、常见病的防治

(一)腹泻

📈 1.症状与体征

腹泻的病因很多,最常见的原因是饮食问题,如饮食受到致病菌的污染,饮食不节制,饮食上忽热忽冷,饮食的营养不均衡等。腹泻使人体内流失了许多水分及电解质,因而可能引起虚脱乏力、抽搐、发烧等常见的并发症,不可掉以轻心。

📈 2.处理办法

应避免食用坚硬的食物。建议食用液态饮食以补充体内的水分及化学物质,如茶、清汤、碳酸饮料或盐糖稀释液。水可以直接被吸收,每小时最少要饮用 60 毫升的稀释液。如果腹泻持续 1～2 天或尿量和次数减少,应到医院就诊。

3. 预防

尽量每天饮用优酪乳(含嗜酸菌),以增强消化系统的免疫力;不吃生冷及未煮熟的食物;尽量只喝密封瓶装的纯净水或开水;饭前便后充分洗净双手;尽量不要在路边摊购买食物;所购用的食物须避免阳光长久的暴晒,且应尽早享用;选购食物时,以"合季节、天然新鲜、清洁"为原则;勿太劳累,保持充足的睡眠;饮食上须有所节制,避免忽热忽冷及营养不均衡。

(二)中暑

1. 症状与体征

盛夏季节,人长时间处在暴晒、高热、高湿环境中容易中暑,其主要症状是:大汗、口渴、头昏、耳鸣、眼花、胸闷、恶心、呕吐、发烧,严重者会神志不清甚至昏迷。

2. 处理方法

将患者置于阴凉通风处,让其平躺,解开衣领,松开裤带,通风降温。让其服用十滴水或人丹等,有条件时可让其饮用含盐饮料。对发烧者要用冷水或酒精擦身散热,缓解后让其静坐(卧)休息。出现神志不清时,可掐人中穴(鼻与上唇之间)、双手合谷穴(食指与拇指间,虎口上一寸),以促其苏醒,并尽快送医院治疗。

3. 预防

应注意劳逸结合,避免游客长时间在骄阳下活动。最好戴宽边遮阳帽或打遮阳伞,避免直接暴晒。衣服应宽松透气,多喝水,避免过度疲劳。

(三)晕车(晕机/晕船)

1. 症状与体征

晕车(晕机/晕船)是旅行中常见的现象,医学上称为运动病,大多是由于交通工具的颠簸、不良气味的刺激、睡眠不足、过度疲劳、身体不适、情绪紧张、暴饮暴食、空腹等因素诱发,表现为头痛、头晕、胸闷、恶心、脸色苍白、出冷汗、血压降低、脉搏加快,严重的出现呕吐甚至昏倒。

2.处理方法

让病人躺下休息闭目养神,同时服用茶苯海明 1～2 片(每片 50 毫克),每 4～6 小时服用 1 次,该药有防晕、镇吐作用。

3.预防

在乘车(机/船)的前一天晚上,要保证充足的睡眠,出发前不要饮酒,避免饮食过饱或过饥,避免精神过度紧张。上车(机/船)后要紧束裤带,以减少内脏震荡;必要时可在乘车(机/船)前 1 小时服用防晕药物。

四、突发病的防治

(一)晕厥

1.症状与体征

晕厥俗称"晕倒",是由暂时性的脑缺血、脑缺氧所引起的短暂性意识丧失。其症状表现为突然面色苍白、眼前发黑、恶心、脉搏细弱,继而丧失知觉。

2.处理方法

应使患者平卧通风处,将其头部略放低,松开衣领,下肢抬高,以增加脑血流量。如患者呼吸正常,可轻唤其名,如不应,可指掐人中穴,待清醒后再喂一些糖水。若上述处理仍不见效,应立即送医院救治。

3.预防

旅途中,要注意通风,避免疲劳;自觉心慌乏力、饥饿时应及时进食,补充能量;蹲卧起立时,动作要慢,不要用力过猛;感觉头晕盗汗站立不稳时,要立即蹲下、坐下或躺下,避免摔倒;有晕厥病史的游客,导游要劝其不要登高或登高向下望。

（二）急性心肌梗死

有冠心病史的游客,尤其是中老年游客,因疲劳、过度兴奋、饱食或天气寒冷可能诱发急性心肌梗死。

📈 1. 症状与体征

有些病人无症状,有些则表现为胸痛,心悸,疲乏无力,面色苍白,口唇青紫,大汗淋漓,呼吸困难、变浅变慢,心音、脉搏、血压消失,瞳孔散大、反射消失。

📈 2. 处理方法

立即与急救中心或就近医院联系。在医务人员到来前,应让患者平卧休息,不要变换体位和挪动。呼吸困难的,即保持头低平卧位,头后仰,抬高颈部,清除气道内分泌物,使其气道通畅。密切观察其脉搏、呼吸,如脉搏消失、呼吸停止,应立即进行胸外心脏按压和人工呼吸,二者同时进行。若患者仅一人,可先口对口人工呼吸 2 次,再胸外心脏按压 15 次,交替进行。

📈 3. 预防

有冠心病史的游客,旅游中要避免情绪激动、过度疲劳和饱食。如有胸痛频繁发生,应终止旅游活动,及时休息治疗。

（三）脑栓塞和脑出血

脑栓塞和脑出血均会使患者出现昏迷,如抢救不及时,将使患者留下后遗症,甚至危及生命。

📈 1. 脑栓塞

症状:头晕、眩晕、恶心呕吐、声音嘶哑、吞咽困难。

处理:立即让患者平躺,头部放平,不宜抬高,禁用冰袋。密切观察其脉搏、呼吸,防止血压过低。出现昏迷时应取出口腔内假牙,保持呼吸道通畅,并尽快送医院治疗。

2. 脑出血

症状：多数病人有头痛呕吐、意识障碍等征象。

处理：平躺休息，将头部抬高 15 度左右，翻身或搬动时应有专人保护头部，防止急速转动头部。若患者呼吸、血压不稳定，切忌搬动患者。若患者躁动不安，可使其服镇静药物，并呼叫救护车前来抢救。

3. 预防

患有动脉粥样硬化和高血压的游客要按时服药，控制血压，旅游中避免过度疲劳、情绪激动和使劲用力，以免引起血压突然升高。

（四）食物中毒

1. 症状与体征

食物中毒主要是食用被污染的食物所引起的，具有起病急、发病快、潜伏期短的特点，主要表现为腹痛恶心、上吐下泻，吐泻严重时会出现脱水、休克。一起用餐者会在较短时间内集体发病。

2. 处理方法

让患者多喝水，以缓解毒性；催吐，用手指刺激舌根、咽部，促其呕吐；尽快送患者赴医院，请医生开具诊断证明；迅速向旅行社领导报告，将诊断证明复印备案，以便追究供餐单位责任；如果旅游团多人集体中毒，必须同时报告卫生防疫部门，以便采取有效的防治措施。

3. 预防

提醒游客不喝生水，不在小摊上购买食品；带领旅游团在清洁卫生的餐馆用餐；若发现供应的餐食不洁或有异味，应立即向供餐单位负责人指出，及时采取措施。

（五）骨折

游客发生骨折，须及时送往医院救治，但在现场，导游应做力所能及的初步处理。

1. 止血

发生骨折,切忌按摩揉搓,应让患者不要活动。若发生流血现象,首先帮助其止血。止血时,要抬高患肢(上肢高举,躺卧抬高下肢)。应注意每半小时放松止血带 1～2 分钟。

9-21　止血的方法

2. 包扎

包扎前最好清洗伤口,包扎时动作要轻柔,松紧要适度,绷带的结口不要在创伤处。

3. 上夹板

就地取材,如用厚纸板、木板、树枝代替夹板,用毛巾等软物垫好后,用布条固定,也可固定在患者健肢或躯干上,以免转动骨折肢体。若脊椎疑为骨折,应将患者平卧在木板上,固定好后才能搬运,以减少神经再次受损。

五、受伤的救护

(一)头部碰伤

处理方法:如果跌倒轻微撞击到头部还好,一旦出现高烧、呕吐、痉挛或其他更严重的情况时,应赶快送医院;除了肿的地方,头部的其他地方也应冷敷,但有伤口时则不能这样处理,以免助长细菌繁殖;如果从耳鼻或口中流出血或透明的液体(血清、脑积液)时,要将脸部摆向流出的方向,注意不可用纱布或其他东西将其塞住,以免细菌感染;呕吐时,将头部侧放,以防呕吐物滞塞;发生痉挛时勿任意压迫伤患肢体,用手帕卷成筒条,塞在患者口中,使其安静下来;搬运伤者时要将头部固定,不要晃动。

(二)颈部被击伤

处理方法:颈部内有气管、食道以及神经,被撞击后应赶快送医院;为了抑制内部出血,须将撞击处加以冷敷;发现外出血现象时,应用消毒纱布置于伤口处止血;躺卧时,把身体放平,千万不要使用枕头;移动时,将头部固定。

（三）背部撞伤

处理方法:让伤者仰卧在坚硬的木板上,将枕头分别垫在颈部和腰部,使脊椎骨保持自然的弯曲,不可有坐或盘坐的姿势;移动时,颈部也须同时固定,搬运时则要避免摇动躺板。

（四）胸部撞伤

处理方法:撞击到胸部时会有骨折或呼吸困难的危险,要赶快送医院;冷敷处理;让患者安静地躺靠在厚被子上,疼痛一侧的胸部朝下。

六、人工呼吸救助法

由于触电、溺水、外伤、煤气中毒等原因引起病人突然呼吸停止、心脏骤停,均是生命垂危的重症。若病人出现呼吸停止、心脏骤停,应立即实施人工呼吸和胸外心脏按压,使其得到迅速、及时的救治。

（一）呼吸、心跳停止的判断

当患者出现神志不清、胸部起伏的呼吸运动消失、面色苍白或青紫、口唇绀紫、对摇动和简单询问无反应、触摸颈总动脉搏动消失等症状时,即可明确呼吸、心跳已停止。

（二）正确的人工呼吸方法

当患者呼吸、心跳已停止,此时救助者应迅速采用最为简单有效的口对口人工呼吸法和胸外心脏按压法对病人进行抢救。具体操作方法如下。

第一,应立即将病人置于仰卧位,双肩下略垫高。松开病人的领口、内衣及裤带,使胸廓运动不受外界阻力的影响,肺脏伸缩自如。清除病人口腔内的分泌物、呕吐物、活动的假牙及其他的异物,以保持呼吸道通畅。

第二,救助者一手托起病人的下颌使其头尽量后仰,以防止舌后坠,保持呼吸道通畅;另一只手捏紧病人双侧鼻孔,以免吹气时气体从鼻孔溢出。同时深吸一口气,将口唇与病人口唇紧贴,对病人口内连续快速用力吹气两次,打通气道。此时应看到病人的胸廓扩张抬起,这是有效人工呼吸的标志。

第三,吹气后,应立即放松患者的口鼻,使其肺中气体自行排出,胸廓回落。如呼吸道内有黏液呕吐物等应立即清除。

第四,以每分钟16~20次的频率向患者口内吹气,吹气时间占呼吸周期的1/3为妥。

第五,救助者要有信心,可坚持做1~2个小时。

口对口人工呼吸法以其优良的效果普及于世界各地,但是救助者易于疲劳是其最大的缺点。由于疲劳自身耗氧量的增加,救助者呼出的气体中氧含量将逐渐降低,使得急救效果难以保证,因此若长时间实施急救时,应争取有人交替操作。

任务五　其他常识

◇ 引 例

文化旅游需求旺　市场呼唤"专家型导游"

"暑假想去博物馆看看,却又担心走马观花一知半解。"随着文化之旅成为大热,游客对专业讲解的需求也逐渐增强。"能提供历史文化讲解服务的专家型导游成为刚需,供不应求。"有业者表示。专家型导游的走红,会对导游群体带来哪些影响,是否能成为群体转型的引领?记者对此进行了采访。

文旅融合　专家导游成刚需

"今年特色文化导游非常受欢迎,游览北京故宫、西安兵马俑等历史文化名城和博物馆,找专业讲解已经成为很多游客的必选。对于大部分游客来说,文化旅游讲解已经成为刚需。"携程相关负责人在接受记者采访时表示。据悉,为了满足游客需求,携程当地向导在暑期上线了各大博物馆的特色文化导游讲解服务,主要针对自由行游客和亲子家庭,解决游客对文化遗产看不懂、没有一对一讲解、常规导游讲不透的问题。

"这一服务一上线就人气飙升,订单量较去年暑期增长2倍。"该负责人告诉记者,特色文化导游包含国家高级导游、旅游专业硕士、当地非物质文化遗产推广人等,他们会利用自身优势为游客提供专业、生动的讲解。该项服务目前已经覆盖上海、北京、陕西、浙江、重庆、境外欧洲等区域,服务价格在几十元到千元不等。

国人越来越关注中国传统文化,越来越趋向于高质量的文化游,具有相关领域深厚知识积累的导游必然会成为刚需。四川省导游协会会长陈乾康这几个月就接到了不少这样专业的讲解需求,"例如给某家企业团队讲解都江堰治水文化,给贵州、湖南、山西等省到四川考察学习的基层干部讲解乡村旅游发展等。"

"在西安,蒙刚的兵马俑博物馆专业讲解一经上线,就广受追捧,目前已收到100多张订单。"携程相关负责人表示,蒙刚是历史学专业毕业,从事旅游工作10年,对博物馆藏品如数家珍,游客纷纷评价他讲解得细致专业,听到很多历史书上看不到的细节。

携程数据显示,网上人气较高的特色文化导游讲解有北京走进故宫聆听紫禁城陈年往事、上海国家高级导游讲解"永不拓宽的武康路"、西安陕西历史博物馆和兵马俑博物馆"寻找中华文明的历史足迹"、河南少林寺"跟随少林僧人一起圆梦武侠"等。据统计,今年暑期,在西安、杭州、北京、厦门、上海、无锡、洛阳、宝鸡、开封、苏州十大城市,游客最热衷于网约导游去博物馆。

产业转型 消费升级新需要

"随着旅游业态的逐步完善,文化和旅游得以进一步融合,作为旅游服务的终端,能够提供深度讲解的专家型导游人才会逐步彰显其必要性,也将成为市场主流需求。"国家高级导游蒋金表示,这一市场变化契合了消费升级、旅游业转型的需求,也是中国导游队伍优化的必经阶段。

"专家型导游是旅游市场升级的必然结果。"中国旅行社协会导游专业委员会秘书长龙飞表示,旅游业已经从单纯的观光走向了休闲、体验、个性化,与之相匹配的旅游服务也需要不断深入细化,尤其是在旅游业第一线的导游。随着文化旅游、研学旅游、康养旅游、老年旅游、会奖旅游等细分市场的逐步成熟,这些旅游形式都对导游服务提出了各自的专业要求,即导游需要具备该领域的专业知识储备和素质,能够给游客提供良好的文化体验和专业服务,而不仅仅是线路向导、食宿安排等工作。

"随着全新旅游时代的来临,作为直接面对游客多样化、专业化、个性化需求的导游,想要充分实现与有着专业性特殊需求的游客的沟通、交流,其不仅需要具备旅游专业知识,更需要成为在某一专业领域有着一定积累的专家。"蒋金表示。

"专家型导游获得市场的认可,获得与之相匹配的劳动价值回报,对于改变导游生存环境、收入结构、职业地位具有重要意义。"龙飞表示,导游群体主动积极地提升自身的专业素质,为游客提供更好的服务,形成良性循环,对旅游市场环境净化也会起到一定的推动作用。

"游客对于中国传统文化的需求积极旺盛,这也充分体现了旅游行业消费升级、服务升级的大趋势。"大美旅行目的地管理公司总经理倪爱东表示,由于常年沉淀在低价购物推自费的环节中,很多导游员已经丧失了应有的学识和素养。市场对高素质专家型导游的需求倒逼导游队伍必须全面提升素质,否则必将被市场淘汰。

一专多能 导游转型新路径

专家型导游不仅仅会成为导游群体的突破口,更将成为旅游消费升级的关键节点。"没有专家型导游,所有的文化旅游体验都将大打折扣,体验式沉浸式旅游,包括研学、会奖、亲子等细分旅游市场都会出现后劲不足的情况。即便是越来越发达的网络信息也无法解决旅游过程中的互动环节和知识的深度、广度交流。"倪爱东表示。

在龙飞看来,专家型导游的培养需要政府、企业共同努力。"相关部门出台政策,解决导游的基本社会保障问题,如社保、职称认定等,提升导游从业地位,才会有更多的专家型人才进入导游行业。此外,行业协会也加强相关标准的制定,为企业用导游、游客选导游以及导游的职业晋升、薪酬安排提供依据。企业也要在导游薪酬体系的设计和制定上下功夫。良好的市场环境、相关的政策保障、合理的薪酬体系,必然能促进导游群体的自我学习、自我提升。"

"要想培养出不同类型的专家型导游,企业的作用尤为重要。组织员工进行系统规模化的培训,从中选拔人才。专家型导游和普通导游在薪资待遇上也需要阶梯式设定,这样导游才会有积极性。"倪爱东表示,越来越多的游客愿意为知识买单,导游顺应需求自发学习,市场就会形成良性循环。

"导游队伍转型的基本原则是市场需求,在消费升级的大背景下,专家型导游无疑是一个重要的发展方向,也成为导游群体转型的突破口。"蒋金表示,值得欣慰的是国家近年来通过全国导游大赛、导游大师金牌导游工作室、最美导游评选、名导师资库等形式,已经在全国遴选出数百名专家级的导游人才;另外,全国各地的旅游行政主管部门也通过各种评优形式选出一批后备人才,许多地方建立了政务导游队伍、公益导游联盟、专家导游系列讲座活动等;一些核心旅游企业也建立起了引领提升自己导游队伍的工作室和辅导中心,积极参与行业人才遴选活动,向行业输送人才。更可喜的是很多导游主动地提升自己的执业水平,积极参加各种行业培训活动,利用碎片化的时间加强自身学习,积极提升导游等级、参与导游公益活动等,日渐形成各具特长的专家型导游队伍,不同类型的专家型导游人才如佛教专家、摄影专家、养生专家、文史专家、国学专家等日渐增多。

蒋金建议在导游人才培养上,高校更应关注导游+专业或专业+导游的人才培养模式,旅游专业学生不仅要学习导游专业课程,更要辅修1~2项感兴趣的其他热门专业知识,同时针对有志于从事导游工作的各专业学生,开设导游类公共选修课程,打通旅游专业与其他各专业之间的界限、壁垒,真正为专家型、复合型导游人才培养搭建平台。

"专家型导游受欢迎可以正面激励导游不断完善自我,提升自己的专业水平,应该视为注入导游界的一股清流,代表了导游职业未来发展的方向,对于扭转'不合理低价'给导游形象造成的负面影响意义重大,但指望它能立即改变当前导游业的生态环境是不现实的,改变将是一个缓慢的过程,不过方向是正确的。"陈乾康表示,培养导游容易,培养专家型导游非常难,因为专家型导游不仅要有知识还要有相应的见识和学识，必须有知识和见识积累、深化的过程，不是社会上的导游考试培训机构能够短期速成的，需要导游坚持不懈地学习和完善自我。当然，旅游院校、政府旅游培训部门和导游协会应该在专家型导游培训中发挥主体作用。

（资料来源：http://www.ctnews.com.cn/lyfw/content/2018-08/07/content_23164.html.）

一、国际时差

（一）国际标准时间

英国格林尼治天文台每天播报的时间被称为国际标准时间，即"格林尼治时间"。

（二）地方时

人们在日常生活中所用的时间是以太阳通过天体子午线的时刻——"中午"作为标准来划分的。每个地点根据太阳和子午线相对位置确定的本地时间即为"地方时"。地球每24小时自转一周（360度），每小时自转15度。

自1884年起，国际上将全球划分为24个时区，每个时区的范围为15个经度，即经度相隔15度，时间相差1小时。以经过格林尼治天文台的零度经线为标准线，从西经7度半到东经7度半为中区（称为0时区）。然后从中区的边界线分别向东、西每隔15度划为1个时区，东西各有12个时区，而东、西12区都是半时区，合起来称为12区。各时区都以该区的中央经线的"地方时"为该区共同的标准时间。

（三）北京时间

北京位于东经116.24度，划在东8区，该区的中央经线为东经120度，因此，"北京时间"是以东经120度的地方时作为标准时间。中国幅员辽阔，东西横跨经度60多度，跨5个时区（从东五区到东九区），为了统一，以"北京时间"作为全国标准时间。

（四）时差换算

时差换算公式:甲乙两地的时区差＝两地时区数相加减(甲乙两地同在东时区或同在西时区用"－",甲乙两地一个在东时区另一个在西时区时用"＋")。

如北京在东 8 区,伦敦在 0 时区,则 8－0＝8,即相隔 8 个时区,时差为 8 小时。北京 12 时,伦敦为 12－8＝4 时。

北京在东 8 区,开罗在东 2 区,则 8－2＝6,即相隔 6 个时区,时差为 6 小时。北京 12 时,开罗 6 时。

如北京在东 8 区,悉尼在东 10 区,则 10－8＝2 时,即相隔 2 个时区,时差为 2 小时。北京 12 时,悉尼 12＋2＝14 时。

如北京在东 8 区,纽约在西 5 区,则 8＋5＝13 时,即相隔 13 个时区,时差为 13 小时。北京 12 时,纽约 12－13＝－1(前日 23 时)。

如北京在东 8 区,洛杉矶在西 8 区,则 8＋8＝16 时,时差为 16 小时。北京 12 时,洛杉矶时间为 12－16＝－4(前日 20 时)。

时刻换算公式:甲地时刻＝乙地时刻±甲乙两地的时区差(甲在乙东则"＋",甲在西则"－")。

表 9-1 和表 9-2 分别表示的是北京 12 时时世界主要城市的当地时间与时差情况。

表 9-1 北京时间 12 时与世界主要城市当地时间对照表

城市	当地时间
加拉加斯	23:00
纽约	23:00
多伦多	23:00
芝加哥	22:00
墨西哥城	22:00
丹佛	21:00
洛杉矶	20:00
安克雷奇	19:00
夏威夷	18:00
	(以上为前一天时间的)
惠灵顿	16:00
悉尼	14:00
东京	13:00
首尔	13:00
中国香港	12:00

续表

城市	当地时间
马尼拉	12:00
布加勒斯特	6:00
安卡拉	6:00
赫尔辛基	6:00
开普敦	6:00
内罗毕	7:00
巴格达	7:00
达累斯萨拉姆	7:00
开罗	6:00
维也纳	5:00
日内瓦	5:00
苏黎世	5:00
华沙	5:00
雅典	6:00
法兰克福	5:00
柏林	5:00
巴黎	5:00
布鲁塞尔	5:00
阿姆斯特丹	5:00
马德里	5:00
罗马	5:00
雅加达	11:30
新加坡	11:30
曼谷	11:00
河内	11:00
金边	11:00
乌兰巴托	11:00
仰光	10:30
新德里	9:00
孟买	9:00
卡拉奇	9:00
迪拜	8:00

城市	当地时间
德黑兰	7:00
莫斯科	7:00
利雅得	7:00
斯德哥尔摩	5:00
布达佩斯	5:00
伦敦	4:00
阿尔及尔	4:00
达喀尔	4:00
里约热内卢	1:00
布宜诺斯艾利斯	1:00

表 9-2 北京与世界主要城市时差表

北京零点时与世界主要城市相比。"＋"表示比北京时间早,"－"表示比北京时间晚。各地时间均为标准时间。

城市名称	时差数
中国香港、马尼拉、中国澳门、吉隆坡	0
首尔、东京、平壤	＋1
悉尼、堪培拉、布里斯班、墨尔本	＋2
惠灵顿	＋4
新加坡、雅加达	－0.5
河内、金边、曼谷、乌兰巴托	－1
仰光	－1.5
新德里、孟买	－2.5
迪拜	－4
莫斯科、巴格达、科威特	－5
开罗、开普敦、索非亚	－6
斯德哥尔摩、柏林、巴黎、日内瓦、华沙、布达佩斯、维也纳、罗马	－7
伦敦、阿尔及尔、达喀尔	－8
布宜诺斯艾利斯、里约热内卢	－11
纽约、华盛顿、渥太华、多伦多	－13
芝加哥、墨西哥城	－14
洛杉矶、温哥华	－16
夏威夷(檀香山)	－18

二、摄氏、华氏换算

温度的测算标准有两种：摄氏温度和华氏温度。我国习惯用摄氏温度，而西方国家则较多地用华氏温度。二者的换算公式如下：

摄氏℃＝5÷9×（华氏温度－32）

例如，将90华氏度换算成摄氏温度：5÷9×（90－32）≈32.2℃

华氏℉＝摄氏温度×9÷5＋32

例如，将30摄氏度换算成华氏温度：30×9÷5＋32＝86℉

三、度量衡换算

世界上的度量衡有公制和英美制，中国还有市制，虽然它们之间的换算比较复杂，但是导游在工作中会经常遇到此类换算问题，所以应该了解常用的度量衡换算。

9-22　常用的
度量衡换算

◇ 练习思考题

一、名词解释

1.护照

2.签证

3.边防检查

4.旅行社责任保险

5.旅游意外保险

二、判断题

1.海关通道分为"红色通道"和"绿色通道"两种。不明海关规定或不知如何选择通道的旅客，应选择红色通道通关。　　　　　　　　　　（　　）

2.海关检查一般询问是否有需申报的物品，或填写旅客携带物品出入境申报单，必要时海关有权开箱检查所携带物品。　　　　　　　　　　（　　）

3.来自疫区的人员入境须出示有效的有关疾病预防接种证明，无证明者卫生检疫机关可对其施以10天的强制留验。　　　　　　　　　　（　　）

4.安全检查事关旅客人身安全，所以旅客都必须无一例外经过检查后，才能允许登机。
　　　　　　　　　　（　　）

5.海拔高度一般达到2700米左右时，游客就开始有高原反应。　　　（　　）

三、单项选择题

1.港澳居民来往内地通行证由（　　）签发。

A.公安部　　　　　　　　　　　B.特区政府

C.广东省公安厅　　　　　　　　D.民政局

2.为了保卫国家的主权和安全,国家要对出入国境的人员进行（　　）。

A.边防检查　　　　　　　　　　B.安全检查

C.登机检查　　　　　　　　　　D.卫生检疫

3.所有外交人员、政府官员和普通旅客,不分男女、国籍和等级,都必须经过（　　）。

A.行李物品检查　　　　　　　　B.卫生检疫

C.海关检查　　　　　　　　　　D.安全检查

4.携带或托运出境在中国境内购买的金、银及其制品(包括镶嵌饰品、器皿等新工艺品),海关验凭中国人民银行制发的（　　）放行。

A.检验单　　　　　　　　　　　B.申报单

C.火漆印　　　　　　　　　　　D.特种发票

5.游客携带出境的文物(含已故现代著名书画家的作品),需经中国（　　）鉴定。

A.文化行政管理部门　　　　　　B.海关管理部门

C.口岸检查部门　　　　　　　　D.质量检查部门

6.根据我国民航规定,下列四组物品中,可以放入行李中托运的一组为（　　）。

A.货币、首饰、刀剪、贵重衣物　　B.珍珠、金银首饰、化妆品、录像带

C.刀剪、录像带、衣物、食品　　　D.存款单、现金、食品、录像带

7.航空旅客意外保险的保险期限是指投保旅客持保险合同约定的航班班机的有效机票到达机场通过安全检查时起至其抵达目的地港（　　）时止。

A.走出所乘班机舱门　　　　　　B.走上廊桥

C.走进候机楼　　　　　　　　　D.走出候机楼

四、多项选择题

1.游客在海外购买的物品中,必须向海关申报和交验的有（　　）。

A.录音带　　　　　　　　　　　B.录像带

C.木质旅游纪念品　　　　　　　D.刊物

E.VCD光盘

2.下列物品中,禁止入境的是（　　）。

A.带有危险性的害虫　　　　　　B.吗啡

C.印刷品　　　　　　　　　　　D.仿真武器

E.伪造货币

3.下列物品中,禁止出境的是（　　）。

A.涉及国家秘密的手稿　　　　　B.珍贵文物

C.濒危的和珍贵的动物　　　　　D.种子和繁殖材料

E.濒危的和珍贵的植物标本

4.根据规定,下列( )旅客不得乘坐民航客机。

A.不足 14 天的新生婴儿　　　　　B.行动不便的

C.身体有疾病的　　　　　　　　D.醉酒的

E.孕期超过 9 个月的

5.游客报名参团时所涉及的保险通常有( )。

A.旅行社责任险　　　　　　　　B.旅游意外保险

C.人寿保险　　　　　　　　　　D.医疗保险

E.交通意外伤害险

6.如果有游客在旅游车上发生晕动症,导游应( )。

A.立即关心游客身体状况,及时调整到合适的位置

B.将风油精涂抹于游客的太阳穴上

C.如"晕动症"游客症状严重,必要时送往医院

D.提醒游客将腰带放松,缓解不适

E.准备好食品袋和纸巾,尽快清除呕吐物

7.游客进入高原地区后,导游应提醒游客( )。

A.尽量避免将皮肤裸露在外

B.勤洗澡、保持身体干净

C.不可疾速行走,更不能跑步或奔跑

D.保证睡眠,及时消除疲劳

E.多食蔬菜和水果等富含维生素的食品

五、问答题

1.简述安全检查的主要内容。

2.简述边防检查的主要内容。

3.简述哪些外国人不准入境。

4.简述禁止出入境物品包括哪些。

9-23　项目九练习思考题参考答案

参 考 文 献

［1］ 杜炜,张建梅.导游业务[M].北京:高等教育出版社,2018.

［2］ 李伟丽,李喜梅,叶晨曦.导游业务[M].郑州:郑州大学出版社,2019.

［3］ 熊剑平,石洁.导游学[M].北京:北京大学出版社,2014.

［4］ 龙梅.导游业务[M].北京:中国人民大学出版社,2019.

［5］ 吴有进,连丽娟.导游业务[M].北京:科学出版社,2021.

［6］ 黄文.导游实务[M].北京:北京理工大学出版社,2021.

［7］ 黄宇方.导游业务[M].厦门:厦门大学出版社,2016.

［8］ 肖潜辉.特级导游论文点评[M].北京:中国旅游出版社,2002.

［9］ 李晓标,解程姬.导游业务[M].北京:北京理工大学出版社,2020.

［10］ 青岛市教育科学研究院.导游业务实用教程[M].济南:山东教育出版社,2019.

［11］ 邓军华,栗洪伟.导游业务[M].北京:中国旅游出版社,2013.

［12］ 张琼霓.导游业务[M].北京:旅游教育出版社,2015.

［13］ 杨连学.导游服务实训教程[M].北京:旅游教育出版社,2010.

［14］ 马树生,许萍.模拟导游[M].北京:旅游教育出版社,2008.

［15］ 陈洪宏.导游业务[M].北京:清华大学出版社,2019.

［16］ 黄细嘉.导游业务通论[M].北京:高等教育出版社,2019.

［17］ 全国导游人员资格考试教材编写组.导游业务[M].北京:旅游教育出版社,2022.

［18］ 李娌,王哲.导游服务案例精选解析[M].北京:旅游教育出版社,2007.

［19］ 王雪菲,朱华.导游业务[M].北京:北京理工大学出版社,2016.

［20］ 李盼.导游业务[M].成都:西南交通大学出版社,2018.

［21］ 赵亚琼.导游业务与典型案例[M].北京:经济管理出版社,2019.

［22］ 熊剑平,卢丽蓉,蒋永业.金牌导游的成功之道[M].北京:中国旅游出版社,2021.

［23］ 张志强,徐堃耿.导游带团实战密码[M].北京:化学工业出版社,2018.

［24］ 朱红霞,佘曙初.新编导游业务实训教程[M].杭州:浙江大学出版社,2012.

［25］ 陶汉军,黄松山.导游业务[M].北京:旅游教育出版社,2014.

［26］ 郭赤婴.导游职业道德实证分析[M].北京:中国旅游出版社,2003.

［27］ 姚会元,操玲姣.陈光甫开创中国现代旅游业[J].旅游科学.2002(1):36-38.

［28］ 中国旅游新闻网[EB/OL].http://www.ctnews.com.cn/.

[29]　中华人民共和国文化和旅游部官网[EB/OL].https：//www.mct.gov.cn/.

[30]　宜昌市导游协会网站[EB/OL].http://wap.yctga.org/.

[31]　国家旅游局.导游员职业等级标准(试行)[J].旅游学刊.1994(5):10-13.

[32]　蒋炳辉.导游带团艺术[M].北京:中国旅游出版社,2001.

[33]　钱钧.华东黄金旅游线导游词[M].杭州:浙江人民出版社,2000.

[34]　国家旅游局.走遍中国——中国优秀导游词精选(综合篇)[M].北京:中国旅游出版
　　　社,2001.

与本书配套的二维码资源使用说明

  本书部分课程及与纸质教材配套数字资源以二维码链接的形式呈现。利用手机微信扫码成功后提示微信登录,授权后进入注册页面,填写注册信息。按照提示输入手机号码,点击获取手机验证码,稍等片刻就会收到 4 位数的验证码短信,在提示位置输入验证码成功后,再设置密码,选择相应专业,点击"立即注册",注册成功(若手机已经注册,则在"注册"页面底部选择"已有账号? 立即登录",进入"账号绑定"页面,直接输入手机号和密码登录)。接着按照提示输入学习码,须刮开教材封底防伪涂层,输入 13 位学习码(正版图书拥有的一次性使用学习码),输入正确后提示绑定成功,即可查看二维码数字资源。手机第一次登录查看资源成功以后,再次使用二维码资源时,在微信端扫码即可登录进入查看。